19대
총선 현장
리포트

19대 총선 현장 리포트

2012

한국정당학회

이현출, 박명호, 유성진, 이동윤, 고경민, 가상준, 김용호, 지병근, 엄기홍,
전용주, 유진숙, 김재한, 박경미, 김용복, 조진만, 윤종빈, 장우영

17인 정치학자의 참여 관찰

The 17 Political Scientists' Participatory Observations of
the 19th Korean National Assembly Election in 2012

푸른길

이 책은 한국정당학회 소속의 정치학자 17인이 2012년 4월 11일에 실시된 제19대 국회의원 총선거의 전 과정을 참여관찰이라는 연구방법론을 통해 분석한 결과물이다. 이 책은 지난 제17대 총선, 제4회 지방선거, 제18대 총선에서의 참여관찰 연장선상에서 이루어졌다. 그동안 참여관찰 기법으로 한국의 선거과정에 대한 분석을 축적해 온 한국정당학회의 네 번째 연구결과물인 것이다.

참여관찰이라는 연구방법은 연구자가 연구대상이 되는 현장에 직접 참여하여 관찰을 통하여 현장의 특징을 포착하고 이를 이론화하는 작업이다. 이는 그동안 선거데이터를 통한 통계 분석이나 집합자료 분석 또는 문헌자료 분석을 통하여 한국의 선거와 정당정치를 이해하려는 경향과는 다른 특징을 갖는다. 연구자들은 대부분의 선거과정에서 직접 현장의 유권자나 후보자를 비롯한 선거 관계자들과의 인터뷰를 통하여 자료를 축적한 것이다.

참여관찰을 채택하게 된 것은 우리나라 유권자, 정당, 후보자 등이 어떤 생각과 태도를 가지고, 어떻게 움직이는지를 현장에서 직접 보고, 듣고, 관찰하여 생생한 정보와 데이터를 수집하여 새로운 이론을 개발하려는 데 목적이 있다. 기존에 정당·선거 연구는 주로 서구의 이론을 활용하여 우리의 선거 과정이나 결과를 분석하는 경향이 있었으나 참여관찰은 이에 대한 반성에서 출발한 것이다. 즉, 한국 정당정치가 서구의 이론으로는 설명하기 어려운 한국적 특수성을 가진 것은 아닌지, 이러한 한국적 특수성을 이해하고 이에 대한 자아준거적 처방을 내릴 필요가 있다는 인식에서부터 시작된 것이다.

그동안 한국정당학회는 한국의 선거와 정당정치 현장의 참여관찰을 독보적으로 진행해 왔다. 먼저 2004년 총선에서 참여관찰 기법을 본격적으로 도입하여 정당의 후보경선 과정, 인물과 정책 대결 양상, 지역주의와 소지역주의 현상, 제도 변화의 정치적 효과 등 다양한 분야의 연구 성과를 축적할 수 있었다(김용호 외 2004).

다음으로 2006년 실시된 제4회 지방선거에서도 참여관찰이 이루어졌다(이준한 외 2007). 저자들은 2006년 지방선거 결과에 영향을 미친 다양한 변수들을 깊이 있게 추적하여 분석하였다. 총선이 아닌 지방선거 차원에서 전반적인 참여관찰을 기획한 것은 처음이었다.

이어서 2008년에는 제18대 총선 참여관찰이 이어졌다(유재일·손병권 외 2009). 제17대 총선과 지방선거 참여관찰의 성과에 기초하여

선거 과정의 주요 특징들을 살피고 이들의 변화와 지속이라는 관점
에서 관찰한 결과물이었다.

이번에 발간되는 『19대 총선 현장 리포트』는 앞서 발간된 세 저술의
연장선상에서 총선 참여관찰을 발전시켜 온 결과물이다. 이 논문들
은 모두 6개의 주제, 선거 거대쟁점, 선거이슈·선거운동·선거전략,
지역주의의 변화와 지속, 지역 정당의 미래와 전략적 투표, 여성·군
소정당·무소속 후보의 선거운동, 후보 공천과 SNS 등으로 묶었다.

제1부에서는 선거 거대쟁점으로 정권 심판론 대 대권 야망론이라는
제하에 박명호의 서울 종로 유성진의 서울 은평 을, 이동윤의 부산
사상구 선거구, 참여관찰 논문을 실었다. 종로 선거구를 통하여 정권
심판론과 박근혜 대망론을, 부산 사상 선거구를 통하여 부산에서의
PK 대망론이 어떻게 작용하는지 고찰하고 있다. 아울러 유성진은 은
평 을 선거구를 통하여 지역 차원의 선거와 전국 차원의 선거가 가져
오는 차이점에 주목하고 있다.

제2부에서는 선거이슈, 선거운동, 선거전략이라는 제하에 고경민의
제주 서귀포, 가상준의 서울 동작 을, 김용호의 강남 을 선거구 참여

관찰 논문을 실었다. 제주 강정 해군기지와 FTA 이슈를 중심으로 다루었다.

제3부에서는 지역주의의 변화와 지속이라는 제하에 지병근의 광주 서구 을, 엄기홍의 대구 수성 갑, 전용주의 부산 북·강서 을 선거구 참여관찰 논문을 실었다. 광주 서구 을의 이정현 대 오병윤의 대결과 대구 수성의 이한구 대 김부겸의 대결 구도를 통하여 기존의 영호남 지역주의의 변화와 지속을 살폈다.

제4부에서는 지역 정당의 미래와 전략적 투표라는 제하에 유진숙의 세종시, 김재한의 강원도 사례를 살펴보았다. 세종시 선거구 분석을 통하여 지역기반 정당인 자유선진당 선거 과정의 특징을 분석하고 미래를 전망하였다. 아울러 강원도의 표심이 새누리당에 집중된 이면에 유권자의 전략투표를 분석하였다.

제5부에서는 여성, 군소정당, 무소속 후보의 선거운동이라는 제하에 박경미의 경기 고양 일산 서구, 김용복의 경남 사천·남해·하동, 조진만의 인천 남동구 사례를 살펴보았다. 박경미는 여성후보 간 지역구 경쟁을 벌인 고양 일산 서구 선거구 캠페인의 특징을 관찰하였고,

김용복은 선거구 통합과 그 속의 소지역주의를 분석하였다. 조진만은 국회부의장의 무소속 도전과 좌절을 통하여 무소속 후보의 선거 캠페인의 특징과 한계를 다룬다.

끝으로 제6부에서는 윤종빈의 후보 공천 과정과 결과, 장우영과 이현출의 총선 트위터스피어 분석 결과를 다룬다. 윤종빈은 상향식 국민참여경선의 실태와 문제점을 분석한다. 장우영과 이현출은 격전지 선거구의 트위터 선거캠페인 분석을 토대로 SNS의 영향력을 분석하였다.

이 책은 중앙일보의 연구 프로젝트 후원에 힘입어 이루어졌다. 그동안 연구진들은 2012년 총선은 대통령선거의 전초전이며, 이명박 정부의 국정운영을 평가하는 선거라는 측면에서 매우 중요한 의미를 지닌다는 점에 주목하여 많은 회의 과정을 거쳐 참여관찰 쟁점과 선거구를 추출하는 작업을 진행하였다. 이 과정에서 중앙일보 전영기 편집국장, 강민석 차장을 비롯한 정치부 기자 여러분의 현장 의견이 연구를 발전시키는 데 큰 도움이 되었음을 밝히며, 지면을 통하여 사의를 표한다.

아울러 한국정당학회 참여관찰 연구를 선도해 온 김용호 전임 회장과 실무를 총괄해 온 윤종빈 교수, 그리고 강의와 연구에 바쁜 와중에도 선거현장을 누비며 자아준거적 한국정당·선거정치 이론 발전을 위한 참여관찰에 열정을 다해 주신 필진 여러분께도 깊은 감사를 드린다.

끝으로 열악한 출판 환경에도 불구하고 기꺼이 출판을 허락해 주신 푸른길의 김선기 사장님과 편집부 여러분의 노고에 감사의 말씀을 전하고자 한다.

2012년 10월
저자들을 대신하여,
한국정당학회 회장 이현출

차 례

19대 총선 현장 리포트

선거 거대 쟁점,
정권 심판론 대 대권 야망론

1. 서울 종로 : '심판론 vs. 대망론'

박명호

1. 종로 선거의 승부처

2012년 4월 총선은 대통령 임기 마지막 해에 치러지는 총선이었다. '정권 심판론'이 나오는 이유이다. 이명박 정권에 대한 국민 평가는 부정적이었다. 4·11 총선에서 야권 승리를 점쳤던 중요한 근거이다. 동시에 이번 총선은 12월 19일 대통령 선거를 8개월 앞두고 치러지는 총선이다. '미래 기대론'이 나오는 이유이다. 주요 정당의 대선 후보급(級) 인물들이 총선을 진두지휘하기 때문이다.

서울 종로의 총선은 '정권 심판론'과 '미래 기대론'이 정면으로 대결하는 지역이다. '대한민국 정치 1번지' 종로의 새누리당과 민주당 후보의 선거 표어는 정권 심판론과 미래 기대론을 상징한다. 홍사덕 후보는 이번 선거가 "박근혜 시대의 개막전"이라고 한다. 반면 정세균 후보는 "종로 승리 정권 심판"을 주장한다. '심판 vs. 미래'의 구도는 양당의 총선전략이다.

양 후보의 선거 표어는 나름 효과적으로 보였다. "지역보다는 중앙정치 이슈가 중요하다."는 응답이 많았고, "대선을 고려하여 총선 투표를 하겠다."는 사람도 많았다. 역대 총선을 보면 인물 위주의 투표가 대세였다. 하지만 종로에서는 "지지하는 정당 후보여서 지지한다."는 답변이 많았다. 정당에 대한 지지가 그만큼 중요하다는 것이다.

총선은 과거 지향적이라면 대선은 미래 지향적이다. 시기적으로도 총선은 현 정부에 대한 평가의 성격을 가지게 된다. 반면 대선은 새로운 5년의 선택이다. 따라서 총선과 대선은 방향이 다르다. 2012년 총선은 대선을 앞두고 현 정부 임기 마지막 해에 치러지는 총선이다. 따라서 과거 지향적 성격의 '심판론'과 미래 지향적 성격의 '기대론'이 교차하게 된다. 245개 지역구 중 종로는 '심판론과 기대론'이 정면충돌하는 지역이다. 후보가 그렇고, 주요 후보가 내세운 선거 표어가 그렇다.

2. 종로 후보는 누구인가?

종로는 거물의 대결이다. 둘이 합쳐 10선인 두 후보의 인지도는 60% 이상이다. 누가 되든 차기 국회의장단의 한 축을 담당할 가능성이 높다. 당선된 정세균 후보는 현재 민주통합당 대선 후보 경선에 참여 중이다. 만약 홍사덕 후보가 당선되었다면 새누리당에서 보다 큰 역할을 맡았을 것이다. 현재 그는 박근혜 후보의 선거대책위원장이다.

따라서 인물만 놓고 본다면 우열을 가리기 힘들었다. 이렇다 보니 "당을 먼저 고려한다."거나 "엇비슷하니 당을 보고 투표한다."는 사람이 많았다. 정당을 보고 투표한다는 것은 정당이 주장하는 선거 구도에 따라 자신의 정치적 선택을 결정한다는 것이다. 이런 상황에서 '정권 심판론과 미래 기대론'이라는 4·11 총선 구도가 종로 승부를 좌우하는 것은 당연하다.

6선의 친박계 중진인 홍사덕 의원은 종로가 자신의 정치인생에서 6번째 지역구이다. 경북 영주·영풍·영양·봉화에서 11대(민주한국당)와 12대(신한민주당) 국회의원을 내리 지낸 그는 13대에 서울 강남 을에서 무소속으로 나섰다가 이태섭 전 의원에게 패했다. 14대에서는 민주당과 신민당이 합당해 탄생한 통합민주당에 합류한 뒤 강남 을에서 당선됐다. 그러나 1995년 DJ(김대중)의 정계 복귀로 통합민주당에서 새정치국민회의가 갈라져 나오자 홍사덕 의원은 이에 반발해 무소속으로 남았으며 15대 총선에서도 강남 을에서 당선됐다.

2000년 초까지 무소속으로 있던 그는 한나라당에 입당해 16대 총선 공동선거대책위원장을 맡으며 처음으로 비례대표에 당선됐다. 17대 총선에서는 경기 고양 일산 갑으로 지역구를 옮겨 출마했지만 당시 열린우리당 한명숙 후보에게 석패했다. 2005년에 열린 17대 재보선에서는 경기 광주에서 출마를 희망했다가 공천에서 탈락하자 무소속으로 출마하여 당선되지 못했다. 하지만 18대 총선에서 친박연대 소속으로 대구 서구에서 출마해 61%의 높은 득표율로 6선에 성공, 정치적으로 재기했다.

정세균 민주당 상임고문은 대표적 친노그룹이자 대선 주자로 분류된다. 1995년 당시 김대중 새정치국민회의 총재의 제안을 받아 정치에 입문했으며 15대~18대까지 전북 진안·무주·장수·임실에서만 내리 4선에 성공했다. 참여정부 시절에는 약 1년간 산업자원부 장관을 지내기도 했으며 열린우리당의 마지막 의장과 민주당 대표를 지냈다.

3. 종로 승부의 중요성

종로 승부는 양당의 서울 총선 성적을 결정하는 결정적 요소이다. 서울 승부의 균형추 역할을 할 서대문, 마포, 중구, 동대문, 성동의 강북·동서 벨트의 출발점이 종로이기 때문이다(그림 1). 전국적 차원 또는 적어도 서울지역 차원에서 정치적 승부의 분기점 역할을 하는 지역이다 보니 지역 현안은 그다지 많은 관심을 받지 못하는 것 같았다. 종로 유권자 중 "철새는 싫다."는 사람도 일부 있었지만 대체로 "지역 연고가 있으면 좋지만 없어도 큰 문제는 아니다."라고 응답하는 유권자가 더 많았다.

서울 총선 승부의 분기점으로서 종로의 중요성은 총선 결과를 통해 확

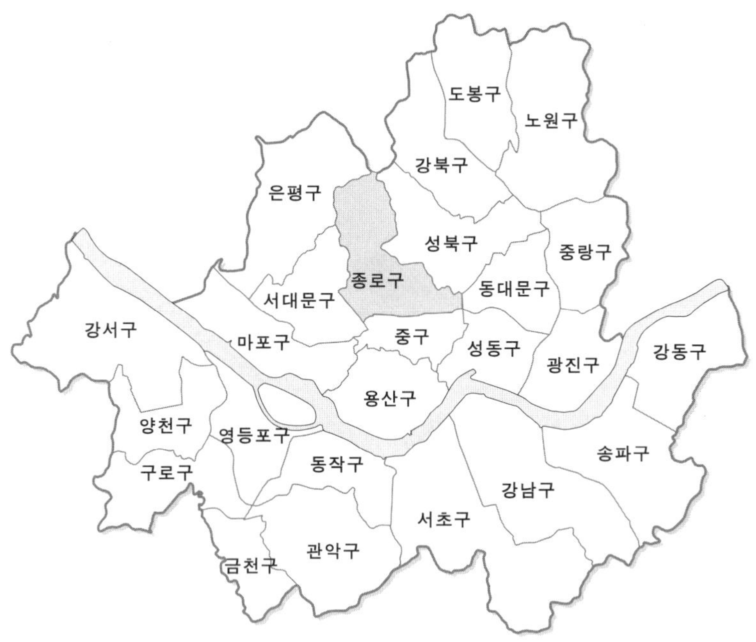

그림 1. 서울시 종로구의 위치

인할 수 있다. 용산과 서대문 을을 제외한 지역구에서 민주당이 승리했다. 종로를 중심으로 한 강북 동서벨트에서 민주당의 승리는 서울에서 새누리당에 2:1 비율로 승리하는 원동력이 되었다. 종로 승부에 양당이 총력전을 기울인 이유가 바로 여기에 있다.

4. 종로 선거의 결과 : 세대와 계층

종로 선거의 역사는 복합적이다. 1988년 총선 이후 지난 총선까지 종로에서는 7승 1패로 새누리당이 우세했다. 민주당의 1승은 노무현의 보궐선거 승리였다. 그만큼 야당에게 어려웠던 지역구였다.

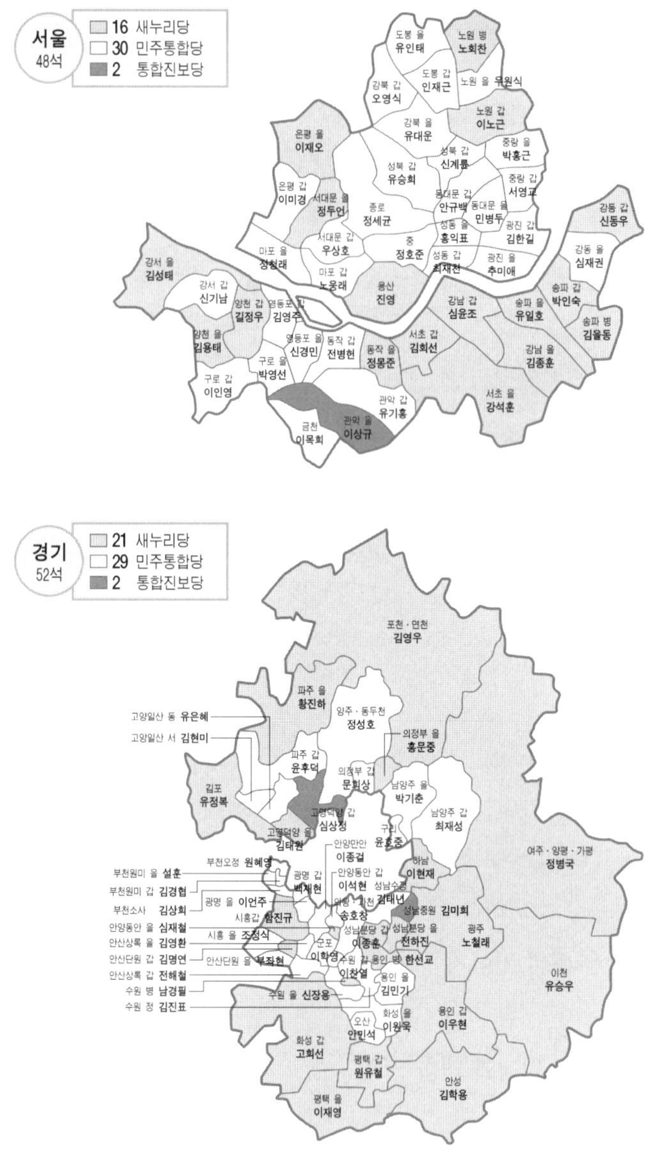

그림 2. 4·11 국회의원 총선거 당선자 현황

그런데 최근 선거 결과는 반대의 양상을 보인다. 2010년 지방선거 이후 민주당의 연승이다. 2010년 지방선거 종로구청장 선거에서 당시 한나라당은 42.8%를 기록했고, 민주당은 48.3%를 올려 승리했다. 2000년 이후 총선에서도 승부는 박빙이었다. 2000년 총선 8.69% 포인트, 2004년 총선 0.67% 포인트 그리고 2008년 총선 3.67% 포인트 차이였다. 한마디로 종로는 어느 한쪽이 일방적으로 우세한 지역이 더 이상 아니다. 이러한 현상은 이번 총선에서도 계속되었다. 표 1은 선거 기간 전후 종로 지역구 대상 여론조사 결과를 정리한 것이다. 홍사덕, 정세균 후보가 접전 양상을 보였지만 후반부로 갈수록 정세균 후보의 우세가 나타났다.

종로 선거사의 반전은 세대 구도 때문에 나타난 현상으로도 볼 수 있다.

표 1. 종로구 여론조사 결과(%)

날짜	새누리당 홍사덕	민주통합당 정세균	의뢰기관/조사기관/조사일자
3. 27	28.8	33.2	중앙일보/한국갤럽/엠브레인/3. 23〜24
3. 29	35.6	37.8	매일경제.MBN/서울마케팅리서치/3. 24〜25
4.1	33.3	33.0	매일경제.MBN/서울마케팅리서치/3. 30〜31
4. 2	33.7	33.8	조선일보/미디어리서치/3. 30〜31
	41.3	42.1	이투데이/한백리서치/3. 29〜30
	51.3	39.6	'손석희의 시선집중'/리얼미터/3. 28〜31
4. 3	33.2	37.1	SBS 등 방송3사 TNS 등/여론조사기관 3곳 의뢰/ 4. 1〜2
4. 5	36.9	40.1	매일경제.MBN/3차여론조사/4. 3〜4
	46.4	43.8	한국경제신문/지에이치코리/4. 3〜4
	39.2	40.8	헤럴드경제/케이엠조사연구/4. 1〜3
	35.6	37.8	매일경제.MBN/서울마케팅리서치/3. 25
4. 6	42.2	40.6	중앙일보/한국갤럽/한국리서치/엠브레인
	49.7	38.9	조선일보/미디어리서치/4. 4
	32.1	45.7	서울신문/엠브레인/4. 3〜4
	43.8	46.4	한국경제신문/GH코리아

대학생 거주자가 많은 명륜3가동은 박원순 시장이 서울에서 7번째로 높은 득표율을 얻은 곳이다. 2011년 서울시장 보선 결과를 보면 이 점은 더욱 분명해진다. 당시 평창동은 나경원 58.3%, 박원순 41.2%, 창신2동은 나경원 32.8%, 박원순 66%의 지지율을 보였다. 세대 구도였다. 특히 대학생 거주자가 많은 명륜3가동은 박원순 후보에게 66.7%의 지지율을 보여 서울에서 7번째로 높은 지지도를 보였다.

홍사덕, 정세균 후보에 대한 지지도 조사에서도 세대별 편차가 뚜렷하다. '심판론'의 영향도 젊은 세대에서 상대적으로 강했다. 아래의 그림은 세대별 후보 지지도와 종로구의 세대별 구성비이다. 홍사덕 후보의 지지도는 60세 이상에서 거의 절반에 육박할 정도로 높으며, 50대 이상에서 홍사덕 후보의 전체 지지도보다 높게 나타났다. 반면 정세균 후보의 지지도는 40대와 19~29세에서 자신에 대한 전체적 지지도보다 높다. 전형적인 세대 구도라 할 수 있다. 최근 종로의 인구 구성을 보면 40대 이하가 49%, 50대 이상이 33%이다. 세대 구성으로 보면 민주당의 우세가 예상된다. 선거 결과 또한 이와 유사하게 나타났다.

종로는 공존의 지역이다. 전통과 현대가 함께한다. 최첨단 시설과 역사적 장소가 동시에 존재한다. 부촌과 서민 거주지역이 공존하기도 한다. 종로는 계층 투표의 경향이 강하다. 역대 선거를 보면 종로구의 서쪽은 새

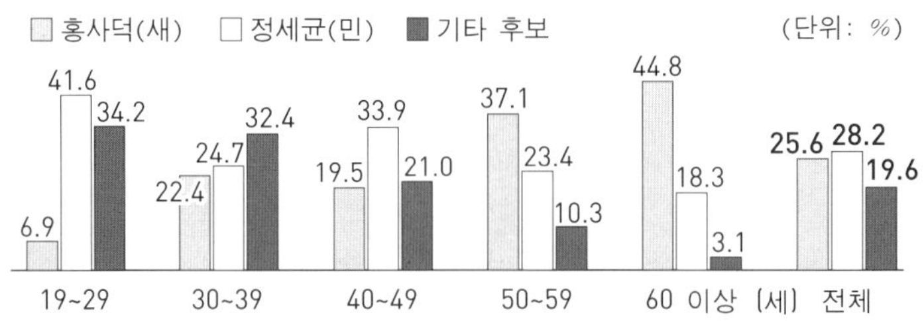

그림 3. 서울 종로구 출마 후보 연령대별 지지율(모름, 무응답 25.6%는 제외)

그림 4. 종로구의 행정구역

누리당, 동쪽은 민주당 성향이 강하게 나타났다. 그림 4를 보면 서쪽의 평창동, 부암동, 청운 효자동 등은 새누리당 성향이 강하다. 반면 명륜3가동, 종로1~6가동 그리고 창신동 등은 민주당 성향이 강하다.

특히 평창동과 창신동의 투표 성향은 정반대에 가깝게 나타났던 것이 지금까지의 역사이다. 이번 2012년 총선도 예외는 아니다. 표 2는 종로구의 동별 주택 소유율과 후보별 득표율의 관계를 보여 준다. 전체적으로 보면 주택 소유율이 높을수록 홍사덕 후보에 대한 지지율이 높다. 반면 주택 소유율이 낮을수록 정세균 후보에 대한 지지도가 높게 나타나는 것을 알 수 있다. 따라서 이는 종로 선거에서의 계층 투표 성향을 확인할 수 있는 하나의 방증이 된다.

하지만 일부 지역에서는 정치적 지지 성향의 대물림 현상으로 해석할 수도 있다. 주거 형태에 따라 경제정책 선호가 갈린다는 연구 결과에 비추어 보면 이러한 가능성은 충분하다. 이런 경우 세대와 계층의 영향력이 상

표 2. 2012년 총선 종로구 주택 소유 수준별 투표행태

상위 4개 동	주택 소유율 (%)	홍사덕 새누리당	정세균 민주통합당	득표율 (%)
평창동	76	5,596	3,746	홍사덕 51.5 정세균 48.5
부암동	68	2,624	2,539	
창신3동	63	1,507	2,308	
청운동	61	3,355	3,712	

하위 4개 동	주택 소유율 (%)	홍사덕 새누리당	정세균 민주통합당	득표율 (%)
숭인1동	38	1,247	1,864	홍사덕 44.2 정세균 55.8
창신1동	36	1,095	1,719	
종로1~6가동	35	2,950	2,598	
명륜3가동	26	1,125	1,944	

출처: 경향신문 2012.4.17.

쇄될 수도 있다. 따라서 개인 단위의 자료를 이용한 분석이 요구된다. 앞서 주택 소유율과 후보 지지의 관계는 집합 단위 자료를 사용한 것이어서 개인 단위 행위를 추론하는 것은 어렵기 때문이다.

표 3은 홍사덕 후보와 정세균 후보에 대한 유권자들의 지지요인을 분석한 것으로 4월 4일 종로구민을 대상으로 실시된 여론조사 자료이다. 종속변수로서는 홍사덕 후보와 정세균 후보에 대한 지지여부를 설정했다. 독립변수로서는 연령, 민간인 사찰파문이 여당에게 유리할 것인가 아니면 야당에게 유리할 것인가 하는 민간인 사찰파문의 박근혜에 대한 영향력, 학력, 그리고 성별 등을 사용했다.

분석 결과를 전체적으로 보면 양 후보에 대한 설명력은 그다지 높지 않다. 굳이 비교한다면 정세균 후보 지지 모델이 상대적으로 홍사덕 후보 지지 모델에 비해 설명력이 상대적으로 높다. 하지만 정세균 후보 지지 모델 또한 20% 미만의 설명력을 보이고 있다.

표 3. 홍사덕·정세균 후보 지지분석

변수	홍사덕 지지	정세균 지지
연령	.320	.898
사찰 영향력	.769	.000***
사찰과 박근혜	.165	.091*
학력	.081*	.086*
성별	.383	.307
성별×연령	.324	.245
Cox와 Snell의 R-제곱	.059	.113
Nagelkerke R-제곱	.081	.159

N = 531

* = .10, ** = .05, *** = .01

개별 변수 또한 복합적 모습을 보인다. 연령은 두 후보에 대한 지지를 결정하는 데 통계적으로 유의미한 영향력을 보이지 못하고 있다. 나이의 변화에 따른 지지의 변화를 알 수 없기 때문이다. 다만 학력이 높을수록 두 후보에 대한 지지가 높게 나타나는 것을 볼 수 있어 연령 변수의 우회적 영향 가능성은 추론할 수 있다. 즉 젊은 연령일수록 학력이 높다고 전제할 때 학력이 높을수록 정세균 후보에 대한 지지가 상대적으로 높아지는 것으로 나타나는 것은 세대 구도의 영향이라고 해석할 수 있는 것이다.

그럼에도 홍사덕 후보에 대한 지지 또한 학력 변수와 통계적으로 유의미한 것으로 나타나 유사한 해석이 가능하다. 이 경우에 대한 또 다른 해석 가능성도 있다. 그것은 고학력·고연령층의 홍사덕 후보지지 가능성이다. 특히 일부 전통적 부촌을 중심으로 한 고학력·고연령의 유권자가 존재할 가능성이다. 물론 이는 어디까지나 추론에 불과하다. 좀 더 세밀한 지역 단위의 통계자료와 설문조사 자료를 통해 경험적으로 구명할 수 있기 때문이다.

여타의 변수를 보면, 민간인 사찰파문의 영향력을 확인할 수 있다. 민간인 사찰파문이 야당에게 유리할 것이라고 생각한 사람일수록 정세균 후보를 지지할 가능성이 높은 것으로 나타났다. 동시에 민간인 사찰파문이 당시 박근혜 새누리당 비상대책위원장에게 부정적으로 작용할 것이라고 생각한 사람일수록 정세균 후보를 지지할 가능성이 높게 나타났다.

2012년 양대 선거가 주목받는 것은 한국 선거 정치 과정 균열 구조의 변화 가능성 때문이다. 그동안 한국의 선거 정치 과정을 지배해 왔던 지역주의의 영향력은 약화되고 있다. 반면 세대와 계층의 중요성이 상대적으로 강화되고 있다. 이런 측면에서 종로는 '대한민국의 축소판'이었다. '정권 심판이냐 미래 기대냐'가 종로의 선택 기준이었기 때문이다.

선거 결과만 놓고 보면 종로구민의 선택은 정권 심판이었다. 정세균 후보의 승리는 정권 심판을 내세운 결과이기 때문이다. 여기에 민간인 사찰파문과 같은 사안도 정권 심판 분위기에 도움이 되었을 것이다. 정권 심판론을 결정지은 것은 세대 구도라고 추론할 수 있다. 양 후보에 대한 지지가 세대별로 극명하게 엇갈렸기 때문이다. 이는 개인 단위 분석을 통해서도 간접적으로 확인할 수 있었다.

반면 종로는 계층 투표의 가능성도 보여 주었다. 주택 소유율을 계층 측정의 한 방식으로 전제하면 이런 가능성은 더욱 높아진다. 계층 투표의 가능성은 세대 구도의 영향력을 약화시키는 측면이 있다. 정치적 성향의 대물림 가능성 때문이다. 이 경우 전통적 부촌의 젊은 층은 부모 세대의 정치적 성향에 상당한 영향을 받게 된다. 서민 거주지역의 젊은 층도 세대 구도와 함께 부모 세대의 정치적 성향에 영향을 받는 것이다.

종로는 대한민국의 축소판이다. 향후 한국 선거 정치 과정의 변화 가능성과 방향을 예상하는 리트머스 시험지와 같은 역할을 할 수 있다. 세대와 계층의 영향력 때문이다. 이런 측면에서 종로 선거는 언제나 주목의 대상이다.

참고문헌

강원택. 2003. "16대 대선과 세대." 김세균 편. 『16대 대선의 선거과정과 의의』. 서울: 서울대학교 출판부.

김민전. 2008. "2007 대선 그리고 정치균열의 진화." 이현우·권혁용 편. 『변화하는 한국의 유권자 2』. 서울: 동아시아연구원.

김욱. 2006. "16대 대선에서 세대, 이념, 그리고 가치의 영향력." 어수영 편. 『한국의 선거 5』. 서울: 오름.

김욱. 2011. "한국 정치사회의 갈등 구조의 변화와 세대 갈등." manuscript.

박명호. 2007. "2007 대선과 세대."『한국지방정치학회보』1(2).

박명호. 2009. "2008 총선에서 나타난 세대효과와 연령효과에 관한 분석."『한국정당학회보』8(2).

박재홍. 2005.『한국의 세대문제』. 서울: 나남.

송호근. 2003.『한국 무슨 일이 일어나고 있나: 세대, 그 갈등과 조화의 미학』. 서울: 삼성경제연구소.

이갑윤. 1999.『한국의 선거와 지역주의』. 서울: 도서출판 오름.

이남영. 2002. "세대와 투표참여."『계간사상』14.

이명진. 2005.『한국 2030신세대의 의식과 사회정체성』. 서울: 삼성경제연구소.

정준표. 1998. "북풍의 정치학−선거와 북한변수."『한국과 국제정치』4(1).

정진민. 1993. "한국사회의 세대문제와 선거." 이남영 편.『한국의 선거 Ⅰ』. 서울: 나남.

조대엽. 2002. "한국의 사회운동세대, 386."『계간사상』가을호.

최준영·조진만. 2005. "지역균열의 변화 가능성에 대한 경험적 고찰: 제17대 국회의원선거에서 나타난 이념과 세대 균열의 효과를 중심으로."『한국정치학회보』39(3).

Inglehart, Ronald. 1997. *Modernization and Postmodernization*: Cultural, Economic and Political Change in 43 Societies. Princeton: Princeton University Press.

Jennings, Kent and Richard Niemi. 1981. *Generations and Politics*. Princeton: Princeton University Press.

Mannheim, Karl. 1952. The Problem of Generations. P.Kecskemeti(ed.), *Essays on the Sociology of Knowledge*. New York: Oxford University Press.

2012 총선 종로 지역구 투표 결과

동/부재자	선거인 수 (가+나+다)	투표수 (가+나)	유효 투표수(가)									계	무효 투표수 (나)	기권 수 (다)
			후보자별 득표수											
			새누리당	민주통합당	국민의 힘	국민행복당	불교연합당	진보신당	무소속	무소속			
			홍사덕	정세균	김준수	홍성훈	정재복	최백순	류승구	서맹종			
국내부재자투표	2,346	2,155	786	1,012	24	26	6	26	25	28	1,933	222	191
국외부재자투표	838	436	174	238	1	3	1	6	0	2	425	11	402
청운효자동 소계	11,696	7,266	3,355	3,712	14	7	3	67	16	10	7,184	82	4,430
사직동 소계	8,499	5,052	2,806	2,119	10	10	2	42	8	6	5,003	49	3,447
부암동 소계	9,022	5,344	2,624	2,539	7	7	1	74	23	8	5,283	61	3,678
평창동 소계	15,744	9,531	5,596	3,746	8	24	7	65	12	12	9,470	61	6,213
무악동 소계	6,628	4,179	1,995	2,106	4	6	6	19	8	0	4,144	35	2,449
교남동 소계	7,552	3,874	1,654	2,085	9	3	4	41	14	10	3,820	54	3,678
종로1·2·3·4가동 소계	7,318	3,505	1,794	1,618	4	16	4	15	4	8	3,463	42	3,813
종로5·6가동 소계	5,245	2,666	1,186	1,412	5	6	4	10	8	7	2,638	28	2,579
이화동 소계	7,830	4,201	1,613	2,448	20	7	7	35	7	14	4,151	50	3,629
혜화동 소계	9,995	6,120	2,705	3,227	7	13	3	70	12	19	6,056	64	3,875
명륜3가동 소계	5,464	3,204	1,125	1,944	6	5	3	60	9	6	3,158	46	2,260
창신제1동 소계	5,794	2,893	1,095	1,719	6	6	3	16	5	5	2,855	38	2,901
창신제2동 소계	9,488	4,944	1,572	3,225	6	6	2	14	15	12	4,852	92	4,544
창신제3동 소계	6,726	3,941	1,507	2,308	5	3	4	31	11	9	3,878	63	2,785
숭인제1동 소계	6,099	3,202	1,247	1,864	4	5	3	14	11	7	3,155	47	2,897
숭인제2동 소계	8,007	4,030	1,599	2,319	10	5	2	31	6	6	3,978	52	3,977
합계	141,697	80,981	36,641	41,732	153	177	68	687	209	173	79,840	1,141	60,716

2012 총선 종로 비례대표 투표 결과

투표구명	선거인 수 (가+나+다)	투표수 (가+나)	유효 투표수(가)																				무효 투표수 (나)	기권 수 (다)
			정당별 득표수																					
			새누 리당	민주 통합당	자유 선진당	통합 진보당	창조 한국당	국민 생각	가자! 대국민 중심당	친박 연합	국민 행복 당	기독 당	녹색 당	대한 국당	미래 연합	불교 연합 당	정통 민주 당	진보 신당	청년 당	한국 기독당	한국 문화 예술당	한나 라당	계		
재외투표	1,171	667	319	201	10	78	1	1	3	6	0	1	6	2	0	2	3	21	1	3	1	6	665	2	504
국내부재자투표	2,346	2,155	827	776	82	151	17	17	4	7	8	18	28	2	6	7	10	48	9	1	14	48	2,080	75	191
청운효자동 소계	11,700	7,269	3,062	2,647	153	778	20	64	15	23	13	31	91	4	1	4	11	199	25	13	10	28	7,192	77	4,431
사직동 소계	8,504	5,052	2,669	1,485	88	411	9	43	3	9	8	19	58	6	1	7	3	137	7	9	1	24	4,997	55	3,452
삼청동 소계	2,831	1,708	857	526	27	159	7	10	2	3	0	8	17	0	0	3	3	53	9	2	0	8	1,694	14	1,123
부암동 소계	9,024	5,344	2,500	1,667	96	630	14	39	4	17	12	16	88	4	6	6	13	149	15	5	5	14	5,300	44	3,680
평창동 소계	15,750	9,534	5,147	2,547	159	804	29	92	6	23	31	186	123	6	1	12	11	215	22	17	7	23	9,461	73	6,216
무악동 소계	6,633	4,179	1,844	1,555	70	426	15	12	9	11	3	35	33	0	1	7	10	65	16	13	3	8	4,136	43	2,454
교남동 소계	7,552	3,874	1,530	1,587	65	358	14	16	9	19	7	44	22	1	2	3	14	80	15	9	3	14	3,812	62	3,678
가회동 소계	4,576	2,725	1,213	932	39	308	12	17	3	3	4	5	34	1	0	0	3	90	10	2	0	21	2,697	28	1,851
종로1·2·3·4가동 소계	7,320	3,505	1,673	1,286	54	250	8	22	7	10	15	14	27	3	0	5	9	42	8	2	1	10	3,446	59	3,815
종로5·6가동 소계	5,246	2,666	1,108	1,177	58	169	6	6	2	6	2	22	9	2	1	5	1	19	3	10	2	17	2,625	41	2,580
이화동 소계	7,832	4,200	1,463	1,805	81	474	11	22	5	14	8	36	41	6	1	9	14	115	11	9	1	10	4,136	64	3,632
혜화동 소계	10,004	6,121	2,483	2,255	139	688	26	31	6	8	8	38	93	7	1	6	13	215	14	12	4	15	6,062	59	3,883
명륜3가동 소계	5,465	3,205	1,012	1,374	63	412	13	12	4	3	7	17	51	1	0	3	8	157	8	5	2	9	3,161	44	2,260
창신제1동 소계	5,795	2,893	1,006	1,480	60	187	4	12	2	5	0	20	4	3	1	5	9	28	5	7	0	5	2,843	50	2,902
창신제2동 소계	9,488	4,944	1,462	2,801	87	280	8	17	1	12	9	42	11	7	1	10	20	49	7	7	2	14	4,847	97	4,544
창신제3동 소계	6,726	3,940	1,367	1,936	79	324	10	17	3	10	7	23	11	3	2	5	17	61	10	6	2	13	3,906	34	2,786
숭인제1동 소계	6,099	3,201	1,152	1,538	54	250	5	17	0	4	6	21	13	4	0	4	8	49	10	3	3	10	3,151	50	2,898
숭인제2동 소계	8,007	4,029	1,491	1,913	68	304	8	14	1	7	6	39	14	6	1	6	14	52	3	6	1	23	3,977	52	3,978
합계	142,069	81,211	34,185	31,488	1,532	7,441	237	481	89	200	154	635	774	68	26	109	194	1,844	208	141	62	320	80,188	1,023	60,858

2. 지역 선거전략과 정권 심판론 : 서울 은평 을

유성진

1. 머리말

지난 2012년 4월 11일에 치러진 19대 국회의원선거 결과는 야권이 승리할 것이라는 당초의 예상과는 달리 새누리당의 압승으로 끝이 났다. 애초에 120석 안팎으로 점쳐지던 새누리당은 강세지역인 영남은 물론, 강원과 충남에서의 압승으로 과반수인 152석을 확보, 127석을 확보하는 데 그친 민주통합당을 누르고 원내 제1당의 위치를 수성하였다.

민주통합당은 현 정부에 대한 불만, 경제적 양극화의 심화 등으로 부각된 정권 심판론을 앞세워 야권단일화를 성사시킴으로써 여야 간 맞대결 구도를 형성하는 데에는 성공했으나, 이를 유권자들의 표로 연결시키는 데에는 실패하였다. 매 선거마다 가변적인 투표 성향으로 인해 판세에 큰 영향을 미칠 것으로 여겨진 서울과 경기지역에서 각각 48석 중 30석, 52석 중 31석을 차지해 우위를 점했으나 기대를 모았던 부산·경남과 강원에서 열세를 보여 결국 1당을 차지하는 데 실패하였다.

19대 총선 결과의 원인으로는 박근혜 비상대책위원장을 중심으로 한 새누리당의 공천 개혁과 당 쇄신 노력, 그리고 현 정부와의 거리두기가 유권자들의 표심을 파고든 데 비해, 민주통합당의 경우 공천 과정을 둘러싼 잡음과 논란 후보들의 무리한 공천, '김용민 막말사건' 등 돌발변수에 대한 지도부의 안이한 대처, 그리고 정권 심판론 이외에 실질적인 정책대안 제시 실패 등이 꼽히고 있다.

선거 직전의 예측과 상반된 결과가 나타났지만 이와 상관없이 이번 19대 총선에서 현 정부에 대한 낮은 지지도가 촉발시킨 정권 심판론과 이에 기반한 유권자 차원의 변화 요구가 선거의 기본 구도를 형성하였던 사실을 부인하기는 어렵다. 이러한 선거 구도 가운데 이 글에서 살펴보려 하는 서울 은평 을 선거구는 다음의 세 가지 측면에서 관심의 대상이 되었다.

첫째, 현 정부 탄생에 결정적인 기여를 했고 이른바 '친이계'의 수장으로 일컬어졌던 새누리당 이재오 후보와 정권 심판론을 기반으로 하여 야권단일 후보가 된 통합진보당 천호선 후보 간 대결로 진행된 은평 을 지역구의 각축은 선거 이전부터 많은 관심을 불러일으켰다. 둘째, 은평 을 선거구의 대결은 현 정부와 전 정부의 핵심 인사들 간 격돌이라는 점에서 변화를 갈망하는 유권자들의 표심이 어디로 향하고 있는지 가늠할 수 있는 잣대로 여겨졌다. 마지막으로 이 지역은 지역 기반이 탄탄한 토박이 후보로서 5선을 노리는 이재오 후보와 정권 심판론을 등에 업은 야권단일 후보 천호선 후보가 각자의 장점을 극대화시키려 상반된 선거전략을 구사했다는 점에서 관심의 대상이었다.

은평 을 지역구를 살펴보는 이 글의 순서는 다음과 같다. 우선 은평 을 선거구의 특성을 사회경제적·정치적 특성으로 구분지어 살펴본 후, 후보자 특성과 선거쟁점을 지역구 유권자들의 진술을 기반으로 검토한다. 또한 선거 결과를 분석하고 왜 이러한 결과가 나타났는지 이유를 제시한 후, 은평 을 선거구가 총선의 전체 판세에서 갖는 의미를 되짚어 봄으로써 논의를 정리한다.

2. 선거구 특성

1) 사회경제적 특성

은평구청 홈페이지에 따르면 은평구 지역은 북한산 국립공원 또는 개발제한구역으로 구성된 녹지 면적이 전체 면적의 53.5%를 차지할 정도로 개발보다는 서울시 전체를 위한 보존공간으로써의 목적이 크다고 밝히고 있다. 29.71km²에 달하는 전체 면적 중 일반 주거지역이 14.32km², 개발제한구역이 15km²로 대부분을 차지하고 있고 상업지역은 0.39km²에 불과하다. 뉴타운 개발로 인해 주택보급율은 100%가 넘으나 2010년 기준으로 주택보유율은 77.6%, 자가보유율은 46.6%에 그쳐 상대적으로 개발이 더딘 지역임을 알 수 있다. 이러한 지역적 특성은 이 지역의 취약한 경제적 기반을 보여 주는 것으로 이는 표 1에 나타난 자치구별 재정자립도 현황을 통해 확인할 수 있다.

2011년 서울시 전체 25개 자치구들 중에서 은평구는 29.68%의 재정자립도를 보여 24위를 기록하고 있다. 이는 재정자립도가 70% 이상인 강남구, 서초구, 중구, 종로구 등 상위에 속하는 구들과 비교해 절반에도 못 미치는 수치이며, 노원구와 함께 재정자립도 30% 이하를 보이는 두 곳의 자치구 중 하나이다. 이러한 수치는 경제적으로 열악한 은평구의 현실을 보여 주며 녹지와 개발제한구역이 대부분을 차지하는 지역적 특성을 고려할 때 상당 기간 크게 개선되기 어렵다고 할 수 있다.

은평구의 경제적 어려움은 산업별 사업체 수를 통해서도 알 수 있다. 표 2에 정리된 산업별 사업체 수를 살펴보면, 2009년을 기준으로 은평구의 경우 숙박/음식점업의 사업체 수가 전체의 17.1%로 가장 많았고, 부동산/임대업이 6.1%, 제조업이 4.0%로 나타났다. 이러한 비율은 서울시 전체와 비교해서 차이를 보이는데 서울시의 사업체 수에서도 숙박/음식점업

표 1. 서울시 25개 자치구별 재정자립도(2011)

(단위: 백만 원)

	지방세	세외수입	예산규모	재정자립도 (%)	순위
서울시 평균	10,649,441,000	1,201,798,423	13,347,975,000	88.79	
강남구	251,460,063	160,049,594	496,857,513	88.82	1
서초구	146,580,017	57,086,910	256,611,801	79.37	2
중구	103,662,668	79,239,974	237,162,916	77.12	3
종로구	77,749,743	66,625,303	200,104,658	72.15	4
용산구	76,716,000	62,919,038	218,934,295	63.78	5
송파구	127,145,000	85,465,775	347,268,909	61.22	6
영등포구	96,507,000	67,577,769	275,800,000	59.49	7
성동구	58,876,484	75,701,831	264,065,904	50.96	8
마포구	73,199,377	63,880,838	278,100,000	49.29	9
강동구	70,695,914	65,071,254	284,463,295	47.73	10
동작구	58,602,000	70,072,919	269,973,552	47.66	11
동대문구	56,817,006	65,003,235	282,600,000	43.11	12
광진구	58,605,356	45,750,259	245,533,000	42.50	13
양천구	67,935,184	54,237,601	297,084,820	41.12	14
금천구	51,979,637	45,213,117	237,094,879	40.99	15
서대문구	52,961,707	46,425,071	248,158,000	40.05	16
구로구	60,609,457	51,412,215	289,478,000	38.70	17
성북구	58,185,734	57,934,741	323,942,390	35.85	18
강서구	70,827,818	55,680,161	366,694,317	34.50	19
관악구	55,782,752	49,516,895	307,237,000	34.27	20
도봉구	48,149,465	31,532,230	248,177,602	32.11	21
강북구	46,017,638	42,947,939	277,255,932	32.09	22
중랑구	47,827,681	49,608,870	309,311,936	31.50	23
은평구	53,467,099	40,173,848	315,500,000	29.68	24
노원구	57,595,000	55,209,736	407,386,307	27.69	25

출처: 지방행정종합정보공개시스템 홈페이지.

이 15.8%로 가장 많은 비중을 차지하였으나, 제조업이 7.6%, 부동산/임대

업이 5.0%, 그리고 전문/과학/기술서비스업과 금융/보험업이 각각 3.5%,

표 2. 산업별 사업체 수(2009)

	제조업	숙박/음식점업	금융/보험업	부동산/임대업	전문/과학/기술서비스업	전체
은평구	904 (4.0)	3,849 (17.1)	175 (0.8)	1,369 (6.1)	268 (1.2)	22,488
서울시 전체	54,947 (7.6)	114,473 (15.8)	9,259 (1.3)	35,979 (5.0)	25,467 (3.5)	723,086

출처: 서울특별시 통계연보(2010). 괄호 안은 비율(%).

표 3. 사업체 규모별 종사자 수(2009)

	1~4명	5~19명	20~99명	100~299명	300명 이상	전체
은평구	32,767 (41.8)	16,475 (21.0)	15,212 (19.4)	8,629 (11.0)	5,395 (6.9)	78,478 (100)
서울시 전체	1,068,319 (25.6)	895,989 (21.4)	861,968 (20.6)	526,843 (12.6)	824,217 (19.7)	4,177,336 (100)

출처: 서울특별시 통계연보(2010년). 괄호 안은 비율(%).

1.3%로 나타났다. 따라서 은평구는 제조업, 금융/보험업, 그리고 전문/과학/기술서비스업 등이 취약한 산업구조를 갖고 있으며 이는 은평구의 사업체들이 대부분 노동집약적인 형태를 띠고 있음을 의미한다.

표 3에 정리된 사업체 규모별 종사자 수 역시 은평구의 경제적 취약성을 보여 주고 있다. 전체 종사자 수의 40%를 넘는 비율이 1~4명 규모의 사업체에 종사하고 있으며 300명 이상의 중대형 사업체의 종사 비율은 6.9%인 것으로 나타났다. 반면, 서울시 전체에서는 1~4명의 소규모 사업체에 근무하는 종사자 수는 25.6%, 300명 이상의 중대형 사업체 종사자 수는 전체의 20%가량으로 나타나 뚜렷한 대조를 보이고 있다.

재정자립도, 산업별 사업체 수, 사업체 규모별 종사자 수 등의 비교가 동일하게 보여 주는 사실은 은평구가 서울의 다른 지역들과 비교해서 상

대적으로 취약한 산업기반을 가지고 있고 그것이 은평구의 열악한 재정
상태로 이어지고 있다는 점이다.

2) 정치적 특성

서울의 서북쪽에 위치한 은평구의 행정구역은 그림 1과 같다. 모두 16
개 동으로 이루어져 있는 은평구는 두 개의 선거구를 가지고 있는데, 이
글의 대상인 은평 을 선거구는 중간의 역촌동을 기점으로 북쪽에 위치한
구산동, 대조동, 갈현1~2동, 불광1~2동, 진관동 등 모두 여덟 개의 동으
로 구성되어 있다. 이 중 진관동은 뉴타운 개발의 핵심지역으로 새로운 주
거지역을 형성하고 있고, 불광동과 대조동은 재래시장과 현대식 마트가
공존하는 생활지역이라 할 수 있다. 이러한 대조적인 지역 형태는 은평구
유권자들의 정치적 성향을 특징화하기 어렵다는 개연성을 내포하고 있는
데, 이는 은평구의 정치적 선택이 상황에 따라 매우 가변적으로 나타날 수

그림 1. 은평구 행정구역

출처: 은평구청 홈페이지.

있음을 의미한다. 더불어 은평구의 열악한 산업구조와 재정 기반은 이 지역의 유권자들이 지역개발 공약에 민감하게 반응할 것임을 예측케 한다.

최근에 있었던 선거에서 은평 을 지역구의 유권자들이 어떠한 정치적 선택을 하였는지는 표 4에 나타나 있다. 2004년 4월 15일에 있었던 17대 국회의원선거부터 2011년 10월 26일에 있었던 서울시장 보궐선거의 결과를 일별해 보면 두 가지 특징적인 모습을 찾을 수 있다.

가장 큰 특징은 이 지역의 야권 성향이다. 노무현 행정부 시절에 치러진 선거에서 은평 을 지역구의 유권자들은 모두 야당인 한나라당의 후보들을 지지한 반면, 이명박 정부가 들어선 이후 치러진 네 번의 선거 중 세 번에서 야권의 후보들을 선택하였다. 이러한 특징이 임기 중간에 치러지는 선거에서 대개의 경우 여당이 불리하다는 통념에 비추어 새로운 사실은 아니지만, 탄핵정국으로 여당인 열린우리당이 승리를 거두었던 17대 총선과 17대 대선 직후에 치러져 여당인 한나라당이 압승한 18대 총선에서 야권 후보를 선택하였다는 점은 특기할 만하다. 17대 총선의 결과는 이재오 후보가 성실한 지역구 활동을 통해 개인적인 지지 기반을 공고히 구축하고 있었다는 점으로 설명될 수 있으나, 2008년 18대 총선에서 문국현 후보의 승리는 사실 예상하기 어려운 결과였다.[1]

최근의 선거 결과에 비추어 지적할 수 있는 두 번째 특징적인 모습은 은평 을 지역구 유권자들의 가변적인 투표 성향이다. 은평 을 지역의 유권자들은 정치권력이 변화함에 따라 야권 후보를 선택하였을 뿐 아니라, 그 지지의 폭 역시 크게 요동쳤다. 예를 들어, 2006년 4회 지방선거의 은평구청장 선거에서 이 지역의 유권자들은 무려 28%가 넘는 격차로 한나라당

---

1 18대 총선 결과에 대한 설명으로는 거대 이슈인 대운하 쟁점에 대한 견제 심리의 작동, 은평 뉴타운 재개발 과정에서 불거진 문제들, 그리고 공천 과정에서 이재오 의원의 역할과 박근혜 지지 심리 등이 제시된다(한국정당학회 2009).

표 4. 은평 을 지역구 최근 선거 결과

구분		당선자 (소속 정당)	득표수 (득표율)	차점자 (소속 정당)	득표수 (득표율)
17대 총선 (2004.4.15)		이재오 (한나라당)	53,107(45.5)	송미화 (열린우리당)	50,566(43.1)
4회 지방선거* (2006.5.31)	서울시장	오세훈 (한나라당)	100,572(58.5)	강금실 (열린우리당)	50,411(29.3)
	은평구청장	노재동 (한나라당)	100,465(58.5)	고연호 (열린우리당)	52,047(30.3)
17대 대선* (2007.12.19)		이명박 (한나라당)	108,240(49.7)	정동영 (통합민주당)	59,909(27.5)
18대 총선 (2008.4.9)		문국현 (창조한국당)	48,656(52.0)	이재오 (한나라당)	38,164(40.8)
5회 지방선거* (2010.6.2)	서울시장	한명숙 (민주당)	95,666(49.6)	오세훈 (한나라당)	85,737(44.4)
	은평구청장	김우영 (민주당)	100,331(54.2)	김도백 (한나라당)	75,646(40.8)
국회의원 보궐선거 (2010.7.28)		이재오 (한나라당)	48,311(58.3)	장상 (민주당)	33,048(39.9)
서울시장 보궐선거* (2011.10.26)		박원순 (무소속)	104,533(56.6)	나경원 (한나라당)	78,252(42.4)

*은평구 전체의 결과, 괄호 안은 비율(%)
출처: 중앙선거관리위원회 역대선거정보시스템.

소속의 노재동 후보를 당선시켰으나, 2010년 구청장 선거에서는 54%의 지지율로 민주당 소속 김우영 후보에게 압도적인 승리를 안겨주었다. 이와 같은 사실은 이 지역의 유권자들이 정당을 지지하는 성향과는 별도로 선거 구도, 이슈, 후보자 등에 따라 매우 유동적인 정치적 성향을 보였음을 의미한다.

3. 후보자 특성 및 선거쟁점

19대 총선에서 은평 을 지역구는 현역의원으로 5선에 도전하는 새누리당 이재오 의원과 야권단일 후보로 초선에 도전하는 통합진보당 천호선 후보가 격돌하였다. 이와 같은 경쟁 구도는 '친이계의 좌장' 그리고 '노무현 정부의 대변인 출신'이라는 두 후보의 이력이 보여 주듯이 현 정부와 전 정부 간 대결의 양상을 띠고 있었다는 점에서 세간의 흥미를 끌었다.

두 후보의 경력을 정리한 표 5는 이러한 양상을 극명하게 보여 준다. 이명박 정부 창출의 일등공신인 이재오 후보는 '친이계의 좌장'답게 현 정부에서 특임장관과 국민권익위원장을 역임하며 실세 중의 실세 역할을 하였다. 비록 현 정부 초기에 치러진 18대 총선에서 낙선하였지만 2010년 보궐선거에서 당선되어 4선의원이 되었고 이번에 5선에 도전하였다. 반면, 천호선 후보는 노무현 행정부 시절에 청와대 대변인으로 이름을 알렸고 현재 통합진보당 대변인을 맡고 있다. 단일화 과정에서 생긴 불협화음

표 5. 주요 후보자의 사회경제적 특성

	이재오	천호선
소속 정당	새누리당	통합진보당
생년월일	1945년 1월 11일	1962년 9월 10일
주소	서울 은평구 연서로15길	서울 은평구 진관1로
직업	국회의원	정당인
학력	고려대 교육대학원(교육학 석사)	연세대 사회학과(사회학 학사)
경력	전 국민권익위원장 전 특임장관	전 노무현 대통령 청와대 대변인 통합진보당 대변인
병역	필	미필
재산액(천 원)	773,845	1,101,508
납세액(천 원)	20,521	10,125
전과	3건	2건

출처: 중앙선거관리위원회 홈페이지.

을 딛고 경선을 통해 야권단일 후보가 되었고 '정권 심판론'을 통해 이재오 후보와 양자 대결 구도를 형성하였다.

이러한 과거 경력의 차이는 두 후보의 선거전략에 있어서도 뚜렷하게 나타났다. 이재오 후보가 토박이 후보임을 강조하며 소위 '나홀로 유세' 전략으로 지역 유권자들과 일대일 접촉에 집중하였던 데 반해, 천호선 후보는 '정권 심판론'을 기치로 형성된 전체적인 구도의 우세를 선거에서의 승리로 이끌기 위해 한명숙, 유시민, 박지원 등 야권의 지도부들과 조국, 권해효 등 진보 성향의 유명인들로부터의 적극적인 지지유세를 받아 세 몰이에 집중하였던 점에서 큰 차이를 보였다. 각 후보 사무실에 걸려 있는 현수막에서도 이재오 후보가 "은평 발전, 마무리하고 싶습니다."라고 하여 '의정 활동의 연속성'을 강조하는 지역 중심의 전략을 구사했던 반면, 천호선 후보의 경우 "은평을 새롭게 대표할 최고의 선택! 야권단일 후보 천호선"이라는 표어를 통해 '변화'를 강조하여 극명한 대조를 보였다.

이러한 선거전략의 차이는 두 후보의 선거공약에도 그대로 반영되었다. 표 6은 중앙선거관리위원회에 공개된 두 후보의 5대 선거공약을 정리한 결과이다. 이재오 후보의 경우, "뻥 뚫린 은평 도로길", "뻥 뚫린 은평 지하철"을 전면에 내세움으로써 심각한 교통문제에 시달리는 지역주민들의 관심사를 파고들었다. 이와 더불어 "서민의 주택문제 해결" 그리고 "학교폭력 근절을 위한 안전망 마련" 등의 공약을 통해 민생문제에 집중하는 모습을 보였다. 반면, 천호선 후보는 "정의가 바로 서는 사회", "생애주기별 복지 실현" 그리고 "청년에게 미래를"과 같이 선거 전체를 관통하는 구조적 쟁점을 핵심으로 내세웠고 "서민경제 생존권 보호와 역량 강화", "은평주민의 삶을 살피는 국회의원" 등과 같이 지역 차원의 공약을 후면에 배치해 큰 대조를 보였다. 각 공약의 세부적인 내용에 있어서도 이재오 후보가 '6호선 복선화', '지역 내 도로망 확충'과 같은 지역 공약을 내세우고 특

표 6. 이재오 후보와 천호선 후보의 5대 선거공약 비교

	이재오	천호선
제1공약	뻥 뚫린 은평 도로길	정의가 바로 서는 사회
제2공약	뻥 뚫린 은평 지하철	생애주기별 복지 실현
제3공약	주민참여형 추진위원회 구성	청년에게 미래를
제4공약	서민의 주택문제 해결	서민경제 생존권 보호와 역량 강화
제5공약	학교폭력 근절을 위한 안전망 마련	은평주민의 삶을 살피는 국회의원

출처: 중앙선거관리위원회 홈페이지.

정 지역과 동네를 거명하는 구체적인 실천 공약을 제시하였던 반면, 천호선 후보 측은 정권 심판론, 권력형 비리 타파, 문화와 교육 환경 개선 등 거시적인 방향을 제시하는 데 집중하였다.

이러한 차이는 선거운동 전략에서도 확연히 드러났다. 천호선 후보 측이 한명숙, 유시민 대표의 지원 유세를 통해 정권 심판론을 부각시키고 선거 열기를 높이려는 데 반해, 이재오 후보 측은 '나홀로 선거' 방식으로 조용히 유권자들을 찾아다니며 인사하는 방법을 택했다. 이를 반영하는 듯, 3월 29일 방문한 두 후보의 사무실은 매우 대조적인 모습이었는데, 이재오 후보의 사무실은 차분하고 정리가 잘 되어 있었지만 선거를 앞두고 있다고 할 수 없을 정도로 조용했던 반면, 천호선 후보의 사무실은 사람도 많고 활기가 넘쳤지만 왠지 어수선한 느낌이었다.

선거운동 전략의 차이는 두 후보의 선거캠프 관계자들의 언급에서도 나타났다. 이재오 후보 선거캠프의 보좌관(이승현)은 "이재오 후보가 벤츠를 타고 다닌다, 쓰레기를 줍는다는데 쓰레기 봉투 안에 쓰레기가 안 보인다는 등 천호선 후보가 네거티브 전략에 지나치게 집중한다."고 불평하면서, "보통 목지점에서 유세를 하는 다른 후보들과는 달리 이재오 후보는 이 지역에 오래 사신 까닭에 지리를 잘 아셔서 사람을 동행하지도 않고 직접 상가를 방문하시거나 시민들에게 인사하고 다니신다."라며 토박이 후

보로서의 강점을 강조하였다. 반면, 천호선 후보 측의 대변인(양순필)은 몇 가지 에피소드를 소개하며 천호선 후보의 신뢰성, 인격 등을 강조하는 한편으로 "이재오 후보는 이명박 대통령과 관련이 없는 것처럼 행동하고 있다. 천호선 후보처럼 당당하게 자신의 정당에 평가 받겠다고 나서야 하지만 정권에 책임이 없다고 주장하고 있다."고 비난하였다. 또한 "이재오 후보가 여당이 국민의 지지를 받고 있으면 대통령을 끌어들여 유세를 할 테지만, 자신에게 유리하지 않을 것이기에 나홀로 선거를 펴고 있다. 위선적이며 정권에 책임감이 없다."라며 책임론과 정권 심판론에 집중하는 선거전략을 분명히 하였다.

선거전략과 공약을 바라보는 지역 유권자들의 시선도 대조되는 모습을 보였다. 3월 26일 불광역 근처 재래시장인 대조시장에서 만난 식료품점을 운영하는 70대 할머니는 대형마트 때문에 재래시장은 이제 가망이 없다고 말하며 "젊은 사람들의 세상이니 젊은 사람들이 해야지."라고 말했다. 그러나 지역토박이로 건설업을 하는 석재봉 씨(62세)는 "지난 보궐선거에서는 열일 젖히고 선거에 참여했는데 이번은 투표 안 한다."면서도 "하게 되면 이재오를 찍을 것"이라고 밝혔다. 또 다른 재래시장인 불광시장에서 만난 자영업을 하는 여성(52세)은 "어느 누가 돼도 똑같다는 생각에 투표하고 싶지 않다."라고 하면서도 "이제는 젊은 사람들로 세대교체가 필요하다."며 천호선 후보에 대한 선호를 넌지시 비춘 반면, 근처 상인인 50대 남성은 "이재오를 뽑겠다. 가족들의 성향도 그러하다."라며 이재오 후보에 대한 선호를 분명히 했다.

지역 유권자들의 반응에서는 세대 간 차이도 확인할 수 있었다. 불광역 근처에서 만난 60대 여성 유권자(자영업)는 선거 의향을 묻는 질문에 이재오 의원과 친분이 있다고 말하면서 "한 번 더 뽑아주어야 제대로 된 결과를 볼 수 있을 것이라 생각한다."고 답하였고, 또 다른 60대 여성은 "말할 것도 없다 무조건 새누리당이다. 다른 사람은 생각해 본 적도 없다."고 밝혀 이재오 후보 지지를 분명히 하였다. 반면에, 근처 영화관에서 만난 30대 초반의 주부는 "새누리당은 절대 찍지 않겠다."라고 말하였고, 회사원인 40세 여성 역시 유사하게 "아직 정하지 않았다. 하지만 새누리당은 찍지 않겠다. 주변 사람들도 야당을 지지한다."라고 응답하여 좋은 대조를 보였다. 그러나 젊은 유권자들의 경우 "야당 쪽 후보가 누군지 아느냐?"라는 질문에 잘 모른다고 답하고 "요 근래 보여 준 야당의 행동들에 대해서 어떻게 생각하느냐?"라는 질문에 "진보는 안 그럴 줄 알았는데 조금 실망스럽다."라고 말해 후보에 대한 선호가 아직 분명하지 않고 그 강도 역시 약함을 알 수 있었다.

3월 26일 만난 은평 을 지역구 유권자들의 반응은 대체적으로 이재오 후보의 출마에 대해서는 알고 있었지만 천호선 후보의 출마는 대다수가 알지 못해 천호선이라는 개인을 지지하는 것이 아니라 야당 쪽 후보에 대한 선호 의사임을 확인할 수 있었다. 후보에 대한 인지도는 연령이 낮아질수록 약하다는 사실을 알 수 있었으며 천호선 후보를 민주통합당 후보라고 알고 있는 사람들도 상당수여서 선거에 대한 관심이 크지 않다는 점도 아울러 확인할 수 있었다.

결국, 선거 이전에 만난 유권자들의 반응을 통해서 인지도 측면에서는 천호선 후보가 이재오 후보와 상대가 되지 않았지만 정권 심판과 변화에 대한 열망 역시 상당하다는 점을 알 수 있어서 두 후보가 초박빙의 승부를 펼칠 것이라고 예상할 수 있었다.

4. 선거의 과정과 결과

앞에서 언급했듯이 진보정권 시절인 16대, 17대 총선에서 은평 을 유권

표 7. 은평 을 여론조사 지지율 추이(%)

조사일자	이재오	천호선	주관기관
3월 19일	37.3	32.8	동아일보/리서치앤리서치
3월 19일~20일	44.9	44.2	국민일보/GH코리아
3월 26일	39.1	24.2	중앙일보/한국갤럽/엠브레인
3월 31일~4월 2일	43.1	31.5	방송3사
4월 6일	44.9	36.8	한국일보/엠브레인
4월 11일	47.3	50.8	출구조사
최종 결과	49.51	48.37	중앙선거관리위원회

자들은 지역 후보인 이재오를 선택하였지만, 현 정부 초기에 치러진 18대 총선에서는 야당 후보 문국현을 선택하여 상반된 결과를 보여 주었다. 지역 후보의 강점을 살려 유권자들과의 대면 접촉에 집중하고 있는 이재오 후보, 야권단일 후보임을 강조하며 현 정부 심판론과 이재오 책임론을 부각시키려는 천호선 후보의 대결이 어떠한 결과로 나타날지 전국적인 관심을 끌었지만 여론조사에 나타난 판세는 이재오 후보가 크게 앞서는 형국이었다.

표 7은 선거 직전에 실시된 여론조사 지지율의 추이를 보여 준다. 표에서 알 수 있듯이, 이재오 후보는 거의 선거 기간 내내 천호선 후보를 압도하는 모습을 보여 주었다. 후보 등록 직전인 3월 19일에 조사된 여론조사에서는 두 후보 간 격차가 근소하게 나타났지만, 후보자 등록이 끝나고 선거운동이 본격적으로 시작된 이후 대부분의 조사에서 이재오 후보는 천호선 후보를 10% 이상의 격차로 앞서가고 있어 전국적인 관심과는 달리 싱거운 싸움이 될 것임을 예고하였다.

이러한 압도적인 우세는 두 후보와 관계자들의 증언에서도 확인할 수 있었다. 3월 29일 만난 이재오 후보의 보좌관은 "재보궐선거 때 지지율이 57:43이었는데 지금은 38:26으로 12% 차이가 나 야권단일화 과정에서 거

품이 빠졌다."라고 말해 선거가 예상보다 덜 치열함을 밝혔다.[2] '나홀로 유세'를 하고 있는 이재오 후보도 "우리 은평 을은 야권을 보지도 않아요. 여론조사에서 '정권 심판을 받을 것이다'라는 주장도 있지만 은평 을에서는 외부에서 들어온 정치인들은 경쟁력이 없어요."라고 밝혀 자신감을 드러냈다. 정권 심판론에 대해서도 "18대에 한 번 떨어졌는데 은평 을 주민들이 후회했어요. 30년 동안 주민들은 나를 봐 와서 나를 잘 알아요. MB 정부와 나를 연결 짓는 것에 당락을 결정할 정도의 설득력이 있지 않다고 생각해요."라고 밝혔다. 젊은 세대들의 반감에 대해서도 "나는 은평 을에 산 지 무려 43년이나 되었고 지금 거주하는 집에서는 30년간 살았습니다. 여기는 30~40대들 그리고 그 아래의 세대들도 나와 연고가 있는 사람이 많아요. 내가 은평 을에 오래 살아서 어렸을 때부터 나를 보고 자랐기 때문이고 내 자녀들의 친구들도 나를 잘 알고 있죠. 은평 을은 내 삶의 한 부분이고 현장이기 때문에 다른 구의 후보와 조건이 같지 않아요. 이름만 유명하다고 해서 외부에서 날아들어 온 사람이 나를 이길 수 없어요."라고 밝혀 지역 후보로서 그간의 활동과 경험을 크게 믿는 것으로 보였다.

천호선 후보 측의 양순필 대변인은 뒤지고 있는 여론조사 결과에 대한 생각을 묻자 "여론조사와 길거리 민심과는 괴리가 있고 길거리 민심은 변화를 갈망한다."고 말하면서도 지역 토박이인 이재오 후보를 의식한 듯, "소규모 모임 위주로 천호선 후보의 정치적 자질과 역량을 보여 주는 데 집중할 것"이라고 밝혔다. 유세장에서 천호선 후보는 "이재오 후보는 자타공인 이명박 정권의 탄생과 실정에 대해 책임이 있다."고 말해 정권 심판론과 책임론을 부각시키고 "재벌들은 탈세를 하며 이익이 점점 높아지고 있는 데 반해, 우리 시민들의 경제 사정은 날이 갈수록 어려워지고 있

---

[2] 그렇지만 그는 "그렇게 될 가능성은 매우 낮지만 만일 천호선 후보가 정통민주당 이문용 후보와의 단일화에 성공한다면 박빙의 대결이 될 것"이라고 예상하였다.

습니다. … 비정규직 제도를 불법으로 만들고 중소기업을 살리고 싶습니다.”라고 말해 경제적 양극화를 전면에 내세웠다. 또한 “이재오 후보가 은평 을을 돌아다니며 직접 시민들을 만나는 것은 진정으로 지역의 삶을 살피려는 의도가 아니라 자신의 권력 연장을 위한 욕심에서 비롯된 표를 사기 위한 행동일 뿐”이라고 폄하하면서 “앞으로 정권이 교체되면 이재오 후보는 일을 하고 싶어도 할 수가 없습니다. 대한민국에서 이명박 정권을 끝내고 은평구의 새출발과 대한민국의 발전을 위해서 이재오 후보의 정치인생을 마무리시킵시다.”라고 말해 책임론과 변화에 호소했다.

상반된 선거전략과 이를 반영한 공약, 그리고 선거운동 방식에서의 차이는 선거 기간 내내 두 후보를 크게 대조시켰다. 그러나 앞에서 제시한 바와 같이 유권자들의 여당에 대한 반감이 예상보다 컸고, 특히 많은 젊은 유권자들이 ‘야당 후보가 누구라도 찍겠다’라고 말한 것으로 보아 선거 직전까지 두 후보 간 경쟁이 매우 치열할 것임을 느낄 수 있었다. 그럼에도 여론조사에서 나타난 격차는 인지도 면에서 이재오 후보가 크게 앞서고 있었다는 사실에 기인한 것으로 보이며 잠재적인 야권 지지세력인 젊은 세대들이 적극적으로 투표에 참여하겠다는 의향을 나타내지 않았던 것으로 이해된다.

현장의 분위기를 통해 느낀 예상대로 선거 결과는 선거 기간 중 실시된 여론조사의 결과와 큰 차이를 보였다. 선거 직후의 출구조사는 여론조사의 예상을 뛰어넘어 천호선 후보가 근소한 차이로 승리할 것이라고 예상하였지만, 최종 투표 결과는 이재오 후보의 신승으로 나타났다. 표 8에 제시된 최종 결과를 보면 이재오 후보는 천호선 후보를 득표수로는 약 1,500여 표, 득표율에서는 1.2% 앞서며 5선에 성공하였다.

후보 투표 결과와 비교해서 은평 을 선거구의 정당득표율은 조금은 상반된 모습을 보여 준다. 표 9를 보면, 새누리당이 39.53%를 얻어 가장 많

표 8. 19대 총선 은평 을 선거구 후보 투표 결과

소속 정당	후보	득표수	득표율(%)
새누리당	이재오	63,238	49.51
통합진보당	천호선	61,779	48.37
정통민주당	이문용	2,692	2.10
합계		127,709	100

출처: 중앙선거관리위원회 홈페이지.

표 9. 19대 총선 은평 을 선거구 정당득표율(%)

구분	새누리당	민주통합당	통합진보당	자유선진당
전국	42.80	36.45	10.30	3.23
서울	42.28	38.16	10.56	2.11
은평	39.53	37.07	14.40	1.82

출처: 중앙선거관리위원회 홈페이지.

은 득표를 하였지만 민주통합당 37.07%, 통합진보당 14.40%를 얻어 반 이상의 유권자들이 야권을 선택하였다. 물론 전국과 서울의 평균에서도 같은 결과가 나왔지만 은평 을 지역구의 경우 그 격차가 조금 더 크게 나타났다는 점에서 차이를 보인다.

그렇다면 이와 같은 선거 결과는 어떻게 설명될 수 있을까? 자료상의 문제로 세밀한 분석에 근거한 설명을 제시할 수는 없지만 몇 가지 추론적 설명이 가능하다.

우선, 이재오 후보의 높은 인지도를 들 수 있다. 참여관찰을 통해 알 수 있었던 은평 을 지역구의 가장 큰 특징은 지역 주민 대부분이 이재오 후보를 잘 알고 있을 뿐 아니라 '나홀로 유세'를 하고 있는 이재오 후보에게 지나가던 주민 대부분이 인사를 할 정도로 인지의 강도 역시 높았다. 토박이 정치인으로서의 강점은 대단히 큰 자산이었고 그것이 결국 이재오 후보의 승리를 가져왔다. 이러한 높은 인지도와 주민 밀착도는 새누리당의 공천 과정에서 이재오 후보가 소외되는 모습을 보였다는 점과 결부되어 정서적인 강점으로 작용했을 개연성도 있다.

둘째, 선거 막판에 터진 '김용민 막말파문' 등이 이재오 후보 지지자들을 투표장으로 동원하는 한편, 젊은 층 유권자들의 발걸음을 더디게 만들었을 가능성 역시 존재한다. 세대별 투표율 등 자료가 정리되면 세밀한 분석이 수행되어야 하겠지만 야권의 악재들이 선거 기간 내내 이재오 후보를 긴장시켰던 정권 심판론의 바람을 잦아들게 만들었을 것이라는 가능성이다. 이에 근거하면 은평 을 지역구에서 정권 심판론은 정당 투표에는 반영되었지만 후보 투표에는 반영되지 못했을 수 있으며, 이러한 가능성은 표 10이 보여 주듯 상대적으로 높은 연령층의 유권자들이 많은 은평 을 지역구의 특성이 간접적으로 뒷받침해 준다.[3]

셋째, 두 후보의 상반된 선거운동 전략이 작용했을 가능성도 있다. 몇 차례 언급했듯이 이재오 후보가 지역 차원의 공약을 중심으로 철저하게 지역 주민 중심의 선거운동을 펼쳤다면, 천호선 후보는 정권 심판론과 이재오 책임론과 같이 전체 구도적인 측면을 파고들었다. 선거 구도상에 영향을 미치는 바람의 힘을 무시할 수는 없겠지만 국회의원선거와 같은 지

표 10. 연령별 유권자 분포(%)

	20대(19세 포함)	30대	40대	50대	60대 이상
은평 을	18.2	22.0	21.1	18.6	20.1
은평구	18.1	21.8	20.9	18.7	20.5
서울시	20.0	21.9	20.9	18.7	18.5

출처: 서울특별시 홈페이지.

---

[3] 관련하여 투표율 역시 이를 뒷받침한다. 중앙선거관리위원회 홈페이지에 따르면 이번 19대 총선에서 은평 을 지역구의 투표율은 55.25%로 지난 18대 총선의 51.37%보다는 높았지만 60.69%를 보였던 17대 총선보다는 5% 가량 낮았다. 젊은 세대의 투표율이 대체적으로 낮다는 점을 감안할 때 이는 은평 을 지역구에서 젊은 세대들의 투표율이 그리 높지 않았음을 의미한다.

역 차원의 선거에서 구체성이 결여된 공약은 자칫 유권자들의 관심을 멀어지게 할 수도 있다. 천호선 후보가 전면에 부각시킨 '이재오 책임론'은 유권자들에게 무엇을 하겠다는 약속보다는 네거티브에 불과하다는 인상을 심어 주었을 수도 있다.

마지막으로 야권의 후보 선출 과정과 제3의 후보 변수이다. 은평 을은 야권단일화 과정에서 진통을 겪었던 지역으로 민주통합당 예비 후보였던 고연호 후보가 당의 천호선 후보 전략 공천 방침에 반발하여 자살까지 시도했던 곳이다.[4] 결국 경선을 통해 천호선 후보가 최종 단일 후보가 되었지만 그러한 진통이 유권자들에게 부정적으로 작용하였을 수 있다. 또한 결과론적인 설명이지만 정통민주당의 이문용 후보가 선거 결과에 중요한 역할을 하였다고 볼 수 있다. 표 8에 나와 있는 것처럼 이문용 후보는 이번 선거에서 2,692표를 얻었는데, 이는 이재오 후보와 천호선 후보의 격차를 상회하는 수치이다.

5. 맺음말

구도상 야권의 승리가 예상되었지만 새누리당의 압승으로 끝난 19대 총선은 '선거 결과는 뚜껑을 열어 봐야 알 수 있다'는 속설을 여실히 증명해 주었다. 이 글을 통해 살펴 본 은평 을 선거구의 경우도 여론조사상으로는 이재오 후보의 압승이 예상되었지만 치열한 경쟁 구도 속에 근소한 차이로 승리하는 결과로 이어졌다. 참여관찰을 통해 살펴본 은평 을 선거구의

4　천호선 후보 측의 양순필 대변인은 인터뷰에서 "이 지역에서 오랫동안 지지기반을 다져왔던 민주통합당 고연호 후보에게 미안한 마음이 있다. 하지만 천호선 후보 역시 지난 보궐선거에서 민주당 장상 후보에게 양보하였던 전력이 있기 때문에 개인적인 서운함은 없을 것이다."라고 말했다. 그러나 여러 차례 요청에도 불구하고 고연호 후보가 천호선 후보 사무실 개소식에 모습을 나타내지 않았다는 사실은 두 후보 간의 앙금이 완전히 가시지는 않았음을 보여 준다.

선거과정과 결과는 다음의 몇 가지 시사점을 제시한다.

첫째, 국회의원선거와 같이 지역 차원의 선거에서 후보의 지역 친밀도가 매우 중요하다는 사실이다. 은평 을의 결과는 이재오 후보와 같이 토박이 후보라는 강점을 지닌 후보는 선거 구도 전체의 영향을 어느 정도 상쇄할 수 있음을 잘 보여 주며 이는 지역 차원의 선거에서 후보 요인이 점점 더 중요성을 더해 가고 있음을 의미한다. 천호선 후보가 정권 심판론을 등에 업고 초반의 약세를 크게 줄이는 데에는 성공하였지만 결국 당선되지 못했다는 사실은 이를 뒷받침한다.

둘째, 후보 요인의 중요성과 더불어 은평 을의 선거 결과는 공약의 구체성이 얼마나 중요한지 명확히 보여 준다. 우세한 선거 구도 속에서 천호선 후보가 '이재오 책임론'을 통해 어느 정도 지지유권자들을 결집한 것은 사실이다. 그러나 천호선 후보의 유세 현장에서조차도 "천호선 후보가 도대체 무엇을 하겠다는 것인지 모르겠다."는 아쉬움이 터져 나왔다는 사실은 유권자들의 표를 얻고 승리하기 위해서는 구체적이면서도 실천적인 공약이 뒷받침되어야 함을 잘 보여 준다.

마지막으로 지역 차원의 선거와 전국 차원의 선거가 가져올 수 있는 차이점이다. 후보 투표와 상이한 양상을 보인 은평 을의 정당 투표 결과에서도 알 수 있듯이 지역 후보의 강점은 정당 투표에서 그리 두드러지지 않았다. 이러한 사실은 지역 후보로서의 강점이 상호 상쇄되는 전국 차원의 선거에서는 전체적인 선거 구도가 미치는 영향이 보다 극대화될 수 있음을 의미한다.

참고자료

한국정당학회. 2009.『18대 총선 현장리포트』서울: 푸른길.

서울시청. 2010.『2010 서울시통계연보』
　　http://stat.seoul.go.kr/jsp/WWS8/WWSDS8115.jsp?cot=009.

은평구청홈페이지. http://www.ep.go.kr/CmsWeb/viewPage.req?idx=PG0000001112.
이재오 의원 홈페이지. http://www.leejo.net/.
중앙선거관리위원회 홈페이지. 역대선거정보시스템. http://www.nec.go.kr/sinfo/index.
　　html.
중앙선거관리위원회 홈페이지. 제19대국회의원선거정보. http://info.nec.go.kr/main/
　　showDocument.xhtml?electionId=0020120411.
지방행정종합정보공개시스템 홈페이지 http://www.laiis.go.kr/jsp/cmm/main/MainIn-
　　dex_02.jsp.
천호선 후보 블로그. http://blog.naver.com/1000hosun/.

3. PK 대권인가 토박이 지역일꾼인가 : 부산 사상구 참여관찰

이동윤

1. 머리말

2012년 4월 11일 실시된 19대 국회의원선거에서 세간의 관심이 집중된 선거구 중 하나인 부산 사상구는 비교적 차분한 분위기 속에서 선거과정이 진행되었다. 이번 선거에서 사상구는 노무현 전 대통령의 비서실장을 지낸 문재인 후보가 부산·경남지역의 '물갈이론'과 'PK 대권론'을 앞세워 민주통합당(이하 민주당)과 통합진보당(이하 진보당)의 단일 후보로 출마하였다. 이에 맞서 한나라당에서 당명을 바꾼 새누리당이 당초 거물급 정치인이나 지역 유력인사를 공천할 것이라는 예상을 뒤엎고 27세의 젊은 여성이자 정치신인인 손수조 후보를 전략적으로 공천함으로써 이 지역에 관심과 이목을 증폭시켰다. 부산은 과거 전통적으로 여당인 새누리당의 '텃밭'으로 인식되어 왔으나, 사상구를 비롯하여 서부산지역의 '낙동강 벨트'를 발판으로 야권의 유력한 대권 주자인 문재인 후보가 출마하여 바람몰이를 시작하고, 이에 맞서 새누리당의 유력한 대권 주자인 박근혜 중앙선거대책위원장이 부산지역을 다섯 차례나 방문하며 지원 유세를 펼침으로써 '대권 전초전'과 같은 양상이 전개되었다.

각 정당의 후보 공천이 진행되던 선거과정 초기만 하더라도 사상구의 선거 분위기는 민주당이 대권 주자인 문재인 후보를 앞세워 새누리당의 수성(守成)인 서부산지역을 성공적으로 공략하는 듯 보였다. 그러나 손수조 후보가 사상구에 공천된 이후 새누리당의 박근혜 위원장이 3월 13일 부산에서 개최된 토론회에 참석하여 새누리당과 손수조 후보에 대한 지지를 호소하자, 사상구를 비롯한 서부산지역을 둘러싼 새누리당과 민주당의 선거 경쟁이 더욱 가속화되었다. 특히 민주당의 차기 대권 주자 중 선두를 달리고 있는 문재인 후보에 대해 새누리당이 문재인 후보에 걸맞는 거물급 후보가 아니라 정치신인을 공천하자, "슈퍼헤비급과 플라이급이 붙는데 싸움이 되겠느냐."라는 반응과 더불어 "새누리당이 사상구 선거를 포기한 것은 아니냐."라는 의문이 제기되기도 하였다(중앙일보 2012.3.8). 그러나 선거 중반 여론조사에서 문재인 후보와 손수조 후보 사이의 지지율 격차가 8.3%까지 좁혀지자, 두 정당 및 후보자들 사이의 팽팽한 긴장감이 감돌기도 하였다. 그리고 마침내 4월 11일 선거 결과는 민주당 문재인 후보가 55.04%를 획득하여 사상구 국회의원에 당선되었으나, 결과적으로 문재인 후보를 제외한 민주당의 서부산지역 공략은 실패함으로써 향후 문재인 후보의 대권 도전이 쉽지만은 않을 것으로 전망되기도 하였다.

그렇다면 19대 국회의원선거 기간 중 부산 사상구의 선거과정은 어떻게 진행되었으며, 특히 정당별 후보 공천과 후보별 선거운동은 어떻게 전개되었는가? 부산 사상구의 선거과정에서 각 정당과 후보자들은 어떤 전략과 선거운동을 통해 유권자들을 공략하였으며, 주요한 정책공약과 선거 쟁점은 무엇이었는가? 이번 사상구 선거 결과는 어떻게 나타났으며, 그것은 정치적으로 어떤 의미를 지니고 있는가? 이러한 의문점에 기초하여 19대 국회의원선거 기간 중 부산 사상구에서 전개된 각 정당 및 후보자들의 공천 과정과 선거운동 및 전략, 그리고 선거 결과를 종합적으로 고찰하였다. 특히 '3인칭 관찰자(observer as the third person)' 시각에서의 참여관찰을 통해 습득된 각종 정보와 내용들을 종합적으로 정리·분석함으로써 19대 국회의원선거에서 부산 사상구 선거과정과 결과가 지니는 정치적 함의를 함께 살펴보고자 한다.[5]

2. 부산광역시 사상구의 특성

부산광역시 산하 16개 구·군 중 하나인 사상구는 1995년 북구로부터 분구(分區)하였으며, 표 1에서 보는 바와 같이 면적은 36.06km²로 부산광역시 전체 면적의 3.6%에 해당하지만, 2012년 2월 말 기준으로 인구는 254,198명으로 부산시 전체의 7% 정도를 점유한다. 사상구는 2010년 기준으로 부산시 전체 지방세 구·군 합계의 6.7%를 부담하였으며, 예산 규모는 6.9%를 차지한다. 사상구의 재정자립도는 2011년 기준으로 부산광역시청을 제외하고 전체 16개 구·군 중 6번째에 위치하지만, 재정자립도 자체는 26.4%로 극히 열악한 수준이다.

사상구는 '사상공단' 등 부산 최대의 공업지역과 더불어 공항과 항만, 육로가 입체적으로 연결된 산업·물류·유통의 중심지이자, 서부산지역의 관문으로서 천혜의 자연생태계 보고(寶庫)인 낙동강 둔치를 보유하고 있다. 그림 1에서 보는 바와 같이 사상구는 낙동강 둔치를 낀 삼락동을 비롯하여 모라1, 3동, 덕포1, 2동, 괘법동, 감전동, 주례1, 2, 3동, 학장동, 엄궁동 등 12개 동으로 구성되어 있으며, 동쪽으로 부산진구와 동구, 서구, 서쪽으로 낙동강 너머의 강서구, 북쪽으로는 북구, 남쪽으로는 사하구와 인접해 있어 서부산지역의 중심지이다. 과거 부산 산업화를 선도했던 사상구는 현재 철강·금속, 기계·정비, 신발·고무, 전기·전자, 자동차 부품 등과 관련된 기업체들이 감전동과 학장동, 삼락동, 모라동 등지

---

[5] 한국의 선거 참여관찰에 대한 보다 심층적인 논의는 김용호(2011)를 참조.

표 1. 부산광역시 구·군별 주요 현황 비교(2010년 기준)

	면적 (km²)	인구(명)	지방세 부담 (천 원)	예산결산(백만 원)			재정자립도 (2011)
				계	일반	특별	
중구	2.82	50,555	70,072,809	114,404	97,253	17,151	29.4
서구	13.88	127,068	46,049,510	186,912	171,796	15,116	14.7
동구	9.78	102,859	85,633,388	169,857	148,338	21,519	18.0
영도구	14.13	148,431	43,968,789	186,777	168,009	18,768	14.0
부산진구	29.69	398,174	216,628,436	291,569	276,887	14,682	28.8
동래구	16.63	283,636	119,139,072	181,497	171,975	9,522	26.7
남구	26.77	301,904	123,451,689	210,900	202,947	7,953	23.6
북구	39.44	313,553	98,983,628	268,237	248,943	19,294	15.6
해운대구	51.46	429,477	280,963,631	324,819	307,351	17,468	30.4
사하구	40.96	362,697	154,287,001	277,813	267,388	10,425	22.8
금정구	65.17	257,662	146,678,116	231,554	212,264	19,290	23.1
강서구	180.24	66,269	237,707,364	159,525	157,195	2,330	44.3
연제구	12.08	213,453	119,528,092	176,820	163,585	13,235	23.7
수영구	10.20	179,208	91,034,474	148,454	139,682	8,772	26.4
사상구	36.06	261,673	140,740,652	245,760	232,084	13,676	25.9
기장군	218.04	103,763	128,973,096	402,554	299,834	102,720	32.4
본청	–	–	777,101,010	8,774,541	6,196,621	2,577,920	52.1
차량등록사업소	–	–	181,298,195	–	–	–	평균 24.5
부산광역시	767.35	3,600,381	3,062,238,953	12,351,993	9,462,152	2,889,841	52.1

출처: 부산광역시청.

에 밀집되어 있으나, 이들 대부분은 종업원 수 50명 미만의 소기업 형태를 띠고 있다.

표 2에서 보는 바와 같이 사상구는 전체 인구의 절반 이상이 학장동과 엄궁동, 모라1동, 주례2동, 괘법동 순으로 몰려 있으나, 19세 이상의 유권자는 학장동과 모라 동, 엄궁동, 주례2동 순으로 많이 분포되어 있고, 여성보다 남성의 비율이 50.6%로 약간 앞서 있다. 표 3에서 보는 바와 같이 역대 국회의원선거에서 사상구는 과거 신한국당과 한나라당으로 이어지

그림 1. 부산광역시 사상구 행정구역

출처: 사상구청 홈페이지.

표 2. 부산 사상구 주민등록 인구 현황(2012년 2월 말)

구분	인구수			19세 이상 인구수			면적 (km²)
	남	여	계	남	여	계	
삼락동	4,438	3,811	8,249	3,839	3,267	7,126	6.68
모라1동	16,918	16,560	33,478	13,949	13,968	27,917	1.67
모라3동	7,322	7,892	15,214	6,174	6,842	13,016	3.34
덕포1동	6,341	5,913	12,254	5,289	4,960	10,249	0.56
덕포2동	8,320	8,007	16,327	6,744	6,570	13,314	1.60
괘법동	11,344	10,407	21,751	9,639	8,847	18,486	3.45
감전동	8,432	7,352	15,784	7,165	6,248	13,413	3.48
주례1동	9,175	8,756	17,931	7,442	7,196	14,638	1.53
주례2동	13,842	13,407	27,249	11,147	11,023	22,170	2.37
주례3동	8,327	8,205	16,532	6,703	6,798	13,501	0.86
학장동	17,685	17,224	34,909	14,071	14,077	28,148	5.48
엄궁동	17,596	16,924	34,520	13,381	13,225	26,606	5.04
합계	129,740	124,458	254,198	105,543	103,041	208,584	36.06

출처: 사상구청 홈페이지.

표 3. 부산 사상구 역대 국회의원선거 후보별 투표 결과(16~18대)

구분	후보별 유효투표수(득표율)						투표자 수	선거인 수
16대 (2000)	한나라당	민주당	자민련	민국당		계	106,737 (51.86)	205,828
	권철현	이은수	이상덕	신상우		105,429 (100.00)		
	68,751 (65.21)	14,512 (13.76)	3,343 (3.17)	18,823 (17.85)				
17대 (2004)	한나라당	민주당	열린우리당	녹색사민당	무소속	계	130,088 (59.81)	211,749
	권철현	한승종	정윤재	김상길	이상덕	128,845 (100.00)		
	67,960 (52.75)	1,686 (1.31)	56,158 (43.59)	1,254 (0.97)	1,787 (1.39)			
18대 (2008)	한나라당	민주노동당	친박연대	평화통일가정당		계	78,378 (37.76)	207,579
	장제원	조차리	강주만	김명은		77,030 (100.00)		
	35,039 (45.48)	12,096 (15.70)	28,485 (36.97)	1,410 (1.83)				

출처: 중앙선거관리위원회 역대선거정보시스템. 괄호 안은 비율(%)

표 4. 부산 사상구 제18대 국회의원선거 정당별 투표 결과(2008.4.9)

	한나라당	통합 민주당	자유 선진당	민주 노동당	창조 한국당	친박연대	진보신당	기 타	투표자수 (투표율)	선거인수
득표수 (득표율)	31,132 (40.36)	9,118 (11.82)	3,512 (4.55)	5,514 (7.14)	2,919 (3.78)	20,436 (26.49)	1,790 (2.32)	2,704 (3.54)	78,386 (37.76)	207,579

출처: 중앙선거관리위원회 인터넷선거정보조회시스템. 괄호 안은 비율(%)

는 새누리당의 전통적 지지층을 형성하고 있다. 15대 신한국당 시절부터 17대까지 한나라당의 권철현 전 주일대사가 내리 3선을 차지했으며, 18대 국회의원선거에서는 한나라당의 장제원 의원이 당선되었다. 그러나 최근 실시된 16대, 17대, 18대 국회의원선거에서 한나라당에 대한 부산지역 유권자들의 지지율은 점차 감소하는 현상이 발생하고 있으며(이동윤 2008), 이러한 현상은 사상구의 경우에도 동일하여 18대 국회의원선거의 경우 한나라당 장제원 의원의 득표율이 45.5%에 불과하였다. 또한 표 4에서 보는 바와 같이 18대 국회의원선거의 정당별 득표율은 한나라당 40.4%, 친박연대 26.5%, 민주당 11.8%, 민주노동당 7.1% 순이었다.

가장 최근인 2010년 6월 2일 실시된 5회 전국동시지방선거에서 사상구는 표 5에서 보는 바와 같이 시장선거와 구청장선거 모두 한나라당 소속의 허남식 시장과 송숙희 구청장이 당선되었고, 광역의회선거 역시 한나라당 소속 의원이 당선되었으나, 기초의회선거 지역구의 경우 한나라당

표 5. 부산 사상구 5회 전국동시지방선거 결과(2010.6.2)

	한나라당	민주당	민주노동당	진보신당	국민참여당	사회당	미래연합	무소속		계	투표수(투표율)	선거인수
시장선거	허남식 50,583 (51.45)	김정길 47,724 (48.54)	–	–	–	–	–	–	–	98,307 (100.0)	99,557 (48.74)	
구청장선거	송숙희 42,688 (43.93)	이영철 33,727 (34.70)	–	–	–	–	–	신상해 20,754 (21.35)	–	97,169	99,555 (48.74)	
광역의회(후보)	이상갑 24,994 (52.33)	장순열 22,766 (47.66)	–	–	–	–	–	–	–	47,760 (100.0)	99,568 (48.75)	
	오보근 26,164 (54.11)	–	–	–	–	–	이호승 22,183 (45.88)	–	–	48,347 (100.0)		
광역의회(비례)	46,020 (47.24)	34,895 (35.82)	7,488 (7.68)	3,075 (3.15)	5,418 (5.56)	519 (0.53)	–	–	–	97,415 (100.0)	99,521 (48.72)	
기초의회(후보)	심재환 3,968 (28.16)	주영원 3,136 (22.26)	김부민 5,375 (38.15)	–	–	–	–	황갑규 1,607 (11.40)	–	14,086 (100.0)		204,256
	이종구 5,409 (27.35)	조홍래 5,470 (27.66)	강성권 7,305 (36.94)	–	–	–	정문화 1,590 (8.04)	–	–	19,774 (100.0)		
	이학곤 4,515 (31.99)	박언호 2,823 (20.00)	김덕영 5,106 (36.18)	–	–	–	–	배관철 1,666 (11.80)	–	14,110 (100.0)	99,518 (48.72)	
	서복현 6,374 (26.04)	윤숙회 4,981 (20.35)	손봉상 7,277 (29.73)				박용덕 2,507 (10.24)	김병준 3,334 (13.62)	–	24,473 (100.0)		
	김판중 6,197 (25.13)	정상석 3,921 (15.90)	장인수 6,872 (27.87)	강미애 3,250 (13.18)	–	–	–	권병규 2,950 (11.96)	이상곤 1,461 (5.92)	24,651 (100.0)		
기초의회(비례)	47,105 (48.44)	39,565 (40.69)	10,555 (10.85)	–	–	–	–	–	–	97,225 (100.0)	99,542 (48.73)	

출처: 중앙선거관리위원회 선거통계시스템. 괄호 안은 비율(%)

과 민주당 소속 의원이 각각 5명씩 동반 당선되어 의회를 절반씩 점유하였다. 또한 광역의회선거 정당 투표의 경우 한나라당과 민주당의 득표율이 각각 47.2%와 35.8%였으며, 기초의회선거 정당 투표의 경우도 48.4%와 40.7%로 한나라당과 민주당 소속 의원이 각각 1명씩 동반 당선되었다. 이러한 현상은 최근 부산지역에서 표출되고 있는 이명박 정부의 실정에 대한 정치적 반감도 크게 작용한 것으로 보이며(이동윤 2011), 기초 단위부터 점진적으로 야당인 민주당의 진출이 늘어나고 있다.

3. 정당별 후보 공천과 선거운동

19대 국회의원선거에서 부산 사상구는 지난 2011년 12월 26일 문재인 후보는 기자회견을 통해 "내년 총선의 승부처는 부산·경남지역이 될 것이며, 이 지역이 바뀌면 대한민국이 바뀔 것이다. 20년 일당지배 구도를 벗어나야 부산이 정상적으로 발전할 수 있다(한국일보 2011.12.26)."고 강조하고, 민주당의 국회의원 후보로 출마할 것을 공식 선언한 이래 선거과정이 본격화되었다. 민주당과 진보당 사이의 후보단일화 논의가 종결되기 이전부터 문재인 후보의 사상구 출마는 이미 기정사실화되었으며, 특히 부산을 2012년 대권 도전을 위한 교두보로 설정한 문재인 후보는 사하 을 지역에서 3선에 도전하는 조경태 의원을 비롯하여 사하 갑 지역에 전 청와대 국내언론비서관을 지낸 최인호 부산광역시당 위원장, 북·강서 갑 지역에 전재수 전 청와대 제2부속실장, 북·강서 을 지역에 전 '혁신과 통합'의 문성근 상임대표, 부산진 갑 지역에 김영춘 민주당 최고위원, 부산진 을 지역에 김정길 전 행정자치부 장관 등이 연대 출마할 것을 공표함으로써 서부산지역의 '낙동강 벨트'를 중심으로 민주당의 부산 진출을 꾀하는 집중 공략을 시도하였다.

이에 맞서 2011년 10월 서울시장 보궐선거의 패배 여파로 비상대책위원회가 구성되고 당내 조직 정비 및 당명 개칭 등으로 공천 과정이 늦어진 새누리당은 18대 국회의 사상구 현역의원인 장제원 의원이 선거법 위반 혐의 등으로 불출마를 선언하자, 이 지역에서 15대부터 17대까지 내리 3선 국회의원을 지냈던 권철현 전 주일대사와 김대식 전 국민권익위원회 위원장 등이 일찌감치 출마를 준비하고 공천을 신청하였다. 그러나 민주당의 문재인 후보가 사상구 출마를 선언한 이후, 새누리당은 사상구를 전략 공천지역으로 선정하여 홍준표 전 당대표, 설동근 전 부산시교육감 등의 공천을 고려하는 등 "누가 '낙동강 전투'의 민주당 선봉장인 문재인 후보를 저지할 것인가."를 두고 크게 고심하였다(중앙일보 2012.3.8). 현실적으로 새누리당 내부에서는 민주당의 가장 유력한 차기 대권 주자인 문재인 후보에 맞서 새누리당도 거물급 정치인이나 유력한 지역인사를 공천하여 맞서야 한다는 주장이 제기되었으나, 만일 이번 선거에서 새누리당 후보가 문재인 후보에게 패배할 경우 당의 위신은 물론 12월 실시될 18대 대통령선거에도 악영향을 미칠 수 있다는 우려가 팽팽하게 맞서 논란이 지속되었다.

그리고 마침내 3월 5일 새누리당이 제2차 공천 확정자 명단을 발표하고, 사상구 민주당 문재인 후보의 대항마로 27세의 젊은 여성이자 정치신인인 손수조 후보를 공천하자, 사상구 주민들은 물론 세간의 다양한 반응이 표출되었다. 새누리당 공천심사위원회는 "손수조 후보가 다른 거물급 예비후보에 비해 인지도나 지지도는 낮지만, 참신성과 확장 가능성이 높아 공천하게 되었다(중앙일보 2012.3.8)."고 발표하였으나, 현실적으로 야당의 차기 대권 주자에 대해 선거를 한 번도 치러 본 적 없는 정치신인을 공천한 것은 "새누리당이 애써 문재인 후보를 무시한 처사가 아니냐."[6]는

---

6 민주통합당 부산·경남 선거운동 관계자 인터뷰(2012.3.19, 사상역 근처 식당).

반응부터 "새누리당이 사상구 선거를 포기한 것 아니냐."는 의문과 사상구 당원협의회 내부에서도 공천 철회를 요구하는 작은 소란이 발생하기도 하였다.[7] 손수조 후보의 공천에 대한 선거구 주민들의 반응 또한 제각각이어서 "신선하고 장래성이 있어서 깨끗한 정치를 할 것 같다."[8]는 반응부터 "너무 어려서 그런지 믿음이 가지 않는다."[9]는 반응까지 매우 다양한 응답이 표출되었다.

사실상 새누리당이나 민주당은 이번 선거과정에서 대외적으로 국민경선 방식의 상향식 공천제도를 운영하기로 공표하였으나, 사상구의 경우 두 정당 모두 전략 공천지역으로 선정하여 지역의 당원협의회나 당원들의 의사와 무관하게 중앙당 공천심사위원회에서 심사가 이루어지고 후보 공천이 결정됨으로써 공천 과정에서 중앙당과 사상구 당원협의회 사이에서 후보 공천과 관련된 원활한 의사소통이 이루어졌다고 평가하기 어렵다. 실제로 신분을 밝히기를 꺼려하는 새누리당의 사상구 당원협의회 소속의 한 간부는 "이게 무슨 애들 장난도 아니고 … 선거도 치러 본 적 없는 새파랗게 어린애를 공천해서 무엇을 어떻게 하자는 것이냐?"고 울분을 토로하고, "중앙당이 당원들의 의사는 외면하고, 그 결과는 우리가 책임지라는 얘기냐?"[10]라고 반문을 제기하기도 하였다. 이러한 현상은 민주당 공천 과정에서도 크게 다르지 않아 이번 선거에서 정통민주당 후보로 출마한 손현경 후보는 사상구의 전략 공천으로 문재인 후보가 결정된 이후, "이것은 당원을 무시한 야권연대 밀실야합이며, 486 운동권 혹은 폐족 친

---

7 실제로 새누리당의 제2차 공천 확정자 발표 이후 새누리당 사상구당원협의회는 중앙당에 손수조 후보에 대한 공천 철회를 건의해야 한다는 주장도 있었으며, 공천이 발표된 다음날(6일) 밤에는 "사상구민 우롱하는 젊은 여성 공천 웬말인가? 사상구민은 분노한다!!!"라는 현수막이 사상구의 인구밀집지역 5곳에 걸려 경찰과 선관위가 조사에 나서기도 하였다.

8 송기봉(52세, 남, 자영업) 인터뷰(2012.3.20, 부산 사상역 로터리).

9 박규선(34세, 남, 택시기사) 인터뷰(2012.3.19, 부산 사상역 로터리).

10 새누리당 사상구 당원협의회 간부 인터뷰(2012.3.15, 신라대학교 연구실).

노세력의 특권에 반대하기 위해 사상구에 출마한다."는 주장을 펼치기도 하였다.

3월 22일과 23일 19대 국회의원선거의 후보자 등록이 마감된 결과, 부산 사상구에는 표 6에서 보는 바와 같이 모두 4명의 후보가 등록하였다. 1985년생의 젊은 여성으로 새누리당의 공천을 받은 손수조 후보는 사상구 소재 주례여고 학생회장 출신으로 이화여대 국어국문학과를 졸업하고 언론홍보회사에 근무하다가 출마하였으며, 민주당 공천을 받은 문재인 후보는 참여정부 시절에 노무현 전 대통령의 비서실장을 지냈고 노무현재단 이사장을 지내며 출마하였다. 국민생각의 나경수 후보는 28년간 국세청에 재직하며 동울산세무서 조사계장을 지낸 이후 주택거래 활성

표 6. 19대 국회의원선거 부산 사상구 출마 후보

기호	사진	성명 (나이)	정당	직업	학력	경력
1		손수조 (85년생, 27세)	새누리당	정당인	이화여대 국문과 졸	·전 주례여고 학생회장 ·전 PRGATE 언론홍보사 재직
2		문재인 (53년생, 59세)	민주 통합당	변호사	경희대 법률학과 졸	·전 청와대 비서실장 ·현 사람 사는 세상 노무현재단 이사장
6		나경수 (51년생, 60세)	국민생각	부동산 컨설턴트	마상 상고 졸	·전 동울산 세무서 조사계장 ·현 주택거래 활성화 상담사
7		손현경 (63년생, 49세)	정통 민주당	경성대 외래 교수	부산대 법학박사	·현 경성대 외래교수 ·현 정통민주당 부대변인

출처: 중앙선거관리위원회 선거통계시스템.

화 상담사 활동을 하다가 출마하였으며, 18대 국회의원선거에서 부산 해운대·기장 을 지역의 통합민주당 후보로 출마한 경력이 있는 정통민주당 손현경 후보는 20년간 고리원자력발전소에 근무하였고, 부산대 법학 박사 출신으로 경성대 법학과 외래교수를 지내며 이번 선거에 출마하였다.

3월 29일부터 공식적인 선거운동이 시작되면서 중앙선거관리위원회 정당·정책 정보시스템에 등록된 각 후보들의 정책공약을 살펴보면, 표 7에서 보는 바와 같이 새누리당 손수조 후보의 경우 대학등록금 및 청년실업문제를 해결하기 위해 국회 내에 2030 희망특위 설치, 주례동 부산구치소 조기 이전, 부산도시철도 사상~하단선 공사 재검토, 동·서 간 교육격차 해소, 사상구청~백양로 연결도로 개설 등을 공약하였으며, 민주당 문재인 후보의 경우 낙동강 하구둑 개방으로 생태 복원 및 관광지화, 사상공단 첨단산업단지 조성, 주례동 부산구치소 이전 및 서부 법조타운 형성, 지하철 및 낙동강 다리 조기 착공 및 완공, 어린이 과학공원 조성 등을 공약하였다. 국민생각 나경수 후보는 부동산 경기 및 거래 활성화, 세제 정비 및 서민 고통 해결, 양극화 문제 해결, 국회의원 겸직 금지 등을 공약하였고, 정통민주당 손현경 후보는 사상공단 혁신도시형 재개발, 서민임대주택 건설, 부산도시철도 사상~하단선 조기 완공 및 순환선 추진 등을 공약하였다. 각 후보들의 정책공약 중 손수조 후보와 문재인 후보는 주례동 부산구치소 이전에 대해 동일한 공약을 제시하였고, 문재인 후보와 손현경 후보는 사상공단의 재개발 및 산업단지 유치를 공약하였다. 또한 부산도시철도 사상~하단선 공사의 경우 손수조 후보가 원점에서부터 재검토를 주장한 반면, 손현경 후보는 조기 완공을 공약하였다.

그러나 이들 후보들이 제시한 정책공약은 대부분 세부 추진계획이나 재원의 조달 방법이 구체적으로 명기되어 있지 않았으며, 그나마 손수조 후보와 문재인 후보의 경우 추진계획과 기대효과 등을 제시하였으나, 나경수 후보와 손현경 후보는 정책공약서 자체를 선거관리위원회에 뒤늦게 제출하였고, 정책공약의 내용들 또한 구호성 공약에 불과하여 구체적인 실행계획을 알 수 없었다. 실제로 그림 2에서 보는 바와 같이 각 후보들이 유권자들에게 배포한 책자형 선거공보(홍보물) 또한 후보자 정보공개 자료와 함께 자신들의 정책공약을 제시하고 있으나, 그 어느 한 후보도 정책선거나 매니페스토 기준에 입각하여 구체적으로 실천계획이 명기된 정책자료를 제시하지 못하였다. 손수조 후보는 "사상 딸내미, 편하게 부려주세요"라는 구호와 함께 5가지 공약을 제시하였으나 그 세부 실천계획이 빈약했으며, 문재인 후보 역시 "사상이 시작입니다"라는 구호와 함께 5~6가지 정책공약을 제시하였으나 거의 대부분 '정권 교체'와 관련된 추상적 내용들뿐이었다. 나경수 후보의 선거공보는 "사상을 부산의 강남으로"라

표 7. 19대 국회의원선거 부산 사상구 후보자 정책공약

기호	정당	후보자	정책공약
1	새누리당	손수조	1. 2030 희망특위 구성: 대학등록금, 청년실업 문제 등 해결 2. 주례동 소재 부산구치소 이전 조기 추진 3. 부산도시철도 사상~하단선 공사 원점 재검토 4. 동·서 간 교육격차 해소 5. 사상구청~백양로 연결 지하도로 개설
2	민주통합당	문재인	1. 낙동강 하구둑 개방으로 생태복원과 광광지화 2. 사상공단의 첨단산업단지를 위한 특별법 제정 3. 주례동 소재 부산구치소 이전과 서부 법조타운 형성 4. 지하철 및 낙동강 다리의 조기 착공 및 완공 5. 느끼고 체험하는 어린이 과학공원 조성
6	국민생각	나경수	1. 침체된 부동산 경기!! 거래 활성화!! 2. 부당한 각종 세제를 정비하여 서민 고통 해결!! 3. 양극화 문제 해결!! 4. 국회의원 겸직 금지
7	정통민주당	손현경	1. 사상공업단지 혁신도시형 재개발 추진 2. 서민임대주택 건설 추진 3. 부산도시철도 순환선 추진(사상~하단선 조기 완공)

출처: 중앙선거관리위원회 정당·정책 정보시스템.

는 구호와 함께 부동산 경기 활성화와 세제 정비, 사회 양극화 해소와 국회의원 특권 배제 및 겸직 금지 등을 강조했으나 세부 내용이 없었고, 손현경 후보는 "유쾌한 심판"이라는 구호와 함께 민주당 내부의 권력 다툼과 폐족 친노세력에 대한 비판적 내용들이 홍보물의 거의 대부분을 차지하였다.

4월 4일 부산광역시 사상구 선거관리위원회 주관으로 KBS 부산방송총국과 부산 MBC가 공동으로 방송한 TV 토론회에서 문재인 후보는 전국적 차원의 큰 그림을 그리는 논의를 전개한 반면, 손수조 후보는 지역 차원의 정책공약들을 강조하였다. 그러나 정책공약에 대한 논의는 시간상의 제약으로 구체적인 논의가 이루어지기보다는 형식적인 문답과 토론만이 이루어졌으며, 중앙정치 차원의 한미 FTA 재협상 논쟁이나 제주도 해군기지 논란, 민간인 사찰문제에 대한 논쟁에 많은 시간이 할애되었다. 토론회의 전반적인 분위기는 언론과 방송 경험이 풍부한 문재인 후보가 더 느긋한 반면, 손수조 후보의 경우 긴장된 언변과 태도로 토론에 임해 경륜의 차이를 엿볼 수 있었다.[11] TV 토론회 내용은 정치이슈나 선거공약에 대한 논의를 중심으로 이루어졌으나, 문재인 후보의 경우 손수조 후보의 전세금 3000만 원 선거자금 논란을 거론하며 선거운동의 미숙함을 지적하였으며, 손수조 후보가 태어나기 이전 사상구의 옛 모습을 얘기하며 손수조 후보가 아직도 연륜이 부족함을 우회적으로 표현하기도 하였다. 손수조 후보 또한 FTA 재협상이나 제주도 해군기지 논란, 민간인 사찰문

---

11 특히 문재인 후보의 "동남권 신공항은 MB 정부에 의해 무산된 것 아닌가? 새누리당은 대구·경북 세력이 강하고, 박근혜 위원장도 신공항이 대구·경북지역으로 유치되도록 노력하는 것 아닌가?"라는 질문에 대해 손수조 후보는 "그런 질문은 박근혜 위원장에게 직접 질문하세요. 당론으로 결정된 것은 없으나, 개인적으로 부산·경남에 유치되어야 한다고 생각한다."라고 응답하였으나, "새누리당 부산시당의 입장은 무엇인가?"라고 문재인 후보가 재차 질문하자, "조금 더 스터디해서 개인적으로 말씀드리겠다."고 응답하여 약간은 당황하는 모습을 연출하기도 하였다.

그림 2. 19대 국회의원선거 부산 사상구 책자형 선거공보

제에 이르기까지 민주당의 입장과 말 바꾸기를 비판하며 "참여정부 시절 문재인 후보는 사상구를 위해 무엇을 하였는가?"라고 질문하고, "문재인 후보의 아들이 2007년 한국고용정보원에 특혜 채용된 것 아닌가?"라고 문제를 제기하여 문재인 후보의 아들과 관련된 특혜성 취업 논란을 공격 하기도 하였다.

상황이 이러하다 보니 각 정당과 후보들 사이의 선거운동도 정책공약을 둘러싼 경쟁보다는 상대 후보의 과거 경력이나 실책, 그리고 중앙정치에 서 이슈화된 쟁점들을 중심으로 공방이 지속되는 선거 양상이 전개되었다. '정권 심판론'을 통해 선거 분위기를 선점한 민주당과 문재인 후보의 선거캠프는 표면적으로 "부산·경남지역부터 일당독재를 불식시켜 정권을 심판하자."고 주장하며 선거운동을 전개하였으나, 내부적으로는 "부산지역에서 최소 4~5석 이상을 차지하면, 문재인의 승리가 곧 정권 교체와 문재인 대망론으로 이어질 수 있다."[12]고 판단하였다. 그러나 새누리당이 신예 손수조 후보를 전략 공천하여 문재인 후보의 지지율을 추격하고 박근혜 위원장 등이 서부산지역을 돌며 집중적으로 방어유세를 전개하자, 선거과정 중반에는 "비관적으로 2~3석만 당선되어도 충분한 의미가 있는 성과이며, 정권 심판론을 앞세워 20~40세를 공략하되, 선거 막바지에는 문재인―손수조 구도가 아니라 문재인―박근혜 대결 구도가 될 것"이라고 강변하고 지역구 선거운동에 주력하였다(한겨레신문 2012.3.29). 특히 3월 23일 손수조 후보가 예비후보 당시부터 주장했던 '3000만 원 선거 뽀개기' 공약이 거짓말 논란에 휩싸이고 공약을 파기하기에 이르자,[13] 이 문제를 집중적으로 거론하며 "연륜과 경력이 앞서는 문재인 후보가 당선되어야 한다."는 논리를 강조하는 선거운동을 전개하였다.

한편 새누리당의 손수조 후보는 본인 자신이 사상에서 태어나 사상에서 자라 온 '사상의 딸내미'임을 강조하여 "누가 사상의 토박이 일꾼인가?"라는 '토박이 지역일꾼론'을 앞세워 선거운동을 전개하였다. 손수조 후보는 예비후보 당시부터 언론을 통해 스스로 벌었던 전세금 3000만 원만으

---

[12] 민주통합당 부산·경남 선거운동 관계자 인터뷰(2012.3.19). 실제로 3월 13일 박근혜 위원장이 부산 사상구를 방문했을 당시 문재인 후보는 문성근 후보(북·강서 을)와 함께 인근 북·강서 갑 지역의 구포시장을 방문하여 "이번 부산 선거는 국회의원 한 명을 뽑는 선거가 아니라 대선으로 가는 주요한 디딤돌"임을 강조하기도 하였다(중앙일보 2012.3.14).

[13] 손수조 후보는 예비후보 시기부터 과거 언론홍보사에 다닐 때 모아둔 전세금 3000만 원을 뽑아 선거운동을 전개하고 있다고 강조하며 '3000만 원 선거 뽀개기' 공약을 실천하겠다고 강조했으나, 전셋집을 내놓은 사실이 없으며, 어머니로부터 3000만 원을 꾸어 선거운동을 전개하는 와중에서 선관위 후보 등록과 기탁금도 중앙당의 지원을 받은 사실이 밝혀지면서 공약을 파기하고 사죄하는 상황에까지 이르렀다.

로 선거를 치르고 운전기사와 사진기사, 비서 역할을 하는 남동생을 제외하고는 선거운동원을 한 명도 쓰지 않는다는 점, 그리고 금배지를 거저 줍는 비례대표는 사양한다는 내용 등이 알려지면서 기존 정치인과 다른 참신한 면모를 통해 새누리당의 공천을 받고 유권자에게 다가섰다(중앙일보 2012.3.8). 손수조 후보의 선거캠프는 '문재인=노무현+민주당=과거세력'이며, '손수조=박근혜+새누리당=미래세력'이라는 선거운동 프레임을 통해 선거구 곳곳을 누비며 유권자들에게 직접 호소하고 소통하는 '발로 뛰는 선거운동'을 전개하였다. 특히 3월 13일과 27일 등 선거운동이 본격화되기 이전부터 새누리당의 박근혜 위원장이 연이어 사상구를 방문하여 손수조 후보를 격려하고 지지를 호소하자, 손수조 후보의 인지도는 선거구 내에서 급격하게 상승하였다. 그러나 손수조 후보의 '3000만 원 선거 뽀개기' 공약이 야당의 예기치 않은 공격을 받아 거짓말 논란에 휩싸이고 공약 포기를 선언하게 되면서부터 선거운동은 많은 어려움을 겪을 수밖에 없었다.

그밖에 군소정당 후보로서 국민생각의 나경수 후보는 본인 자신이 오랜 세무공무원이며 부동산 관련 전문가임을 자처하여 부동산 경기 및 거래 활성화를 주장하며 거리유세 활동을 전개하였으며, 유세차를 운전하는 운전기사만을 동반하고 1인 선거운동을 펼친 정통민주당 손현경 후보는 사상공단의 혁신도시형 재개발, 발달장애인 지원 등 정책공약을 홍보하면서도 민주통합당 공천이나 문재인 후보를 비롯한 친노세력에 대한 비판과 심판도 함께 주장하였다. 그러나 이들에 대한 유권자들의 반응은 비교적 냉담하여 "사실상 문재인 후보나 손수조 후보 외에는 누가 누구인지 잘 모르겠다."[14]는 응답이 대부분을 차지하였으며, 이들 군소정당 후보들에 대한 투표 의사 역시 불투명하였다. "이번 선거가 너무 이미지 선거로

---

14 홍휘숙(45세, 여, 판매직) 인터뷰(2012.4.8, 덕포시장).

만 흘러 유력한 사람이나 언론 플레이를 하는 사람만 부각되고 군소정당 후보는 소외되어 있다."[15]는 지적과 같이 사상구 선거과정에서도 군소정당 후보에 대한 유권자들의 관심은 크게 부족하였다. 실질적으로 사상구의 선거 판도는 문재인 후보나 손수조 후보 쪽으로 쏠림 현상이 강하게 표출되어 '2강 2약'으로 논의될 만큼 나경수 후보나 손현경 후보와 같은 군소정당 후보들은 크게 부각되지 못하였다.

각 정당 후보자들의 선거캠프는 문재인 후보와 손수조 후보의 경우 괘법동 사상역 근처에, 손현경 후보의 경우 주례 1동에 캠프 사무실을 대여하여 선거운동을 전개하였으며, 국민생각 나경수 후보는 선거캠프나 사무소를 선거관리위원회에 등록하지 않았다. 문재인 후보의 선거캠프는 사상역 근처 가장 좋은 위치에 대형 걸개 홍보물을 설치하고 비교적 많은 수의 당원과 선거운동 관계자, 그리고 자원봉사자들이 출입하며 체계적이고 조직적으로 선거운동을 전개한 반면, 손수조 후보의 선거캠프는 주로 가족이나 자원봉사자 중심으로 선거운동이 진행되다 보니 "어수선하여 단합이 부족하고, 체계적인 선거운동이 이루어지지 못하고 있다는 느낌"[16]이 들었다. 중앙당이나 부산시당과의 연계활동 및 지원활동도 민주당 문재인 후보 캠프의 경우 비교적 조직적인 연계활동이 이루어진 반면, 손수조 후보 캠프의 경우 "일상적으로 새누리당 부산시당에서 한 명 정도가 파견되어 주요 활동을 돕고 있으나",[17] "가끔씩 큰 연설이나 중앙당 혹은 부산시당 행사가 있을 때만 한 명씩 내려와 일손을 돕는"[18] 상황이어서 조직적 선거운동이 이루어지기 어려웠다.[19] 선거자금의 경우 문재인 후보

---

15 손현경(49세, 남, 정통민주당 사상구 국회의원 후보) 인터뷰(2012.4.8, 손현경 선거캠프).

16 황정숙(58세, 여, 주부 자원봉사자) 인터뷰(2012.4.8, 손수조 선거캠프).

17 손수조(27세, 여, 새누리당 사상구 국회의원 후보) 인터뷰(2012.3.20, 손수조 선거캠프).

18 김진목(32세, 남, 연구원 자원봉사자) 인터뷰(2012.4.8, 손수조 선거캠프).

19 실제로 과거 사상구에서 15~17대 국회의원을 지낸 권철현 전 주일대사나 18대 국회의 장제원

캠프는 공식적으로 "후원회 모금을 통해 1억 5000만 원 정도가 사용되고 있다"[20]고 밝혔으며, 손수조 후보 캠프는 "기본적으로 손수조 후보가 밝힌 3000만 원과 함께 후원금으로 받은 8000~9000만 원 정도가 선거운동에 활용되고 있는"[21] 것으로 파악되었다. 실제로 손수조 후보는 "사무실 대여부터 사무집기 마련, 전화 및 통신요금, 그리고 홍보 명함과 전단 인쇄 등 선거를 치르는 데 이렇게 많은 비용이 들지 몰랐다."[22]고 얘기할 정도로 선거운동에 많은 비용이 지출되고 있음을 알 수 있었다.

이들 후보자들의 주요 선거운동 방식은 그림 3에서 보는 바와 같이 대부분 '맨투맨(man to man)' 방식으로 후보자와 그 운동원들이 선거구 곳곳을 돌며 악수를 나누고 자신의 정책공약을 홍보하고 지지를 호소하는 것이었으며, 유세차량을 동원한 연설과 홍보활동도 함께 진행되었다. 문재인 후보의 경우 평소 "본인의 개인적인 성격상 대인 접촉을 많이 꺼려하는 편이었지만, 선거운동이 전개될수록 많이 개선되고 평소보다 적극적으로 유권자들에게 다가가는 모습"[23]을 관찰할 수 있었으며, 실제로 3월 20일 사상역 노변에서 열린 미니 콘서트에 모습을 드러낸 문재인 후보는 평소대로 얼굴에 잔잔한 미소를 머금고 주변의 지역주민들과 일일이 악수를 나누며 인사를 건넸다. 손수조 후보의 경우 특유의 친화력을 앞세워 지역 상가와 아파트 등 인구밀집 지역을 돌며 만나는 지역주민들마다 '아버지' 혹은 '어머니'라고 부르면서 밀착형 선거운동을 펼쳤다. 이에 대한 지역

의원 등은 이번 선거에서 문재인 후보가 승리하고, 다시 대통령선거에 출마하여 사상구에서 국회의원 보궐선거가 실시될 경우 본인들이 선거에 출마할 것에 대비하여 손수조 후보에 대한 직접적인 지원이나 선거조직 인수인계를 꺼려했다는 후문이다. 새누리당 사상구 당원협의회 간부 인터뷰 (2012.3.15, 신라대학교 연구실).

20 김옥순(45세, 여, 자원봉사팀장) 인터뷰(2012.4.8, 문재인 선거캠프).

21 최정은(24세, 여, 대학생 선거캠프 홍보·이벤트 담당) 인터뷰(2012.4.8, 손수조 선거캠프).

22 손수조(27세, 여, 새누리당 사상구 국회의원 후보) 인터뷰(2012.3.20, 손수조 선거캠프).

23 민주통합당 부산·경남 선거운동 관계자 인터뷰(2012.3.19, 사상역 근처 식당).

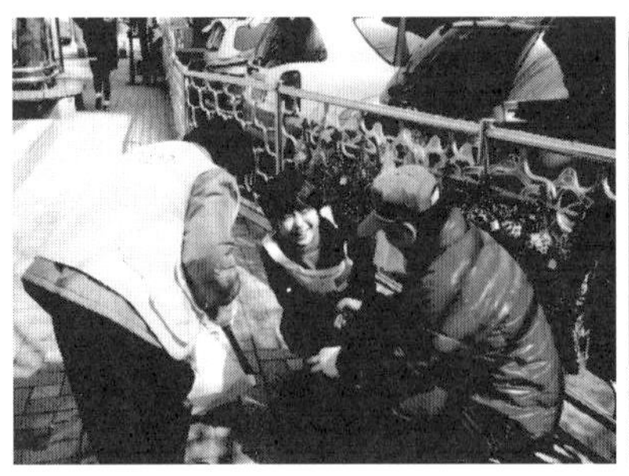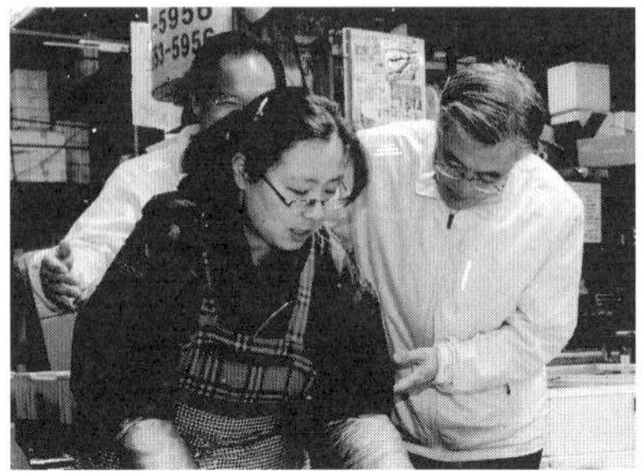

그림 3. 19대 국회의원선거 부산 사상구 후보자 선거운동

주민들의 반응도 제각각이어서 개인적 인지도가 높은 문재인 후보에 대해 "아이고, 문재인 후보 아닙니꺼? 사인 좀 해주이소."라고 청하는 주민들도 있었으며, 손수조 후보에 대해 "니, 주례여고 나왔제? 내 딸도 주례여고 나왔능기라. 열심히 하그래이."라고 응원해 주는 주민들도 목격되었다. 정통민주당 손현경 후보는 유세차량 기사만을 동반한 채 1인 유세를 전개했으며, 국민생각 나경수 후보는 선거캠프가 선관위에 등록되어 있지 않아 선거운동 기간 동안 면담이나 접촉이 어려웠다.

4. 선거의 전개과정과 결과

19대 국회의원선거에 있어서 부산 사상구의 선거과정은 민주당의 문재인 후보와 새누리당의 손수조 후보가 경쟁 구도 속에 '2강(二强)'을 형성하고, 국민생각 나경수 후보와 전통민주당 손현경 후보가 '2약(二弱)'을 형성하며 선거 분위기가 조성되었다. 선거운동이 공식적으로 진행되기 이전인 초기 예비후보 단계에서는 부산지역의 민심을 담은 '정권 심판론' 혹은 '이명박(MB) 심판론'이 탄력을 받아 민주당 문재인 후보의 우세가 형성되었으며, 새누리당의 손수조 후보가 공천되었을 당시만 해도 사상구는 '다윗과 골리앗' 같은 싱거운 싸움이 되지 않겠느냐는 것이 일반적인 예측이었다. 그러나 예상과 달리 각종 여론조사 결과에서 문재인 후보와 손수조 후보 사이의 지지율 격차가 좁혀지자, 양측의 경쟁과 선거운동 분위기가 고조되었다. 특히 문재인 후보의 선거캠프에서는 손수조 후보에 대해 "젊고 패기 있고 용기 있는 여성이다. 초박빙이라는 단어를 쓸 정도로 선거 결과를 예측하기 어렵다."[24]라고 평가하면서 막판까지 경계를 늦추지 않았으며, 손수조 후보의 선거캠프 또한 "'하늘의 별따기'라고 생각하지만, 젊은 층의 표가 양쪽으로 분산된다면, 아직도 가능성이 있다."고 판단하여 막바지 선거운동에 전력을 다하였다.

실제로 각종 언론기관에서 실시한 여론조사 결과를 살펴보면, 그림 4에서 보는 바와 같이 선거과정 초기 예비후보 단계만 하더라도 문재인 후보는 손수조 후보를 20% 이상을 앞서 있었으나, 새누리당의 사상구 공천이 손수조 후보로 확정된 3월 5일을 전후하여 그 격차가 점차 좁혀지기 시작하여 3월 12일 부산일보 여론조사에서는 8.3%까지 추격함으로써 두 정당 및 후보자들 모두 여론조사 결과에 민감하게 반응하기도 하였다.[25] 언론은 문재인 후보와 손수조 후보의 대결을 '대선 전초전'으로 몰아가며 선거 열기를 고조시켰으며, 실제로 새누리당 박근혜 위원장은 부산지역을 다섯 차례나 방문하면서 사상구를 비롯한 부산지역에서 민주당의 공략을 막기 위해 노력하는 모습을 보여 주기도 하였다. 그러나 3월 23일을 전후하여 손수조 후보의 전세금 3000만 원 및 선거기탁금 1500만 원 등 선거

---

24 이상경(54세, 남, 작가, 자원봉사자) 인터뷰(2012.4.8, 문재인 선거캠프).

25 실제로 문재인 후보의 선거캠프가 3월 16일 "부산일보 여론조사를 근거로 몇몇 언론이 '손 후보, 8.3% 차로 문재인 추격'이라고 하더니, 박근혜 위원장 부산 방문 후 오히려 격차가 크게 벌어졌습니다. 오늘 '동아일보' 조사에는 43.5% vs. 27.5% ⋯ 부산에 자주 와주시면~"이라는 문구를 트위터에 올려 박근혜 위원장을 조롱하자, 손수조 후보는 "문 후보님~ 지지율에 연연하지 말고, 우리 사상에 대한 진지한 고민해 보아요~ 저와 티타임 한번 갖는건 어쩌세요?^^"라고 올려 반격을 시도하기도 하였다(세계일보 2012.3.17).

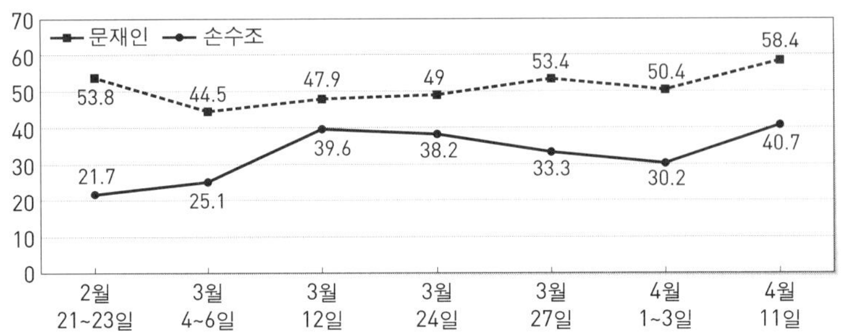

그림 4. 19대 국회의원선거 부산 사상구 여론조사 결과(2012년 2~4월)

출처: 날짜별 순서대로 문화일보 2012.2.24; 중앙일보 2012.3.7; 부산일보 2012.3.12; 서울신문 2012.3.24; 중앙일보 2012.3.27; 헤럴드경제 2012.4.6 참조.

자금과 관련된 거짓말 논란이 확산되고, 손수조 후보의 '3000만 원 선거 뽀개기' 공약에 대한 포기 선언이 이루어진 이후, 두 후보 사이의 격차는 다시금 점차 벌어져서 선거일 출구조사까지 20%에 가까운 지지율 차이가 나게 되었다.

다른 한편으로 여론조사 결과를 통해 보다 주의 깊게 고려해야 할 사항은 무응답자를 비롯한 부동층의 투표 여부와 표의 향방이었다. 역대 선거 결과에서 부산지역의 부동층은 거의 70~80% 이상이 선거일에 막상 한나라당(현재 새누리당)에게 투표를 했다는 점을 고려할 때, 문재인 후보의 선거캠프는 선거 당일 투표율이 어느 정도 수준이며, 부동층이 누구에게 투표를 할 것인지에 대해 마지막까지 안심을 하지 못하는 상황이었다. 과거 선거와 달리 부산지역에서 새누리당에 대한 지지도가 점차 감소하는 상황에서 어느 한 유권자의 얘기처럼 "정당은 새누리당, 지역구 후보는 인물을 보고 투표"[26]를 결정할 수도 있겠지만, "사상구가 그렇게 만만한가? 부산은 무조건 새누리당이라예."[27]라고 얘기하는 유권자도 적지 않다는

---

26 양경수(66세, 남, 무직) 인터뷰(2012.3.20, 덕포시장).

27 이충환(50세, 남, 자영업) 인터뷰(2012.3.20, 덕포시장).

점이 선거일 마지막까지 고려되는 최대 관심사였다. 거리에서 만난 사상구 유권자들의 반응도 각양각색이어서 "손수조 후보는 참신하지만 경험이 부족한 것 같고, 문재인 후보는 노무현 대통령의 유지를 받들겠다는 뚜렷한 소신은 있지만 자신만의 정치철학이 없다."[28]는 서로 엇갈린 응답들이 표출되었다. 거리에서 만난 사상구 유권자들의 반응은 새누리당 손수조 후보가 지니는 참신성보다는 문재인 후보가 지닌 연륜과 국정운영의 경험에 기대를 거는 숫자가 더 많았지만, 과거 한나라당에 대한 부산지역의 '묻지마' 식 지역주의 투표행태가 이번 선거과정에서 얼마만큼 극복될 수 있는지가 이번 선거가 지니는 또 다른 정치적 의미로 부각되었다.

그리고 마침내 4월 11일 실시된 19대 국회위원선거의 사상구 투표 결과는 표 8에서 보는 바와 같이 민주당 문재인 후보가 55.04%의 득표율로 43.75%를 득표한 새누리당 손수조 후보를 누르고 국회의원에 당선되었다. 전체 선거인 수 208,242(부재자 4,823명 포함)명 중 119,588명(부재자 투표 포함)이 투표에 참여하여 57.4%의 투표율을 기록한 이번 사상구 선거에서 민주당 문재인 후보가 당선됨으로써 민주당은 사상구에서 역대 최초로 국회의원을 당선시켰으며, 지금껏 새누리당(과거 한나라당)의 '텃밭'으로 간주되었던 부산지역에 민주당 의석수를 하나 더 추가하게 되었다. 또한 지역구 선거와 별도로 정당 비례대표의 경우에도 새누리당에 대한 지지율이 47.0%로 과반수 이하인 데 반해 민주당에 대한 지지율이 40.3%로 지난 18대 국회의원선거(한나라당 40.4%, 통합민주당 11.8%)보다 크게 증가한 결과를 보여 주었다. 즉, 이번 사상구 국회의원선거의 투표 결과는 과거 한나라당(현재 새누리당)에 대한 전통적 지지층의 변화가 나타나고 있다는 사실을 실질적으로 검증하였다.

또 한 가지 고려해야 할 사항은 이번 국회의원선거에서 사상구 유권자

28　안상진(26세, 남, 대학생) 인터뷰(2012.3.20, 사상역).

표 8. 19대 국회의원선거 부산 사상구 투표 결과

지역구 후보자	득표수(%)	정당별 비례대표	득표수(%)
손수조 (새누리당)	51,936 (43.75)	새누리당	55,063 (47.00)
문재인 (민주통합당)	65,336 (55.04)	민주통합당	47,247 (40.33)
나경수 (국민생각)	749 (0.63)	통합진보당	7,374 (6.29)
손현경 (정통민주당)	668 (0.56)	기타	7,464 (6.38)
무효투표수	866 (0.72)	무효투표수	2,422
기권수	88,659	기권수	88,672
합계	119,555 (100.00)	합계	119,570

출처: 중앙선거관리위원회 선거통계시스템.

들은 동일한 정치신인이면서도 젊은 토박이 지역일꾼을 자처한 손수조 후보보다 정치적 경험과 연륜이 풍부한 문재인 후보를 선택하였다는 사실이다. 실제로 예비후보 단계와 선거과정 초기부터 신선한 돌풍을 몰고 온 손수조 후보는 본격적인 선거운동이 전개되는 과정에서 크고 작은 실수를 연발함으로써 선거구 내에서 정치신인으로서의 바람을 스스로 무너뜨리는 결과를 초래하였다. 지난 3월 23일 선거자금을 둘러싼 거짓말 논란이나 '3000만 원 선거 뽀개기' 공약 파기, 그리고 선거관리위원회에 사전 신고하지 않은 문자 메시지 발송으로 과태료 납입 조치를 당한 것은 정치신인으로서의 미숙함을 그대로 표출하는 정치적 악재로 작용하였다.[29]

---

29 부산시 사상구 선거관리위원회는 손수조 후보가 문자 메시지를 이용해 선거운동을 할 경우 선거관리위원회에 신고하도록 하는 규정(공직선거법 제59조 2호)을 어긴 것으로 드러나 지난 3월 27일 과태료를 부과하였다고 공표하였다(경향신문 2012.3.30).

현실적으로 지역구 소선거구제로 운영되는 선거제도하에서 정치적 인지도가 미약한 정치신인이 당선되기 어렵다는 사실을 고려할 때, 손수조 후보의 국회의원선거 출마나 '돈 적게 쓰는 선거운동'의 실패는 한국의 선거 과정에서 정치적으로 의미하는 바가 크다고 할 것이다. 이와 더불어 사상구 선거 결과는 지역구 소선거구제에서 연륜과 경력을 중요시하는 인물 투표가 지니는 정치적 함의도 다시 한 번 고려하게끔 만들었다.

마지막으로 고려해야 할 사항은 이번 국회의원선거에서 사상구 선거 결과가 향후 18대 대통령선거에 대해 시사하는 정치적 함의이다. 이번 선거 결과를 통해 문재인 후보는 새누리당의 전통적 우세지역에서 국회의원에 당선됨으로써 본인 스스로는 어느 정도 부산지역 공략의 중심적 역할을 수행하였다. 그러나 현실적으로 이번 선거는 문재인 후보 대 손수조 후보가 아닌 문재인 후보 대 박근혜 위원장의 '대권 전초전'으로 평가되었으며, 이러한 가운데 문재인 후보가 선거운동 과정에서 내세운 '정권 심판론'과 'PK 대권론'은 이른바 '낙동강 벨트'에서 3선 고지를 넘어선 조경태 후보를 제외하고 어느 누구도 당선되지 못함으로써 그가 내세운 정치적 소신이나 영향력의 한계를 노출하였다. 따라서 18대 대통령선거에 8개월여 앞서 실시된 이번 선거의 결과는 앞으로 12월에 실시될 대통령선거에 어떤 영향을 미칠 것인가도 또 다른 관심의 대상으로 등장하였다. 과거 새누리당에 대한 전통적 지지층을 형성하였던 부산지역 유권자들이 점차 변화하고 있다는 사실이 이번 선거를 통해 어느 정도 입증되었으나, 문재인 후보 이외에 다른 민주당 후보들의 서부산지역 공략과 진출이 좌절됨으로써 문재인 후보의 18대 대통령선거 도전도 쉽지만은 않을 것이라는 평가이다.

5. 맺음말

19대 국회의원선거에서 부산 사상구 선거는 과거 전통적으로 한나라당의 지지층이 두터웠던 부산지역 유권자들의 변화를 그대로 보여 주는 좋은 사례가 되었다. 역대 국회의원선거에서 지속적으로 한나라당(현재 새누리당) 소속 국회의원을 배출해 왔던 사상구는 이번 선거에서 민주당의 문재인 후보를 선택함으로써 변화된 모습을 보여 주었다. 이미 지난해부터 부산저축은행 사건과 한진중공업 정리해고 사태, 동남권 신공항 문제 등으로 부산지역 유권자들의 민심은 커다란 변화가 감지되었다. 게다가 유력한 차기 대권 주자인 문재인 후보가 이른바 '낙동강 벨트'를 형성하고 지역구인 부산 사상구에 출마를 결정함으로써 야권 바람의 중심축이 되었다. 이에 맞서 새누리당은 박근혜 중앙선거대책위원장이 다섯 차례나 부산지역을 방문하며 야권 바람몰이의 차단에 나섰고, 사상구에 27세의 젊은 여성이자 정치신인인 손수조 후보를 전략적으로 공천함으로써 선거 분위기의 반전을 시도하였다. 그러나 결과적으로 사상구 유권자들은 연륜과 경력을 앞세운 차기 대권 주자인 문재인 후보를 선택함으로써 새로운 변화를 기대한 것으로 평가할 수 있다.

다른 한편으로 이번 사상구 선거는 과거 대통령 비서실장을 지냈으며 연륜과 국정운영의 경험이 풍부한 야권의 가장 유력한 대권 주자 후보와 '돈 적게 쓰는 선거'를 공약으로 내걸고 참신성을 내세워 새롭게 등장한 27세의 젊은 여성 후보 사이의 대결 구도를 형성하였다. 선거과정 초기부터 '다윗과 골리앗'의 싸움으로 불렸던 이번 선거는 '게임이 되지 않는 선거'라는 당초 예상과 달리 새누리당 박근혜 위원장이 부산지역을 다섯 차례나 방문하여 새누리당과 손수조 후보의 지지를 호소하고, 손수조 후보의 적극적인 '맨투맨' 식 선거운동으로 지지율 격차가 8.3%까지 좁혀지기도 하였다. 그러나 한국 선거의 현실과 거리가 먼 '3000만 원 선거 뽀개기' 공약의 거짓말 논란과 공약 파기, 그리고 선거운동 과정의 미숙함으로 인해 발생한 문자 메시지 발송 과태료 부과 등 손수조 후보 캠프의 크고 작은 실수가 연이어 발생하면서 지지율 격차가 다시 벌어지고 궁극적으로 문재인 후보가 승리하였다. 현실적으로 '부산·경남(PK) 대권론'과 '지역일 꾼론'이 격돌한 이번 사상구 선거에서 유권자들은 토박이 지역일꾼보다는 지역발전을 위한 큰 인물론을 주장한 문재인 후보를 선택하였으며, 하나의 선거구 내에서 오직 1명만을 선출하는 지역구 소선거구제하에서 젊은 패기를 앞세운 정치신인의 도전은 좌절되었다.

마지막으로 이번 선거는 2012년 12월에 실시될 18대 대통령선거를 8개월여 앞두고 실시된 국회의원선거로서 새누리당의 유력한 대권 주자인 박근혜 위원장과 민주당의 차기 대권 주자 중 선두를 달리고 있는 문재인 후보 사이의 '대권 전초전' 혹은 '대권 대리전' 성격이 강하게 표출되었다. 특히 민주당의 문재인 후보가 직접 사상구 국회의원선거에 출마하고 이에 맞서 새누리당의 정치신인 손수조 후보가 정치변혁을 약속한 박근혜 위원장을 대신하는 선거 구도가 형성됨으로써 세간의 관심과 이목이 집중되었다. 이러한 선거과정에서 사상구 유권자들은 국회의원선거가 지니는 '이중적 대표성(dual representation)'은 차치하더라도, '토박이 지역일꾼'을 자처한 손수조 후보보다는 전국적 대표성을 강조한 문재인 후보를 선택함으로써 차기 대통령선거에서의 변화를 기대하였다. 그러나 사상구를 비롯한 서부산지역의 '낙동강 벨트'에서 민주당 후보들의 동반 당선과 진출을 노렸던 민주당은 이번 선거에서 3선에 성공한 부산 사하 을 지역의 조경태 후보를 제외하고 문재인 후보만이 당선됨으로써 그의 향후 대선 가도가 쉽지만은 않을 것이라는 전망이다.

참고문헌

김용호. 2011. “한국의 선거 참여관찰 연구에 대한 성찰.”『한국정당학회보』10(1): 231-249.

이동윤. 2008. “제18대 국회의원선거와 부산지역 정당지지도 분석.”『한국시민윤리학회보』21(2): 173-191.

이동윤. 2011. “지방자치와 지방행정: 부산광역시를 중심으로.”『부산연구』9(2): 77-99.

『경향신문』. 2012년 3월 30일자.

『문화일보』. 2012년 2월 24일자.

『부산일보』. 2012년 3월 12일자.

『서울신문』. 2012년 3월 24일자.

『세계일보』. 2012년 3월 17일자.

『중앙일보』. 2012년 3월 7일자; 2012년 3월 8일자; 2012년 3월 14일자; 2012년 3월 27일자.

『한겨레신문』. 2012년 3월 29일자.

『한국일보』. 2011년 12월 26일자.

『헤럴드경제』. 2012년 4월 06일자.

사상구청 홈페이지. http://www.sasang.go.kr(검색일: 2012.3.25).

중앙선거관리위원회 선거통계시스템. http://info.nec.go.kr(검색일: 2012.4.12).

중앙선거관리위원회 역대선거정보시스템. http://www.nec.go.kr/necis(검색일: 2012.3.26).

중앙선거관리위원회 인터넷선거정보조회시스템. http://www.nec.go.kr:7070/(검색일: 2012.3.28).

중앙선거관리위원회 정당·정책정보시스템. http://party.nec.go.kr(검색일: 2012.3.26)

제 2 부

19 대
총 선
현 장
리포트

선거이슈, 선거운동, 선거전략

1. 제주해군기지 이슈와 유권자의 선택 : 서귀포 선거구[30]

고경민

1. 서론

제주해군기지 문제는 역대 4개 정부에서 19년에 걸쳐 지속되어 온 해묵은 갈등 이슈이다. 김영삼 정부에서 처음으로 계획되어 논의되기 시작했고, 김대중·노무현 정부에서 후보지 결정에 관한 논란 끝에 최종 입지가 결정되었으며, 이명박 정부에서 건설 공사를 시행하고 있다. 입지도 2002년 화순으로 계획되면서 갈등이 시작되었고, 이후 위미로 변경되었다가 다시 2007년 5월 강정으로 최종 결정되었다. 사업 계획도 당초 순수 해군기지 건설에서 민·군복합형 관광미항으로 변경되었다(고경민 2010; 2012). 이명박 정부가 임기를 채 1년도 남겨 놓지 않은 상황에서도 제주해군기지 건설 사업의 파열음은 그칠 줄 모르고 있으며, 급기야는 19대 총선의 핵심 이슈 중의 하나로 부상했다.

제주해군기지 부지인 제주특별자치도 서귀포시 대천동 강정포구는 서귀포시 선거구에 포함된다(그림 11). 이 선거구에서 19대 총선에 출마한 후보들의 해군기지 관련 선거운동과 이에 대한 유권자들의 반응에 전국적인 관심이 쏠렸다. 이 선거구에는 해군기지 이슈 이외에도 신공항 유치,

---

30 이 글은『탐라문화』41호(2012)에 게재된 "제주해군기지 이슈가 19대 총선에 미친 영향: 제주특별자치도 서귀포시 선거구 사례"를 수정·보완한 글이다.

FTA 대응과 감귤 등 1차 산업 활성화, 산남북(제주시와 서귀포시) 불균형 발전 해소와 같은 지역현안들이 산적해 있다. 3선의 현역의원 심판론과 제주 홀대 정권 심판론도 유권자의 표심을 자극하는 이슈였다. 이 선거구에서는 새누리당 강지용, 민주통합당 김재윤, 무소속 문대림 후보의 '3파전' 구도로 선거가 치러졌다.

합리적 선택 이론은 유권자의 선택에서 이슈의 중요성을 강조하며, 오랫동안 정치적 논쟁의 중심에 놓여 있던 이슈가 선거 이슈로 부상할 경우 이슈투표의 가능성이 높아진다고 본다(Carmines and Stimson 1989). 19대 총선의 핵심 이슈 중 하나이면서 오랜 갈등 과정에서 정치사회적 논란이 되어 왔던 제주해군기지 이슈가 갈등의 현장인 서귀포시 선거구의 유권자들에게 어떤 영향을 미쳤는지를 분석하는 것이 이 글의 목적이다.

이 글은 우선 최근 제주지역 전체 및 서귀포시 선거구의 선거 결과에서 나타나는 특징의 지속과 변화를 분석했다. 이어서 19대 총선을 위해 제시된 후보자별 선거공약을 분석하고, 제주해군기지 이슈와 여타의 지역현안들을 분석했다. 이어서 각 후보자들의 선거운동과 유권자의 반응을 살펴보았다. 특히 이를 위해 후보자 선거사무소 방문과 지역 유권자들과의 인터뷰 등의 '참여관찰(participant observation)' 방법을 이용했다. 이상의 분석 결과를 토대로, 이 글은 오랫동안 제주를 갈등과 분열로 몰아넣으면서 여전히 지속되고 있는 해군기지 이슈가 유권자들에게 '이슈피로' 현상을 가져왔음을 보여 줄 것이다. 그리고 여기에 이른바 '궨당선거'로 불리는 소지역주의적 투표행태를 보이는 유권자의 특성이 보다 두드러지면서 해군기지 이슈는 서귀포시 선거구 유권자들의 투표 선택에 결정적인 영향을 미치지는 못했다고 주장할 것이다.

2. 이론적 배경과 분석방법

1) 이슈투표와 이슈피로

선거에서 이슈의 중요성에 대해서는 논쟁의 여지가 없지 않았지만, 치열한 선거경쟁과 사회구조 변화, 매스미디어 보급의 확대, 교육수준 향상과 정치정보의 접근성 확대 등으로 투표 결정 요인도 정당 일체감, 집단 소속감 등과 같은 전통적인 요인의 영향력 대신 선거 이슈를 고려하는 유권자의 투표행태가 중요해지고 있다(Dalton 2008).

이슈투표(issue voting)란 선거에서 제기되는 다양한 이슈들이나 정당·후보자들이 제시하는 공약을 선택의 준거로 삼아 투표하는 것을 말한다. 유권자는 단순히 외부적 자극에 반응하는 수동적 존재라기보다는 스스로 자기 결정을 할 수 있는 합리적인 존재이다. 따라서 합리적 인간에게 선거는 유권자가 자신이 원하는 정책을 실행할 수 있는 대표를 선택하는 행위로서, 이들은 후보자들이 제시하는 정책공약을 토대로 자신에게 이익이 될 수 있는 정책공약을 제시한 정당이나 후보자에게 투표한다. 이러한 합리적 투표가 바로 이슈투표이다(고경민 2005).

전통적으로 이슈투표에 관한 이론은 자신과 가장 가까운 정책 입장을 제시한 후보를 선택한다는 다운스(Downs 1957)의 공간이론이나 자신의 입장과 같은 방향에 있으면서 매우 선명한 입장을 피력하는 후보를 선택한다는 라비노비츠와 맥도널드(Rabinowitz and Macdonald 1989)의 방향성 모델로 구분된다. 이 이론들은 선거과정에서 부각되는 이슈에 대해 유권자와 후보자의 입장 차이를 거리나 방향에 초점을 맞춰 분석하고 있다. 그러나 이 이론들은 유권자들이 특정 선거 이슈에 대해 그것이 가져올 득실을 거리나 방향의 스펙트럼에 따라 분석하여 투표를 결정할 정도로 정치적으로 세련되지 않다는 비판(Converse 1964)에 직면한다. 또 유권자들은 선거 이슈에 관한 정보를 수집하고 이해하는 데 소요되는 비용이 이를 통해 얻을 수 있는 이득보다 크다고 판단하는 '합리적으로 무지한(rationaly igno-rant)' 존재일 수도 있다(엄기홍 2009)는 비판도 있다. 이런 관점에서 비판가들은 정치적 세련도 수준이 높은 '합리적 인간'에 대해서만 설명력이 있는 전통적인 이슈투표 이론은 이슈의 속성별로 유권자 집단에 따라 이슈에 대한 이해 수준과 입장 차이가 다르게 나타날 수 있음을 간과했다고 주장한다(Carmines and Stimson 1980).

카마인스와 스팀슨(Carmines and Stimson)은 이와 같이 전통적인 이슈투표 이론의 문제점을 제기하며 선거에서 투표의 기준이 되는 이슈가 모두 같은 성격을 띠는 것은 아니라고 주장한다. 그들은 선거 이슈를 "쉬운 이슈(easy issue)와 어려운 이슈(hard issue)"로 구분한다. '쉬운 이슈'란 기술적이기보다는 상징적이며, 정책의 수단보다는 목적에 초점을 맞추고, 오랫동안 정치적 논쟁의 중심에 놓여 있던 이슈를 의미한다. 반면, '어려운 이슈'는 기술적이고, 정책적 수단에 초점을 맞추며, 비교적 최근에 등장한 정치적 이슈를 의미한다(Carmines and Stimson 1980). 전자의 경우가 흑인에 대한 인종차별 철폐 이슈라면, 후자는 베트남에서 어떻게 철군할 것인지를 둘러싼 이슈라고 할 수 있다. 따라서 유권자가 이슈의 속성을 고려하여 투표할 경우, '어려운 이슈'보다 '쉬운 이슈'가 부각될 때 이슈투표를 할 가능성이 높아진다.

그런데 프레임 이론(frame theory)에서는 논쟁과 대립의 규모가 큰 갈등 이슈의 경우는 일정한 시간이 흐른 뒤에 대중의 이슈피로도가 높아진다고 지적한다. 특히 특정 이슈가 종결 시점에 가까워지면서 언론에서 반복적으로 그 갈등 이슈를 다룰 경우에는 그 중요성과 상관없이 수용자들의 냉소적 태도를 증가시킨다는 것이다(이동훈 · 김원용 2012).

이상과 같이 이슈투표 이론의 '쉬운 이슈'와 프레임 이론의 '이슈피로'는 선거 이슈의 영향력을 설명하는 상이한 시각이다. 제주해군기지 이슈는 앞서 지적한 것처럼, 20년에 가까운 장기 갈등 이슈일 뿐만 아니라 안보와 평화 또는 소극적 평화와 적극적 평화를 축으로 제주지역과 나아가 전국적인 차원의 갈등과 분열을 불러일으켜 왔다.

또 최근 제주해군기지 건설 사업은 강정마을 공사장 인근에서의 극렬한 반대가 없는 것은 아니지만, 부지 선정 과정에서의 절차적 민주성의 문제에 대한 논란에도 불구하고 최종 입지가 선정되었고 공사가 시작되었기 때문에 종결 시점이 가까워지고 있는 이슈라고 할 수 있다. 따라서 이 이슈는 한편으로는 '쉬운 이슈'이면서도 이슈피로 현상이 나타날 개연성이 높은 이슈라고 할 수 있다.

이 글은 이슈투표 이론의 '쉬운 이슈'에 대한 이슈투표 가능성과 프레임 이론의 '이슈피로' 현상으로 인한 이슈의 관심도 저하 현상이라는 대조적인 두 시각을 이론적 배경으로 하여 19대 총선에서 제주해군기지 이슈가 서귀포시 선거구 유권자의 투표 선택에 어떤 영향을 미쳤는지를 분석할 것이다.

2) 분석방법

이 글은 선거통계조사 분석, 문헌 분석, 그리고 참여관찰 방법을 이용하여 연구의 목적을 달성하고자 한다. 우선, 최근 제주지역 전체와 서귀포시 선거구의 선거 결과에서 나타나는 특징을 파악하기 위해 통계조사 자료를 분석했다. 역대 총선과 지방선거에서 나타난 투표 결과의 특징을 도출하기 위해 '중앙선거관리위원회 선거통계시스템'을 이용했다. 그리고 문헌분석을 통해서는 이슈투표에 관한 이론적 논의와 제주 선거에 관한 선행연구의 경향을 분석했다. 또한 19대 총선에서 서귀포시 선거구 후보자들의 동향과 제주해군기지 이슈의 흐름에 관한 내용을 분석하기 위해

'제주의 소리' 등 제주도 내 인터넷 언론사의 기사를 참조했다.

다음으로, 19대 총선에 출마한 각 후보자들의 선거운동과 유권자의 반응을 살펴보기 위해 '참여관찰(participant observation)' 방법을 이용했다. 참여관찰 방법은 연구하고자 하는 정치현상에 직접 참여하여 무슨 일이 어떻게 진행되고 있는지, 또 누가 어떤 일을 담당하고 어떻게 처리하는지를 보고, 듣고, 물어보고, 특히 직접 경험해 봄으로써 그 현상을 보다 잘 이해하고자 하는 연구방법이다. 이 방법은 문화인류학 분야에서 가장 널리 사용되고 있는 방법으로, 사회현상에 대한 실증주의의 양적 방법이 확산됨에 대응하여 각 사회의 문화적 다양성을 강조하는 민속학(ethnography)의 질적 방법을 보호하려는 데에서 강조되기 시작했다(김웅진 외 2004). 그리고 참여관찰 방법은 양적 연구방법을 통해 알아낸 사실을 검증하는 데 유익한 연구방법으로 평가된다. 김용호(2011)에 의하면, 양적 연구를 통해 지역주의 투표현상이 감소하는 경향을 발견하였다면 참여관찰을 통해 이러한 사실을 검증하는 경우 매우 유익한 연구 결과를 얻을 수 있을 것이라고 조언한다. 같은 맥락에서 이 연구는 제주해군기지가 19대 총선의 핵심 이슈로 부상했는데 과연 선거 현장과 유권자들도 그렇게 생각하고 또 선거에도 직접 영향을 미치는지를 직접 확인하고 검증하기 위해서 참여관찰 방법을 선택했다.

필자는 후보자 세 명의 선거운동 방향을 알아보기 위해 3월 27일과 4월 2일 두 차례에 걸쳐 각 캠프 사무실을 방문했고, 지역 유권자 및 관련 전문가들과 접촉하여 면접조사를 실시했다.

3. 제주지역의 역대 총선 결과의 특징

1) 제주지역 총선 결과 : 변화와 지속?

대선, 총선, 지방선거 등 정치적 대표를 선출하는 선거를 수차례 치러왔음에도, 제주지역 선거에 초점을 맞춘 연구는 많지 않다. 학술적 체계를 갖춘 연구는 1990년대 중반 이후 시작된 것으로 보이며, 대표적으로 정대연(1995), 김석준(1997), 양창윤(2001), 한석지 · 염미경(2006) 등의 연구를 들 수 있다. 이들 연구는 대체로 지역문화적 특성의 맥락에서 선거 결과를 분석하는 경향을 보이고 있으며, 역현직 효과, 무소속 선호, 친여적 투표 성향, 높은 투표율, 소지역주의(또는 궨당선거) 등을 제주 선거의 특징적 현상으로 제시하고 있다. 그러나 사회경제적 발전과 그로 인한 유권자 의식 변화에 따라 투표 성향이 바뀌듯이, 제주지역 총선도 대체로 2000년대로 들어서면서 그동안 나타났던 몇 가지의 특징적 현상들이 변하고 있으며, 또 기존의 특징이 지속 또는 강화되는 현상도 보이고 있다.

변화되는 현상으로 역현직 효과와 무소속 선호를 들 수 있다. 우선, "공직선거에서 현직 후보의 유리함(Mayhew 2008)"을 의미하는 현직 효과(incumbency advantage)와 반대되는 '역현직 효과' 현상이 점차 현직 효과 현상으로 변화되고 있다. 현직 국회의원의 재선률이 높다는 것은 일반적인 현상이다. 예컨대, 한국의 국회의원선거에서 재당선율은 16대 총선에서 60.7%, 17대 총선에서 59.2%, 그리고 18대 총선에서 69.8%로 증가하는 추세이다(박명호 · 김민선 2008). 하지만 재당선율은 선수, 소속 정당, 그리고 지역에 따라 상이하게 나타난다. 그 대표적인 예외 지역이 제주라고 할 수 있는데, 9~16대 총선 결과를 분석한 양창윤(2001)에 의하면, 전국 평균 재선율 59%보다 훨씬 낮은 33%에 그쳤다. 그러나 15대 총선부터 이러한 경향은 달라지기 시작했는데, 3개 선거구 모두에서 재선되었다. 그리고

18대 총선에서도 3개 선거구 모두에서 재선되었다. 따라서 15대 총선 이후 제주지역 총선의 특징으로 역현직 효과의 특징은 약화되고 있다고 할 수 있다.

다음으로 제주 선거의 대표적인 특징 중의 하나로 지목되어 왔던 무소속 선호 경향의 변화도 두드러진다. 양창윤(2001)에 의하면, 9~14대 총선의 당선자 14명 중 무소속 10명, 여당 3명, 야당 1명으로 무소속 당선률이 70%를 상회하는 수준이었다. 같은 시기에 전국적으로 무소속 당선율이 8%에 불과했던 점과 비교하면 총선에서 제주지역 유권자들의 무소속 선호 경향은 가장 두드러지는 특징이라고 할 수 있을 것이다. 그러나 25년에 걸쳐 나타났던 무소속 선호 현상은 3개 선거구 모두에서 무소속이 당선되었던 14대 총선을 마지막으로 완전히 자취를 감췄다. 15대 총선 이후 무소속은 단 한 번도 당선된 적이 없다는 점에서 정당 선호로 변화되고 있다.

이처럼 변화되는 현상과 달리, 기존의 특징이 지속 또는 강화되는 현상도 관찰되는데, 소지역주의 현상이 그것이다. 제주의 소지역주의는 특정 지역에서 그 지역 출신 후보자와 경쟁 후보자 간의 득표율 편차가 상대적으로 크게 나타나는 현상을 의미한다. 그림 1, 그림 2는 남제주군 선거구의 15대와 16대 총선에서 연속해서 격돌한 대정읍 출신 변정일 후보와 성산읍 출신 고진부 후보 간의 출신지별 득표율을 비교한 것이다. 그리고 17

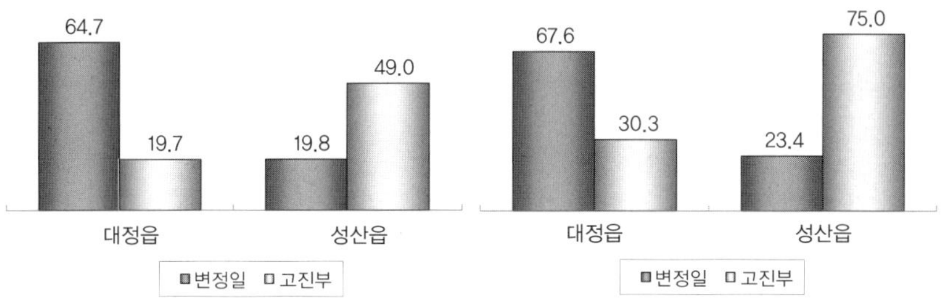

그림 1. 15대 총선 결과: 남제주군 선거구 　　　그림 2. 16대 총선 결과: 남제주군 선거구

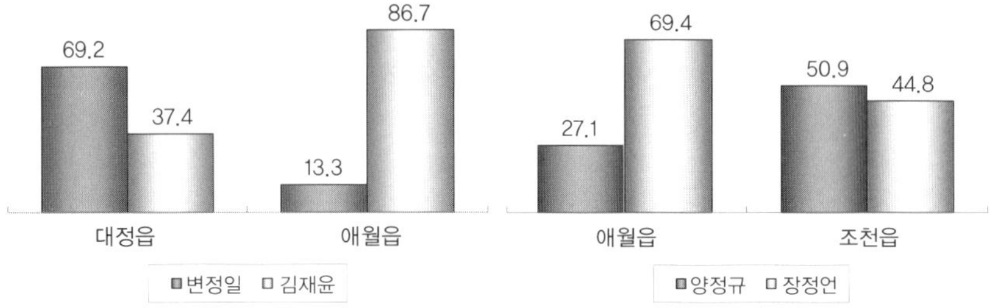

그림 3. 17대 총선 결과: 서귀포시 남제주군 선거구   그림 4. 16대 총선 결과: 북제주군 선거구

대 총선 서귀포시 남제주군 선거구에서도 그림 3과 같이 유사한 득표율 구도를 보여 주었고, 그림 4와 같이 16대 총선 북제주군 선거구에서도 조천읍 출신 양정규 후보와 애월읍 출신 장정언 후보 간에도 소지역주의 대결 구도 양상이 나타났다. 주목할 점은 출신지역에서의 몰표 획득은 승리의 원동력이었으며, 누가 더 상대 후보의 출신지역에서 표를 더 많이 잠식하느냐가 승리의 관건이었다는 점이다. 이러한 소지역주의 현상은 비교적 최근인 1990년대 중반 이후부터 두드러지기 시작하여 현재까지도 지속되고 있다.

새로운 특징으로 부각되고 있는 제주 선거의 소지역주의 현상은 총선에서만 나타나는 현상은 아니라는 점에서 보다 심층적인 분석을 요한다. 제주 선거에서의 소지역주의가 선거전략적으로나 사회적으로 관심을 끌게 된 것은 1, 2, 3회 도지사선거 때부터였다. 그리고 이후 도지사선거는 이른바 '궨당'의 조직화와 동원에서의 성패가 곧 선거의 승패를 좌우할 정도가 되었다. 1, 2, 3회 제주도지사선거는 사실상 우근민과 신구범 후보의 양자 대결 구도였다. 1회 선거에서는 신구범 후보가, 그리고 2회와 3회는 우근민 후보가 당선되었다. 그림 5와 같이, 우도면에서 태어나 구좌읍에서 생활했던 우근민 후보와 조천읍 출신인 신구범 후보는 도지사선거에

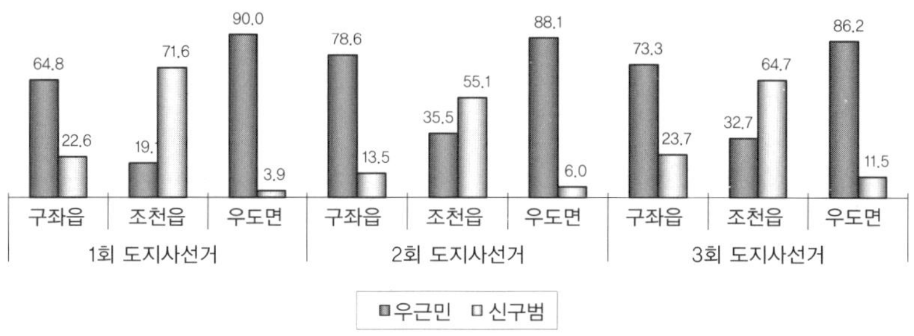

그림 5. 1, 2, 3회 제주도지사선거

서 내리 세 번 격돌했는데, 이때마다 각각의 출신지역에서 극심한 득표율 편차를 보였다.

4회 지방선거에서도 이러한 현상이 관찰되었다. 그림 6과 같이 성산읍 출신 현명관 후보와 구좌읍 출신 김태환 후보는 각자의 고향에서 몰표 싸움을 벌였다. 현명관 후보는 성산읍에서, 김태환 후보는 구좌읍에서 각각 압도적인 표차로 승리했다. 5회 지방선거에서도 이러한 현상은 반복되었다. 그림 7과 같이, 우근민 후보는 구좌읍에서 현명관 후보를 압도적인 표차로 앞섰을 뿐만 아니라 현명관 후보의 고향인 성산읍에서도 현명관 후보를 눌렀다.

제주 선거의 소지역주의 현상을 설명하기 위해 '궨당'이라는 제주어 표

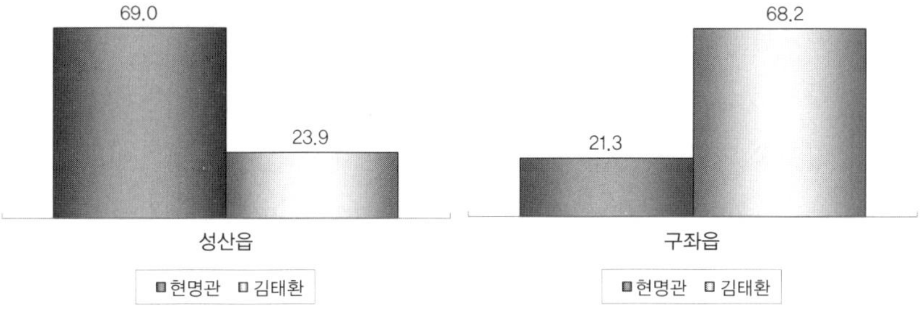

그림 6. 4회 제주도지사선거

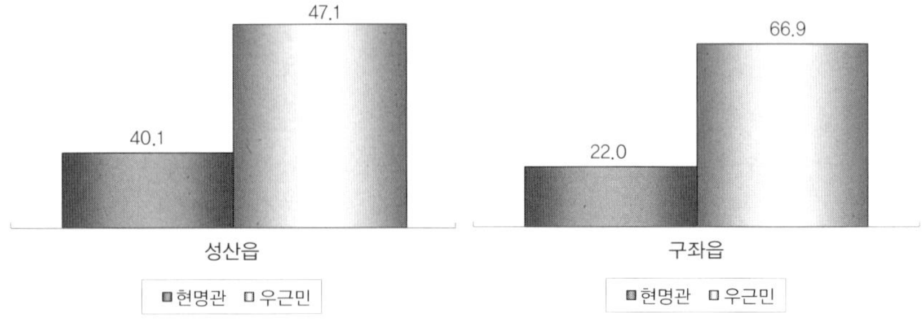

그림 7. 5회 제주도지사선거

현이 사용되고 있다. '궨당선거'는 제주지역의 독특한 문화와 정서가 체화된 '궨당'이 선거에서 후보 지지를 결집하기 위한 수단으로 이용되면서 등장하기 시작했다. 제주어로 궨당은 친척 정도의 의미이다. 궨당을 이처럼 친척이라는 의미와 등치시킨다면, 이는 일반적으로 종친회 같은 단체가 선거운동에 등장하는 맥락과 크게 다르지 않을 것이다. 그러나 궨당은 단순한 친척 개념을 훨씬 넘어선다. 제주어사전(1995)은 '궨당'을 '돌보는 무리'라는 뜻인 권당(眷黨)의 제주어 표기라고 언급하며, 제주도속담사전(1999)은 "친족과 외척, 고종, 이종 등 멀고 가까운 친척을 두루 일컫는다."라고 한다. 이런 사전적 의미의 궨당은 혈통으로 연결된 부계친뿐만 아니라 결혼으로 연결된 모든 친척을 포함한다(한석지·염미경 2006). '제주 사람은 모두 궨당 아니면 사돈'이라는 표현, '알고 보면 모두 궨당(김창민 1992)'이라는 표현, 그리고 마을 공동체 내에서는 모두가 삼촌과 조카로 호칭되고 있다는 것은 궨당이 곧 제주도민들의 기본적인 사회적 관계 연결망이 되고 있음을 의미한다(한석지·염미경 2006). 제주의 좁은 지역적 범위와 섬의 폐쇄성, 60만 명 미만의 인구는 궨당으로 인한 사회적 연결망의 유지와 존속을 가능하게 하는 주요한 요인이 되고 있는 것으로 보인다.

　이런 맥락에서 제주지역 선거에서 나타나는 소지역주의 현상은 단순한 출신지 개념만이 아니라 궨당이라는 보다 넓은 제주지역의 독특한 문화와 정서, 연고 등의 다양하고 광범위한 사회적 연결망에 기반하여 나타나는 현상이라고 할 수 있을 것이다. 2006년 지방선거 당시 중앙의 한 언론은 제주의 궨당을 다음과 같이 보도했다. "제주도 선거에서는 어떤 정당보다도 '괸당(궨당)'이 힘을 발휘한다? 제주도 지사선거에서 여야 정당의 융단폭격식 지원 유세에도 불구하고 무소속 김태환 후보를 지탱하며 박빙의 승부전으로 이끌고 있는 제주도의 '괸당'의 정체에 관심이 쏠리고 있다(연합뉴스, 2006.5.31)." 궨당 그 자체는 마을공동체의 화합과 응집력을 상징하는 긍정적 측면이 있지만, 궨당선거에 대해서는 비판 여론도 비등하다(e.g., 김호성 2010). 그럼에도 불구하고 자생적으로 형성되어 상존하는 궨당은 보이지 않는 사회적 연결망이라는 점에서 향후 선거에서도 지속적인 영향 변수가 될 가능성이 높다고 할 것이다.

2) 서귀포시 선거구의 16~18대 총선 결과

2000년 16대 총선 이후 서귀포시 선거구의 유권자들은 정당 후보를 선호하고 있으며, 16대와 17대 총선에서는 여당 후보(새천년민주당 고진부 의원, 열린우리당 김재윤 의원)를, 그리고 18대에서는 야당 후보(통합민주당 김재윤 의원)를 선택했으며, 16대 총선 이후 3회 연속으로 현재의 민주통합당 계열의 후보를 선택했다.

2000년 이후에 치러진 서귀포시 선거구의 선거 결과를 읍·면·동별로 살펴보면, 그림 8에서 보듯이, 16대 총선에서 변정일 후보는 출신지인 대정읍에서만 큰 차이로 우위를 보였을 뿐 나머지 읍·면·동 지역 모두에서 열세를 보였다. 반면, 고진부 후보는 출신지인 성산읍에서 큰 차이의 우위를 보였을 뿐만 아니라 남원면, 표선면, 안덕면, 동홍동 등 유권자 수가 많은 지역에서 모두 비교적 넉넉한 우위를 보여 당선되었다.

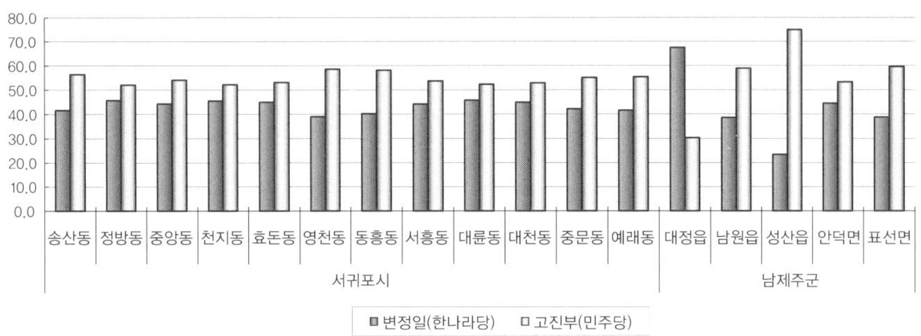

그림 8. 16대 총선 후보자별 득표수

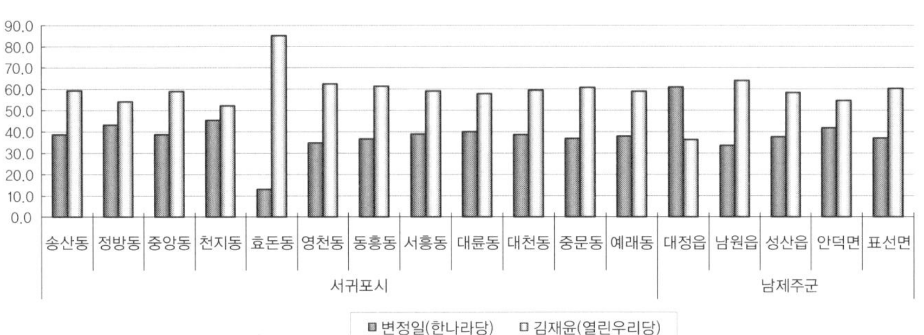

그림 9. 17대 총선 후보자별 득표수

다음으로 그림 9에서 보듯이, 17대 총선에 재출마한 변정일 후보는 출신지인 대정읍에서 승리하기는 했지만 지지율이 예전에 비해 상대적으로 낮아졌으며, 16대 총선과 마찬가지로 대정읍을 제외한 모든 지역에서 고전했다. 반면, 김재윤 후보는 출신지인 효돈동에서 압도적 지지를 받았을 뿐만 아니라 나머지 모든 지역에서 고른 지지를 받으면서 당선되었다.

그림 10은 18대 총선에서 남제주군수와 민선 서귀포시장을 두 번이나 지낸 강상주 후보와 재선에 도전한 김재윤 후보의 치열한 접전을 보여 준다. 김재윤 후보는 출신지인 효돈동에서 압도적인 지지를 받았고, 이외에도 유권자 수가 많은 동흥동, 남원읍지역에서도 확실한 우위를 보였다.

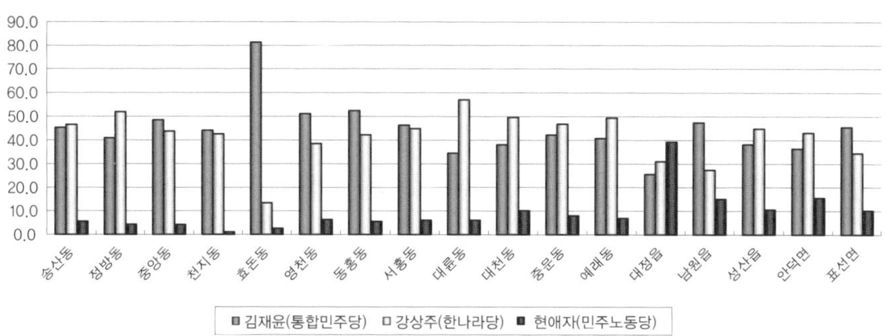

그림 10. 18대 총선 후보자별 득표수

반면, 강상주 후보의 텃밭으로 불리던 대천동, 대륜동, 예래동, 중문동에서 김재윤 후보와의 표차를 벌리지 못하고 대부분 근소한 승리만 거뒀다. 당시 해군기지 갈등을 겪고 있던 강정마을이 포함된 대천동에서 반대운동에 동참해 온 김재윤 후보(1,139)보다 강상주 후보(1,481)가 더 많은 표를 얻기도 했다. 그럼에도 18대 총선에서 김재윤 후보는 출신지와 우세 지역을 확실하게 수성하고 열세 예상 지역을 효과적으로 공략함으로써 3.7%의 근소한 차이로 재선에 성공했다.

4. 선거구의 특성과 공천 과정 및 선거 공약

1) 서귀포시 선거구의 특성

제주는 2006년 7월 행정구조 개편에 따른 제주특별자치도의 출범과 함께 기존 2개 시(제주시, 서귀포시), 2개 군(북제주군, 남제주군) 체제가 자치권이 없는 행정시 체제로 개편되었다. 개편된 행정시는, 명칭은 과거와 동일하게 제주시와 서귀포시이지만, 과거의 북제주군과 남제주군이 각각 제주시와 서귀포시로 통합되어 관할되도록 했다. 선거구 역시 2008년 18대 총선부터 그림 11과 같이 제주시 갑 선거구, 제주시 을 선거구, 서귀포시 선거구 등 3개의 선거구로 변경되었다.

　서귀포시 선거구는 과거 남제주군 선거구에 포함되어 있었다. 과거 남제주군의 한 읍이었던 서귀포는 1981년 서귀읍과 중문면을 남제주군에서 분리·통합시키면서 서귀포시로 승격되었다. 그리고 제주특별자치도의 출범과 함께 다시 서귀포시로 통합되었다. 제주의 또 다른 두 선거구와 달리, 명칭만 과거의 서귀포시 남제주군 선거구에서 서귀포시 선거구로 바뀌었을 뿐 행정구역의 변동은 없다. 따라서 서귀포시 선거구는 오랫동안 동일한 하나의 선거구를 유지해 왔다.

　서귀포시 선거구는 3개 읍, 2개 면, 12개 동 등 17개의 읍·면·동이 포함된다. 서귀포시 인구는 13대 총선이 치러졌던 1987년 행정구역인 서귀포시와 남제주군을 합하여 175,000여 명이었으나, 그 이후 상승세를 보인 1989년, 1992년, 1999년을 제외하면 그동안 꾸준한 하락세를 보여 2009년 말에는 155,000여 명 수준에 이르고 있다. 가장 인구가 적은 지역은 정

그림 11. 제주특별자치도 선거구 현황

출처: 서귀포시선거관리위원회.

방동으로 3,000여 명이고, 많은 지역은 21,000여 명인 동홍동으로 정방동의 7배 정도에 이른다. 전체적으로 읍·면 지역 인구가 70,000여 명이고, 동 지역 인구는 85,000여 명으로 동 지역 인구가 많지만, 개별 행정구역 단위로 볼 때는 대체로 읍·면 5개 지역이 12개 동 지역보다 인구가 많다. 이번 총선의 핫이슈가 되고 있는 해군기지 부지인 강정마을은 대천동에 위치하고 있다.

서귀포시는 서비스 산업 발전 잠재력이 풍부한 국제적인 관광휴양지인 반면, 동서 양쪽의 읍·면 지역은 감귤 주산 단지, 밭작물, 수산, 축산 등 1차 산업을 주업으로 하고 있다. 산업별 취업자 분포를 보면, 3차 산업이 77.0%로 압도적으로 많은 비율을 차지하고 있으며, 1차 산업은 19.8%를 차지하고 있다(서귀포시 2011). 국제적인 관광휴양지인 서귀포시 선거구의 특성이 반영된 분포라고 할 수 있다. 감귤 등 1차 산업의 비중이 상대적으로 적은 것이 사실이지만, 서귀포시 지역이 감귤 주산지라는 상징성을 갖고 있는 만큼, 산업별 취업자의 비중만으로 전체 유권자의 분포를 판단하기에는 무리가 있다.

2) 후보 공천 과정

19대 총선은 공천파동으로 요동쳤던 선거였다. 2011년 10·26 서울시장 재보궐선거 때부터 불기 시작한 안철수 바람, 이른바 '안풍'은 기존 정치권에 대한 실망과 낡은 정치에 대한 피로 현상의 결과라는 분석이 제기되면서 다가올 19대 총선도 이러한 민심과 정치적 분위기에 편승한 현역의원 물갈이가 공천의 화두가 될 것이라고 예견되었다. 경향신문과 현대리서치의 2012년 신년 여론조사에서 현역의원 지지는 27.9%에 불과한 반면, 과반수 이상(53.3%)이 지지하지 않겠다는 것으로 나타나 물갈이 여론이 비등했다(경향신문, 2012.1.1). 19대 총선 후보자 공천 과정에서 정치권은 절반 이상의 현역의원을 새롭고 참신한 후보로 교체한다는 의욕적인 목표를 내걸었고 40%가 넘는 현역의원을 물갈이했다. 그러나 계파 공천, 공천 학살, 여론조사 조작 의혹 등으로 얼룩지면서 공천 불복 후보들의 탈당과 무소속 출마가 도미노처럼 번졌다.[31]

중앙에서 가장 멀리 떨어져 있는 지역이지만 제주 역시 공천 파동을 비껴갈 수 없었다. 3개의 선거구가 있는 제주지역의 정당 공천은 세 곳 모두에서 잡음이 있었다. 제주시 을 선거구의 경우, 새누리당 부상일 후보 측근의 금품수수 사건으로 후보는 불출마했고 새누리당은 공천을 포기했다. 제주시 갑 선거구에서는 새누리당 예비후보 중 지지율 1위를 차지하기도 했던 장동훈 전 제주도의회 의원이 공천 과정에 반발하여 탈당, 무소속 출마를 선언함으로써 강문원 변호사와 현경대 전 의원의 경선을 통해 공천을 결정하기로 했다.

제주지역 3개 선거구 중에서도 후보 공천에 가장 높은 관심을 끌었던 곳은 서귀포시 선거구의 민주통합당 공천이었다. 이 선거구에는 현역 김재윤 의원, 전 제주도의회 의장 문대림, 전 서귀포시장 고창후, 민주통합당 제주도당 사무처장 양윤녕 등 4인이 공천을 신청하면서 본선보다 공천 경쟁이 더 치열할 것으로 예상되었다. 그런데 2월 24일 민주통합당의 제주지역 공천 결과 발표는 예상 외였다. 제주시 을 선거구의 경우는 현역 의원인 김우남 후보와 도의원 출신 오영훈 후보가 경선을 통해 공천하기로 한 반면, 제주시 갑 선거구와 서귀포시 선거구는 현역의원을 단수 공천하기로 한 것이다. 제주시 갑 선거구에서는 공천 탈락자가 이를 수용한 반면, '컷오프' 탈락의 고배를 마신 서귀포시 선거구의 공천 신청자들은 즉

---

31 19대 총선의 무소속 후보자는 총 249명으로 전체 916명의 27.2%를 차지했다. 이는 1996년 15대 총선(28.4%) 이후 최고이며, 지난 18대 총선(11.1%)에 비하면 2.5배 가량 증가한 수치이다. 지역별로는 전남(42.9%), 전북(42.2%), 광주(41.2%) 등 호남지역에서 무소속의 비중이 높은 것으로 나타났다(중앙선거관리위원회 선거통계시스템 참조).

각 반발했다. 김재윤 의원이 타 후보에 비해 현격한 경쟁력을 갖고 있다는 것이 단수 후보 공천의 이유라고 중앙당이 밝혔지만, 이들은 예비후보 여론조사 결과와 제주시 을 선거구의 경선 결정 사례를 들면서 '밀실 공천'이라고 비판했다.

공천 발표 직후 고창후 예비후보는 중앙당 재심 요청도 요식 행위에 그칠 것이라고 판단하여 탈당 후 무소속 출마를 선언했다. 반면, 문대림 예비후보는 고심 끝에 중앙당에 국민참여 경선을 통해 공천을 결정하도록 재심을 요청했으나 민주통합당 최고위원회는 재심 청구를 기각했다. 이로써 민주통합당은 당초의 김재윤 예비후보를 서귀포시 선거구의 단수 공천자로 확정했다. 이 결정으로 고창후 후보에 이어 문대림 후보도 민주통합당을 탕당하고 무소속 출마를 공표했다. 그리고 이들 두 후보는 여론조사 경선을 통한 무소속 단일화에 합의하여 총선 출마를 공식화했다. 경선 결과 단일 후보로 문대림 예비후보가 결정되었고, 당초 합의에 따라 고창후 예비후보는 선거대책본부장을 맡게 되었다.

한편, 민주통합당과 통합진보당의 야권연대 후보단일화 결정에 따라 서귀포시 선거구는 경선지역이 되었다. 그러나 통합진보당의 공천을 받은 현애자 후보가 3월 13일 해군기지 백지화를 해결하기 위해 김재윤 후보와 문대림 후보의 단일화를 촉구하면서 자진 사퇴함에 따라 야권 후보의 단일화가 새로운 이슈로 떠올랐다. 14일 강정마을회도 민주통합당의 공천 문제점을 제기하면서 단일화를 촉구했다. 이미 공천을 받은 김재윤 후보 측에서 이에 응하려는 기미를 보이지 않자 이때부터 두 후보 간에 대립각이 세워졌다. 문대림 후보는 김재윤 후보의 단수공천을 "꼼수 정치와 밀실 공천"의 산물이라고 비판하면서 단일화 제안 수용을 압박했다. 김재윤 후보가 이에 직접 대응에 나서는 대신, 제주도당 차원에서 "이기고 돌아오겠다."던 문대림 후보의 탈당 기자회견을 의식하여 "복당 불허"와 함

표 1. 서귀포시 선거구 후보자 기본 정보

후보자 (소속 정당)	강지용 (새누리당)	김재윤 (민주통합당)	문대림 (무소속)
연령	59세	46세	46세
직업	제주대 교수	국회의원	정치인
학력	고려대 농업경제학과 대학원(경제학 박사) 졸업	명지대 대학원 국어국문학과 (현대문학 문학 박사) 졸업	제주대 대학원 법학과 (법학 석사) 졸업
경력	현 제주대학교 산업응용 경제학과 교수 전 제주특별자치도 한미 FTA 특별대책위원장	현 18대 국회의원 현 민주통합당 원내부대표	전 제9대 제주특별자치 도의회 의장 전 대통령 자문 국가균 형발전위원회 자문위원
재산신고액	117,522,000원	652,897,000원	473,097,000원
납세액	65,761,000원	100,879,000원	68,810,000원
병역	해군 중위	해군 상병	육군 병장
전과기록	없음	없음	없음

출처: 중앙선거관리위원회 선거통계시스템.

께 민주통합당 후보를 낙선시키기 위한 "새누리당 2중대적 성격"의 후보라고 공격했다(제주의 소리, 2012.3.14).

이러한 진통 끝에 서귀포시 선거구의 김재윤 후보와 문대림 후보는 각각 독자적인 길을 선택했다. 김재윤 후보가 서귀포시 선거구의 야권연대 단일 후보가 되었고 문대림 후보는 무소속으로 출마하게 되었다. 이로써 서귀포시 선거구는 표 1과 같이 새누리당 강지용 후보, 민주통합당 김재윤 후보, 무소속 문대림 후보 간의 3파전으로 선거를 치르게 되었다.

3) 후보자 공약

표 2에서 서귀포시 선거구에 출마한 세 후보가 선관위에 제출한 5가지 공약의 세부 내용을 살펴보면, 세 후보 모두 신공항 서귀포 유치와 제주 4·3 해결을 주요 공약으로 내세웠다. 기존 공항의 포화로 인해 제주에 대

한 접근성이 떨어지고 있다는 여론을 반영하면서도 신공항을 서귀포에 유치해야 한다는 지역 여론을 적극 반영한 것으로 보인다. 또 지난 선거들과 달리, 이번 선거에서는 새누리당도 제주 4·3 문제 해결에 적극적으로 나섰다.

그리고 강지용 후보와 김재윤 후보는 감귤 주산지인 서귀포 지역의 특성을 고려한 1차 산업 활성화를 강조하고 있다. 후보별로 강지용 후보는 FTA 대응과 친환경농업 육성 차원에서 1차 산업의 경쟁력 강화를 특히 강조했다. 김재윤 후보는 세 후보 중에서 유일하게 해군기지 해결을 공약으로 제시했으며, 젊은 층에 비해 지지가 약한 노인층의 표를 의식하여 틀니 구입지원을 공약으로 제시했다. 문대림 후보의 경우, 청년 일자리 창출과 생태도시 육성을 차별화된 공약으로 제시했으며, 특히 기초자치권 부활을 핵심 공약의 하나로 제시하고 있다. 2005년 제주특별자치도의 출범과 함께 서귀포시의 자치권이 상실되면서 산남북 간 불균형 발전이 심화되고 있다는 인식에 따른 것이다.

이상과 같이 후보자별로 선관위에 제출한 공약은 제주해군기지와 FTA 대응과 같은 전국적인 이슈와 함께 지역현안 이슈인 신공항, 제주 4·3 해

표 2. 후보자별 선관위 제출 5대 선거 공약

새누리당 강지용	민주통합당 김재윤	무소속 문대림
1. 지역경제 활성화 : 안정기반 구축과 경제 도약 2. 1차 산업 경쟁력 강화 : 청정 1차 산업 메카, 서귀포시 3. 지역사회 희망 창출 : 미래 성장 동력확보 4. 교육·문화의 균형 : 미래인력 역량축적 5. 복지와 평화 확대 : 안정과 여유의 서귀포시	1. 제주해군기지 해결방안 모색 2. 제주도 신공항 건설 추진 3. 4·3희생자·유족의 진상규명 및 지원 확대 4. 어르신 건강보호를 위한 틀니 구입지원 5. 감귤을 원스톱으로 지원하는 감귤산업복합단지 조성 추진	1. 서귀포 신공항 설립 유치 2. 기초자치권 부활 3. 청년 일자리 창출 4. 제주 4·3특별법 전면 개정 5. 서귀포 생태도시로 육성

출처: 중앙선거관리위원회 선거통계시스템.

결 등의 숙원사업, 그리고 감귤 등 1차 산업 활성화에 초점을 맞춰 공약을 제시하고 있다.

후보별로 볼 때, 강지용 새누리당 후보는 '농업·경제전문가'를 내세우면서 지역경제 활성화와 미래성장 동력의 확보, 제주시에 비해 상대적으로 열악한 교육·문화 환경 조성 등을 공약하고 있다. 강지용 후보는 농업경제학을 전공한 교수 출신으로 서귀포시의 상징적 산업인 감귤 산업 및 1차 산업 활성화가 지역경제의 안정적 기반이 된다고 보고 있다. 선관위에 제출한 책자형 선거공보에 제시된 '4대 목표 11대 실천과제'에서도 점점 정체되고 있는 감귤산업의 활력을 찾고 FTA로 인한 지역 농업의 대응전략을 모색할 수 있는 적임자로 자신을 부각시켰다(강지용 2012).

3개 선거구 모두 현역의원을 보유한 민주통합당 제주도당은 해군기지, 신공항, 제주 4·3문제, FTA 재협상, 1차 산업 경쟁력 강화 등을 중심으로 제주지역 10대 공약을 발표했다(민주통합당 제주도당 2012). 서귀포시 선거구의 김재윤 후보도 이러한 도당 차원의 지역 공약을 반영한 '4대 비전 33대 정책공약'을 발표했다. 김재윤 후보는 4대 비전으로 산남북 균형발전, 고부가 1차 산업, 활기찬 지역경제, 질 높은 교육·복지를 제시하고 이를 실현하기 위한 33대 정책공약을 발표했으며, 이 중에서도 제주해군기지 문제 해결, 산남북 균형발전, 1차 산업의 고부가가치 산업화, 일자리 확충과 지역경제 활성화, 제주 4·3 해결을 5가지의 중점 공약임을 강조했다. 김재윤 후보는 3선의 힘을 바탕으로 '333공약', 즉 '3대 비전', '33가지 공약'을 실현하겠다고 발표했다(김재윤 2012).

무소속 문대림 후보는 일자리 창출, 1차 산업, 지역 상권 활성화, 관광·문화, 복지 분야로 구분하여 '6대 분야 24대 정책·공약(문대림 2012)'을 발표했다. 제주도의회 의장 시절 해군기지 문제 해결에 적극적이었지만, 선거 공약에서는 이 문제를 담지 않았다. 아마도 이는 민주통합당이 제주도당 차원에서 해군기지 문제의 완전한 해결을 지역 공약으로 제시했기 때문에 무소속 후보인 자신을 차별화시키는 데는 유권자 밀착형 공약이 보다 효과적일 것이라고 판단한 것으로 보인다.[32] 당초 선관위에 제출했던 신공항 유치, 기초자치권 부활, 제주 4·3특별법 전면 개정 등의 공약도 찾아볼 수 없었다. 물론 '6대 분야 24대 정책·공약'이 기존 선관위 제출 5개 공약을 대체하는 것은 아니겠지만, 선거운동 기간에 발표된 이 공약은 지역 이슈 중심으로 선거운동을 이끌어가고자 했던 무소속 후보의 특성을 고려한 선택이었던 것으로 보인다.

서귀포시 선거구에 출마한 세 후보자의 정책공약을 통해서 볼 때, 해군기지와 FTA 대응뿐만 아니라 감귤 등 1차 산업 발전과 신공항 유치, 기초자치권 부활을 비롯하여 교육·일자리·복지문제 등 서귀포시가 당면하고 있는 지역현안들을 광범위하게 제시하고 있다. 후보별로 이러한 공약들을 추진하기 위한 세부적인 전략과 방법에서는 차이가 있다. 그럼에도 이들 공약들은 총선 때마다 반복되어 온 공약이라는 점에서 이른바 '판박이' 내지는 '재탕' 공약이라는 비판을 받기도 했다(제주경실련 2012).

5. 선거 이슈

1) 제주해군기지 이슈

① 전국 수준

한국정당학회가 중앙선관위의 지원을 받아 조선일보와 공동으로 19대 총선 정책 어젠다에 대한 유권자들의 선호를 조사한 결과, 학교폭력 등 실생활 현안에 더 큰 관심을 보인 가운데, 제주해군기지 건설문제도 주요 외

---

[32] 후보 등록 직전 문대림 후보 선거사무소의 정책·전략 담당자와의 인터뷰 당시, 그는 문대림 후보가 기초자치권 부활을 제1의 공약으로 내세울 것이라고 했다.

교·안보 이슈 중의 하나로 나타났다(조선일보, 2012.2.28).

제주해군기지 이슈에 관해 전국적인 수준에서 이루어진 몇 차례의 여론조사 결과 단순 찬반 조사에서는 찬성 의견이 다소 높은 것으로 나타났다. 예컨대, 2011년 9월 4일 문화일보(2011.9.8)의 조사에서는 찬성(국가 안보상 반드시 건설해야 한다)과 반대(환경파괴가 심하므로 건설하지 말아야 한다)가 각각 54.7%, 34.9%, 무응답 10.4%였다. 그리고 2012년 3월 20일 조선일보(2012.3.20)와 미디어 리서치의 조사에서도 찬성(예정대로 추진해야 한다)과 반대(공사를 중단하고 건설계획을 재검토해야 한다)가 각각 51.9%, 39.7%, 모름·무응답 8.4%였다. 강정마을 해안의 구럼비 바위 발파가 진행되면서 반대 여론이 소폭 상승하기는 했지만, 대체로 4·11 총선 직전까지 국민의 과반수 이상이 해군기지 건설을 찬성하는 것으로 나타났다.

해군기지 건설 문제는 2011년 8월 국회 예산결산특별위원회 내에 '제주해군기지 사업조사소위원회'가 구성된 이래 이중협약서, 항만설계 오류, 15만톤급 크루즈선의 안전한 입출항 시뮬레이션 재검증 등으로 논란이 확대되면서 전국적인 이슈로 등장했다. 총선이 임박하면서 민주통합당은 국회가 2012년 해군기지 사업 예산을 350억 원 삭감(연합뉴스, 2011.11.9)한 것은 공사를 중단하라는 뜻이었으며, 정부가 국회의 명령, 나아가 국민의 합의를 무시하고 공사를 강행하고 있다고 주장했다. 해군기지의 백지화를 주장하는 통합진보당과의 야권연대로 해군기지 문제는 정권 심판 이슈로 부상했다. 이러한 야당의 비판에 대해 이명박 대통령은 취임 4주년 특별기자회견을 통해 한미 FTA와 마찬가지로 제주해군기지도 노무현 정부가 입지를 결정했고, 당시 해군기지의 불가피성이나 국무총리였던 한명숙 대표와 이해찬 전 총리 및 유시민 대표 등이 지지를 한 사안이라는 점을 강조했다(청와대 홍보수석실 2012).

제주해군기지 이슈가 선거 이슈로 등장한 것은 2월 16일 김진표 원내대표와 제주지역 국회의원 3명이 국회 정론관 기자회견에서 민주통합당 중앙당 차원에서 '해군기지 공사 중단'을 당론에 이어 총선 공약으로 채택하겠다(제주의 소리, 2012.2.16)고 발표하면서부터였다. 그리고 정권 심판, 야권연대, 공천문제 등의 이슈가 득세하던 3월 7일 구럼비 바위 발파에 맞춰 민주통합당과 통합진보당 지도부가 강정마을을 방문하여 항의 시위를 벌이고 양당 대표가 야권연대에 합의하면서 19대 국회에서 해군기지 공사 계획의 전면 재검토와 책임규명을 위한 국정조사 추진을 합의(제주의 소리, 2012.3.10)하면서 해군기지 문제는 전국적인 관심사로 등장했다.

그런데 같은 날 통합진보당 비례대표 공천을 신청한 이른바 '고대녀'의 '해적기지' 표현으로 해군기지 이슈는 여당과 보수세력의 역공 이슈로 급부상했다. '해적기지' 논란은 여당과 보수세력에게 야당과 진보세력을 공격할 수 있는 빌미를 제공했다. 리얼미터에 따르면, 이 논란은 발파와 진압으로 하락하던 여당과 대통령의 지지율을 회복시켰고 야당의 지지율도 소폭 끌어내렸다(이택수 2012). 또 3월 10일에는 이어도가 정기순찰 대상에 포함된다는 류츠구이(劉賜貴) 중국 국가해양국장의 발언이 보도되면서 다시 뜨거운 관심사가 되었다. 이어도를 지키기 위해서라도 제주해군기지의 조속한 건설이 필요하다는 보수적인 정치인, 단체, 언론의 주장이 해적기지 논란과 맞물리면서 해군기지 이슈에 대한 여당과 보수세력의 공세는 더욱 강해졌다.

이러한 분위기 반전의 흐름 속에 박근혜 위원장도 FTA와 해군기지에 대한 야당의 주장을 '말 바꾸기'라고 일축하면서 당리당략적 이용의 중단을 촉구했다. 이러한 공세에 대응하여 한명숙 대표도 12일 관훈클럽토론회에서 군사기지의 필요성 자체에 대한 반대라기보다 주민 반대와 절차적 하자 때문에 반대하는 것이라고 해명했다.

총선을 한 달여 앞둔 시점에서 여야 간의 치열한 논쟁을 겪고 있던 해군기지 문제는 총선이 가까워지면서 핵심 쟁점으로 달아오를 것으로 보였다. 그러나 3월 20~21일 이정희 통합진보당 공동대표의 여론조사 부정경선 파문, 29일 KBS 새노조의 민간인 불법 사찰 문건 폭로, 4월 1~8일 김용민 통합진보당 후보의 여성 비하·노인 폄훼, 막말 발언 파문 등 19대 총선을 뒤흔든 대형 이슈들이 차례로 등장하면서 전국적 차원에서 해군기지 문제에 대한 논란과 공방은 상대적으로 약화되는 경향을 보였다.

　② 제주지역 수준

　제주지역 여론은 해군기지 자체에 대한 단순 찬반을 넘어 항만의 성격, 즉 순수 해군항보다는 복합항을 선호하는 의견이 과반수를 넘었다. 제주포럼 C가 우리리서치에 의뢰해 2011년 11월 19일 제주도민을 대상으로 조사한 결과, 단순 찬반은 팽팽한 가운데, 해군기지 선정과 추진 방식의 절차적 민주성에서 과반수 이상의 지역주민들이 문제가 있다고 보았으며, 갈등관리와 의견 수렴 등의 대책 마련이 필요하다고 보았다(제주의 소리, 2012.3.27). 총선을 3개월여 앞두고 예비후보 16명을 대상으로 조사한 결과, 여·야를 떠나 대부분의 예비후보가 제주해군기지 건설이 문제가 있다고 보았으나, 찬반이나 해군기지 해법에서는 소속 정당별 입장 차를 보였다. 여당은 찬성과 정부 지원을, 야당은 반대와 공사 중단 및 대화 재개, 전면 개검토의 입장이었다(제주의 소리, 2012.1.7). 19대 총선이 임박하면서 해묵은 갈등이자 여전히 제주사회의 최대 현안이 되고 있는 해군기지문제의 해결 여부가 주목을 받게 되었다.

　민주통합당은 2월 16일 중앙당 차원에서 해군기지 공사 중단을 총선 공약으로 채택했다. 그리고 이틀 뒤 민주통합당, 통합진보당, 진보신당 3개 제주도당은 해군기지 공사 중단과 원점 재검토를 당론으로 공식 천명하는 정책협약서를 작성했다. 이를 계기로 강정마을회와 범대위가 예비후보들에게 공사 중단과 원점 재검토 입장을 요구하여 야3당 예비후보 10명의 동의를 받았다(제주의 소리, 2012.2.19). 그런데 강정마을이 위치한 서귀포시 선거구의 민주통합당 공천이 김재윤 후보의 단수공천으로 결정되면서 이에 불복한 문대림 후보의 탈당으로 야당 후보들 간의 해군기지 연대에 금이 갈 조짐을 보였다. 이에 통합진보당 현애자 후보가 두 후보의 단일화를 촉구하면서 자진 사퇴했고, 강정마을회도 단일화를 촉구했지만, 김재윤 후보 측의 불응으로 두 후보 모두 독자 출마하게 되었다. 제주지역 3개 선거구의 후보가 확정된 직후 민주통합당의 세 후보는 공동으로 '해군기지 문제의 완전한 해결'을 제1순위 공약으로 내세웠다.

해군기지 문제를 놓고 서귀포시 선거구에 출마한 후보자들의 입장은 새누리당 강지용 후보를 한편으로, 그리고 민주통합당의 김재윤 후보와 무소속 문대림 후보를 다른 한편으로 갈렸고, 이는 세 차례의 토론회에서 분명하게 나타났다.[33] '정부 지원예산 확보와 민군복합형 관광미항 추진'을 내세운 강지용 후보는 민주통합당의 '말 바꾸기'와 함께 민군복합형 관광미항 기본협약서 내용을 지키고 감시하는 역할을 하지 못한 김재윤 후보를 비판했다. 그리고 국가에서 결정한 민·군복합형 관광미항은 예정대로 추진되어야 한다면서 강정 및 주변 지역의 화합과 발전을 위해 1조 5000억 원의 국고 지원을 끌어 오겠다고 주장했다.

'해군기지 공사 중단 및 전면 재검토'를 내세운 김재윤 후보는 제주사회의 총의를 무시하고 무늬만 관광미항인 군항 건설을 추진하는 이명박 정부를 비판했다. 특히 해군기지 예산 1조 300억 원 가운데 95%가 해군기지 예산이고 5%만이 민항 예산이라면서 공사 중단을 주장했고, 크루즈 입출항 재검증도 요구했다. 그러면서 국회에 특위를 구성하고 대통령 직속 갈

---

33 여기서의 토론회는 제주의 소리(2012.3.23)가 주최한 후보초청 토론회, 조선일보(2012.3. 26)와 KCTV제주방송이 공동 주최한 합동토론회, 제주일보(2012.4.6) 등 도내 언론 6사가 공동 주최한 토론회이다.

등해소위원회를 만들어 문제를 해결해야 한다고 강조했다.

'주민동의, 적법 절차, 유사 국책사업과의 형평성 등의 원칙에 따라 갈등을 해결하겠다고 한 문대림 후보는 범정부적 지원, 정부지원협의체 구성, 민군복합형 관광미항 등에 대한 정부의 약속 위반을 강하게 비판하면서 공사 중단을 갈등해결의 전제조건으로 제시했다. 또한 평택기지는 167차례 주민설명회와 간담회를 거쳐 특별법을 제정했으며, 89개 사업에 8조원이라는 예산이 투입된 데 반해 제주해군기지는 범정부 차원의 지원을 약속만 하고 실행하지 않고 있다고 비판했다. 또 김재윤 후보를 향해서는 2007년 군항이라는 것을 알면서도 합의했다고 지적하고 특별법을 통해서 해결한다고 했지만 특별법을 발의한 적도 없고 대통령을 만나 갈등을 해결하려는 노력도 하지 않았다며 공격했다.

해군기지를 둘러싸고 반복된 주장으로 후보 간 공방을 벌이는 가운데, 박근혜 위원장과 한명숙 대표가 제주를 방문했다. 3월 30일 제주를 방문한 박근혜 위원장은 해군기지 문제는 이념으로 접근할 문제가 아니라 안보 차원에서 해결할 문제이며, 관광지와 해군기지가 공존하는 하와이처럼 제주를 만들면 될 것이고, 이것이 안보도 지키고 경제도 살리는 민군복합항이라고 강조했다. 이어 제주 4·3 위령제에 맞춰 4월 2일 1박 2일 일정으로 제주를 찾은 한명숙 대표는 박근혜 위원장의 발언을 의식하여 오히려 새누리당이 해군기지 문제를 이념의 문제로 몰고 간다고 비판하면서 이 문제는 이념의 문제가 아니라 삶의 문제라고 강조했다.

2) 지역현안 이슈

3선을 목표로 하는 김재윤 후보를 상대로 하는 만큼 강지용 후보와 문대림 후보는 서귀포시의 지역현안 문제의 책임을 김재윤 후보에게 돌리는 경향을 보였다. 우선, 강지용 후보는 후보 등록 직후 산남(서귀포시) 경제의 침체를 거론하며 '현역 물갈이'를 내세웠다. FTA 시대에 서귀포시의 감귤 산업 등 1차 산업이 심각한 위기에 직면해 있는 만큼 1차 산업의 경쟁력을 키울 수 있는 농업·경제 활성화의 필요성을 강하게 주장했다. 감귤 산업의 주산지인 서귀포시 선거구의 특성을 반영하여, 강지용 후보는 대학 교수로서 30년 동안 감귤 등 1차 산업을 연구해 온 농업·경제 분야의 전문성을 타 후보와 차별화되는 강지용 후보만의 강점으로 내세웠다. 실제로 강지용 후보는 선거운동 과정에서도 1차 산업에 초점을 맞춘 각종 공약들을 제시했다.

김재윤 후보는 야권단일 후보로서 서귀포의 힘을 보여 줄 수 있는 재선의 현역의원임을 주장했다. 그는 경조사를 챙기기보다 일 잘하는 국회의원임을 강조하면서 7년 연속 국정감사 우수의원으로서 왕성한 국회 활동을 자신의 강점으로 꼽았다. 김재윤 후보는 현역의원으로서 정책역량의 비교 우위를 보여 주기 위해 1월 31일~4월 8일까지 '민생공약 시리즈'를 총 26차례 발표했다. 무소속으로 출마한 문대림 후보는 초기 기초자치권 부활에 초점을 맞춘 공약을 제시했지만 공식 선거운동 기간으로 들어서면서 유권자들이 체감할 수 있는 지역 이슈 중심의 공약들을 제시했다. 문대림 후보는 공천 탈락 직후 무소속으로 출마하면서부터 김재윤 후보의 꼼수 정치와 밀실 공천 및 서귀포시를 위한 의원 활동의 허구성을 지적하는 데 집중하는 경향을 보였다. 문대림 후보는 공천에서 배제된 고창후 전 서귀포시장(선대본부장)과 무소속 단일화 경선을 거쳐 '무소속 단일 후보'를 강조했고 고창후 전 시장과의 연합전선을 펼치면서 김재윤 후보에 공세를 가했다.

이들 3자 간 경쟁구도하에서 해군기지 문제는 핵심 이슈가 아니었다. 새누리당과 민주통합당의 해군기지에 대한 입장이 분명했고, 또 무소속 문대림 후보도 민주통합당의 입장과 근본적인 차이는 없었다. 또 후보자 토론회에서도 나타나듯이, 해군기지 문제에 대한 후보자별 입장과 해법에 대해서도 이미 잘 인지하고 있었으며, 새로운 문제를 제기하거나 해법을 제시하지 못했고, 따라서 이 이슈를 통한 3자 간 경쟁은 평행선을 달렸다. 오히려 선거운동이 지속될수록 지역 숙원사업이나 지역발전을 위한 공약, 즉 신공항 유치, FTA 문제, 기초자치권 부활, 중문관광단지 매각 등의 이슈를 중심으로 논쟁을 벌였다.

그러나 주요 지역 이슈 면에서 세 후보 간의 차별성은 크게 두드러지지 않았다. 당면한 지역현안에 대해 대부분이 인식을 같이했고, 다만 해법이나 접근방법 등에서 차이를 보이는 정도였다. 따라서 지역 이슈를 둘러싼 후보자들 간의 날선 공방은 사실상 두드러지지 않았다고 할 수 있다. 오히려 상호토론이나 언론 보도자료를 통해 상대방을 공격하는 데 치중하는 듯했다. 김재윤 후보는 새누리당과 강지용 후보를 겨냥하여 이명박 정부의 '제주 홀대'를 비판했고, 이에 대해 강지용 후보는 8년간 현역의원으로서 지역 숙원 사업과 문제 해결을 하지 못한 현역의원의 역할 한계 또는 부재로 맞받아쳤다. 문대림 후보의 경우는 김재윤 후보를 상대로 중문관광단지, 신공항, 해군기지, 기초자치권 등 김재윤 후보의 주요정책에 대해 '4대 거짓말'로 규정하며 공격을 가했고, 이에 대해 김재윤 후보는 인신공격과 흑색선전이라고 대응했다(제주의 소리, 2012.4.9).

서귀포시 선거구에서는 해군기지 문제 이외에도 몇몇 주요 현안 이슈들이 있었지만, 유권자들의 표심을 자극할 만큼 파괴력을 가진 이슈는 없었다. 토론회 등에서 제기되었던 현안 이슈들에 대해 후보 간 차별성도 두드러지지 않았고, 새로운 이슈가 등장한 것도 아니었다. 따라서 서귀포시 선거구에서는 민주통합당 공천문제로 인한 무소속 후보의 출마, 해군기지 해법에 대한 김재윤 후보와 문대림 후보의 선명성 약화, 각종 지역현안에 대한 대동소이한 인식과 접근 등으로 인해 정책과 공약은 유권자들의 표심에 큰 영향을 미치지 못한 것으로 보인다.

6. 선거운동과 유권자의 반응 : 참여관찰

1) 선거사무소의 선거운동

세 후보자의 선거운동 방향을 알아보기 위해 3월 27일과 4월 2일 두 차례에 걸쳐 각 캠프 사무실을 찾았다. 3월 27일에는 세 후보의 선거사무소를 방문하여 사무국장과 인터뷰를 했다. 그리고 4월 2일에는 동행한 중앙일보 기자와 후보자를 직접 인터뷰할 예정으로 일정을 잡았으나 강지용 후보는 남원읍 유권자 방문 일정 때문에 만나지 못했고, 김재윤 후보도 지역구 순회 일정과 한명숙 대표의 제주 방문으로 직접 만나지는 못해 보좌관과의 인터뷰로 대신했다. 문대림 후보만 직접 만날 수 있었다.

3월 27일 방문한 강지용 후보의 선거사무소 사무국장은 당시의 저조한 지지율에 대해 애써 "나쁘지 않다."고 했다. 선거 초반 강지용 후보의 지지율이 낮은 이유는 "민주통합당의 예비후보 간 경선과 공천 과정을 언론이 집중 조명"했기 때문이라고 지적했다. 야권 후보의 공천문제로 인한 분열로 무소속 후보까지 출마하면서 다른 두 후보가 야권 성향의 표를 나눠가져야 할 것이기 때문에 이번 선거는 구도상 강지용 후보에게 유리한 것 아니냐는 질문에 사무국장은 "현재의 선거 구도는 당초부터 바라던 구도"라고 했다. 해군기지 문제에 대해서는 "워낙 반대의 목소리가 크고, 타지역의 전문 반대꾼들이 반대의 분위기를 주도하고 있다."면서, 강정주민은 불과 20~30명 정도에 불과하다는 점을 먼저 지적했다. 그러나 실상을 보면 "해군기지를 찬성하는 유권자가 더 많다."고 판단하며, "추후 전략적으로 접근, 이를 이슈화하여 지지율 반등의 기회로 삼을 예정"이라고 했다. 또 강지용 후보의 선거사무소 벽면 현수막에 "농업·경제전문가"를 내건 것을 보고, 선거구 유권자의 77%가 3차 산업 종사자인데 1차 산업과 관련된 것을 내세우는지 물었다. 이에 대해 사무국장은 "제주의 전국 농업 비중이 17%이고 그중에 서귀포가 44%를 차지하기 때문에 제주에 농업이 최우선 과제"라면서 특히 "서귀포 지역에 감귤농가가 많다."는 점을 강조했다.

　현역의원인 김재윤 후보 측은 3월 27일 당시 공천 파문 이후 무소속 출마를 선언한 문대림 후보의 공격에 민감하게 반응했다. 선거사무소의 사무국장이 가장 먼저 꺼낸 얘기는 문대림 후보의 김재윤 후보에 대한 거짓 언론 홍보와 꼼수 정치라는 비난에 대해서였다. 그는 문대림 후보의 공격을 네거티브 전략으로 규정하고 "현역의원이고 지지율도 가장 앞서 있는 만큼 우리는 네거티브 전략으로 대응하지 않을 것"이라고 했다. 또 기초자치단체 부활에 관한 문대림 후보와의 토론회 설전을 의식, 김재윤 후보가 특별자치도가 출범하면서 폐기된 기초자치단체의 부활이 "현실적으로 쉽지 않다는 것이지 반대하는 것은 아니다."라고 해명했다. 해군기지 문제에 대해서는 "절차상의 문제"라는 차원에서 접근하고 있다고 했다. 선거전략으로 활용하기보다는 표를 의식하지 않고 유권자의 올바른 이해와 판단을 유도하는 데 초점을 맞출 것이라고 했다. 4월 2일 만난 김재윤 후보의 보좌관을 통해서는 해군기지 공약에 대한 의도를 읽을 수 있었다. 그는 "해군기지 이슈를 정면에 내세우기는 했지만 핵심 이슈는 아니다."라고 했다. 해군기지 이슈를 1순위 공약으로 제시한 이유에 대해 "선거전략 차원보다는 서귀포의 사회통합과 미래를 제시하기 위한 차원."이라고 설명했다. 아울러 "지역주민들이 해군기지 갈등에 대해 김재윤 후보가 무엇을 했느냐 하는 '책임론'에 대한 답변이기도 하다."고 덧붙였다. '궨당 선거'의 영향에 대해서는 즉답을 피하면서도 소지역주의 전략의 불가피성을 내비쳤다.

　문대림 후보의 선거사무소 사무국장은 문대림 후보가 "해군기지를 업보라고 생각하며 꼭 해결되어야 할 문제"라고 생각한다고 했다. 그러나 이 문제를 "정치적으로 이용하지는 않겠으나, 피하지도 않을 것"이라고 했다. 그러면서 문대림 후보의 "제1공약은 '자치권 부활'"이라는 점을 강조했다. 그 이유에 대해 사무국장은 "경쟁후보를 누르기 위해서 해군기지 이슈는 차별화되기 어려운 이슈"라고 했다. 문대림 후보 측은 민주통합당 경선 과정의 문제에 대해 "경선의 취지 목적에 대한 자괴감, 기형화된 경선 때문에 서귀포 시민의 자존심이 상처를 입었다."고 했다. 공천 불복에 이은 무소속 출마에 대한 비판 여론을 의식하는지에 대해서는 "민주통합당 공천 탈락 이후 무소속 출마로 모두 부담을 가지고 있을 것이다. 그러나 그 원죄는 민주통합당 중앙당에 있고, 다음은 김재윤 의원에게 있다."면서 "강정마을과 해군기지 범대위 등에서 김재윤 후보와의 단일화 요구가 있었지만, 이에 전혀 반응하지 않았고, 오히려 제주도당을 앞세워 '새누리 2중대' 운운한다."면서 김재윤 후보 책임이 크다고 답했다. 4월 2일은 정책공약 기자회견 이후 직접 만난 문대림 후보는 김재윤 후보와 차별화할 수 있는 전략에 대해 "공약에서는 대동소이하다."면서, "차별화는 자치권 부활"로 자신의 첫 순위 공약의 차별성을 설명했다. 해군기지와 관련해서는 "김재윤 후보가 민군복합항을 마치 자신이 만든 것처럼, 즉 '솔로몬의 지혜'라고 강조하다 선거 때에 와서야 뒤늦게 반대한다고 주장하고 있다. 실제로 복합항은 허구로 드러났으며, 김재윤 후보도 2007년 12월 14일 이미 군항임을 인지하고 있었다. 이것은 배신이다. 도민에게 사과해야 한다."라고 김재윤 후보의 꼼수 정치를 비난했다. 문대림 후보는 또 "김재윤 후보가 해군기지 문제해결을 제1공약으로 제시했으나 시민들은 믿지 않을 것"이라면서 자신이 도의회 의장 시절 갈등해결을 위해 노력했지만, "이때 과연 국회의원들은 무엇을 했나."라고 반문했다.

2) 유권자의 반응

3월 27일 서귀포시 선거구를 찾으면서 가장 먼저 들른 곳이 강정마을이었다. 공사현장 옆 주차장에 빼곡하게 들어선 차량, 공사현장 주변으로 높게 쳐진 울타리, 두 개의 출입구 앞에 연좌하고 있는 반대자들, 이들 주변에 위치한 2인 1조 경찰관의 모습에 긴장감이 느껴졌다. 그러나 현장에 모인 반대자들은 20명이 채 안되었으며, 경찰 병력도 많지 않았다. 이어서 강정마을 회관을 찾았다. 선거와 관련된 무엇도 보이지 않았고 사람도 없었다.

서귀포시의 매일올레시장으로 이동했다. 시장 입구에서 수산물을 팔고 있는 30대 상인을 만났다. 해군기지에 대해 물었더니 대뜸 "해도 좋고 말아도 좋다."고 했다. 그러면서 해군기지에 대해서는 관심이 없다고 했다. 투표도 해군기지와 무관하게 할 것이라고 했다. 시장 한복판의 분식집을 찾았다. 30대로 보이는 남성에게 이번 선거에 대해서 묻는다고 했더니 손사레를 쳤다. "선거에 관심이 없다. 다른 사람을 찾아봐라."라고 했다. 트럭으로 물건을 실어 나르는 강승효(43세) 씨는 "해군기지 문제가 선거와 무슨 관련이 있겠느냐. 선거로 될 거였으면 벌써 문제가 해결되었지."라면서 해군기지와 선거의 관련성 자체를 부인했다. 대정읍으로 옮겨 편의점을 운영하는 40대 여성에게 선거 분위기에 대해 물었다. "민주통합당 경선 때에는 나름 고조되는 분위기였는데, 그게 끝나면서 이내 사그러 들었다."고 했다. 이 지역에서 문대림 후보가 경선에 나섰다가 무소속으로 출마하면서 분위기도 다운되었다고 설명했다. 해군기지의 영향에 대해서도 "개인적으로 해군기지와 무관하게 후보를 지지한다. 중요한 것은 우리 지역의 발전이고, 관광지 개발 공약을 보고 투표하겠다."고 했다. 덧붙여 자신은 민주통합당 당원이지만 대정 출신인 문대림 후보를 지지한다고 거침 없이 말했다. 그러나 당선은 김재윤 후보가 될 것이라고 전망했다.

4월 2일 다시 지역주민들을 만나기에 앞서 강정마을로 갔다. 공사현장 주변에는 찬반 세력들이 내건 현수막이 여러 군데 걸려 있었지만, 정당이 내건 현수막은 반대자들과 뜻을 같이하는 '강정 해군기지 전면 검토' 뿐이었다. 이 날도 강정은 조용했다. 경찰과 반대자들이 대치하고 있었지만 특별한 집회나 시위가 없는 날은 그다지 큰 긴장감을 느끼지는 못했다. 강정마을을 거쳐 문대림 후보가 기자회견을 하는 서귀포 시청으로 향했다. 서귀포 시청 앞에서 만난 고월용(74세) 씨는 "해군기지에 대한 도민들의 입장은 각자 정리된 지 오래다. 전혀 새로울 게 없는 사안"이라고 했다. 3월 27일 만난 유권자들과 유사한 반응이었다.

제주지역의 다른 선거구 유권자도 이와 비슷한 반응을 보였다. 제주시 갑 선거구인 연동에 사는 하고은(40세) 씨는 "(해군기지 문제는) 너무 오래됐고 이 지역에서는 이미 민감도가 떨어져 버렸기 때문에 선거에 큰 영향을 미치지 않을 것"이라고 말했다. 식어버린 과거의 핫이슈라는 이야기이다. 오히려 이슈나 공약보다 궨당의 영향이 더 클 것이라는 지적들이 있었다. 제주시 노형동에 사는 오재섭(45세) 씨는 "좁디 좁은 제주 바닥에선 한 다리 건너면 친척이고 두 다리 건너도 아는 사람이다. 지금껏 출신지에서 몰표를 받지 못하고 당선된 사람이 한 명이라도 있었나."라고 했다. 제주지역의 한 인터넷 신문 대표(40대 후반)는 "후보자와 유권자 모두 정책이나 쟁점에 민감하지 않은 것 같다. 해군기지 문제도 선거에 별다른 영향이 없을 것이다."라고 하면서 각종 연고에 따라 투표를 하는 제주지역 유권자들의 경향을 지적했다.

많은 지역 유권자들을 만나 인터뷰하지는 못했지만, 해군기지가 선거에 미치는 영향에 대해 대부분 부정적으로 보았고, 후보별 출신지에 따라 표심이 움직일 것이라는 지적들이 많았다. 이를 위해 지역 전문가들과 인터뷰를 했다. 제주대에 재직하고 있는 한 교수(50대 중반)는 "후보자

의 공약이나 정책 이전에 이미 연고에 의해 후보를 결정할 가능성이 높
다.”면서 해군기지 문제의 경우도 선거이슈로서의 영향은 크지 않을 것
이라고 했다. 아울러 “해군기지 건설에 찬성하는 사람들은 대부분 침묵
하고 있고, 또 문제의 본질도 단순한 찬반 문제라기보다는 절차상의 문제
이기 때문에 해군기지가 곧 후보자 선택의 일차적 기준이라고 보기는 어
려울 것”이라고 했다. 과거 지역방송 시사토론 프로그램 진행자(50대 초
반)는 “서귀포시 선거구의 지역 구도도 중요하지만 호남 출신 유권자들
의 영향도 고려해야 한다.”고 지적했다. 이를 입증하는 것이 호남 출신 2
세인 한 도의원의 당선이라고 했다. 그리고 서귀포시에서 호남 출신 유권
자들의 영향력은 “선거에 관심 있는 사람이면 모두 알 것”이라고 했다.[34]
그는 또한 “표는 이미 정해졌다. 해군기지 이슈가 표심에 영향을 미치는
변수로 작용하기는 어렵다.”는 의견을 보였다. 그러면서 서귀포시 선거구
에서 정책 이슈가 있다면 지역 특성상 FTA의 영향일 것이라고 전망했다.

선거운동 기간 동안 각종 후보자 토론회에서 나타난 해군기지 문제에
관한 후보자 간 논쟁에도 불구하고, 서귀포시 유권자들에게 해군기지 문
제는 큰 관심사가 아닌 듯했다. 한 유권자의 언급처럼 전국적인 관점과 달
리, 서귀포시 지역 또는 제주지역주민들에게 해군기지는 전혀 새로울 것
이 없는 사안이며, 이에 대해서도 이미 입장들이 정리되어 있다. 이와 같
은 생각은 후보자들도 마찬가지였던 것으로 보인다. 몇 차례의 토론 기회
를 가졌지만 새로운 해군기지 문제로 논쟁을 벌였던 적은 없었다. 시간과
주최, 자리만 달리할 뿐 대체로 후보들이 가진 기본 입장을 반복하는 수준
이었으며, 각 후보별 입장에 대해서는 서로 잘 알고 있었던 것으로 보인

---

34 이와 관련해서 언론은 1970년대부터 감귤농사가 확대되면서 부족한 노동력이 대부분 호남지역
   에서 충원됐다면서 유권자 12만여 명 가운데 2만여 명이 호남 출신으로 추정되는데 이들의 표심이
   전체 판세에 결정적인 영향을 미칠 것이라고 전망했다(한겨레 2012. 4. 2; 동아일보 2012. 4. 3).

다. 그렇기 때문에 후보자들도 해군기지 문제를 논쟁적인 문제로 생각하기보다는 선거운동 과정에서 언급하지 않으면 안 되는 이슈 정도로 간주했던 것으로 보인다.

결국, 해군기지 문제가 이번 총선에서 전국적인 이슈로 부상한 것과 달리, 지역 민심은 해군기지 찬반이나 해법에 있지 않았던 것 것으로 보인다. 이는 후보자들의 선거운동과 이에 대한 유권자들의 반응을 통해서 확인할 수 있었다. 그래서 후보 입장에서 타 후보와 자신을 차별화하기 위해서는 숙원사업이나 지역발전에 관한 또 다른 지역 이슈들, 예컨대 신공항 유치, FTA 대응, 1차 산업 활성화 등이 중요했던 것으로 보였다. 그러나 이런 이슈들에서도 사실상 후보자 간 두드러지는 차별성을 보이지 않음에 따라 정책과 이슈가 선거에 큰 영향을 미치지 않은 것으로 보인다.

7. 선거 결과 분석

서귀포시 선거구의 19대 총선 결과에 앞서 투표율을 살펴보면, 제주지역 전체로는 54.6%의 투표율을 보여 전국 평균 투표율(54.3%)과 비슷한 수준을 보였다. 이에 비해 서귀포시 선거구의 경우는 전체 유권자 121,095명 가운데 73,603명이 투표에 참여하여 60.8%의 비교적 높은 투표율을 보였다. 이는 전국 및 제주지역 평균 투표율보다 5% 이상 높은 수치이며, 18대(57.0%)보다는 높았지만 17대(61.5%)보다는 낮은 수치이다.

서귀포시 선거구의 읍·면·동별 투표율을 살펴보면, 그림 12와 같이 대정읍과 효돈동이 가장 높은 70% 대의 투표율을 보였고, 나머지 지역의 경우는 대체로 동 지역에 비해 읍·면 지역이 높은 투표율을 보였다. 대정읍과 효돈동은 각각 문대림 후보와 김재윤 후보의 출신지역이어서 상대적으로 높은 투표율을 보인 것으로 보이며, 강지용 후보의 출신지역이라고

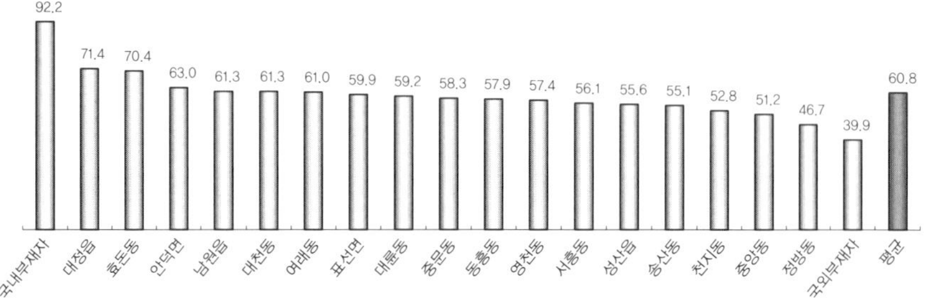

그림 12. 서귀포시 선거구의 읍·면·동별 투표율

할 수 있는 구서귀포, 즉 정방동, 중앙동, 천지동은 가장 낮은 투표율을 보였다. 또 강정마을이 위치한 대천동 지역의 경우도 비교적 높은 61.3%의 투표율을 보였다.

새누리당 강지용, 민주통합당 김재윤, 무소속 문대림 후보의 '3파전' 구도로 치러진 이번 선거는 표면상으로 여권 후보 1명 대 야권 후보 2명이 경쟁하기 때문에 여권 후보에 절대적으로 유리할 것으로 보일지도 모른다. 그러나 지역 언론사들의 여론조사 결과, 김재윤 후보가 시종여일 1위를 고수했고 3선 국회의원이 되었다. 문대림 후보는 민주통합당 공천에서 나란히 탈락한 고창후 전 시장과의 무소속 단일화 경선에서 승리하면서 고창후 전 시장을 선대본부장으로 하여 지지세를 결집하고자 했으나 무소속의 한계로 2위에 머물렀다. 그리고 새누리당의 강지용 후보는 정치신인으로 집권 여당의 힘과 보수층의 지지 결집을 내세워 두 야권 후보들과 경쟁했지만 2위와의 근소한 차이로 3위에 그쳤다.

선거 결과를 구체적으로 보면, 김재윤 후보가 26,987표를 득표하여 37.1%의 득표율을 차지했고, 문대림 후보는 23,019표(31.7%), 강지용 후보는 22,720표(31.2%)를 각각 기록했다. 이러한 선거 결과는 그림 13과 같이 2012년 1월부터 4월까지 여러 언론사에서 조사한 결과에서 벗어나지 않는다. 조사시점에 따라 지지율 차이의 폭이 줄거나 늘기는 했지만 김재윤

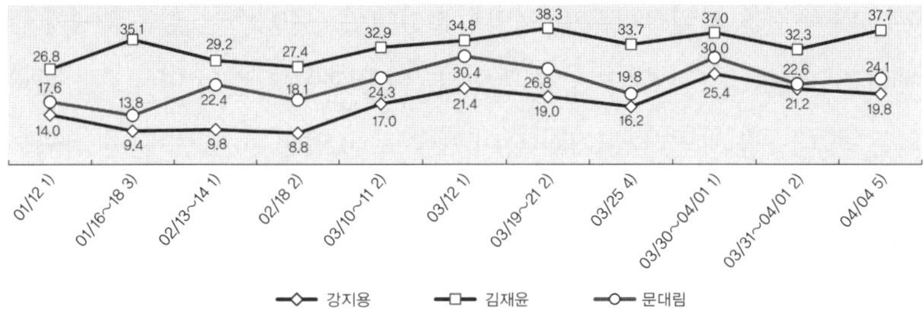

1) 미디어제주, 제주투데이 제이누리 공동
2) 제민일보, 제주일보, 한라일보, KBS, MBC, JIBS 공동
3) 제주 MBC
4) 제주 CBS
5) KBS, MBC, SBS 공동

그림 13. 서귀포시 선거구 후보자의 여론조사 지지율 추이(%)

표 3. 서귀포시 선거구의 정당 지지율 추이(%)

구분	조사시점	새누리당	민주통합당
언론 6사 1차 조사	2. 18	22.6	47.1
언론 6사 2차 조사	3. 10~11	23.5	42.8
언론 6사 3차 조사	3. 19~21	29.2	44.1
언론 6사 4차 조사	3. 31~4. 1	29.2	39.3

후보는 줄곧 선두를 유지해 왔고 그 다음으로 문대림 후보와 강지용 후보의 순이었다.

앞서 지적했듯이, 서귀포시 선거구는 15%의 내외의 호남 출신 유권자가 있고, 결집력이 강한 이들은 그동안 선거에서도 야당의 보이지 않는 지지기반이었다(양길현 2007).[35] 그런데 18대 총선의 비례대표 선거 결과를 보면, 정당 지지에서는 통합민주당 31.1%, 한나라당 31.5%로 한나라당이

---

[35] 이른바 '호남표'에 대한 분명한 통계는 아직 없는 것으로 보이지만, 대체로 15~20% 정도로 추정되고 있다. 이들은 주로 1960~1970년대에 제주로 이입된 사람들로 '해남촌'이라는 특정 지역을 중심으로 거주하다가 지금은 도 전역으로 분산되어 거주하고 있다(염미경, 2011).

0.4%의 우위를 보였으나, 이번 19대 총선에서는 40.9%를 얻은 민주통합당이 38.0%를 얻은 새누리당을 눌렀다. 이 결과는 그간의 여론조사 결과와는 큰 대조를 보인다. 표 3과 같이 제주도 내 언론 6사가 주관한 서귀포시 선거구 정당 지지 추이는 2월 이후 네 차례의 조사에서 선거가 가까울수록 지지율 격차가 줄어들기는 했지만 10~15% 정도를 민주통합당이 계속 앞서왔다. 이외에 이번 선거에서 통합진보당은 11.5%, 자유선진당은 1.7%의 지지를 얻는 데 그쳤다.

비례대표 지지율에서는 새누리당과 민주통합당이 팽팽하게 접전했다. 그러나 후보별 득표율을 보면, 민주통합당을 탈당한 문대림 후보의 표까지 민주통합당 표로 계산할 경우 68% 이상을 민주통합당의 표로 계산할 수 있다. 그러나 비례대표 선거의 결과는 민주통합당이 40.9%를 얻는 데 그쳤다. 반면, 새누리당은 38.0%로 강지용 후보가 득표한 31.2%보다 많이 득표했다. 이는 정당 지지와 별개로 인물투표가 이루어졌으며, 특히 출신지역 후보에 대한 전폭적인 지지를 보여 주는 '궨당선거'의 한 단초를 보여 주는 것이라고 할 수 있다.

그림 14의 읍·면·동별 선거 결과에서 가장 눈에 띠는 두 지역이 대정읍과 효돈동이다. 이는 앞의 그림 12와 같이 서귀포시 선거구에서 가장 높은 투표율을 보인 지역으로, 각각 문대림 후보와 김재윤 후보의 텃밭이다. 대정읍에서는 문대림 후보가 74.4%를 득표해 2위인 강지용 후보보다 5,500표를 앞섰다. 반면, 효돈동에서는 김재윤 후보가 78.2%를 득표해 역시 2위인 강지용 후보보다 1,711표를 앞섰다. 그러나 김재윤 후보는 이외에도 유권자가 가장 많은 동홍동에서 44.1%, 남원읍에서 48.1%를 득표했다. 대천동, 중문동, 서홍동에서도 1위를 차지했고, 문대림 후보의 고향인 대정읍과 인접지역인 안덕면을 제외하고 모든 읍·면·동에서 30%대 이상의 고른 득표율을 기록하면서 당선했다.

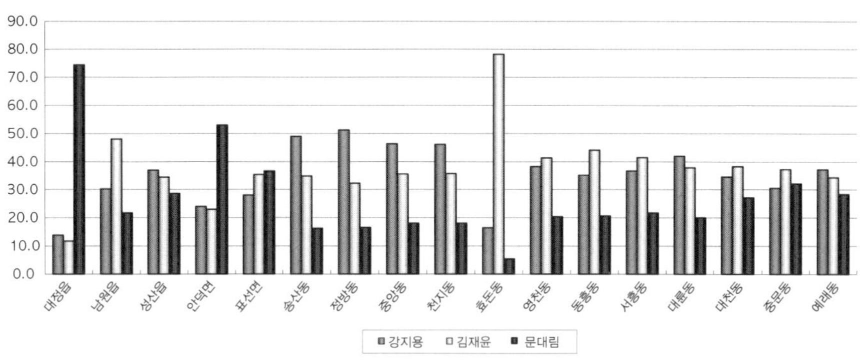

그림 14. 서귀포시 선거구의 읍·면·동별 선거 결과

문대림 후보는 대정읍 이외에 안덕면과 표선면에서 1위를 했으나 동 지역에서 10~20%대의 낮은 지지로 인해 2위에 그쳤다. 새누리당의 강지용 후보는 고향인 서귀포시 구도심, 즉 천지동, 중앙동, 정방동, 송산동에서 1위를 차지했고, 대륜동과 예래동, 성산읍에서도 1위를 했다. 그러나 김재윤 후보와 문대림 후보가 텃밭에서 70% 이상의 높은 득표율을 보인 것과 달리 1위 지역의 수는 많지만 2위와 큰 격차가 없는 근소한 승리여서 3위에 머물렀다.

이상과 같은 선거 결과를 볼 때, 지역기반은 선거의 승패를 가르는 중요한 변수로 작용한 것으로 보인다. 이는 앞에서 살펴본 바와 같이, 역대 제주지역 및 서귀포시 선거 결과에서도 거의 공통적으로 나타나는 현상이다. 고향 텃밭에서 확실한 지지와 경합지역에서의 상대적 우위가 곧 당선을 의미한다. 문대림 후보의 경우 텃밭에서 확실한 지지는 얻었지만, 경합지역에서의 열세를 극복하지 못했다. 이는 문대림 후보가 민주통합당을 탈당함으로써 정당 지지표, 특히 호남표를 잃었고, 이는 연고가 없는 지역에서 지지율을 끌어올리는 데 한계로 작용한 것으로 보인다. 새누리당의 강지용 후보는 보수층 지지를 결집하고 농업전문가의 이미지를 활용하여 읍·면 지역으로 파고들었다. 야권의 분열과 서귀포시 구도심 출신에 농업전문가라는 기회와 장점에도 불구하고, 텃밭에서의 확실한 지지가 부재한 것이 지지율 반등의 한계로 작용한 것으로 보인다.

한편, 행정구역상 강정마을이 포함된 대천동에는 강정마을만이 아니라 신시가지까지 포함되기 때문에 대천동의 전반적인 선거 결과는 김재윤 후보 38.3%, 강지용 후보 34.6%, 문대림 후보 27.2%로 팽팽한 접전을 벌였다. 그러나 강정마을 주민들의 표심은 김재윤 후보에 몰렸던 것으로 나타났다. 대천동 제1투표소인 강정마을은 김재윤 후보가 44.8%(418표), 강지용 후보가 31.8%(296표), 그리고 문대림 후보가 23.4%(218표)를 각각 얻었다. 이는 18대 총선에서 통합민주당 김재윤 후보 35.0%(305표), 한나라당 강상주 후보 43.6%(380표), 민주노동당 현애자 후보 18.8%(164표)였던 것과 대조를 보이는 결과이다.

김재윤 후보는 야권이 분열된 상태에서 같은 당으로 연속해서 3선을 달성함으로써 제주시 갑과 을의 강창일, 김우남 의원과 함께 제주 선거사를 새로 썼다는 데 큰 의미가 있다. 민주통합당을 탈당하여 자신의 지지표를 분할한 문대림 후보와 보수층과 농민층의 지지를 받은 강지용 후보의 집요한 공세를 뿌리쳤다. 해주해군기지 문제의 완전한 해결이 제주지역 3선 후보들의 공동 목표이자 김재윤 후보의 제1순위 공약이었다는 점에서 향후 문제 해결 가능성에 귀추가 주목된다.

8. 맺음말

19대 총선에서 제주지역사회 내의 관심은 3개 선거구에서 당적을 바꾸지 않고 내리 3선에 성공하느냐, 즉 '3+3'이었다. 결과적으로 민주통합당의 강창일(제주시 갑), 김우남(제주시 을), 김재윤(서귀포시) 후보가 나란히 당선됨으로써 '3+3'은 달성되었다. 이는 6, 7, 8대 남제주군 선거구에서 민주공화당 후보로 출마하여 연속 3선한 현오봉 의원 이후 약 30년만의 일로, 도내 다선의원으로 손꼽히던 6선의 양정규 전 의원이나 5선의 현경대 전 의원도 이루지 못한 일이다. 이러한 선거 결과를 볼 때, 제주지역 유권자들에게는 현역의원 심판보다 정권 심판이 더 주효했던 것으로 보인다. 특히 해군기지 갈등의 방치 또는 공사 강행, 4·3에 대한 현 정부의 인식과 대통령의 위령제 불참, 숙원사업인 신공항 건설이나 특별자치도이자 국제자유도시인 제주에 대한 중앙정부의 지원 약화 등은 정부의 '제주 홀대'로 비추어졌고, 이러한 문제들이 정권 심판론에 더 힘을 실어 주었던 것으로 보인다.

서귀포시 선거구의 선거 결과와 선거운동 및 유권자의 반응 등을 종합할 때, 19대 총선에서 제주해군기지 문제는 유권자의 선택을 결정한 핵심 이슈가 아니었던 것으로 보인다. 후보자 간 토론이나 공약에서도 해군기지 문제에 주력한 후보는 없었던 것으로 보인다. 김재윤 후보가 민주통합당 제주도당 차원과 자신의 공약에서 제1순위 공약으로 해군기지 문제의 완전한 해결을 내세웠으나, 실제 선거운동 과정에서 이 문제를 중점적으로 밀고 나가지는 않았다. 오히려 지역현안 이슈들이 보다 더 중점적인 이슈로 다루어졌던 것으로 보인다. 각 후보자 선거사무소의 사무국장과의 인터뷰를 통해서도 해군기지는 피해갈 수 없는 이슈이기는 하지만 강력하게 밀고나갈 핵심 공약은 아니라는 점을 읽을 수 있었다. 유권자들의 경우도 해군기지 문제는 너무나 오래된 이슈이고 이미 후보자들의 해군기지에 대한 찬반을 분명하게 알고 있었기 때문에 선거에 크게 영향을 미칠 이슈는 아니라고 생각하는 것으로 보였다.

이와 같이 전국적 이슈로서 중요성을 가지고 있음에도 불구하고, 서귀포시 선거구에서 제주해군기지 이슈는 후보들이 승부수를 띄울만한 결정적인 선거이슈는 아니었던 것이다. 이는 선거 때마다 반복되는 북풍(北風)이나 검풍(檢風) 등의 이슈가 유권자에게 피로감을 주듯이, 길게는 19년, 짧게는 10년을 넘기고 있는 해군지기 문제도 서귀포시 지역 유권자들에게 피로감을 준 것으로 보인다. 또 한 가지는 선거 구도상으로, 해군기지 찬반 후보자 간의 양자 대결 구도였다면 보다 더 중요한 변수가 되었을지도 모른다. 그러나 여론조사 1, 2위 후보인 김재윤·문대림 후보는 뉘앙스의 차이는 있으나 해군기지 공사 중단과 재검토를 주장했고, 3위인 강지용 후보만이 정부의 적극적 지원을 강조했다. 일찌감치 이런 구도가 형성됨으로써 해군기지 이슈의 중요성이 약화된 것으로 보인다.

선거 결과를 보면, 제주해군기지 이슈보다 소지역주의의 동원 정도가 당락에 중요한 영향을 미쳤던 것으로 나타난다. 농업·경제전문가 이미지를 중심으로 1차 산업 관련 공약들을 전면에 내세웠던 새누리당의 강지용 후보는 상대적으로 1차 산업 인구가 많은 읍·면 지역 유권자들의 지지가 많았을 것으로 예상되나, 결과는 고향인 서귀포 시내권 동(洞) 지역의 지지가 상대적으로 더 많았다. 해군기지 공사 중단 및 전면 재검토를 내세운 김재윤 후보는 고향인 효돈동의 몰표와 외가인 남원읍에서의 선전을 제외하고 다른 지역에서는 대체로 박빙 우세였다. 문대림 후보도 고향인 대정읍의 몰표와 인접 지역인 안덕면에서의 우세를 제외하면 이렇다 할 성과를 내지 못했다. 따라서 해군기지 이슈와는 별개로 고향표의 지지 결집이 선거 승패의 핵심적인 요인으로 작용했던 것으로 보인다.

결론적으로, 제주해군기지 이슈에 대한 유권자의 선택에 관심이 모아졌던 서귀포시 선거구의 선거 결과는 해군기지 이슈가 장기적으로 지속됨에 따른 피로감과 이른바 '궨당'으로 불리는 제주지역 특유의 연고를 중시하는 유권자의 특성으로 인해 유권자들의 표심을 움직이는 결정적인 이슈로서의 역할은 하지 못한 것으로 보인다.

참고문헌

강지용. 2012. "희망과 변화의 새로운 서귀포시 농업·경제전문가 기호1 강지용." 책자형 선거공보.

고경민. 2005. 『현대 정치과정의 동학』. 서울: 인간사랑.

고경민. 2010. "공공갈등의 예방과 민주적 갈등관리 프로세스: 제주 해군기지 건설과 영리병원 허용 갈등사례의 함의." 『분쟁해결연구』10(1). 단국대 분쟁해결연구소.

고경민. 2012. "국책사업 갈등에서 지방정부의 역할: 제주해군기지 갈등 사례." 『분쟁해결연구』8(2). 단국대 분쟁해결연구소.

김석준. 1997. "제주지역의 선거(1948~1992): 개괄적 검토와 재해석." 『탐라문화』17.

김용호. 2011. "한국의 선거 참여관찰 연구에 대한 성찰." 『한국정당학회보』10(1).

김웅진 외. 2004. 『정치학 조사방법』. 서울: 명지사.

김재윤. 2012. "4대비전, 33대 정책약속 발표" 기자회견 자료집, 3월 28일. 김재윤 후보 홈페이지.

김호성. 2010. "'궨당문화', 사회적 자본인가 함정인가." 『제주의 소리』11월 24일자.

문대림. 2012. "6대 분야 24대 정책," 발표자료, 3월 26일.

민주통합당 제주도당. 2012. "4·11 총선 후보자 공동 기자회견," 보도자료, 3월 22일.

박명호·김민선. 2008. "한국 총선에서 나타난 현직자의 재선 추이에 관한 분석." 『사회과학연구』15(1). 동국대학교 사회과학연구원.

서귀포시. 2011. 『2011년 서귀포시 통계연보』. 서귀포시청 홈페이지.

양길현. 2007. "5·31 제주특별자치도지사 선거와 후보공천과정." 『평화번영의 제주정치』. 서울: 오름.

양창윤. 2001. "지역 정치문화와 선거: 제주도 국회의원선거를 중심으로." 『한국정치학회보』35(3).

엄기홍. 2009. "합리적 선택 이론과 투표행태: 경제학적 관점." 전용주 외. 『투표행태의 이해』. 서울: 한울 아카데미.

염미경. 2011. "개발과 이주 그리고 주거지 분화: '해남촌' 사례를 통해서 본 제주사회 이주민 연구의 과제." 『제주도연구』35.

이동훈·김원용. 2012. 『프레임은 어떻게 사회를 움직이는가』. 서울: 삼성경제연구소.

이택수. 2012. "'해적기지' 논란으로 공수 뒤바뀐 여야." 『시사저널』1170(3. 21).

제주경실련. 2012. "제19대 총선 제주지역 예비후보 공약 검증결과 보고서." 3월 20일.

청와대 홍보수석실. 2012. "취임 4주년 이명박 대통령 특별기자회견(전문)." 2월 22일.

한석지·염미경. 2006. "궨당문화와 지방선거: 한 후보자의 출신지 유권자집단 분석."

『지역사회학』 8(1).

Carmines, Edward G. and James A. Stimson. 1980. "The Two Faces of Issue Voting." *American Political Science Review* 74. No. 1.

Carmines, Edward G. and James A. Stimson. 1989. *Issue Evolution: Race and the Transformation of American Politics*. Ithaca, NY: Princeton University Press.

Dalton, Russell. J. 2008. *Citizen Politics in Western Democracies*. New Jersey: Chatham House Publishers, Inc.

Downs, Anthony. 1957. *An Economic Theory of Democracy*. New York: Harper and Law.

Mayhew, David R. 2008. "Incumbency Advantage in U.S. Presidential Elections: The Historical Record." *Political Science Quarterly* 123. No. 2.

Rabinowitz, George and Stuart Elaine MacDonald. 1989. "A Directional Theory of Voting." *American Political Science Review* 83. No. 1.

서귀포시선거관리위원회.

중앙선거관리위원회.

http://info.nec.go.kr/main/main_load.xhtml

제주의 소리.

http://www.jejusori.net/

2. 원조 강남 서울 동작 을에서의 현대맨 대결

가상준

1. 머리말

19대 국회 구성을 위해 실시된 2012년 4월 11일 총선은 많은 전문가들의 예상과 달리 '새누리당 국회 과반수'라는 결과로 막을 내렸다. 2011년 12월 새누리당 전신인 한나라당이 비상대책위원회를 구성할 때만 해도 이를 예상한 이는 아무도 없었다. 중앙선거관리위원회 디도스 공격, 당대표 선출 돈봉투 사건, 민간인 사찰파문, 그리고 야당이 강조한 MB 정부 심판론 등의 악재에도 불구하고 과반수를 차지함으로써 박근혜 비상대책위원장과 새누리당의 저력을 확인한 선거였다. 반면, 이명박 정부에 대한 국민들의 실망감이 고조되고 여당이 악재로 인해 고전하고 있는 가운데 야당인 민주통합당과 통합진보당은 선거에서 여당과 1대1일 구도를 위한 야권연대를 구축하였다. 이를 통해 야당은 국회 과반수 확보 및 여소야대 정부라는 목표를 위해 불편하지만 서로에게 필요한 연대를 양보와 경선을 통해 지속한다. 그러나 민주통합당의 정책·전략 부재 및 공천 과정에서의 많은 잡음, 그리고 두 정당 간 경선 과정에서 여론조사 조작 및 김용민 막말파문 등으로 인해 지지층 이탈과 부동층 확보 실패를 경험하면서 기대에 미치지 못하는 선거 결과를 맞이하게 된다. 2012년 4·11 총선은 이명박 정부 임기 말에 치러졌고 이명박 정부에 대한 국민들의 평가가 매우 부정적이었기에 야당의 압승이 예상되었다. 그러나 야당이 강조한 이명박 정부 심판에 대해 야당은 심판의 자격이 없으며 야당의 말 바꾸기가 심판 대상이라는 새누리당의 주장이 국민들에게 더 호소력 있게 다가왔다고 평가 내릴 수 있을 것이다.

4·11 총선에서 새누리당의 기대 이상의 결과는 변함없는 영남의 지지 그리고 강원과 충청에서의 선전에서 비롯되었다. 그러나 새누리당이 서울과 경기에서 거둔 성적은 패배라고 말할 수 있으며 대통령선거를 8개월 앞둔 시점에서 새롭게 모색할 필요가 있는 결과였다. 새누리당과 민주통합당이 서울에서 얻은 의석은 각각 16석과 30석으로 새누리당은 전통적으로 강세지역인 강남 3구(강남구, 서초구, 송파구)와 양천구에서 의석을 확보하였고, 용산, 노원 갑, 은평 을, 서대문 을, 강서 을, 강동 갑, 그리고 동작 을에서 승리하였다. 특히, 동작 을은 현역인 정몽준 후보와 이 지역 전직의원이었던 이계안 후보가 맞붙었는데 현직의원과 전직의원의 대결이라는 점과 함께 현대가 오너와 전직 현대 CEO 간 대결이라는 점에서 많은 유권자들의 관심을 끌었다. 정몽준 후보의 완승으로 끝날 것이라는 선거 전 예상과 설문조사와 달리 흥미로운 선거 결과가 도출되었다. 이 글은 18대 국회의원선거에 의해 19대 국회의원선거에서도 관심을 끈 동작 을 출마 후보들의 전략 및 공약, 지역구의 현안, 그리고 선거 결과에 미친 요인들을 참여관찰을 통해 알아보는 것을 목적으로 한다. 이를 위해 2절에서는 동작구의 사회경제적 특성에 대해 살펴보고, 동작 을의 최근 선거 결과를 통해 지역구의 정치적 특징이 무엇인지 파악해 보았다. 3절에서는 국회의원선거과정을 통해 나타난 중요 특징이 무엇인지 살펴보았다. 4절에서는 동작 을 선거 결과를 통해 이번 선거에 대한 의미를 살펴보았다.

2. 동작 을 선거구의 특징

1) 동작구의 사회경제적 배경

동작 을이 포함되어 있는 동작구는 1963년 서울에 편입되어 영등포구에 속하게 되었다. 1973년 관악구에 편입되었으며, 1980년 관악구에서 분구되어 신설되었는데 이름으로 노량진구와 동작구 등이 대두되었으나 이곳에 조선 시대 500년간 동작진이 설치되어 있었고, 동작동 국립묘지가 위치하고 있는 관계로 동작구라고 제정되었다.[36] 동작구 홈페이지에서는 동작구를 "현충원, 사육신 등이 자리하고 있는 호국충절의 고장 동작구는 서울의 남북을 연결하는 교통의 요충지라는 장점 등을 바탕으로 서울 서남권 중심도시로 꾸준히 성장하고 있는 지역입니다."라고 소개하고 있다.[37] 동작구는 국립서울현충원, 사육신역사공원이 위치한 호국충절의 고장, 서울의 동서남북을 연결해 주고 있는 교통의 요충지, 체계적인 종합 개발로 비약적인 발전을 하고 있는 지역[38]으로 그림 1에서 보듯이 북쪽으로는 한강, 동쪽에는 서초구, 서쪽에는 영등포구, 남쪽에는 관악구가 자리 잡고 있다.

동작구 면적은 $16.35km^2$로 주거지역이 $13.78km^2$(83.9%), 상업지역이 $0.38km^2$(2.3%), 녹지지역이 $2.25km^2$(13.8%)이다. 동작구 전체는 거의 주택지대로, 흑석동·노량진동 일대는 개발 연대가 오래되어 불량주택도 많은 재개발지역이다.[39] 상도동은 1960년대 초반 서울에서 최초로 국민주택단지로 개발된 곳이고, 사당동은 중산층 주택지이며, 사당동과 상도동 일대는 고지대의 낡은 불량주택이 자리 잡고 있다. 흑석동에는 상습 침수지에

---

36 한국지명유래를 참조함. http://terms.naver.com/entry.nhn?docId=763919

37 http://www.dongjak.go.kr/portal/main/contents.do?menuNo=260000

38 http://www.dongjak.go.kr/portal/main/contents.do?menuNo=260204

39 동작구 소개는 http://100.naver.com/100.nhn?docid=50456 참조하여 작성하였음.

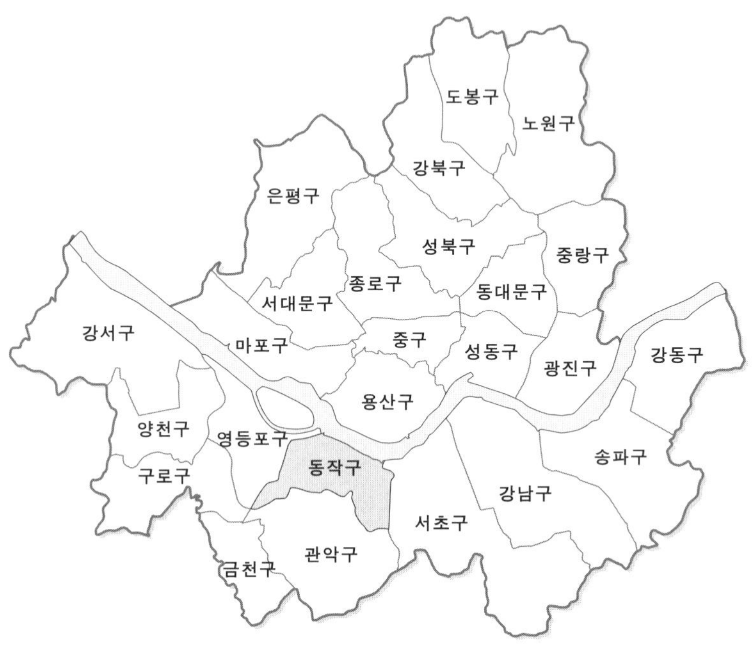

그림 1. 동작구의 위치
출처: 서울시 홈페이지.

주택이 위치하고 있으며 구로공단과 인접한 신대방동 일부에는 공업지대가 형성되어 있다.[40] 예전에는 한강의 남과 북을 잇는 수로교통의 요충지로 현재에는 서울의 동서남북을 연결하는 중심지로서 일찍이 주거지역이 형성되었다. 용산과 연결되는 한강대교는 서울의 강남북을 잇는 가장 오래된 다리이며, 노량진 일대는 강북 도심부 및 강남의 잠실·영동·반포지구와 영등포·시흥·안양 등지를 잇는 곳이다. 최근 동작구는 도시기반시설 확충과 재개발 및 주거환경 개선 등 균형개발을 통해 변화하고 있다. 또한 중앙대학교(흑석동), 숭실대학교(상도동), 총신대학교(사당동) 3개의 대학과 40여 개의 초중고 교육시설이 산재해 있고, 노량진 주변은 입시학원

---

40 http://100.naver.com/100.nhn?docid=50456

표 1. 동작구 동별 인구 현황

동명	면적 (km²)	세대수	인구수		
			계	남	여
계	16.35	167,514	401,828	197,850	203,978
노량진1동	1.58	14,316	34,268	17,196	17,072
노량진2동	0.65	7,784	16,109	8,052	8,057
상도1동	1.51	17,326	39,144	19,314	19,830
상도2동	0.97	10,989	25,964	12,709	13,255
상도3동	0.60	10,135	24,991	12,303	12,688
상도4동	0.75	11,897	29,908	14,905	15,003
흑석동	1.68	14,828	33,568	16,556	17,012
사당1동	0.79	10,946	23,345	11,248	12,097
사당2동	2.75	12,156	29,654	14,594	15,060
사당3동	0.92	10,397	26,058	12,833	13,225
사당4동	0.38	6,319	15,234	7,449	7,785
사당5동	0.57	6,388	15,616	7,747	7,869
대방동	1.55	15,618	40,516	19,684	20,832
신대방1동	0.62	10,160	26,362	12,923	13,439
신대방2동	1.03	8,255	21,091	10,337	10,754

출처: 동작구 통계연보.

등 각종 학원이 밀집해 학원가로 유명하다. 서울시 전체의 50%에 해당되는 1일 500여 톤의 생산물이 거래되는 노량진 수산시장, 시민의 휴식공간과 각종 행사장으로 자리매김한 보라매공원이 동작구에 위치하고 있다.[41]

동작구의 인구는 2012년 2월 29일 기준으로 401,828명(남자 197,850명, 여자 203,978명)으로[42] 표 1에서 알 수 있듯이 대방동, 상도1동, 노량진1동, 흑석동의 인구는 많은 편이고 사당4동, 사동5동, 노량진2동의 인구는 적은 편이다. 동작구는 서울시 면적의 2.7%를 차지하고 있으며 재정자립도는

---

41 동작구 통계연보와 http://100.naver.com/100.nhn?docid=50456를 중심으로 작성하였음.
42 선거인명부 작성 당시 기준으로 403,072명이다.

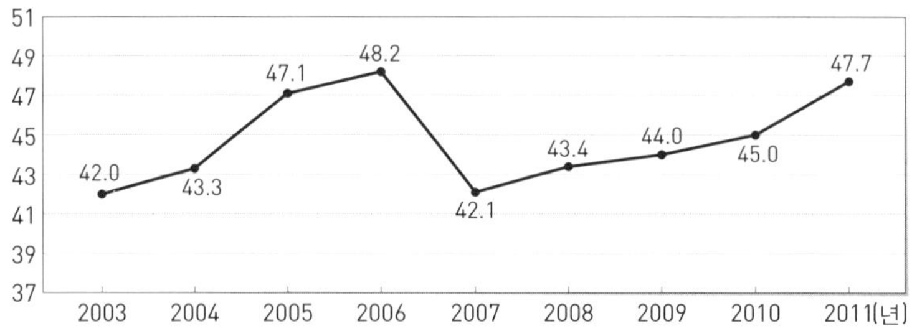

그림 2. 동작구 재정자립도(2003~2011)

출처: 행정안전부.

2011년을 기준으로 47.7%로 서울 25개 자치구 중 10번째에 위치하고 있다.[43] 그림 2가 보여 주듯이 동작구의 재정자립도는 개선되는 양상을 보이다가 2007년에 들어와 급격히 하락하였다. 그렇지만 조금씩 호전되는 모습을 보이고 있다.

동작구는 그림 3에서 보듯이 15개 동으로 이루어져 있는데 동작 갑은 노량진1동, 노량진2동, 상도2동, 상도3동, 상도4동, 대방동, 신대방1동, 신대방2동이며 동작 을은 상도1동, 흑석동, 사당1동, 사당2동, 사당3동, 사당4동, 사당5동으로 구성되어 있다. 2008년과 총선 때와 비교하여 행정구역에 있어 본동이 노량진1동에, 동작동이 사당2동에 합동되었다는 차이를 보인다.[44] 합동이 있었지만 18대 총선 때와 비교하여 동작 갑과 동작 을은 그대로 유지되었다. 동작 을의 면적은 8.60km²로 동작 갑보다 크지만 인구는 182,619명으로 동작 갑보다 적다. 동작 을 중에서 상도1동의 인구가 가장 많고, 흑석동, 사당2동, 사당3동, 사당1동, 사당5동, 사동4동 순이다.

---

43 동작구보다 재정자립도가 높은 자치구는 강남구(82.8%), 서초구(79.4%), 중구(77.1%), 종로구(72.1%), 용산구(63.8%), 송파구(61.2%), 영등포구(59.5%), 성동구(51.0%), 마포구(49.3%)이며 강동구의 자립도는 47.7%로 동작구와 같다.

44 2008년 9월 1일 본동이 노량진1동에, 동작동이 사당2동에 합동됨으로써 17개 동에서 15개 동으로 변화하였다.

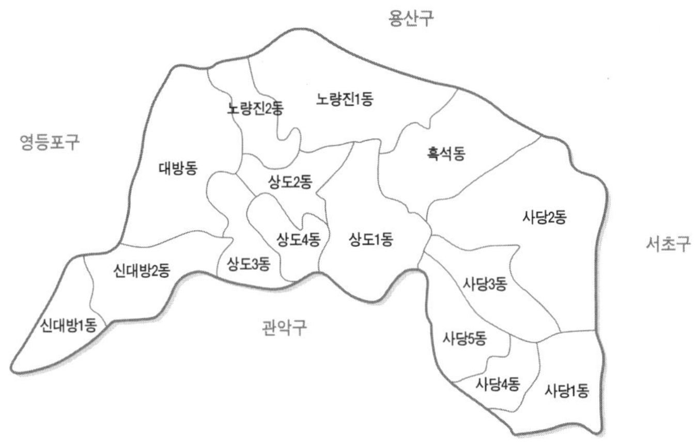

그림 3. 동작구 행정구역

출처: 동작구 홈페이지.[45]

2) 최근 선거 결과 분석

역대 선거 결과를 통해 동작 을의 정치적 특징을 알아보았다. 먼저 민주화 이후 역대 국회의원선거를 살펴보면 표 2의 내용을 얻을 수 있는데 동작 을 지역구는 원적지 기준으로 호남 출신 유권자들이 30% 이상을 차지하고 있어 1996년 15대 국회의원선거에서 여당의 유용태(신한국당) 후보가 승리한 것을 제외하면 김대중 전 대통령 정당 소속 후보들이 지지를 얻어 당선되는 경향을 보였다(손병권 2008). 13~15대 총선까지는 박실 후보와 유용태 후보 간 3번의 대결이었는데 박실 후보가 13대와 14대 총선에서는 승리하였지만 신한국당의 유용태 후보가 15대 총선에서 박실 후보를 꺾고 국회에 입성하였다. 16대 총선은 민주당으로 소속 정당을 바꾼 유용태 후보가 한나라당의 김왕석 후보를 물리치고 재선에 성공하였다. 김대중 대통령이 퇴임한 후에 치러진 국회의원선거에서 동작 을 지역주민들은 2004년 열린우리당의 이계안 후보, 2008년 한나라당의 정몽준 후보를 선

---

45 http://www.dongjak.go.kr/portal/main/contents.do?menuNo=260203

택하였다. 2004년은 탄핵 여파가 선거 결과에 나타난 것이며 2008년 또한 전국적 이슈였던 노무현 전 정부에 대한 평가의 여파가 선거 결과로 드러난 것이다. 그럼에도 정몽준 후보가 동작 을로 지역구를 옮기기 전까지는 민주통합당 전신인 정당들의 후보가 우위를 보이면서 당선되는 모습을 보였다.

18대 국회의원선거에서 17대 동작 을 지역구의 이계안 의원이 불출마를 선언하자 2007년 대통합민주신당 대선 후보였던 정동영 후보가 지역구를 물려받아 통합민주당 후보로 출마하게 된다. 정동영 후보의 동작 을 출마는 대통령선거에서 크게 패배하여 침체되어 있던 당 분위기를 쇄신하고 종로에 출마한 손학규 후보와 함께 축을 형성하여 유권자의 지지를 끌어내기 위함이었다(손병권 2008). 한편, 동작 을의 역대 선거 결과를 통해 알 수 있듯이 전통적으로 통합민주당의 전신이었던 민주당과 국민회의 후보들이 강세를 보인 지역이라 정동영 후보가 무난히 승리하여 국회에 입성할 수 있을 것이라는 계산도 작용한 전략이었다(손병권 2008). 정동영 후보의 동작 을 출마와 손학규 후보의 종로 출마가 불러올 바람을 차단하기 위해 한나라당은 울산에서 5선에 성공한 정몽준 후보를 동작 을에 공천하게 된다. 차기 대통령 후보로 나서기 위해서는 서울에 교두보 확보가 필요한 정몽준 후보의 야심과 한나라당의 전략이 맞아 떨어진 결과이다(손병권 2008).

표 2에서 알 수 있듯이 18대 동작 을 국회의원선거는 정몽준 후보의 승리로 끝나면서 한나라당의 자객공천은 성공하게 된다. 정몽준 후보의 영향력은 정몽준 후보가 얻은 득표율 54.41%를 통해 알 수 있다. 표 3에서 보듯이 한나라당이 동작구에서 얻은 정당득표율은 37.75%로 정몽준 후보의 득표율과 커다란 차이를 보인다.[46] 이 결과는 동작 을에서의 한나라당

---

[46] 동작구에서 동작 을 행정구역만 구분해서 살펴보게 되면 38.25%로 정몽준 후보가 얻은 득표율

표 2. 13~18대 동작 을 국회의원선거 결과

선거	후보/득표	선거 결과				
13대	후보 (정당)	유용태 (민정당)	양행준 (통민당)	박실 (평민당)	조준호 (신공화당)	편영우 (정의당)
	득표수 (득표율)	23,560 (25.81%)	12,017 (13.16%)	37,247 (40.81%)	17,675 (19.36%)	756 (0.82%)
14대	후보 (정당)	유용태 (민자당)	박실 (민주당)	김한길 (국민당)		
	득표수 (득표율)	38,494 (37.45%)	41,869 (40.73%)	22,424 (21.81%)		
15대	후보 (정당)	유용태 (신한국당)	박실 (국민회의)	김왕석 (민주당)	김우중 (자민련)	이강언 (무소속)
	득표수 (득표율)	42,869 (44.85%)	35,031 (36.65%)	8,674 (9.07%)	7,823 (8.18%)	1,179 (1.23%)
16대	후보 (정당)	김왕석 (한나라당)	유용태 (민주당)	최태백 (자미련)	송종섭 (민국당)	김용기 (청년진보당)
	득표수 (득표율)	30,331 (37.51%)	38,893 (48.10%)	2,781 (3.43%)	5,079 (6.28%)	3,761 (4.65%)
17대	후보 (정당)	김왕석 (한나라당)	유용태 (새천년민주당)	이계안 (열린우리당)	배동식 (자민련)	
	득표수 (득표율)	35,388 (36.54%)	11,873 (12.26%)	48,402 (49.98%)	1,162 (1.2%)	
18대[47]	후보 (정당)	정동영 (통합민주당)	정몽준 (한나라당)	김지희 (민주노동당)	나용집 (기독당)	김종철 (진보신당)
	득표수 (득표율)	36,251 (41.5%)	47,521 (54.41%)	1,060 (1.21%)	400 (0.45%)	1,758 (2.01%)

영향력에 비해 정몽준 후보의 영향력이 얼마나 큰지 보여 주는 것이다.

이후 2010년 실시된 5회 전국동시지방선거를 통해 최근 동작구의 정치

과는 커다란 차이를 보인다.

[47] 이 외에도 18대 총선에는 정연중(통일당) 후보와 옥윤호(평화통일가정당) 후보가 출마하였다. 이
들은 각각 51표(0.05%)와 291(0.33%)표를 획득하였다.

표 3. 18대 동작구 국회의원선거 비례대표 결과

	통합 민주당	한나라당	자유 선진당	민주 노동당	창조 한국당	친박연대
득표수 (득표율)	56,045 (32.66)	64,784 (37.75)	6,730 (3.92)	5,662 (3.3)	7,224 (4.21)	17,410 (10.14)

표 4. 5회 동작구 전국동시지방선거 광역단체장

	오세훈 (한나라당)	한명숙 (민주당)	지상욱 (자유선진당)	노회찬 (진보신당)	석종현 (미래연합)
득표수 (득표율)	81,914 (44.72)	90,859 (49.6)	3,610 (1.97)	6,126 (3.34)	646 (0.35)

적 특징을 살펴보면 민주당의 영향력이 큰 지역구라는 점을 알 수 있다. 표 4에서 보듯이 서울시장 선거에서 동작구는 한명숙 후보에게 49.6%의 지지를 보냈는데 이는 당선자였던 오세훈 후보가 얻은 44.72%보다 높다는 점을 알 수 있다. 동작 을인 7개 동을 따로 구분해서 살펴보아도 오세훈 후보의 득표율은 43.74%인 데 비해 한명숙 후보의 득표율은 50.50%로 더 큰 차이를 보이고 있음을 알 수 있다. 이는 18대 총선에서는 한나라당의 유리한 조건 그리고 후보자의 영향력에 의해 신승할 수 있었지만 전통적으로 보여 주었던 동작구와 동작 을의 정치적 특징을 2010년 지방선거에서 확인할 수 있는 것이었다.

2010년 지방선거 기초단체장 선거에서도 동작구의 민주당 지지를 확인할 수 있다. 표 5에서 보듯이 민주당의 문충실 후보는 한나라당의 이재순 후보를 크게 앞서며 당선되었다. 동작 을 지역만 분리해서 살펴보면 문충실 후보의 득표율은 55.16%로 이재순 후보의 39.05%와 현격한 차이를 보인다. 동작구 기초의원 비례대표 선거에서 한나라당의 득표율은 42.15%인데 비해 민주당의 득표율은 57.85%이다. 동작 을만 보면 한나라당의 득

표 5. 5회 동작구 전국동시지방선거 기초단체장

	이재순 (한나라당)	문충실 (민주당)	김영재 (무소속)	정기철 (무소속)
득표수 (득표율)	70,881 (39.1)	98,384 (54.27)	5,699 (3.14)	6,290 (3.47)

표 6. 2011년 서울시장 보궐선거

	나경원 (한나라당)	배일도 (무소속)	박원순 (무소속)
득표수 (득표율)	73,341 (43.6)	583 (0.3)	94,283 (56.1)

표율은 41.55%이며 민주당의 득표율은 58.45%로 나타난다. 동작구의 민주당 지지층이 강하다는 점을 알 수 있으며 특히 동작 을은 더욱 그렇다는 점을 확인할 수 있다.

2011년 서울시장 보궐선거는 동작구에서 민주당의 강세를 보여 준 선거라기보다는 한나라당의 약세를 확인할 수 있는 선거였다. 한나라당 오세훈 시장의 사퇴로 공석이 된 서울시장 선출을 위한 보궐선거에서 민주당 지원을 얻은 무소속의 박원순 후보는 53.4%의 득표율로 46.21%에 그친 한나라당의 나경원 후보를 물리치고 서울시장으로 당선된다. 나경원 후보의 동작구에서 득표율은 43.6%로 서울 득표율보다 낮다. 동작 을만 살펴보면 나경원 후보의 득표율은 42.8%, 박원순 후보의 득표율은 56.9%로 나타나 더욱 차이를 보인다. 동작구와 동작 을의 일반적 특징은 민주당 강세, 한나라당 약세라는 점이다.

3. 선거과정

1) 공천 과정

한나라당은 새누리당으로 당명을 바꾸고 2012년 19대 국회의원선거에 임하게 된다. 이명박 정부에 대한 민심이 안 좋은 상태에서 선관위 디도스 공격 및 전당대회 돈봉투 사건으로 인해 타격을 입은 여당은 박근혜 중심의 비상대책위원회로 전환하였고 당명을 바꾸며 공천 개혁을 단행한다. 무엇보다 현역의원 25%를 걸러내는 작업을 실시하였는데 여당 및 국회 비난에 대한 새누리당의 자구책이었다. 재선에 도전한 모든 현역의원을 대상으로 실시하였기에 정몽준 후보도 예외는 아니었다. 많은 현역의원들이 25% 컷오프(cutoff)를 통과하지 못해 공천을 받지 못하게 되는데 정몽준 후보는 다행히 25% 컷오프를 통과하였다. 정몽준 후보는 3월 5일 새누리당 2차 공천 명단 81명에 포함되어 동작 을 후보로 공천을 받게 된다.

새누리당에 비해 민주통합당에서는 동작 을 후보 공천이 단순하지 않았다. 먼저 허동준 지역위원장이 2011년 12월 27일 동작 을에서 출마를 선언하였다. 허동준 위원장은 동작구에 위치한 중앙대 총학생회장 출신으로 2000년 이후 이 지역을 관리하였지만 2000년 유용태 후보, 2004년 이계안 후보, 그리고 2008년 정동영 후보의 전략 공천으로 인해 총선 출마의 뜻을 접어야 했었다. 한편, 동작 을 17대 국회의원이었던 이계안 전 의원은 1월 20일 동작 을 출마를 선언하게 된다. 2006년과 2010년 지방선거 당시 서울시장 후보 경선에 나섰지만 각각 강금실, 한명숙 후보에 밀려 출마하지 못하였던 이계안 전 의원은 정몽준 의원과 서울대 상대 졸업동기이자 현대중공업 입사동기이다. 여기에 민주통합당 천정배 의원이 19대 총선에서 서울 동작 을 지역구에 출마하겠다고 1월 24일 밝혔다. 경기 안산 단원 갑이 지역구인 4선의 천정배 의원은 지난해 8월 서울시장 보궐선거

출마를 선언하며 19대 총선에서 안산에서 출마하지 않겠다고 밝혔었다. 천정배 의원은 "오는 4월 총선 동작 을에서 출마해 정몽준 전 대표와 한판 승부를 벌이겠다."고 하면서 "수도권에 출마한 한나라당 후보 가운데 가장 센 인물과 맞서고 싶다는 생각을 했고, 정몽준 전 대표가 바로 그 주인공"이라며 "동작 을에서 승리해 수도권 승리를 이끌겠다."고 밝혔다(연합뉴스 2012.1.24). 동작 을 출마를 먼저 선언한 민주통합당 허동준 동작 을 지역위원장은 기자회견을 통해 "동작 을 지역이 이 지역에서 주민과 함께 생활하며 호흡했던 정치인이 아닌 동작 을 지역을 전혀 모르는 정치인들의 서울시장, 대권으로 가는 쉼터로 더 이상 남아 있게 할 수는 없다(아시아경제 2012.1.24)."고 하였으며 "동작 을 지역은 천정배 의원, 이계안 전 의원이 신경 안 써도 이길 수 있는 지역이며, 더 이상 명분용 출마는 안된다(나눔뉴스 2012.1.28)."고 두 전현직 의원이 이 지역에 출마하는 것을 강하게 비판하였다. 천정배 의원이 동작 을 출마를 공식화하면서 이 지역에서 출마를 선언한 민주통합당 후보는 허동준 위원장, 이계안 전 의원, 천정배 의원 3명이 된다.

그러나 19대 총선에서 동작 을에 출마 예정이었던 천정배 민주통합당 의원이 2월 13일 동작 을 불출마를 선언하고 이후 거취를 지도부에 일임함으로써 민주통합당 동작 을 후보는 이계안 전 의원과 허동준 위원장 간 대결로 좁혀진다. 천정배 의원은 "당을 위해 서울 동작 을에 출마하려 결심했었지만 정치적으로 가깝고 저를 많이 도와준 분(이계안 전 의원)이 나선다고 해서 출마를 접었다."고 밝히며(머니투데이 2012.2.13) 이계안 전 의원 지지를 선언한다. 3월 10일 실시된 민주통합당 경선에서 53.71% 득표율을 얻은 이계안 전 의원이 경쟁 후보인 허동준 전 중앙대학교 총학생회장을 누르고 승리하면서 동작 을 민주통합당 후보로 나서게 된다. 한편 진보신당 부대표 김종철 후보는 2008년에 이어 2012년에도 동작 을에 출마하

표 7. 동작 을 후보들의 기본 정보

구분	정몽준	이계안	김종철
정당	새누리당	민주통합당	진보신당
연령	1951.10.17(만 60세)	1952.3.28(만 60세)	1970.10.15(만 41세)
직업	국회의원	2.1 연구소 이사장	정당인
학력	서울대학교 상과대학 경제학과 졸업	서울대학교 상과대학 경영학과 졸업	서울대학교 사회과학대학 경제학부 졸업
경력	현 아산사회복지재단 이사장 전 국제축구연맹FIFA 부회장	전 17대 국회의원 동작 을 전 현대자동차 대표이사/사장	전 민주노동당 서울시장 후보 현 진보신당 부대표
재산신고액	2조 194억 2340만	97억 5944만	4억 2446만

출처: 중앙선거관리위원회.

면서 동작 을은 새누리당 정몽준 후보, 민주통합당 이계안 후보, 진보신당 김종철 후보의 3파전이 된다. 표 7은 2012년 동작 을 선거구에 등록한 후보자들의 기본 정보를 보여 주고 있다.

2) 선거운동 및 유권자의 반응

동작구는 강북과 강남을 연결하는 제1한강교(현재의 한강대교)로 인해 원조 강남으로 불리는 곳이지만 강남구, 서초구, 송파구 지역과 비교하면 경제 및 복지에 현격한 차이를 보인다. 무엇보다 동작 을은 학교문제와 주민들을 위한 종합 편의시설 부족으로 인해 주민들의 불만이 많은 지역이다. 원조 강남이라는 이름에 맞지 않게 체계적 개발이 이루어지지 않아 동작구의 건물, 도로, 주택 개발은 더딘 상태이다. 18대 국회의원선거에서 대통령 후보였던 정동영 후보에 대항하기 위해 동작 을로 전략 공천되었던 정몽준 후보는 개발 지체와 시설 낙후로 상대적 박탈감을 느끼고 있었던 동작 을 주민에게 개발 공약과 한나라당에 대한 강한 지지를 등에 업고 당선되었다. 현직의원인 정몽준 후보, 전직의원이었던 이계안 후보, 그리고 동작 을에서 다시 도전하는 김종철 후보 모두 이러한 점을 잘 인지하고 있었다.[48] 동작구 선거관리위원회 사무국장이 제공한 후보자 5대 주요 공약을 살펴보면 모두 학교문제 해결을 강조하고 있다는 점에서 이를 알 수 있다. 특히 동작 을에 중학교와 고등학교 부족으로 인해 옆 지역인 서초구로 위장전입을 하고 있다는 점을 후보자들은 알고 있었다.

그림 4를 통해서 선거 전 여론조사 결과를 살펴보면 정몽준 후보가 이계안 후보에 월등히 앞서는 것으로 나타난다. 3월 동아일보 조사에서 두 후보 간 격차는 11.8%였지만 방송3사가 3월 31일~4월 1일에 실시한 조사에서 격차는 22.2%로 더 크게 벌어졌음을 알 수 있다. 전 국제축구연맹(FIFA) 부회장, 전 대한축구협회 회장이며 현 현대중공업 고문인 정몽준 후보가 인지도 면에서 높을 뿐 아니라 동작 을 지역구민들로부터 높은 지지를 받고 있다는 점을 보여 주는 것이다. 그러나 여론조사가 집전화로만

표 8. 후보자 주요 공약[49]

정몽준	이계안	김종철
• 문화 – 동작의 삶이 즐거워집니다 • 경제 – 동작구에 일자리가 많아집니다 • 교통 – 더 편하고 더 빨라집니다 • 교육 – 우리 아이들의 미래가 밝아집니다 • 환경 – 안전하고 쾌적한 환경이 조성됩니다	• 개천에서 용나는 시대, 동작이 시작합니다(교육) • 동작이 좋아 동작에 삽니다(복지, 환경) • 가족 같은 이웃과 동작공동체 함께 만들어갑니다(주거) • 경제민주화, 재벌개혁으로 골목이 살아나는 경제공동체를 만들겠습니다(경제) • 사통팔달 동작이 쭉 뻗어나갑니다(교통)	• 재벌 천국 종쳐라; 재벌은 쪼개고, 일자리는 늘리고 • 맨날 야근 종쳐라; 칼퇴근 명랑사회 • 흑석 뉴타운 확실히 종쳐라 • 경문고 등 자사고 정책 철회, 서울형 혁신 학교로

---

[48] 정몽준 후보와 이계안 후보 인터뷰 및 사무실 방문을 통해 정확한 정보 및 자료를 얻었다. 그러나 김종철 후보 인터뷰 및 사무실 방문은 실시하지 못하였다.

[49] 동작구 선거관리위원회 탁덕균 사무국장이 제공해 준 자료를 바탕으로 작성하였다.

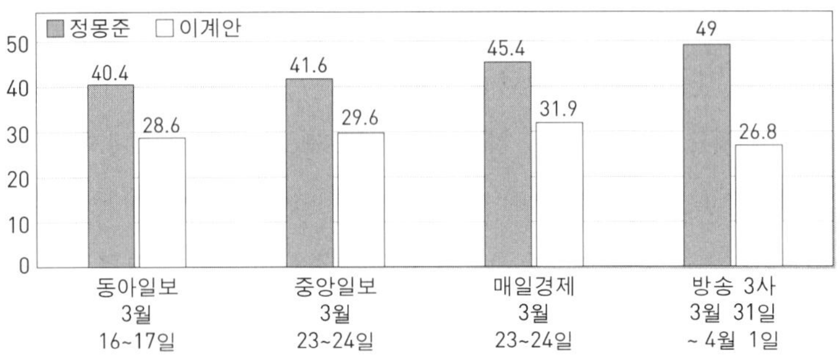

그림 4. 선거 전 여론조사 결과

조사되었기에 잡히지 않고 있는 젊은 계층이 누락되었다는 점이 지적되었고, 동작 을 여론조사가 어떻게 선거 결과로 연결될지에 대해서는 궁금증으로 남았다. 그럼에도 이러한 큰 격차가 뒤집히지는 않을 것이라는 예측이 대세였다.

선거의 실질적 분위기를 파악하기 위해 4월 1일 일요일 이계안 후보와 정몽준 후보를 만났으며 두 후보의 선거사무실을 방문하였고, 지역 주민의 의견을 들어보았다. 후보와 선거사무실 방문 전 3월 29일 동작구 선거관리위원회를 방문하여 동작구, 특히 동작 을의 현안 및 정치적 성향을 탁덕균 사무국장으로부터 들었다. 동작구는 투표율이 높은 지역으로 정치적 관심이 큰 편이라고 이야기해 주었다. 특히 상도동과 흑석동은 재개발지역이고 사당동은 번화가이며 주거지역인 반면, 동작 을은 공연장과 같은 문화시설이 미비한 지역이라 언급해 주었다. 여론조사 결과 정몽준 후보가 크게 앞서고 있다는 점에 대해서 사무국장은 선거 결과에서 여당 후보가 그렇게 앞선 결과를 내기는 쉽지 않을 것이라 넌지시 이야기해 주었다. 사무국장과의 인터뷰 후 동작 을 선거 분위기 파악을 위해 해당 지역을 다녀보았지만 아직 선거운동이 시작된 지 얼마 되지 않아서인지 뜨거운 열기는 느낄 수 없었다. 다만 선거운동원들이 2~3명씩 돌아다니는 모습만을 볼 수 있었다.

중앙일보 기자를 통해 이계안 후보 및 정몽준 후보 측에 연락을 취하고 4월 1일 단국대학교 정치외교학과 학생 8명과 함께 후보 인터뷰 및 사무실 방문을 실시하였다. 먼저 이계안 후보가 일요일 아침 외에는 인터뷰 시간을 갖기 힘들다는 소식을 듣고 이계안 후보를 교회 앞에서 만났다. 이계안 후보는 오후 광화문에서 있을 민주통합당 민간인 사찰 규탄대회 참석을 위해 지역구를 잠시 떠나야 하고, 저녁에 다시 돌아와 유세를 할 예정이라고 하였다. 이계안 후보는 일요일인 관계로 교회에서 예배를 통한 조용한 유세를 하고 있다고 하였다. 이번 선거에서 전략과 핵심 이슈를 묻는 질문에 이명박 정부 심판, 정몽준 후보가 내세운 18대 총선에서의 헛공약에 대해 먼저 얘기를 꺼냈다. 이명박 정부의 민간인 사찰 및 어려워진 경제 상황을 신랄하게 비판하였다. 또한 과거 18대 선거에서 정몽준 후보의 공약은 지켜지지 않았고 동작 을을 위한 활동에 소홀하였다고 비난하였으며, 재벌개혁을 강조하였다. 그러면서 학교문제와 사회재능 기부에 관심이 많으며 이를 동작 을에서 실현시키고자 한다고 하였다. 한편, 어려운 가정 속에서 학업의 기회를 갖지 못하는 학생들에게 자신의 경험을 살려 많은 기회를 제공하고 싶다고 얘기하였다. 이계안 후보가 다음 행선지로 출발해야 하는 관계로 오랜 시간 대화를 나누지 못하였지만 19대 총선에 임하는 각오를 느낄 수 있었다.

이계안 후보 인터뷰 후 이계안 후보 선거사무소를 방문하였다. 이계안 후보 캠프 홍보를 담당하는 분으로부터 이계안 선거사무소는 과거 17대 총선 때도 사용했던 곳이라는 설명을 들었고 이계안 후보가 중요하게 생각하는 동작 을의 학교문제, 복지사업 등에 대해 자세히 알게 되었다. 한편 이계안 캠프 쪽에서는 정몽준 후보가 18대 총선 때와 마찬가지로 19대 총선 때도 연예인 혹은 운동선수를 대동하는 선거운동을 한 것에 대해 비난하였다. 또한 정몽준 후보가 대기업 업무시설 유치를 공약으로 내세우고 있는데 현대중공업을 동작 을로 옮기겠다는 것인지 너무 황당한 공약이라고 지적하면서 정몽준 후보 측은 18대 총선에도 개발, 19대 총선에서도 개발 공약만 남발하고 있다며 비난하였다. 또한, 18대 총선에서 허위사실 유포로 대법원 벌금형을 받은 점을 통해 정몽준 후보의 윤리성을 지적하였다.[50] 그러면서 정몽준 후보가 TV 토론회에 꼭 참석해 당당하게 사안에 대해 토론할 수 있는 기회를 가졌으면 좋겠다고 말하였다. 한편 진보신당 김종철 후보의 2008년에 이은 동작 을 출마가 이계안 후보 캠프에게 있어 반가운 소식은 아니라고 얘기해 주었다. 그렇지 않아도 힘겨운 싸움을 조금 더 어렵게 만들고 있다고 느끼는 분위기였다. 그러나 야당연합의 승리를 위해 진보신당의 김종철 후보와도 논의가 가능하지 않는가에 대한 질문에 대해서는 통합진보당이 진보신당과 접촉하는 것을 꺼려해서 시도하지 않았다고 했다.

이계안 후보 사무실을 떠나 중앙대학교 병원 앞 정몽준 후보 유세현장을 방문하였다. 유세현장을 통해 정몽준 후보의 선거운동 방식을 살피고 공약에 대한 이야기를 듣기 위해서이다. 정몽준 후보 유세 후 인터뷰를 예약해 놓았기 때문에 일단 유세현장에서 기다리기로 하였다. 유세는 테너의 가곡 열창으로 시작되었다. 그리고 많은 동작 및 타 지역 인사들의 지지 연설을 들을 수 있었는데 가장 눈에 띠는 인물은 동작 을에 위치한 중앙대학교 출신의 허재 감독이었다. 한편, 연령대를 가리지 않고 많은 동작 을 유권자들이 정몽준 후보와 사진 찍으려고 하는 것을 보고 정몽준 후

---

50 18대 국회의원선거에서 서울 사당역 근방에서 유세할 당시 오세훈 서울시장이 자신에게 뉴타운 지정에 흔쾌히 동의했다는 허위사실을 유포한 혐의로 기소되었으며 1·2심에서 당선 무효형에 해당하지 않는 벌금형을 받았지만 이에 불복해 대법원에 상고하였고 대법원은 지난 18대 총선 당시 동작·사당동 뉴타운 추가 지정 관련 허위사실을 공표한 혐의로 기소된 정몽준 의원에 벌금 80만 원의 원심을 확정하였다.

보의 높은 인지도를 느낄 수 있었다. 유세현장에서 정몽준 후보 캠프 정책실장과 많은 얘기를 할 수 있었는데 정몽준 후보가 가지고 있는 동작 을 발전방향 및 로드맵, 일자리 창출을 위한 대기업 유치에 관해 얘기를 들을 수 있었으며, 선거 후 정몽준 후보가 계획하고 있는 행보까지도 들을 수 있었다. 정몽준 후보는 마지막 순서로 유세차량에 올라 개발 공약을 쏟아냈다. 울산에서 5선을 하면서 종합개발계획을 세워 도시개발을 했는데 동작 을도 그렇게 하겠다고 하였다. 이와 함께 동작 을 일자리 창출 및 경제발전을 위해 대기업 업무시설 유치를 약속하였다. 정몽준 후보의 유세 후 인터뷰 시간을 가질 수 있었는데 여기서 정몽준 후보는 유권자와의 교감을 통한 선거운동을 하고 있다고 말하였다. 한편, 민주통합당과 통합진보당의 연대에 대해 논하면서 정체성의 문제를 지적하였다. 또한 재벌개혁에 대한 이계안 후보의 공약에 대해 재벌개혁은 현대에 있을 때 하지 왜 이제 와서 재벌개혁을 논하는지 이해가 가지 않는다고 말하였다. 이계안 후보 캠프에서 지적하고 있는 개발 공약에 대해서는 동작 을의 발전을 원한다면 개발이 중요하다고 강조하였다.

정몽준 후보의 선거사무소를 방문하여 선거사무실 분위기를 살펴보았다. 사당동 번화가에 위치한 꽤 커다란 빌딩 2층과 3층을 사용하고 있는 정몽준 후보 선거사무실은 조용한 분위기였다. 정몽준 캠프 관계자는 정몽준 후보의 종합개발계획을 통한 인프라 구축, 이를 위한 상업용지 확대를 강조하였다. 정몽준 후보가 울산에서 이룩한 업적이 동작 을에서도 전개될 것이라며 정몽준 후보를 통한 동작 을의 발전에 대해 이야기해 주었다. 한편, 이와는 달리 선거사무실이 어떠한 용도와 방식으로 사용되고 있는지 설명해 주었는데 동작 을 주민들의 목소리를 듣기 위한 공간이 많이 마련되어 있다는 점을 발견할 수 있었다.

두 후보 및 캠프의 인터뷰를 통해 이계안 후보 측과 정몽준 후보 측은 많은 면에서 상이한 점을 느낄 수 있었다. 먼저 여론조사에서 뒤지고 있는 이계안 후보 측은 공세적인 데 비해 앞서고 있는 정몽준 후보 측은 방어적인 편이었다. 한편, 이계안 캠프는 이명박 정부의 실정, 정몽준 후보 측이 보여 준 선거운동에 대한 비난에 많은 초점을 맞추고 있는 반면 정몽준 캠프는 여유스러운 모습을 보이며 이계안 후보 측이 비난하는 부분이 근거 없는 비방이라 폄하하였다. 이러한 점은 여론조사를 통해 나타난 결과가 어떻게 후보와 캠프에 영향을 미치는지 보여 주는 일반적인 모습임과 동시에 후보들의 선거운동 특징이라 하겠다.

동작 을 지역 유권자들의 목소리를 듣기 위해 학생들과 함께 거리로 나섰다. 인터뷰 경험이 없는 학생들에게 몇 명씩 같이 다니기보다 혼자 다니면서 자유스럽게 유권자들의 목소리를 들어보라고 권해 주었다. 동작 을 유권자들의 목소리를 종합하여 살펴보면 두 편으로 정확히 나뉘어져 있음을 알 수 있었다. 정몽준 후보를 지지하겠다는 유권자들은 정당보다는 정몽준 후보자의 능력과 영향력을 신뢰한다고 대답하였고, 이계안 후보를 지지한다는 유권자들은 민주통합당에 대해 희망을 걸고 있는 상황이었다. 사당1동에 사는 박 모 씨(31세)는 정몽준 후보의 재정적 능력과 정당에서의 영향력으로 볼 때 공약 실현가능성이 있다고 믿기에 정몽준 후보를 지지한다고 하였다. 상도동에서 사는 김 모 씨(52세) 또한 정몽준 후보 공약에 믿음이 가고 그가 추진하는 개발정책에 많은 기대를 하고 있기 때문에 정몽준 후보를 지지한다고 하였다. 사당3동에 사는 이 모 씨(남, 60세)는 2008년 당선 이후에도 남아 있는 정몽준 후보에 믿음이 가며 동작 을 경제 상황에 변화를 가져올 것이라 기대한다고 대답하였다. 이에 비해 마트를 운영하는 상도1동에 사는 이 모 씨(남, 52세)는 민주통합당 지지자로서 이계안 후보를 지지한다고 하였다. 사당1동에 사는 이 모 씨(여, 34세) 또한 민주통합당을 지지하기에 이계안 후보를 지지한다고 대답하였다.

사당3동에 사는 김 모 씨(여, 50세)는 여당에 대해 서민경제 소홀에 대한 책임감을 묻고 싶고 정권 교체를 소망하기에 이계안 후보를 지지한다고 하였다. 동작 을 선거는 새누리당 정몽준 후보의 높은 인지도와 이계안 후보 지지자들의 정당 지지도 간 대결이라 말할 수 있다.

4. 동작 을 선거 결과 및 맺음말

2012년 4월 11일 치러진 19대 국회의원선거에서 정몽준 후보가 이계안 후보를 누르고 7선에 성공하게 된다. 그러나 선거 결과는 선거 전에 있었던 여론조사와는 매우 다르게 나타나 많은 이들에게 충격을 주었다. 그림 4에서 알 수 있듯이 선거 전 주요 여론조사들은 정몽준 후보가 적게는 11.8% 많게는 22.2% 앞선 것으로 나타났다. 그러나 방송3사 출구조사 결과는 새누리당의 정몽준 후보 47.9%, 민주통합당의 이계안 후보 47.0%로 두 후보의 득표율이 오차범위 내에 놓여 있어 선거 결과를 예측할 수 없다고 말해 주었다. 이로 인해 두 후보 및 캠프는 긴장하며 개표를 지켜보았다. 개표에서도 두 후보의 득표는 각축을 벌이면서 승자를 확신할 수 없는 상황이 전개된다. 이러한 각축전은 12일 0시를 넘기면서 85% 이상이 개표가 진행되자 조금씩 바뀌기 시작한다. 즉, 정몽준 후보의 승리가 가시화되기 시작하였고 거의 1시가 되어서 정몽준 후보의 승리가 확정되게 된다. 표 9에서 보듯이 정몽준 후보의 득표율이 50.8%로 이계안 후보와 김종철 후보에 승리를 거두고 국회에 7선의원으로 진출하게 된다.

동작 을의 선거 결과가 선거 전 여론조사와 매우 달리 나타나 6선의 정몽준 후보에게는 충격을 안겨 주었을 것이다. 정몽준 후보는 현대중공업 대주주이며 국제축구연맹(FIFA) 부회장과 대한축구협회 회장을 역임한 경력을 가지고 있어 인지도가 어느 후보에 뒤지지 않는다는 점에서 동작

표 9. 동작 을 지역구 선거 결과

	정몽준 새누리당	이계안 민주통합당	김종철 진보신당
득표 (득표율)	46,480 (50.8)	40,293 (44.04)	4,708 (5.14)

을 선거 결과는 정몽준 후보에게 뼈아플 수 있기 때문이다. 그러나 한편으로는 서울 48개 지역구 중 새누리당은 16개 지역구에서만 승리하였고, 강남 3구의 7개 지역구를 제외하면 9명만 승리하였기에 정몽준 후보는 선전한 것이라 말할 수 있다. 여기에 전통적으로 민주통합당 강세 지역인 동작 을에서 새누리당 후보가 승리하였다는 점에 의미를 부여할 수 있을 것이다. 또한, 정몽준 후보의 영향력은 동작구의 비례대표 선거 결과와 정몽준 후보의 득표율을 비교하면 발견할 수 있다. 표 10에서 보듯이 새누리당은 40.7% 득표율로 다른 정당에 비해 가장 높은 득표율을 얻었지만 동작 을에서 정몽준 후보가 얻은 득표율 50.8%와는 차이를 보인다. 동작 갑에서 새누리당 후보(서장은)가 얻은 득표율은 44.43% 동작구 비례대표 득표율과 크게 차이를 보이지 않는다는 점에서 정몽준 후보의 인지도와 영향력을 확인할 수 있다.

동작 을 선거에 승리한 새누리당의 정몽준 후보는 경선방식의 차이 등으로 인해 지도부와 갈등을 빚으면서 2012년 대통령선거를 위한 계획을

표 10. 동작구 비례대표 선거 결과[51]

정당	새누리당	민주 통합당	자유 선진당	통합 진보당	창조 한국당	국민생각	진보신당
득표 (득표율)	78,364 (40.7)	75,020 (38.96)	4,053 (2.1)	20,695 (10.75)	777 (0.4)	1,221 (0.63)	4,344 (2.25)

---

51 국회의원 비례대표 정당 중 7개 주요 정당득표율만 살펴보았다.

포기하였다. 한편, 서울시장 후보에 공들였던 민주통합당의 이계안 후보가 어떠한 정치적 방향을 설정할지는 아직 모른다. 두 후보는 선거 기간 동안 서로를 고소하였는데 이계안 후보 측은 4월 4일 정몽준 새누리당 후보와 현대중공업(주) 이재성 대표이사 등을 공직선거법상 단체의 선거운동금지, 유사기관 설치 금지 위반으로 서울중앙지검에 고발하였다. 이계안 후보 측은 고발장에서 현대중공업(주) 이재성 대표이사 등이 새누리당 동작 을 정몽준 후보 선거운동의 일환으로 정몽준 후보가 대주주로 있는 현대중공업 주식회사의 지상파 방송 및 라디오 광고를 각 지상파 방송사의 뉴스 전후 시간대에 편성하여 집중적 광고를 내보내도록 하는 등 부당한 선거운동을 하였다고 말했다(머니투데이 2012.4.4). 반면 정몽준 후보는 4월 5일 민주통합당 이계안 후보를 공직선거법상 허위사실 공표로 서울중앙지검에 고발하였다. 정몽준 후보 측이 문제를 삼은 것은 지난 4일 있었던 선관위 주최 TV 후보토론회에서 이계안 후보의 발언이다. 정몽준 후보 측은 이계안 후보가 이날 지난 2006년 10월 13일에 있었던 국회 재경위의 이건희 삼성 회장 등의 국회불출석에 대한 고발 안건 표결에서 회의에 참석한 채 기권하고도 표결에 불참했다고 밝힌 것은 명백한 허위사실 공표에 해당해 검찰에 고발한다고 밝혔다(연합뉴스 2012.4.5). 그러나 정몽준 의원과 이계안 후보는 옛 감정을 누그러뜨리고 6월에 서로의 고발을 취소하였다.

2008년과 비교하여 2012년 동작 을의 정치적 특징은 정몽준 후보의 지지 약세라 말할 수 있다. 4년 후 동작 을의 정치적 모습은 동작 을이 어떠한 모습을 띠고 있는지에 달려 있을 것이다. 만약 동작 을이 정몽준 의원의 약속대로 변모한다면 정몽준 의원은 다시 새로운 정치적 계획을 세울 수 있을 것이다. 그러나 만약 그렇지 않다면 동작 을 지역구 주민들은 새로운 대표를 맡게 될 것이다.

참고문헌

동작구. 『통계연보』.
손병권. 2008. "대선 모멘텀 연장선장의 총선: 서울 동작(을)." 『18대 총선 현장 리포트:
    18인 정치학자의 참여 관찰』. 서울: 푸른길.

『나눔뉴스』. 2012년 1월 28일자.
『머니투데이』. 2012년 2월 13일자.
『아시아경제』. 2012년 1월 24일자.
『연합뉴스』. 2012년 1월 24일자.
『연합뉴스』. 2012년 4월 4일자.
『연합뉴스』. 2012년 4월 5일자.

동작구 홈페이지.
서울시 홈페이지.
중앙선거관리위원회.
행전안전부.

3. 보수 아성에 도전한 정동영 후보의 선거전략과 유권자의 반응 : 서울 강남 을

김용호 · 곽민영

1. 서론

이 연구의 목적은 2012년 4월 서울 강남 을 총선에 출마한 정동영 후보의 선거전략 전개과정을 분석하고, 이러한 선거전략에 대한 유권자의 반응을 참여관찰을 통해 설명하려는 것이다. 이 연구는 기본적으로 다음과 같은 질문에 해답을 얻고자 한다. 첫째, 정동영 후보의 전반적인 선거전략은 무엇이며, 이러한 선거전략이 선거운동 기간 중에 어떤 변화를 보였나. 둘째, 이러한 선거전략을 구사한 배경은 무엇인가. 셋째, 유권자들은 정동영 후보의 이러한 선거전략에 어떻게 반응하였는가. 마지막으로 정동영 후보의 선거전략에 대해 종합적인 평가를 시도해 보고자 한다.

2012년 2월, 정동영은 자신의 오랜 지역구였던 전주 덕진을 떠나 서울 강남 을에 출마 의사를 밝혔다. 시쳇말로 "민주당이면 막대기를 꽂아도 당선된다."는 전라도에 출마하지 않고 보수의 텃밭으로 알려진 강남에 출마하기로 한 것이다. 특히 강남 을은 지난 16대 대선 이후 10년 동안 계속해서 보수 정당 후보들에게 절대적인 지지를 보낸 선거구이다.[52] 이러한

---

[52] 강남 갑과 강남 을은 2002년 이후로 10년 동안 계속해서 보수당 후보가 다수표를 획득해 왔다. 그런데 강남 갑에 비해 강남 을은 2002년과 2007년 대선, 2011년 서울시장 보궐선거 등에서 보수 정당 후보의 득표율이 1~7% 정도 적었다.

선거구의 특징으로 인해 진보 성향의 유력한 후보들이 출마를 기피하는 바람에 소위 진보 정당들은 경쟁적인 후보를 내지 못하고 대체적으로 정치적 비중이 약한 후보들을 공천하였다. 어차피 보수 후보들이 당선될 것이기 때문이었다. 그런데 진보 성향의 3선의원이자, 2007년 대통합민주신당의 대선 후보였던 정동영 의원이 이렇듯 보수 성향이 강한 강남 을에 출마한 배경에는 나름대로의 승산이 있을 것이라는 판단이 있었을 것이다. 당연히 정동영 후보는 승리를 위해 선거전략을 사전에 구상했을 것이며, 또 이러한 전략이 선거운동 과정에서 유권자와 접촉하면서 변화하거나 다른 상황적 요인에 의해 변화하는 경우도 발생할 것이다. 특히 자신의 선거전략에 대한 유권자의 반응에 따라 전략적, 전술적 변화가 있을 수 있다. 이처럼 정동영 후보의 선거전략과 그 변화 양상, 그리고 유권자의 반응을 분석하고 궁극적으로 정동영 후보의 선거전략을 평가하는 작업은 참여관찰 방법론이 아니면 불가능할 것이다. 이제 3월 27일부터 4월 11일까지의 참여관찰을 통해 선거 초반부터 시간의 흐름에 따라 변화하는 정동영 후보의 선거전략을 분석하고, 또 시기별 선거전략의 변화에 대한 유권자의 반응도 함께 살펴볼 것이다. 참여관찰[53] 외에 여론조사 결과 등을 비롯하여 다양한 방법을 동원하여 정동영 후보의 선거운동 과정과 유권자의 반응을 분석할 것이다. 특히 정동영 후보가 구상한 인물과 이슈 중심의 선거전략에 유권자들이 어떻게 반응했는지 살펴보고자 한다. 마지막으로 선거 결과를 분석하고 정동영 후보의 선거전략을 전반적으로 평가해 보려고 한다.

---

53 강남 을 전체 유권자를 대상으로 참여관찰을 했으나 이 중에서 개포4동과 대치4동 유권자를 상대로 집중적인 면담이 이루어졌다.

2. 강남 을 선거구와 정동영 후보의 특징

1) 강남 을 선거구의 사회경제적 특징

① 일반적 현황

강남구는 그림 1에서 볼 수 있듯이 서울의 동남쪽에 위치하고 있으며, 강남 을은 강남 갑과 경기도의 사이에 위치하고 있다. 강남 을은 강남 갑과 함께 강남구의 국회의원선거구의 하나로서 대치1·2·4동, 개포1·2·4동, 일원본·1·2동, 수서동, 세곡동의 총 11동을 포함하고 있다.

② 인구학적 특성

강남 을의 유권자 인구는 비율이 일정하지는 않으나 2007년 이후로 계속 천천히 늘어 왔다. 2008년 0.4%, 2009년 0.2%, 2010년 1%의 증가율을 보인다. 연령대별로는 40대의 인구비중이 25~26%로 가장 많아 40대를 중심으로 고령층이 젊은 층보다 조금 더 두꺼운 종 모양을 이루고 있다. 모든 연령대에서 여성의 인구가 항상 남성보다 2~14% 많고, 연령대별 남

그림 1. 서울시 국회의원선거구역도

표 1. 강남 을 유권자 성별 · 연령별 인구추이(명)

구분		전체	20대	30대	40대	50대	60대 이상
2007년	계	196,150	43,342(22)	39,138(20)	51,598(26)	36,069(18)	26,003(13)
	남	92,399(47)	21,300(49)	18,695(48)	23,570(46)	17,769(49)	11,065(43)
	여	103,751(53)	22,042(51)	20,443(52)	28,028(54)	18,300(51)	14,938(57)
2008년	계	196,973	42,789(22)	38,049(19)	51,131(26)	37,420(19)	27,584(14)
	남	92,832(47)	20,957(49)	18,309(48)	23,455(46)	18,218(49)	11,893(43)
	여	104,141(53)	21,832(51)	19,740(52)	27,676(54)	19,202(51)	15,691(57)
2009년	계	197,338	41,136(21)	37,947(19)	50,975(26)	38,307(19)	28,973(15)
	남	92,836(47)	20,213(49)	18,184(48)	23,310(46)	18,641(49)	12,488(43)
	여	104,502(53)	20,923(51)	19,763(52)	27,665(54)	19,666(51)	16,485(57)
2010년	계	199,341	39,887(20)	37,923(19)	50,471(25)	40,277(20)	30,783(15)
	남	93,890(47)	19,649(49)	18,335(48)	23,039(46)	19,490(48)	13,377(43)
	여	105,451(53)	202,38(51)	19,588(52)	27,432(54)	20,787(52)	17,406(57)

※ 강남구 통계정보서비스의 자료를 바탕으로 재구성함. 괄호 안은 비율(%)

녀비율 차는 항상 변화가 없었는데, 전체적으로는 항상 여성이 6% 정도 많다. 또한 시간이 지남에 따라 고령의 인구가 점점 늘고 젊은 층의 인구는 점점 줄어드는 양상을 보이고 있다.

강남구의 연령대별 교육 수준은 2005년에 비해 2010년에는 고등학교 이하 졸업보다는 대학 이상 졸업의 비율이 늘어나는 것을 알 수 있다.

표 2. 강남구 교육 정도별 유권자 인구(명)

구분		합계	초중학교 졸	고등학교 졸	대학 졸	대학교 이상 졸
2005년	계	333,676	23,793	79,936	33,998	195,949
	20~30대	144,654	1,134	29,585	21,432	92,503
	40~50대	148,907	10,533	40,271	10,516	87,587
	60대 이상	40,115	12,126	10,080	2,050	15,859
2010년	계	345,956	21,178	72,607	36,870	215,301
	20~30대	136,606	613	21,641	21,888	92,464
	40~50대	153,200	7,259	35,821	12,258	97,862
	60대 이상	56,150	13,306	15,145	2,724	24,975

20~30대는 고등학교 이하 졸업이 감소하고, 40~50대는 대학 이상 졸업이 증가하였다.

③ 경제적 특성

강남 을은 강남 갑에 비해 아파트 가격이 중·하인 지역이 많다. 그림에 나타난 것처럼 아파트 가격이 가장 높은 지역이 넓게 분포해 있는 곳이 강남 갑에 속한다. 반면 강남 을은 아파트 가격 상·중인 지역이 1/3 분포해 있고 나머지는 하 지역이라고 할 수 있다. 이에 소득수준 또한 이와 같이 분포하고 있다고 추측해 볼 수 있다. 표 3은 강남구의 성별·연령별·학력별·권역별 소득분포를 나타낸 것이다. 강남구는 대체적으로 소득수준이 300만 원 이상인 경우가 다수이며, 이는 모든 기준에서 동일하게 나타나

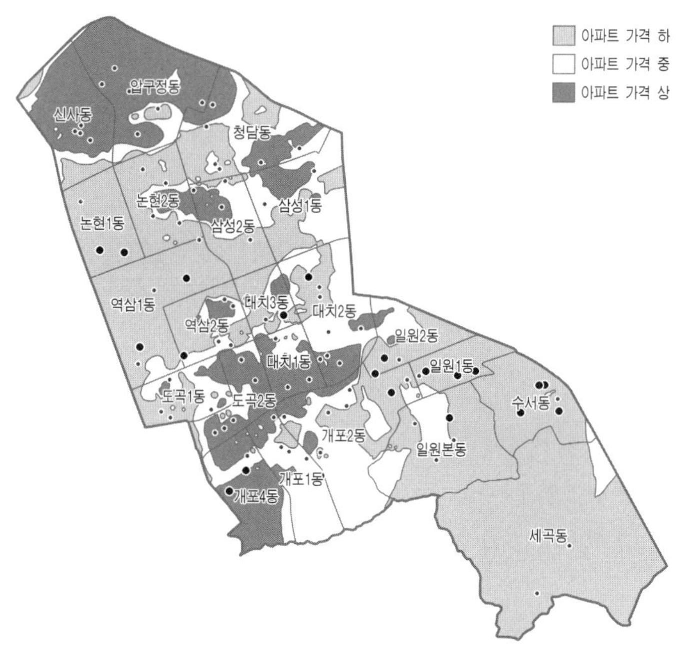

그림 2. 아파트 가격별 득표 추세

출처: http://www.biz-gis.com/index.php?document_sri=65083&mid=GIS_Essay(검색일: 2012.8.24).

표 3. 강남구 성별 · 연령별 · 학력별 · 권역별 소득 분포(%)

구분		가구주 (명)	100만 원 미만	100~200 만 원 미만	200~300 만 원 미만	300~400 만 원 미만	400~500 만 원 미만	500~1,000 만 원 미만	1,000만 원 이상
	전체	2,000	1.0	2.6	8.6	19.5	21.4	40.3	6.7
성 별	남성	1,832	0.3	2.0	7.5	19.3	22.2	41.5	7.2
	여성	168	8.9	9.6	20.1	21.7	11.8	26.7	1.2
연 령	15~29세	80	3.7	8.0	29.9	32.2	17.5	8.8	–
	30~39세	383	0.3	1.0	13.8	29.9	25.5	27.7	1.8
	40~49세	730	0.1	0.8	4.0	16.2	26.6	45.7	6.5
	50~59세	541	0.0	1.3	4.4	15.7	17.6	51.8	9.2
	60세 이상	266	5.6	10.8	15.7	17.5	9.7	29.5	11.2
학 력	중졸 이하	68	20.5	19.3	17.7	20.4	4.4	16.2	1.5
	고졸	482	0.8	4.1	12.9	24.0	20.8	35.1	2.3
	대졸	1,316	0.2	1.3	6.9	18.9	23.3	43.0	6.5
	대학원 이상	135	0.0	1.5	5.2	9.0	12.7	44.4	27.3
주 택 형 태	단독주택	497	1.2	3.3	9.9	21.6	24.4	36.5	3.1
	아파트	1,176	0.6	2.0	7.6	17.8	19.1	43.1	9.9
	연립주택	87	0.0	2.6	8.9	20.6	23.2	43.6	1.2
	다세대 및 기타	240	2.9	4.3	10.5	22.8	25.6	33.0	0.8
권 역	강남 갑	1,150	2.5	7.9	24.1	51.6	58.1	138.5	17.1
	압구정/논현권	395	1.2	3.8	10.2	22.6	22.0	28.6	11.5
	청담/삼성권	282	1.1	3.5	10.3	22.4	18.1	43.9	0.7
	역삼/도곡권	473	0.2	0.6	3.6	6.6	18.0	66.0	4.9
	강남 을	850	2.4	5.6	20.7	52.9	46.9	58.7	12.9
	대치/개포권	552	1.4	2.9	9.1	19.0	25.3	32.4	9.9
	일원/수서권	298	1.0	2.7	11.6	33.9	21.6	26.3	3.0

※ 강남구 통계정보서비스의 정보를 바탕으로 조금 보완 수정함.

있다. 특히 권역별로는 500만 원 이상의 초고소득자가 강남 갑에 많이 분포하고 있는 반면, 강남 을에는 300~1000만 원 사이에 고르게 분포되어 있다.

2) 강남 을 유권자의 정치적 성향

표 4에서 보는 것처럼 민주화 이후 실시된 6번의 총선에서 강남 을은 4
차례나 보수 성향의 당선자를 배출하였는데, 전반기는 홍사덕 후보가 3번
출마하여 2번 당선되었된 반면 보수 정당 후보가 2차례나 패배하였으나,
후반기에는 한나라당 후보가 3번 연속으로 당선되어 보수의 아성이 되었
다. 그런데 민주화 전반기에도 홍사덕 후보가 비록 무소속, 또는 당시 야
당인 민주당의 간판으로 당선되었지만 그가 최근 들어 한나라당과 새누
리당에서 활약하고 있는 것을 보면 진보적이라기 보다 보수적이라고 할
수 있다. 한편 강남 을은 2000년 이후 실시된 3차례의 총선에서 보수 정당
후보가 57% 이상의 지지율을 획득했으나 진보 정당 후보는 34% 이하의
저조한 득표율을 보인 점에서 알 수 있듯이 보수 성향이 굳어지는 모습을
보여 주고 있다.

한편 우리나라 선거에서 보수/진보의 이념적 경쟁이 본격적으로 시작
된 2002년 대선 이후 강남 을 유권자 투표행태를 분석해 보면 표 2에서 보
는 것처럼 강남 을 유권자들은 매우 보수적이라는 것이 확연히 드러난다.
2002년 이후로 치러진 5번의 선거에서 강남 을 유권자의 56~64%가 보수
정당 후보에게 투표하였다. 지난 2011년 소위 야권단일 후보(박원순)가 승
리한 서울시장 보궐선거에서도 강남 을은 변함없이 보수 성향의 한나라

표 4. 민주화 이후 강남 을 총선의 당선자와 차점자

총선 시기	당선자	차점자
1988년	이태섭(민정)=41,123(36.0%)	홍사덕(무소속)=34,746(30.4%)
1992년	홍사덕(민주)=64,201(52.2%)	김만제(민자)=43,627(35.5%)
1996년	홍사덕(무소속)=30,601(26.1%)	정성철(신한국)=28,563(24.3%)
2000년	오세훈(한나라)=64,516(59.4%)	이평수(새천년민주)=33,901(31.2%)
2004년	공성진(한나라)=70,831(57.5%)	이환식(열린우리)=41,977(34.1%)
2008년	공성진(한나라)=57,721(62.3%)	최영록(민주)=17,231(18.7%)

표 5. 2002년 이후 강남 갑·을 선거 통계

	강남 갑		강남 을	
2002년 16대 대선	한나라당 이회창 57%	민주당 노무현 40%	한나라당 이회창 56%	민주당 노무현 41%
투표율	68%		74%	
2004년 17대 총선	한나라당 이종구 63%	열린우리당 박철용 31%	한나라당 공성진 58%	열린우리당 이환식 34%
투표율	58%		65%	
2007년 17대 대선	한나라당 이명박 66%	대통합민주신당 정동영 15%	한나라당 이명박 64%	대통합민주신당 정동영 16%
투표율	60%		67%	
2008년 18대 총선	한나라당 이종구 65%	통합민주당 김성욱 18%	한나라당 공성진 63%	통합민주당 최영록 19%
투표율	39%		46%	
2011년 10.26 보궐	한나라당 나경원 65%	무소속 박원순 35%	한나라당 나경원 57%	무소속 박원순 42%
투표율	46%		52%	

※ 1위와 2위 외에 다른 후보는 득표율이 10% 미만이어서 제외함.

출처: 중앙선관위, http://www.nec.go.kr/nec_new200 9/BoardCotList.do?cmSeq=&bmSeq=4&subNum=2&pageNum1=1&pageNum2=7.(검색일: 2012.4. 20).

당 나경원 후보를 지지하였고, 그 결과 무소속의 박원순 후보보다 15%가 더 많은 표를 얻었다.

그런데 강남 을과 함께 보수의 아성이라고 알려진 강남 갑과 비교해 보았을 때 전자는 후자보다 보수 성향이 약간 약한 편이다. 2002년 이후 지난 10년간의 각종 선거에 나타난 보수 정당 후보 득표율을 비교해 보면 강남 을이 강남 갑보다 항상 상대적으로 적은 편이었다. 표 5에서 보는 것처

표 6. 보수/진보 후보들의 강남 을 동네별 득표 : 2011년 서울시장 보궐선거

동	나경원	박원순	득표차 (나경원–박원순)	비고
계	60,366 (57.4%)	44,458 (42.3%)	15,908	무소속 배일도 후보의 득표 366(0.3%)가 있어 100%에 미달
대치1동	6,655	2,534	+4,121	보수
대치2동	12,036	5,961	+6,075	보수
대치4동	3,794	3,529	+265	경쟁적(보수 성향)
개포1동	5,920	3,980	+1,940	보수
개포2동	7,571	6,626	+945	보수
개포4동	4,503	4,459	+44	경쟁적(보수 성향)
일원본동	5,683	4,073	+1,610	보수
일원1동	3,816	3,976	−160	경쟁적(진보 성향)
일원2동	4,340	3,957	+383	경쟁적(보수 성향)
수서동	3,799	3,658	+141	경쟁적(보수 성향)
세곡동	2,249	1,705	+544	보수

럼 강남 을 유권자들의 보수 정당 후보 지지율은 강남 갑에 비해 1~8% 정도 낮았고, 진보 정당 지지율은 1~7% 정도 높았다. 특히 강남 갑과 강남 을 유권자들의 동네별 투표 성향을 비교해 보면 그 차이가 확연히 드러난다. 강남 갑의 경우 모든 동네의 유권자들이 전적으로 보수 정당에게 더 많은 표를 던졌지만 강남 을의 3~5개동 유권자들은 보수 정당에 대한 지지율이 상대적으로 낮은 편이다.

가장 최근에 실시된 2011년 서울시장 보궐선거의 경우 표 6에서 보는 것처럼 강남 을의 11개 동네 중에서 일원1동에서는 진보 성향의 박원순 후보가 승리하였고, 4개동(대치4동, 개포4동, 일원2동, 수서동)은 500표 미만의 표차로 보수 후보가 아슬아슬하게 승리한 경쟁적인 동네였다. 이러한 정치 성향의 차이는 주로 소득과 주거의 차이에 기인하는 것으로 알려졌다. 즉 상대적으로 소득이 적은 유권자들이 살고 있는 저층 아파트나 다세대

주택 거주자들이 상대적으로 진보적인 성향을 보여 주는 반면 상대적으로 소득이 높은 유권자들이 살고 있는 고층 아파트 단지의 유권자들은 보수적인 성향을 보여 주고 있다.[54] 특히 강남 을의 소위 구룡마을(개포 1동)은 저소득층 거주지역으로 잘 알려져 있다. 비록 강남 을이 보수의 아성이지만 11개 동네 중에서 약 절반 정도는 진보적이거나 경쟁적인 곳이고, 또 민주화 초기에는 야당인 민주당과 무소속 후보가 당선된 적이 있기 때문에 정동영 후보가 이 지역을 새로운 선거구로 선택하여 출사표를 던진 것으로 보인다. 그리고 정동영 후보가 보수의 아성인 강남 을에서 당선되는 경우 야당 지지표 외에 보수 성향의 표를 확보할 수 있는 야당의 경쟁력 있는 대선 후보라는 것을 과시할 수 있다는 정치적 계산이 있었던 것으로 보인다.

3) 주요 정당의 후보 선정 과정

선거에서는 정당이나 이슈 외에 후보자 요인이 당락에 영향을 미치는 경향이 높다. 따라서 후보자의 정치적 배경이나 경쟁력을 자세히 분석할 필요가 있다. 정동영 후보는 2월 9일 강남 을에 출마할 의사를 공식적으로 밝히고, 3월 12일에 민주통합당 전현희 예비후보와의 경선에서 승리한 결과 민주통합당의 강남 을 후보가 되었다. 물론 정동영 후보가 공천을 따내는 과정이 순조롭지 않았다. 그 이유는 당에서 정동영 후보를 경선 없이 전략 공천을 하려는 움직임에 대해 비례대표 의원 출신으로 이 선거구에 출마를 일찍 선언한 전현희 예비후보가 극렬하게 반대하였기 때문이다. 결국 당에서 경선을 실시하기로 결정한 후 경선에서 정동영 후보가 전현희 후보에게 승리함으로써 민주통합당의 후보가 되었다. 한편 민주통합

---

54 진재섭, "한국 유권자의 투표행태에 관한 연구: 제18대 국회의원선거에서 수도권 유권자의 정당 선호, 후보자 선택을 중심으로,"(서울시립대학교 2009), p.118.

당의 공식 후보가 된 후 정동영 후보는 3월 19일에 통합진보당 신언직 후보와의 야권 후보단일화에 성공하였다. 정동영 후보와 통합진보당의 신언직 후보 간의 후보단일화는 비교적 순조롭게 이루어졌는데, 아마 후자의 경쟁력이 매우 약했기 때문에 총선 승리를 자신할 수 없었으므로 쉽게 양보한 것으로 보인다. 이로써 정동영 후보는 '공천이 바로 당선'을 의미하는 자신의 선거구인 전주 덕진을 떠나 보수의 아성이라는 강남 을에 출마하는 험한 길에 나선 것이다. 그가 2007년에는 제1야당의 대선 후보였고, 3선의원이며, 최근 들어 한미 자유무역협정(FTA) 비준을 강력하게 반대하는 등 진보의 선봉장에 서 있었기 때문에 야당을 비롯한 정치권은 물론 언론과 일반 유권자들도 과연 그가 4선에 성공할 수 있을지에 대해 많은 관심이 쏠리게 되었다.

정동영 후보에 맞설 새누리당 후보 공천 과정은 우여곡절 끝에 김종훈 후보로 확정되었다. 김종훈 후보는 정동영 후보보다 훨씬 늦은 3월 17일에 갑자기 공천을 받게 되었다. 이 선거구에서 한나라당(새누리당의 전신) 출신의 2선의원인 공성진이 비리에 연루되어 의원직을 박탈당하는 바람에 이 지역에 현역의원이 없는 상태였다. 따라서 여러 명의 국회의원 지망생들이 공천을 신청하여 치열한 경쟁을 벌인 결과 새누리당의 공천심사위는 정치학 전공의 경희대 교수로서 진실화해위원회 상임위원을 지낸 이영조 박사를 전략 공천하였다. 그러나 이영조 후보가 과거 자신의 논문에서 5.18 민주화운동을 "popular revolt(대중 봉기)"라고 표현한 것에 대해 반대파 시민단체 등이 문제로 삼자 새누리당 공천심사위가 전격적으로 공천을 취소한 후 김종훈 후보로 교체하였다. 뒤늦게 공천을 받은 김종훈 후보는 한미 자유무역협정 체결 당시 외교통상부 통상교섭본부장으로 잘 알려졌지만 정치인으로서는 생소한 신인이었으며, 갑자기 출마하게 된 낙하산 공천이었다. 김종훈 후보는 정동영 후보에 비해 지명도나 정치적 경력 면에서 뒤처지는 편이지만 FTA 폐지를 내세우는 정동영 후보에 맞서 이를 선거쟁점으로 만들어 강남 을은 물론 인근 선거구의 보수 유권자들을 결집시킬 수 있을 것이라는 전략적 판단에서 공천을 얻게 되었다. 이와 대조적으로 정동영 후보는 FTA와 관련해서 꾸준히 반대 의견을 내왔던 국회의원으로 국회에서 FTA 비준 과정에서 당시 통상교섭본부장이었던 김종훈 후보를 "매국노", "제2의 이완용"이라고 격렬하게 비난한 바 있다. 두 후보는 이 외에도 노인수당 인상을 비롯한 복지 문제, 등록금 반값을 포함한 다양한 이슈에서 입장 차이를 보여 주었다. 이처럼 양자 간의 경쟁은 이념, 인물, 이슈 등을 중심으로 전개될 것으로 예상되었다.

3. 정동영 후보의 선거전략과 유권자의 반응

정동영 후보의 전반적인 선거전략은 다른 야당 후보처럼 이명박 정권에 대한 심판론을 들고 나왔다. 특히 정동영 후보는 지역현안보다는 FTA라는 국가적 이슈를 통해 이명박 정권을 심판하고, 또 서민경제의 어려움을 노출시켜 이명박 정권의 실정을 부각시키려는 전략을 구사하였다. 특히 정동영 후보는 자신이 대선 후보를 지낸 정치적 거물이라는 이미지를 부각시키며 적어도 강남 을 유권자는 대선 후보를 국회의원으로 배출하여 자존심을 지켜야 한다고 강조하였다. 특이한 사항은 정동영 후보의 선거 사무실에는 자신이 고안한 선전 로고만이 있고 '민주통합당'이라는 용어를 찾아볼 수 없었는 바, 이 선거구가 보수지역이라는 특성을 고려하여 진보 정당의 간판 대신 거물 정치인이라는 인물론을 내세워 승부를 걸겠다는 의지를 담고 있었다. 그리고 정동영 후보는 다른 후보에 비해 상대적으로 홈페이지, 동영상, 아프리카TV, thinktv.kr 등을 활용하여 자신에 대한 홍보는 물론 유세를 실시간으로 중계하는 온라인 선거운동을 중시하는 경향을 보여 주었다. 그리고 조국, 이외수, 공지영 등 트위터에 강한 영향력을 행사하는 인사들을 동원하여 자신을 온라인으로 홍보하는 것은 물론 오프라인 모임을 가지기도 하였다.

정동영 후보는 이러한 자신의 전반적인 선거전략 기조를 유지한 채 선거운동 방식을 시기에 따라 조금씩 변화시켰다. 선거 초반(정동영 후보가 야권단일 후보로 확정되었을 때부터 선거운동 시작일인 3월 29일까지)에는 주로 매스미디어를 이용한 선거운동("공중전"이라고 명명함)에 치중하였고, 선거 중반(법적 선거운동 시작일로부터 선거 기간 마지막 주말 전까지)에는 다양한 집단의 유권자를 직접 만나는 선거운동 방식("진지전"이라고 명명함)을 채택하였고, 선거 종반(법적 선거운동 기간 마지막 2~3일 동안)에는 유명 인사들을 대거 초청하여 선거구에서 마지막 바람을 일으키려는 선거운동 방식("동원전"이라고 명명함)에 의존하였다. 그럼 정동영 후보의 이러한 선거운동 방식에 대해 유권자들의 반응은 어떠했는가? 비록 체계적이고 광범위하게 유권자의 반응을 조사하지 못했지만 다양한 나이, 계층, 지역을 망라한 강남 을 유권자들의 반응을 정리해 보자.

1) 정동영의 인물 중심 선거전략

정동영 후보는 강남 을의 구조적인 문제 때문에 처음부터 당을 내세우는 전략 대신 인물을 강조하는 전략을 채택하였다. 이런 점은 그의 선거 포스터와 현수막, 그리고 명함 홍보물 등에서 현저히 나타났다. 선거 포스터는 마치 앤디워홀의 마돈나를 주제로 한 작품처럼 표현했다. 정동영의 상반신 사진을 팝아트처럼 각기 다른 색으로 표현했고 4분할 된 포스터에 담았다. 그리고 포스터 하단에 기호와 정동영이라는 이름을 적고 사진을 강조한 포스터였다. 명함에는 정동영의 사진과 이름, 그리고 '함께'라는 슬로건만이 크게 나타나 있고, '민주통합당'은 홍보물 귀퉁이에 아주

조그맣게 들어가 있었다. 현수막 또한 당을 강조하지 않고 "강남의 선택으로 대한민국을 바꿉시다!"라는 표어와 "함께, 정동영"이라는 글씨만을 담았다. 이러한 여러 홍보물에서 당이 아닌 정동영이란 인물을 강조하려고 한 것을 알 수 있었다. 정동영은 유세 시 종종 왜 강남에 나왔는가를 이야기하면서

"강남에 정동영이 뽑히면 묵정밭이 갈아져 옥토가 되는 것이다. 강남이 바뀌면 대한민국이 바뀐다. 강남에 대선 후보였던 정동영이 뽑히면 강남의 자존심이 산다."

이처럼 선거전략의 전반적인 기조를 정동영의 인물론에 두었다. 또 선거운동복인 노란 점퍼를 입지 않고 양복을 입고 다녔다. 이는 당색을 줄이려는 노력이었다. 즉, 최대한 민주통합당의 이미지를 버리고 정동영이라는 인물로 승부하려는 전략을 구사하였다.

2) 선거 초반의 선거운동 방식(3월 12일~3월 29일) : 공중전

정동영 후보의 인물 중심 선거전략이 선거운동 기간에 어떻게 전개되어 나왔는지 분석해 보자. 정동영 후보가 경선을 통해 민주통합당의 후보로 공식 확정된 3월 12일 이후 본격적인 선거운동을 펼치기 시작했다. 당일의 일정을 올려놓는 정동영 후보의 공식 홈페이지 게시판을 보면 이 시기에 주로 FTA 반대와 관련한 활동들이 많았는데, 특히 기자회견이나 노조활동에 참여하는 등 언론이 주목할 만한 활동에 치중하였다. 그리고 이 시기에 홈페이지와 SNS 등을 통해서도 FTA 반대 동영상을 올리고 FTA와 관련한 반대 홍보 등을 하며 FTA 반대 입장을 강조하였다. 특히 김종훈 후보가 새누리당 후보로 선정되면서부터 강남 을이 FTA에 대한 찬반 입장이 격돌하는 지역으로 언론의 주목을 받기 시작하였다. 3월 26일

과 27일 양일간 정동영 후보와 김종훈 후보는 CBS의 '김현정의 뉴스쇼'와 MBC의 '손석희의 시선집중,' 두 라디오 프로그램에 출연하여 토론을 벌였다. FTA가 주요 쟁점이었는데 이들의 토론은 상대방을 서로 비방할 정도로 극렬하였다. 당시 방송에서 정동영 후보는 김종훈 후보를 향하여

"트위터에서 김 후보를 두고 뭐라고 하시는지 아는지 모르겠다.(FTA와 관련한 김종훈 후보의 입장을 두고) 시차적응이 안돼서 그런다, 머리가 검은 미국인이라서 그런다고 한다."

그런데 처음에는 김종훈 후보가 자신의 인지도를 제고하기 위해 각종 TV, 라디오 토론에 응했으나 이처럼 극렬한 토론이 전개되고, 특히 김종훈 후보가 TV 앵커 출신의 정동영 후보를 방송 토론에서 능가하기 어렵게 되자 대중매체에서 토론을 점차 피하려고 하였다. 정동영 후보는 김종훈 후보의 이러한 태도를 비난하면서 토론을 피하지 말고 정정당당하게 나와 달라고 요구했다. 정동영 후보가 이렇게 끈질기게 방송 토론을 요구한 배경에는 매스미디어를 통해 기선을 잡으려는 의도가 작용하였다. 상대방의 전략을 간파한 김종훈 후보는 선거운동 방식을 매스미디어 출연 대신 유권자와 직접 접촉하는 방식으로 선회하였다. 김종훈 후보는

"저는 정동영 후보가 부럽습니다. 저는 정동영 후보보다 늦게 출마하게 되어 시간이 없습니다. 유권자 한 사람이라도 더 만나려면 시간이 없습니다. 또, 공중파 토론 방송은 심야시간에 이루어지는데, 체력적으로 힘들어서 나갈 수 없습니다. 주간으로 시간을 옮기라고 하십시오. 주간이면 하겠습니다."

라며 토론 방송을 피하였다. 김종훈 후보의 이러한 태도에 대해 네티즌들의 반응은 다양하였다.

"김종훈 씨는 듣는 사람이 민망할 정도로 말을 못하네요.", "지금 김종훈은 아무것도 안하고 집에만 박혀 있어도 당선 확실이죠. 괜히 자주 여기저기 노출되면 표만 더 떨어질 듯", "김종훈이 정치인이 아닌게 티가 좀 나긴 하더군요.", "정치인한테 관료가 말빨로 안되죠 ㅋㅋ 정동영도 한 이빨 하는 사람인데."[55]

유권자들의 이러한 반응에서 알 수 있는 것처럼 김종훈 후보는 방송 토론에서 정동영 후보와 1대1로 토론을 하는 경우 정동영 후보에게만 유리하다는 판단을 했기 때문에 공중파 방송 출연 대신 지역구 유권자 직접 접촉으로 전략을 바꾸었다. 당시 김종훈 후보는 지지도 여론조사에서 앞서가고 있었기 때문에 '굳히기 전략'을 위해서는 공중파 방송을 통해 불특정 다수의 일반 유권자를 상대하는 것보다 강남 을 선거구 유권자를 직접 만나는 것이 더 유리하다고 판단했을 것이다. 이 시기에 실시한 4개 신문사의 여론조사 결과를 보면 모두가 8~13% 정도 김종훈 후보가 앞서고 있었지만 20~30대의 젊은 층에서는 정동영 후보에 대한 지지도가 김종훈 후보보다 20% 정도 앞서가고 있었다(표 7, 표 8). 이런 상황에서 김종훈 후보가 선거 결과를 쉽게 낙관할 수 없었으므로 우위를 지키기 위해서는 표를

표 7. 선거 초반 주요 언론사의 강남 을 여론조사 결과(%)

조사 시기	김종훈	정동영	차이	조사기관
3월 20일	52.0	39.0	13.0	국민일보
3월 19일	39.2	30.5	8.7	동아일보
3월 22일	43.9	35.1	8.8	서울신문
3월 22~23일	38.7	30.1	8.6	매일경제
3월 27일	44.6	33.0	11.6	중앙일보
3월 27~28일	37.6	25.5	12.1	매일경제

55 동아일보, http://mlbpark.donga.com/mbs/articleV.php?mbsC=bullpen&mbsIdx=689540(검색일: 2012.4.17).

표 8. 강남 을 후보자에 대한 연령대별 지지도 조사(%)

연령대	김종훈	정동영
20대	24.9	41.2
30대	18.1	44.2
40대	50.6	29.5
50대	50.9	20.0
60대 이상	50.5	15.6
전체	39.2	30.5

출처: 동아일보 2012. 3. 19.

가진 유권자를 직접 찾아가는 것이었다.

실제로 유권자들을 만나 보면 여전히 강남 을이 보수의 아성이라는 것을 실감할 수 있었고, 아직도 정동영 후보가 이런 분위기를 반전시키지 못하고 있었다. 예를 들면 "어차피 이곳은(강남 을) (새누리당) 텃밭이 아니냐." 하는 반응이 많은 편이었고, 또 "아무리 나 혼자 진보적인 생각을 가지고 있다고 해도 어차피 뽑히는 건 보수적인 후보이기 때문에 … 사표를 방지하기 위해 보수 후보를 선택할 것 같다."는 반응을 보였다. 한편 아직 누가 출마하였는지도 모른다며 관심 없는 유권자들이 많았다. 특히 정동영 후보가 선거 쟁점으로 삼고자 하는 FTA와 관련하여 강남 을 유권자의 반응은 "어차피 FTA와 우리는 상관없는 것 아니냐, FTA는 농민들과 관련 있는 것이지, 우리 같은(도시거주자, 자영업자) 사람들과는 관련 없는 것이 아니냐." 하는 경우가 많은 편이었다.

그리고 아직 공식적인 선거운동 기간이 시작되지 않아 유권자들이 후보를 직접 만나거나 유세를 들은 적이 없어서 선거와 후보에 대한 정보가 부족한 편이라는 것을 알 수 있었다. 후보자에 관한 정보를 어떻게 얻느냐는 물음에 대부분의 유권자들이 집으로 배송되는 홍보물만을 보고 선택한다는 대답을 하였다. 한편 정동영 후보는 초반부터 유권자들의 투표를 독려

하였다.

> "꼭 저를 뽑지 않아도 되니 투표를 해 달라, 투표를 하면 바뀐다. 20대 투
> 표율이 많아져야 한다. 투표율이 70%를 넘으면 빨간 꽁지머리를 하겠다."

이는 투표율이 증가하면 기존의 보수적 유권자 외에 대체적으로 반보수
적인 성향의 유권자들이 표를 던질 것이라고 보기 때문이다. 대체적으로
투표율이 높았을 경우, 반보수적 후보에게 투표하는 경향이 있다. 그리고
50대 이상의 투표율은 대체로 60% 정도로 고정되어 있는 데 반해 2040세
대는 선거 때마다 투표율이 높았다가 낮았다 하는 경향이 있는 바, 정동영
후보는 이들을 투표장으로 나오도록 하는 것이 승패에 결정적인 요인이
될 것이라는 판단에서 처음부터 투표 독려 운동을 전개하였다.

3) 선거 중반의 선거운동 방식(3월 30일~4월 6일) : 진지전

정동영 후보는 공식후보 등록 후 공식 선거운동 기간이 시작되자 유권
자 접촉 중심의 선거운동을 전개하였다. 이 시기 정동영 후보의 일정을 보
면 이전에 보여 주었던 토론과 인터뷰 등 언론 위주의 일정 대신 지역주민
들을 직접 만나보는 유세를 집중적으로 펼쳤고, 또한 나꼼수의 지원사격
도 있었다. 선거 초반에 국가적 이슈인 FTA를 들고 나왔다면, 선거 중반
에 접어 든 이 시기에는 지역현안을 보다 많이 강조했다. KBS1 라디오 프
로그램 "안녕하십니까 민경욱입니다"에서의 토론을 필두로 강남지역 케
이블 방송 토론과 지역구 유세에서 지역구 현안에 대한 입장을 보다 많이
표명하기 시작했다. 특히 강남 을의 가장 큰 현안인 아파트 재건축 문제와
복지문제 등과 관련하여 자신의 공약을 제시하였다. 재건축 문제에 대해
서는 세입자들이 70~80% 정도 된다면서, 세입자들의 입장에서 문제를
해결하려고 한다는 입장을 밝혔다. 이와 관련해서 정동영 후보는

　　"재건축 문제는 시와 협의해서 해결해야 할 문제이다. 그런데 김종훈 후
　　보가 재건축 문제를 협상하기 위한 주민들과 박원순 시장 간의 면담을 방해
　　했다. 하지만 앞으로 계속해서 시장과 재건축 문제를 협상·논의하겠다. 박
　　원순 시장이 어느 당 소속이냐. 시장과 문제를 해결할 수 있는 사람은 자신
　　뿐이다."

라고 주장했다. 정동영 후보의 아파트 재건축관련 주장에 대해 유권자의
반응을 살펴보면 긍정적인 경우보다 부정적인 경우가 많은 편이었다. 특
히 아파트 소유주의 경우 비판적이었는데, 예를 들면 다음과 같다.

　　"집 가진게 대역죄인이냐…", "도대체 지 덕에(정동영 후보 덕에) 마치 개
　　포가 무슨 큰 진전이 있고 일이 해결된 것처럼 말하는데 정말 역겹네요."[56]

　　이러한 유권자의 반응에서 알 수 있듯이 아파트 재건축 문제의 경우 소
유주와 세입자의 입장이 극명하게 대조적이었고, 전자는 새누리당을 지
지하고 후자는 민주당을 지지하는 경향이 두드러졌다. 한편 이번 선거의
또 다른 주요 이슈였던 복지 문제와 관련하여 정동영 후보는 유세에서 선
거구의 특성을 고려하여 노인 복지 확대와 대학 등록금 반값 등을 강조하
였다.

　　"노인과 대학생 자녀를 둔 주민들을 대상으로 잘살거나 못살거나 노인은
　　무조건 매달 18만 원 받게 해 주겠다. 등록금 반값 실현하겠다."

　　정동영 후보의 노인 복지 인상 공약은 현재 수당이 9만 원이므로 현 수
당을 2배로 대폭 인상한다는 것이었다. 이러한 공약에 대해 김종훈 후보
는 "복지 포퓰리즘"이라고 비판하면서 점차적으로 인상하는 방안을 공약
으로 제시하였다. 이처럼 선거운동이 중반전에 접어들자 공약이나 정책

56　개포사랑 카페, http://cafe.naver.com/gaepolove/9311(검색일: 2012.4.17)

표 9. 선거 중반 언론사의 강남 을 여론조사 결과(%)

날짜	김종훈	정동영	차이	조사기관
4월 1~2일	46.2	31.0	15.2	지상파방송 3사
4월 3일	46.9	28.7	18.2	문화일보
4월 3~4일	45.8	30.1	15.7	매일경제

대결의 양상을 보여 주었다. 특히 정동영 후보는 초반에 비해서 상대 후보에 대한 비방을 줄이고 지역현안에 대한 입장을 강조하면서 상대적으로 포지티브 전략을 취하는 편이었다. 그러나 여전히 FTA와 관련하여 김종훈 후보에 대해서는 '김완용'이라고 지칭하는 등 비방을 계속하였다.

표 9에서 알 수 있는 것처럼 이 시기의 여론조사를 보면 정동영 후보에 대한 지지율은 김종훈 후보에 비해 평균적으로 약 16.4% 정도 뒤쳐져 있는 것으로 나타났다. 선거 초반에 비해서 오히려 격차가 벌어진 것이다. 그럼에도 불구하고 이 시기에 선거사무소에서 만난 정동영 후보의 아들, 정욱진씨는 아래와 같이 말했다.

"여론조사는 편파적으로 나오는 것 같고, 이렇게 나온 데는 무선전화 집계를 뺐기 때문일 것이다. 젊은 층이 무선전화를 많이 쓰는데 무선전화를 뺐다는 소리를 들었다. 유선전화로만 집계했으니 젊은 층의 의견이 덜 반영된 셈이다. 직접 다녀보면 반응들이 좋다. 우리는 이길 것이라고 생각한다. 내부에서는 우리끼리 조심스럽게 큰 차이로 이길 것이라고도 얘기한다."

정동영 후보의 선거사무소에서는 결과를 긍정적으로 보고 있었지만 여론조사와 실제적인 유권자의 반응을 종합해 보면 정동영 후보에 대한 유권자의 지지가 아직 많이 부족한 것으로 보였다. 유권자들을 직접 만나 정동영 후보에 대해 물어보면, 유권자들은 다음과 같은 반응을 보이는 경우가 많았다.

"정동영에 대해 아는 것은 별로 없지만 이미지가 그렇게 좋은 편은 아니다. 예전부터 언론에 자주 나왔던 것 같고, 그렇기 때문에 별로 좋아 보이지가 않는다. 언론에 자주 나왔다는 것은 부정적인 일을 저질렀기 때문에 그러지 않았을까 하는 생각에 … 하지만 어쨌든 후보를 선택할 때는 공보물의 공약을 보고 선택한다."

이처럼 정동영 후보에 대한 지지가 크게 증가하지 않는다는 인상을 받았다. 그렇기 때문에 그가 선거전략을 바꿔야 할 필요성을 느꼈을 것이다. 한편 김종훈 후보에 대한 유권자의 관심이나 반응도 시들한 편이었다. 특히 많은 유권자들은 김종훈 후보에 대한 정보가 아예 없어 보였다. 이 시기에 참여관찰자가 선거구를 다녀 본 인상은 선거운동이 본격적으로 무르익어갔지만 강남 을 유권자들은 이번 선거에 별로 큰 관심을 기울이지 않은 편이었다.

4) 선거 후반의 선거운동 방식(4월 7일~4월 10일) : 동원전

선거가 막바지에 이르면서, 또한 유권자를 가장 많이 만나볼 수 있는 주말이 마지막으로 끼어 있었던 이 시기에는 정동영 후보를 지지하는 후원자들이 대거 몰려들어 연설을 했다. 4월 1일에 있었던 나꼼수 지원사격은 김어준과 주진우가 잠시 있다 가면서 조촐하게 이루어졌지만, 4월 7일과 8일의 선거일 전 마지막 주말에는 정동영 후보가 인기 작가 공지영과 함께 유세를 다니고, 각계각층의 정동영 지지자(교수, 노조장, 학부모, 연예인, 동아리회장 등)가 찬조연설을 하는 등 대규모 총공세가 이루어졌다. 여론조사 결과에 나타난 것처럼 선거 중반까지의 전략이 제대로 작동하지 않는 것을 보고 선거 후반에 마지막으로 총공세를 하는 것으로 판단되었다. 이러한 대규모 유세에서는 상대적으로 김종훈 후보와 현 정권에 대한 심판론이 강조되면서 선거 중반에 보여 주었던 모습보다는 다소 선거 초반처럼 공격적인 성향을 보여 주었다. 또 이 시기에 민간인 사찰문제를 이슈로 삼아 현 정부와 새누리당의 정치적 도덕성을 공격하였다.

4월 8일의 총집중 유세에서 만나 본 유권자들은 대부분 정동영 후보의 유세를 관심 있어 하는 듯 보였지만(최소한 부정적인 인상을 보이지는 않았다) 지나치기 일쑤였고, 거리에 모여들어 응원을 하는 대부분의 사람들은 자원봉사자로 보였다. 유세가 막바지에 이르자,

"다음 장소가 어디라고 했더라. 지금 출발하라고 하던데. 버스로 이동하

　면 되는 건가."

라고 하며 유세장에 있던 사람들이 우루루 몰려 나가는 모습을 보였다. 참여관찰자가 직접 만나본 유권자는 "정동영이 마음에 드는 것은 아니지만 상대방보다는 낫다는 생각을 한다."라고 말하며 정동영에 대한 지지를 나타냈다. 하지만 정동영 후보에 대한 이미지가 좋았던 것은 아니었다. 이 유권자의 경우 인터뷰를 한 유권자들 중 유일하게 후보에 대해 검색하며 공보물 외에 추가 정보를 얻는다는 유권자였다. 그리고 이 시기에 선거 공보물이 발송되었고 선거 초반의 많은 유권자들이 선거 공보물을 보고 정보를 얻는다고 했으므로 공보물을 본 후의 유권자 반응이 궁금하였다. 이를 확인하기 위해 수험생 자녀를 둔 어느 유권자를 만나 보았더니 반응이 "교육에 관심 있는 것 같아서 정동영 후보를 지지한다."고 답하였다.

4. 결론 : 선거 결과 분석 및 정동영 후보의 선거전략 평가

선거 결과 김종훈 후보와 정동영 후보가 각각 73,346표(59.5%)와 48,419표(39.3%)를 얻어 전자가 당선되었다. 양자 간의 득표율 차이가 20.2%로 새누리당 김종훈 후보의 완승이었다. 보수의 아성인 강남 을에서 이번에

도 김종훈 후보의 승리가 예상되었지만 이처럼 득표 차가 크리라고 예상하지 못했다. 비록 보수의 아성인 강남 을이지만 전국적인 거물 정치인인 정동영 후보가 정치신인인 김종훈 후보에게 선전을 할 것으로 기대했으나 의외로 득표 차가 컸다. 그리하여 개표 시 미봉인 투표함 문제가 발생하여 이 문제가 어떻게 풀어지느냐에 따라 득표율이 달라질 가능성이 있었지만 결국 김종훈 후보가 큰 표 차로 당선되는 바람에 문제의 투표함이 승패에 영향을 주지 않는 것으로 판단되었다. 그리하여 정동영 후보도 김종훈 후보의 승리를 인정하였다.

그럼 정동영 후보의 패인은 무엇인가? 정당, 후보, 이슈, 전략 등을 중심으로 정동영 후보의 패인을 살펴보자. 첫째, 정동영 후보가 보수의 아성이라는 강남 을의 구조적인 벽을 넘지 못했다. 이곳 유권자들은 이번에도 보수 성향의 투표행태를 보여 주었다. 일반적으로 소득 수준이 높고, 주거 환경이 좋은 50대 이상의 유권자들은 보수적인 투표행태를 하는 경향이 높다는 것을 다시 한 번 더 확인할 수 있었다. 특히 정동영 후보가 큰 표 차로 패배한 것은 이번 총선에서 강남 을의 보수적인 유권자들의 결속력이 과거보다 더 단단했던 것으로 보인다. 이번 선거에서 강남 을은 60.6%라는 비교적 높은 투표율을 보여 주었다. 과거에 투표율이 높은 경우 반보수 정당 후보가 당선되었으나 이번에는 보수 정당 소속의 김종훈 후보가 승리하였다. 높은 투표율에도 불구하고 보수 정당이 승리했다는 것은 결국 강남 을의 보수적인 유권자들이 대거 투표에 참여했다는 것을 의미한다.

두 번째 패인은 후보자 요인이라고 할 수 있는데, 우리나라 유권자들이 일반적으로 기성 정치인에 대한 불신이 강하여 정동영 후보가 거물급 정치인이라는 것이 오히려 약점이 되고, 정치신인인 김종훈 후보가 '때 묻지 않은' 참신한 정치인으로 부각되었다. 정동영 후보는 강남 유권자들이 대선 후보였던 자신을 당선시킴으로서 강남의 자존심을 살릴 수 있다고 역설했으나 이곳 유권자의 반응은 그리 뜨겁지 않았다. 강남 을의 많은 유권자들은 '자신이 이미 거물급'이기 때문에 거물급 정치인에 대한 존경이나 기대가 별로 없는 것 같았다. 오히려 이곳 유권자들은 자신의 뜻을 잘 받들어 의정활동을 펼칠 수 있는 심부름꾼을 원하고 있는데, 강남의 자존심을 살리기 위해 거물급 정치인이 필요하다는 정동영 후보의 주장은 별다른 호응을 얻지 못하였다. 정동영 후보의 태도는 은평에 출마한 이재오 후보와 비교해 보면 그 차이가 극명하게 드러난다. 후자는 'MB 정권의 2인자'라는 평가에도 불구하고 철저히 낮은 자세로 선거운동을 전개하였다.

세 번째 패인은 정동영 후보가 강남 을 선거구 유권자들의 구미에 맞는 이슈를 개발하는 데 성공하지 못했다. 정동영 후보는 한미 FTA, 노인 복지 확대, 대학생 반값 등록금, 아파트 재건축 문제 등을 선거쟁점으로 개발하는 데 성공했으나 이러한 쟁점들이 오히려 자신에게 불리하게 작동하는 점이 있었다. 한미 FTA의 경우 농민들의 반대가 많은 편이고 주로 상공업에 종사하는 강남 을 유권자들은 찬성하는 경향이 강하였기 때문에 정동영 후보가 초기에 FTA를 쟁점으로 부각시킨 것은 득표에 큰 도움이 되지 않았던 것으로 판단된다. 초기에 정동영 후보가 FTA를 선거쟁점으로 삼는 바람에 "FTA 전도사"였던 상대 후보의 인지도를 오히려 높여 주었다. 그리고 "FTA를 지켜야 한다."는 명분 아래 이곳 보수적 지지자들을 결속시켜 주는 효과를 가져왔다. 더욱이 노무현 행정부가 추진했던 한미 FTA인데 당시 장관을 역임한 정동영 후보가 당시에는 반대를 하지 않고 이 정권에 와서 반대를 하는 것은 "말바꾸기"라는 비판을 받게 되었다. 물론 정동영 후보는 노무현 정부시절의 한미 FTA가 변질되었다고 주장했으나 일반 유권자들은 이러한 차이를 인정하지 않고 정동영 후보를 신뢰할 수 없는 정치인으로 생각하는 경향을 보였다.

그리고 아파트 재건축 문제만 하더라도 개포동의 시영아파트와 개포 주공 1, 2단지에 국한된 것이었기 때문에 강남 을 유권자들의 큰 관심을 얻지 못했다. 더욱이 일반적으로 아파트 소유자와 세입자들은 재건축과 관련하여 입장 차이가 있고, 이해당사자들은 국회의원이 재건축 문제를 해결할 수 없고 서울시장 손에 달려 있다는 인식이 강하였기 때문에 정동영 후보에 대한 기대가 높지 않았다. 한편 노인복지 문제와 대학생 등록금 반값의 경우 이곳 주민들은 다른 선거구에 비해 소득 수준이 높은 편이어서 이러한 이슈에 대한 관심이 적은 편이었다.

이제 정동영 후보의 선거전략과 전술을 평가해 보자. 정동영 후보는 보수의 아성이라는 강남 을 선거구의 특성상 정당 대신 인물론을 내세웠다. 이미 지적한 것처럼 대선 후보였던 거물급 정치인을 뽑아야 강남의 자존심을 살릴 수 있다는 인물론은 이곳에서 별로 위력을 발휘하지 못하였다. 과거 노무현 후보가 2000년 총선에서 보수 정당의 아성인 부산에서 출마하면서 지역주의 타파라는 정치적 명분을 내세웠던 것처럼 정동영 후보도 '거물급 인물론' 대신 다른 정치적 명분을 개발하는 것이 바람직했다고 본다. 2000년 당시 서울 종로 출신의 현역의원이었던 노무현은 지역주의 극복이라는 정치적 명분 아래 지역구를 부산으로 옮겨 강한 호소력과 함께 언론과 국민의 관심을 집중시켰고, 특히 호남 정당의 간판으로 부산에서 출마했기 때문에 호남 유권자의 마음을 사로잡았다.[57] 정동영 후보는 이러한 정치적 명분을 개발하지 못하였다.

정동영 후보는 선거운동 기간에 선거운동 방식을 조금씩 변화시켜 나갔다. 초기에는 공중파 방송 위주의 공중전, 중반에는 유권자 접촉 위주의 진지전, 후반에는 유명인사 동원전 등으로 구별해 볼 수 있다. 정동영 후

57　조성대, "지역주의와 인물투표: 부산 북·강서을 선거구," 김용호 외, 『4·13총선: 캠페인 사례연구와 쟁점 분석』. 서울: 문형, 2000.

보는 오랜 경륜, 풍부한 경험과 함께 전국적인 지지자들이 많기 때문에 이처럼 다양한 선거운동 방식을 채택할 수 있었다. 공중전의 경우 상대 후보와 한미 FTA 등을 놓고 치열한 토론을 벌였으나 득표에는 별로 도움이 되지 않았을 것으로 추정된다. 왜냐하면 강남 을 유권자 중에서 정동영 후보가 출연하는 라디오나 TV 방송을 듣거나 보는 숫자가 매우 제한적이고, 또 유권자 중에서 이런 토론을 통해 지지 후보를 바꾸는 경우는 많지 않을 것으로 본다. 중반의 진지전의 경우 정동영 후보는 시간이 부족하고 아파트 단지가 많아 유권자를 접촉하는 데 어려움을 겪은 것으로 보인다. 예외적으로 구룡마을 유권자의 경우 2011년 여름에 침수 피해를 당했을 때 정동영 후보가 이 마을을 직접 도와준 적이 있어서 이번 총선에서 자원 봉사를 비롯하여 적극적인 지원을 받았다.[58] 후반에 동원전의 경우 영화 "부러진 화살"의 정지영 감독, 공지영 작가, 조국 서울대 교수, "나는 꼼수다"의 김어준 등이 정동영 후보를 위해 토크쇼와 지원 유세 등을 하였는데, 이런 측면에서 정동영 후보는 다른 후보에 비해 막강한 힘을 보여 주었다. 그러나 실제 이러한 행사가 표를 얻는 데 얼마나 도움이 되었는지에 대해서는 회의적이다. 다른 참여관찰자의 보고에 의하면 "이런 토크쇼에 참여한 분들이 대부분 지역 유권자가 아니었다."[59] "나는 꼼수다"의 김어준은 정동영 지원 유세에서 "내가 10대 재벌 안에 들면 FTA로 이익을 볼 수 있지만 그 외 사람들은 아니다. 내가 이익을 얻으려면 정동영을 찍어라."라고 외쳤다. 과연 이러한 유세가 얼마나 효과를 발휘했는지에 대해서는 미지수이다.

　마지막으로 이곳 유권자들의 정치적 태도를 평가해 보자. 참여관찰자

58　김다현·이윤수·정지원, "한미 FTA 이슈, 유권자의 마음을 움직였나?," 강원택 외, 『서울대생들이 본 2012년 총선과 대선 전망』, (서울: 푸른길, 2012), p.56.
59　김다현·이윤수·정지원, 위의 글, p.51.

가 직접 만나본 유권자들의 수는 매우 제한적이지만 이들은 대부분 정치적인 문제에 의도적으로 관심을 표명하지 않았다. 연령층은 20~50대로 다양했지만 대부분이 선거에 대해 관심 없는 태도를 보였고, 또 후보가 누군지도 모르는 경우가 있었다. 그리고 선거에 대해 얘기하지 않으려고 하는 경향이 강하였다. 이런 현상은 정치에 대한 불신과 무관심 때문일 것이다. 유권자들은 "그놈이 그놈이다. 찍어봤자 별 소용이 없어."라고 말하면서 정치에 대한 불신의 표출과 함께 정치적 효능감이 매우 적었다. 그리고 "먹고 살기 바쁘기 때문에 정치까지 신경 쓸 겨를이 없고 나와는 상관없는 일"이라는 이유를 들면서 정치를 외면하려는 태도를 보여 주었다. 이러한 정치적 태도에도 불구하고 이곳 투표율은 지난 선거 때보다 훨씬 높았다. 유권자들이 한편으로는 정치적 불신, 무관심, 정치적 외면, 정치적 효능감의 부족을 보여 주지만 다른 한편으로 투표장에 열심히 나가는 것을 보면 유권자의 정치적 태도와 행동 간에는 괴리가 있는 것으로 보인다. 즉 자신의 정치적 의사를 다른 사람들에게, 특히 모르는 사람에게 공식적으로 얘기하는 것을 싫어하거나 두려워하지만 자신의 마음 속에는 나름대로의 정치적 판단을 가지고 있고, 이러한 판단에 따라 행동하는 것이라고 볼 수 있다. 이번 참여관찰을 통해 대한민국 유권자의 속내를 알아내는 것이 쉽지 않다는 것을 느꼈다.

참고문헌

조성대. 2000. "지역주의와 인물투표: 부산 북·강서을 선거구," 김용호 외. 『4·13총선: 캠페인 사례연구와 쟁점 분석』. 서울: 문형.
김다현·이윤수·정지원. 2012. "한미 FTA 이슈, 유권자의 마음을 움직였나?" 강원택 외.

『서울대생들이 본 2012년 총선과 대선 전망』. 서울: 푸른길.
진재섭. 2009. "한국 유권자의 투표행태에 관한 연구: 제18대 국회의원선거에서 수도권
　　유권자의 정당선호. 후보자 선택을 중심으로." 서울: 서울시립대학교.

『동아일보』. (검색일: 2012.4.17)

선거관리위원회. http://www.nec.go.kr(검색일: 2012.4.20)
개포사랑 카페. http://cafe.naver.com/gaepolove/9311(검색일: 2012.4.17)

『동아일보』. (검색일: 2012.4.17)

지역주의의 변화와 지속 : 이정현과 김부겸

1. 민주당을 넘어, 지역정치의 독점을 넘어 : 광주 서구 을[60]

지병근

요약

이 연구는 19대 총선에서 국민들의 이목을 집중시켰던 광주광역시 서구 을 선거구의 선거과정에 대한 참여관찰과 여론조사 자료를 이용하여 새누리당 이정현 후보와 통합진보당 오병윤 후보의 선거운동 전략과 유권자들의 투표 선택에서 나타난 특징을 분석하였다. 이 연구는 지역주의 극복과 민주당 독점 구조의 해체에 대한 공통된 이해관계에도 불구하고, 후보단일화를 계기로 이들 사이의 선거 경쟁 구조와 선거운동 전략이 결정적으로 변하였으며, 새누리당에 대한 반감을 고려한 이정현 후보는 개인의 자질론과 비정치적 지역개발 공약에, 오병윤 후보는 반새누리당 성향의 유권자들, 특히 민주통합당 지지자들의 표를 얻기 위해 야권단일 후보론과 정권 심판론에 중점을 둔 선거운동을 전개하였다는 점을 밝혔다. 아울러 이 연구는 오병윤 후보의 당선이 민주통합당 지지자들의 전략적 선택에 따른 결과이며, '탈지역주의' 가치의 확산과 이를 현실화시키기 위한 지역 조직을 육성하지 못했던 이정현 후보가 인물론 중심의 선거운동만으로 야권단일 후보를 물리치기는 역부족이었다고 주장한다.

60　이 논문의 초고는 '19대총선평가 특별학술회의(정당학회, 2012.4.25. 서울)'와 '2012 한국시민윤리학회, 동의대 선거정치연구소, 신라대부산학센터 공동학술회의(2012.6.1. 부산)'에서 발표되었

"

민주화 이후 한국의 선거정치를 지배해 왔던 지역주의에 관한 대부분의 경험적 연구들은 연역적인 접근법에 기초하여 유권자들의 거주지 혹은 출신지가 투표 결정에 미친 영향을 분석해 왔다(조기숙 1997; 정기선 2005; 최준영·조진만 2005; Jhee 2006; 이갑윤·이현우 2008; 문우진 2009). 이들은 전국의 선거 결과 혹은 여론조사 자료를 이용하여 영·호남 혹은 충청지역에 연고를 둔 유권자들의 투표행태에서 나타나는 특성을 일반화하고, 그 추세의 변화를 역사적으로 추적해 왔다. 이들의 연구를 통해 지금까지 밝혀진 것은 지역 연고의 영향력은 여전히 지속되고 있지만, 점차 이념과 정치·경제적 이슈에 기초한 투표행태가 부상하고 있다는 것이다.

하지만, 이러한 접근법만으로는 실제 영·호남지역에서 이루어지는 선거과정의 특성을 제대로 이해하기는 힘들다. 우리는 영·호남지역의 선거과정을 단순히 지역주의의 망령에 취한 유권자들과 이를 악용하는 지역주의 정당의 정기적인 주술 행위로 묘사하는 주장들을 종종 접하게 된다. 이와 같은 주장이 나타나는 이유 가운데 하나는 새누리당과 민주통합당이 독점하고 있는 영·호남지역에서 이루어지는 선거 경쟁의 실상에 대한 이해의 구체성이 결여되었기 때문이라고 볼 수 있다. 이 연구는 이러한 공백을 메우기 위해 광주광역시 서구 을 선거구 사례분석을 통해 19대 총선에서 지역패권정당에 대한 유권자들의 태도와 후보자들의 대응양식에 대한 탐색적 연구를 시도하였다.

광주광역시 서구 을 선거구는 19대 총선에서 전국적으로 국민들의 이목을 집중시켰던 대표적인 격전지였다. 이 선거구에 일찌감치 출사표를 던진 이정현 새누리당 후보와 오병윤 통합진보당 후보는 각각 호남지역의 친박 세력과 진보 세력을 상징하는 대표적인 인물들로 선거 이전부터 주

으며, 『서석사회과학논총』(제3권 1호, pp.71-94. 2012)에 논문명 "제19대 총선에서 나타난 호남지역에서의 지역주의"로 게재된 것임.

목을 받았다. 물론 이들의 선전을 예측했던 이들은 거의 없었지만, 이 선거구의 현역의원이었던 김영진 후보를 비롯한 민주당 예비후보자들의 지지율이 그다지 높지 않았고, 2010년 지방선거를 포함하여 호남지역에서 개최된 최근의 선거에서 비민주당 후보들의 선전이 이어졌다는 점에서, 많은 이들이 호기심을 갖고 지켜보았다. 만약 호남의 심장부인 광주에서 비민주당 후보가 당선된다면, 이는 사실상 호남지역의 탈지역주의, '탈민주당(post-Democratic Party)' 시대가 도래하였음을 예고하는 것이다. 비록 통합진보당과의 선거연대를 위해 민주당이 이 지역의 후보 공천을 스스로 포기하면서 탈지역주의적 선거경쟁의 의미가 약화되었지만, 후보들 사이에 박빙의 경쟁이 지속되고, 오히려 이정현 후보의 당선 가능성을 점치는 여론조사 결과가 이어지면서, 개표가 종결될 때까지 이 선거구는 초미의 관심을 끌게 되었다.

이 연구는 광주광역시 서구 을 선거구의 선거과정에 대한 참여관찰과 여론조사 자료를 이용하여 후보자들의 선거운동과 투표 결과에서 나타난 특징을 분석하였다. 이를 위해 신문기사와 방송보도를 이용하여 각 후보의 이력과 정책, 선거구 내에서의 지지율 변화추이를 포함한 여론 동향과 선거운동 방식에서 나타난 특징 등에 대한 사전조사를 수행하고, 청중으로서 선거유세 현장에 참여하였다. 아울러, 각 선거캠프의 선거전략에 대한 이해도를 높이기 위하여 두 후보의 비서관(이정현 후보의 경우) 및 선거운동원(오병윤 후보의 경우)과 인터뷰를 진행하였으며, 이 선거구에 대한 지역언론사의 여론조사 자료를 분석하여 성별, 연령, 거주지, 정당선호 등이 각 후보에 대한 투표 결정에 어떠한 영향을 미쳤는지 분석하였다.

이정현 새누리당 후보와 오병윤 통합진보당 후보에게 초점을 둔 이 연구는 지역주의 극복과 민주당 독점구조의 해체에 대한 공통된 이해관계에도 불구하고, 후보단일화를 계기로 이들 사이의 선거경쟁 구조와 선거운동 전략이 결정적으로 변하였으며, 새누리당에 대한 반감을 고려한 이정현 후보는 개인의 자질론과 비정치적 지역개발 공약에, 오병윤 후보는 반새누리당 성향의 유권자들, 특히 민주통합당 지지자들의 표를 얻기 위해 야권단일 후보론과 정권 심판론에 중점을 둔 선거운동을 전개하였다는 점을 밝혔다. 아울러 이 연구는 여론조사 자료의 분석 결과에 기초하여 통합진보당 오병윤 후보의 당선이 민주통합당 지지자들의 전략적 선택에 따른 결과이며, '탈지역주의' 가치의 확산과 이를 현실화시키기 위한 지역조직을 육성하지 못했던 이정현 후보가 인물론 중심의 선거운동만으로 야권단일 후보를 물리치기는 역부족이었다고 주장한다.

이 연구는 다음과 같이 구성되어 있다. 먼저, 1절에서는 이번 총선을 앞두고 민주당 독점구조의 문제점과 관련한 광주지역의 여론동향과 시민운동, 서구 을 선거구의 특징, 후보자들의 정치적 경력과 출마 과정을 간략히 설명할 것이다. 2절에서는 예비후보 기간 동안 이들에 대한 지지율의 추이와 야권 후보의 단일화 과정, 3절에서는 선거유세 현장을 중심으로 각 후보들의 선거운동 과정에서 나타난 특징을 설명할 것이다. 4절에서는 투표 결과를 간략히 설명하고 각 후보자들의 지지층이 가진 특성을 분석할 것이며, 결론에서 이 연구의 결과를 요약하고 지역주의 극복의 가능성을 중심으로 선거 결과의 의미를 간략히 논할 것이다.

1. 탈민주당 투표 성향의 부상과 선거구 및 후보자 특성

이번 19대 총선 이전부터 호남의 민주당 독점체제에 대한 시민들의 불만과 우려는 투표행태의 변화로 이어지고 있었다. 호남지역의 일부 보궐선거에서 민주노동당 후보들과 무소속 후보가 당선되었으며, 일부 한나라당의 후보들 역시 비록 당선에 이르지 못하였지만 과거에는 기대할 수 없었던 득표력을 보이며 민주당 일당체제를 위협하기 시작했다. 지난 2010년 지방선거에서도 정용화 한나라당 후보는 14.2%를 득표함으로써 민주당이 지배하던 호남 정치의 변화가능성을 보여 주었다(중앙선거관리위원회, 선거통계시스템). 아울러 2010년 광주 남구 보궐선거에서는 광주지역 시민단체들과 명망가, 정당인들의 지원과 협력 속에서 '비민주당 연대 단일 후보운동'이 진행되어, 민주당 일당체제를 극복하기 위한 시민운동이 본격화되었으며, 이번 총선에서도 60여 개의 시민단체들이 '체인지2012 광주연대'를 결성하여 야권연대와 시민후보 추대를 도모하였다(한겨레신문 2012.2.13).[61]

광주광역시 서구 을 선거구는 금호지구와 풍암지구 등 대단위 아파트단지가 위치에 있어서 광주에서도 젊은 유권자들이 가장 많이 거주하는 지역이다. 지난 2010년 지방선거에서는 민주노동당 의원이 2석 가운데 한 석을 차지할 정도로 다른 지역에 비해 민주통합당에 대한 지지가 특별히 강하지는 않은 것으로 알려져 있다(광남일보 2012.1.31). 하지만 1987년 민주화된 이후 이 지역에서 비민주당 국회의원이 배출된 적이 전혀 없을 정도로 민주통합당에 대한 유권자들의 지지는 절대적이었다고 볼 수 있다.

이번 총선에는 이정현(새누리당), 오병윤(통합진보당), 이점자(정통민주당), 정남준(무소속)의 총 4인이 이 지역에서 출마하였다. 민주통합당 예비후보들 가운데 가장 공천이 유력한 후보였던 서대석 예비후보(노무현 정부 청와대 비서관)가 서구 을 선거구를 야권 후보단일화지역으로 지정한 데 반발하여 무소속으로 출마하기도 하였지만, '야권연대 5적'이라는 비난을 받다가 결국 3월 말경 오병윤 후보를 지지하며 후보를 사퇴하였다(중앙선거관리위원회, 선거통계시스템). 이번 선거에 출마한 이정현 후보(1958년생, 전남 곡성

---

61 예비선거과정에서 발생한 광주 동구의 불법선거운동 및 투신자살 사건의 여파로 민주통합당이 이 지역에 후보 공천을 하지 않기로 결정하자 이들은 시민후보를 추대하였다.

출신, 살레시오고, 동국대 정치외교 졸)는 한나라당 당직자로 장기간 근무하면
서 박근혜 의원의 지원으로 비례대표 의원으로 당선된 것으로 알려져 있
다. 그는 17대 한나라당 대선 후보 경선 시기 박근혜 후보 대변인을 역임
하며 그녀의 '아바타'라고 불러질 만큼 친근감을 유지하여 친박세력을 대
표하는 정치인으로서 높은 인지도를 갖고 있었다. 아울러 그는 국회예결
특위위원으로 '호남 예산 지킴이'를 자칭하며 본인의 지역구를 포함한 호
남지역에 대한 예산지원을 위한 의정활동을 통해 지역민으로부터 상당한
신망을 얻고 있었다.[62] 그에게 이번 선거는 1995년 광주시의원 선거, 2004
년 국회의원선거에 이어 세 번째로 선출직에 출마하는 것이었다.

오병윤 후보(1957년생, 조대부고, 전남대 국어교육 3년 제적)는 중학교를 마치
고 2년간 공장생활을 하다가 고등학교에 진학한 이후 27세가 되어서야 전
남대에 진학하여 총학생회장에 당선되었으나 1985년 제적되었다. 그 이
후 민주쟁취국민운동 전남본부, 광주노동운동단체연합, 민주주의민족통
일전국연합 조직위원장 등 장기간 재야단체에서 활동하였으며, 민주노
동당 광주광역시당위원장, 민주노동당 최고위원 겸 사무총장 등을 역임
하였다(오마이뉴스 2012.2.1). 그는 17대 총선과 18대 총선에 민주노동당 후
보로 출마하여 각각 7.3%(3위)와 17.7%(2위)를 득표하는 데 그쳤다. 하지만
2010년 광주 남구 보궐선거에서 비민주당 단일 후보로 출마하여 비록 민
주당 장병완 후보에게 패하였지만 절반에 가까운 득표(44.1%)에 성공하면
서 민주당 독점체제를 해체하기 위한 탈지역주의 운동을 대표하는 정치
인으로 부상하였다.[63]

62　친박세력의 대표적인 주자로서 그가 일찌감치 당선 가능성이 희박한 서구 을에서 출마를 결정
　　한 것은 인근한 서구 갑 지역의 정용화가 이번 선거 직전 호남지역에 대한 한나라당의 홀대를 이유
　　로 탈당하여 무소속으로 출마한 것과는 매우 대조적인 정치적 행보였으며, 이 때문에 지역민들로
　　부터 호평을 받았다.

63　당시의 보궐선거는 민주노동당, 창조한국당, 진보신당, 국민참여당 등 야4당은 물론 시민단체

2. 야권 후보단일화와 후보지지도 추이

선거 시작 전부터 주목을 받았던 이정현 후보와 오병윤 후보에 대한 관심은 2월 말 이후 이들에 대한 지지율이 급상승하면서 더욱 고조되었다. 그림 1은 두 후보의 지지율 추세를 보여 준다. 그림에서 나타나는 바와 같이 2월 초순경 광주CBS와 11개 지역 언론사가 시행한 여론조사에서 10%에도 훨씬 못 미치던 두 후보의 지지율이 2월 하순에 접어들면서 30% 내외로 상승하면서, 이들의 당선 가능성에 대한 전망이 조심스럽게 부상하였다. 더구나 소위 '야권단일 후보'로 오병윤 후보가 지명된 이후에도, 이정현 의원의 지지율이 비록 근소하지만 새누리당 후보인 오병윤 후보를 앞서는 것으로 나타나자 비민주당 후보, 그것도 새누리당 후보가 민주통합당의 텃밭에서 당선되는 이변이 발생할 가능성에 대하여 각종 언론과 정당들이 큰 관심을 보였다.

선거 직전까지 나타난 이정현 후보의 지속적인 우세는 무엇보다 서울 관악 을 선거구의 야권단일 후보 선출 과정(3월 17~18일)에서 이정희 통합진보당 당대표의 부정선거 시비가 발생한 것과 무관하지 않을 것이다. 오병윤 후보로의 후보단일화에 대한 민주통합당 지지자들의 반발이 심각했던 것 또한 중요한 영향을 미쳤을 것으로 보인다. 당초 민주통합당은 김영진, 김성숙, 이상갑, 서대석 등 민주통합당 예비후보들 가운데 서대석, 이상갑 후보에 대한 국민경선을 추진하였는데, 모바일 선거 첫날 갑자기 서구 을 선거구를 후보단일화 지역으로 선정하였다(민중의 소리 2012.4.1). 따라서 이 결정에 반발한 예비후보자들이 상당한 좌절감을 안고 무소속으로 출마하거나, 최소한 이들의 선거캠프에 합류했던 일부가 유력한 후보

가 연대하여 오병윤 후보를 비민주당 단일 후보로 추대함으로써 민주당 독점구조의 청산을 위한 정치적 연대를 진행하였다(시사In 2010.7.29).

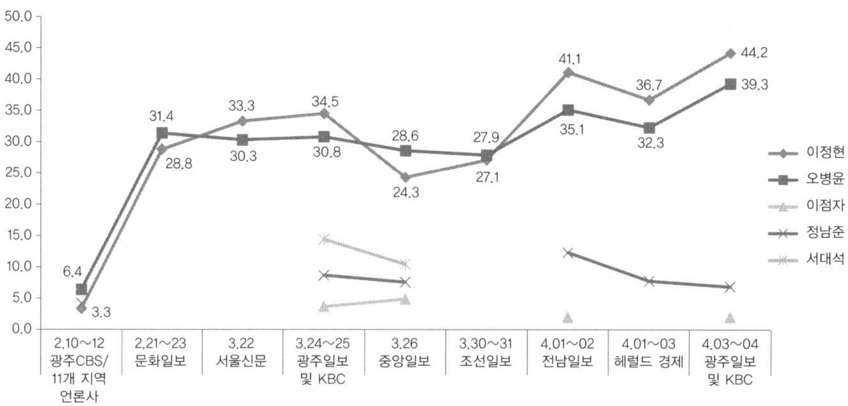

그림 1. 새누리당 이정현·통합진보당 오병윤 후보 및 서구 을 후보자의 지지율 변동
출처: 선거구별 여론조사결과 종합, 한국리서치(김춘석 2012).

진영으로 투항하리라는 것은 쉽게 예상되었다.[64] 민주통합당을 지지하던 유권자들 역시 당지도부의 결정을 따라 하루아침에 경쟁자였던 오병윤 후보에 대한 지지로 선회하기란 결코 쉽지 않았던 것으로 보인다.

이번 총선 과정에서 민주통합당과 통합진보당 등 양당의 협력은 지난해 4월 순천시 국회의원보궐선거와 달리, 상당히 성공적으로 이루어졌다고 할 수 있다. 예를 들면, 지난 3월 31일 박지원 민주통합당 최고위원이 서대석 민주통합당 예비후보와 함께 대의를 위해 야권연대가 성공해야 한다는 주장과 함께 지원 유세에 합류하였다. 아울러 4월 1일에는 광주지역 민주통합당 후보 6명 전원이 오병윤 후보와 함께 야권 후보의 당선을 기원하는 기자회견을 갖기도 하였다(민중의 소리 2012.4.1).[65] 그럼에도 불구

---

[64] 2015년 지방선거를 염두에 두고 있는 민주통합당 시구의원들로서는 통합진보당 오병윤 후보의 당선이 가져올 지역정치의 변화에 대한 부담감이 적지 않았다고 볼 수 있다(오병윤 후보 선거운동 원과의 인터뷰).

[65] 박지원이 서구 을 선거구를 방문하여 "야권단일 후보는 민주통합당 후보와 똑같은 후보"라고 주장한 것과 유사하게, 이들은 "광주에서 새누리당 후보가 당선된다는 것은 이명박 정부에 면죄부를

하고 후보단일화에 대한 민주통합당원들의 불만은 쉽게 삭혀지지 않았던 것으로 보인다. 예를 들면, 지난 4월 4일 오병윤 후보, 이정희 후보, 강기정 민주통합당 광주시당 선대위원장이 참여한 가운데 열린 양당의 공동 선대본회의에 참석한 김옥수 광주 서구의회 부의장은 "당이 아무런 대책도 없이 우리 당 후보도 아닌 다른 당 후보를 지원할 것을 요구한다. … 아무 목적도 없이 뛰라는데 상실감을 풀어줘야 될 것 아니냐."는 등의 발언을 한 것으로 알려졌다(민중의 소리 2012.4.7).[66]

3. 선거유세와 선거운동 전략

1) 후보들의 유세

필자가 참여관찰한 것은 4월 7일 서구에 위치한 풍암호 입구에서 진행된 주말 오후 선거유세였다. 이곳은 호수 주위를 산책하는 주민들을 비롯한 유동인구가 비교적 많을 뿐만 아니라 집회를 가질 만한 공간이 있어서 후보자들이 유세장으로 즐겨 활용하는 장소였다. 필자가 이곳에 도착했을 때에는 이미 두 후보의 선거운동원들이 영상차량을 각각 세워 놓고 후보들의 이름을 연호하거나, 노래에 맞춰 율동을 하고 있었다. 후보들에게는 선거운동을 할 수 있는 마지막 날이었던 주말 유세현장에는 예상보다 많은 연인원 4백 명 정도가 참석하였다. 후보들의 유세현장에서 볼 수 있었던 두 후보의 선거운동은 매우 대조적이었다. 표 1에서 요약하고 있는 바와 같이 2시경 시작된 오병윤 후보 측의 유세에서는 20대 초반의 대학생들을 중심으로 구성된 유세단이 음악에 맞춰 율동을 하며 시민들의 관

주는 것. … 박근혜에게 날개를 달아주는 것"이라고 주장했다(민중의 소리 2012.4.1).

66 이날 회의에서 강기정 상임선대위원장은 민주통합당 시구의원들을 설득하기 위하여 "서구 을에서 새누리당이 당선되는 것은 전국적으로 야권연대가 승리하더라도 '정권 심판론'에 화룡점정을 못하게 되는 것. … 시구의원들부터 혼신의 힘을 다해달라."고 하였다(민중의 소리 2012.4.7).

표 1. 오병윤·이정현 후보 유세의 특징(4월 7일, 광주광역시 풍암호 유세)

주요 요소	오병윤	이정현
유세 시기	2~3시	3~4시
참가자 연령대	30~40대, 150여 명	50~60대, 200여 명
선거운동원	20대 초반 20여 명	40~50대 초반 20여 명
핵심 구호	MB 정권 심판	광주 발전, 정치 발전
유세 내용	새누리당 후보의 당선은 박근혜 유신독재로 이어져	민의를 무시한 단일 후보 선출로 패거리로 선거참여
연사 구성	다수의 지지유세	1인의 후보 유세
후보 이미지	야권단일 후보	광주시, 서구 일꾼
찬조 출연	민주통합당 시구의원	유제두, 김원기 등 체육인

심을 끌고 있는 가운데, 대부분 30~40대로 보이는 150여 명 규모의 참가자들이 선거유세를 지켜보고 있었다. 일부의 시민들을 제외하면 이들 가운데 대부분은 후보의 지지자들로 보였다. 노년층의 참여는 거의 찾아보기 힘들었으며, 이는 오병윤 후보의 지지층이 젊은 유권자를 중심으로 형성되어 있음을 보여 주는 것이었다.

사회자의 진행에 따라 시작된 본격적인 유세 과정에서 나타난 가장 주목할 만한 특징은 다음과 같다.

첫째, 오병윤 후보 측은 유세차량의 선전문구 및 선거운동원들의 구호는 물론 지지연설에서도 지역구 공약보다는 이명박 정부에 대한 심판과 정권 교체의 필요성을 선전하는 데 초점을 두고 있었다. 대부분의 지지연설 또한 서구 을에서 새누리당 후보가 당선될 경우 박근혜 유신독재로 이어질 수 있다는 내용으로 채워졌다. 둘째, 후보자 개인이 유세를 주도하기보다는 일반적인 정치집회와 유사하게 사회자의 진행에 따라 다수의 지지자들이 연단에 올라 거듭 정권 교체의 필요성을 알리는 형식을 취하였다. 셋째, 오병윤 후보의 민주화 투쟁 경력과 같은 개인적 특성은 그다지 부각시키지 않았으며, 후보자가 야권단일 후보라는 정치적 이미지를 강화하는 데에 집중하였다. 민주통합당 소속 구의회 의원들이 포함된 지지연설자의 구성에서도 나타나듯이, 민주통합당이 지지하는 후보라는 점을 최대한 부각시킴으로써 민주통합당을 선호하는 유권자들의 지지를 끌어내려고 노력하는 흔적이 역력했다.

이어서 시작된 이정현 후보 측의 선거유세는 오병윤 후보 측의 유세와는 매우 대조적이었다. 무엇보다 선거운동원과 청중의 연령대가 확연히 달랐는데, 주로 40대 후반에서 50대 초반으로 보이는 20여 명의 선거운동원들이 새누리당을 상징하는 붉은색 유니폼을 입고 율동을 하면서 이정현 후보의 선거유세를 준비하였고, 50~60대의 지지자들로 보이는 청중들이 참관하고 있었다. 청중의 규모는 예상을 훨씬 뛰어 넘어 200여 명에 달하였으며, 오히려 오병윤 후보를 지지하며 모여 있던 청중의 규모보다 더 컸다.

그 이외에도, 이정현 후보의 선거유세에서 주목할 만한 특징으로는 첫째, 유세의 초점을 정권 교체와 같이 정치적 이슈보다는 지역경제 발전의 필요성과 이를 갈망하는 지역구민들의 요구에 부응할 수 있는 후보 개인의 자질을 부각시키는 데에 두었다는 점을 들 수 있다. 그는 야권연대가 민의를 무시한 채 이루어졌으며, 이를 통해 자신과 맞서 패거리 정치를 펼치고 있다고 비판하고, 호남에서 새누리당 후보가 당선됨으로써 민주통합당의 일당체제를 극복해야 한다고 주장하기도 하였다. 둘째, 사회자 혹은 지지자들의 지원연설 없이 후보자 자신이 유세를 주도적으로 진행하였다. 어렸을 때 웅변을 배웠다는 그는 30여 분 동안 매우 유려한 연설을 진행하고 유세를 마쳤다. 셋째, 유세를 통해 그는 지역구민에 대한 애정과 감사, 광주시, 서구의 일꾼 그리고 호남을 위한 예산 및 인재 지킴이로서 후보자 개인의 이미지를 강조하였다. 그의 유세차량이나 선거운동원

의 복장에서도 새누리당의 로고를 찾아보기는 힘들었다.[67]

2) 선거전략 : 인물론–지역주의 극복론 vs. 야권단일 후보론–정권 심판론

참여관찰에 앞서 저자는 이정현 후보의 수행비서관과 전화 인터뷰를 진행하였다. 그의 설명에 따르면, 이번 선거에서 이정현 후보는 2004년 총선에서와 마찬가지로 사모관대를 입고 유세에 나서 유권자들의 관심을 유발하기도 하였지만, 이번에는 자전거를 타고 이동하면서 선거운동을 하는 데에 주력하였다고 한다. 자전거 유세는 시각적으로 유권자들의 시선을 끌수도 있을 뿐만 아니라, 유권자들과 직접적인 대면을 하기에 매우 효과적인 방법이었다고 한다. 그는 민주통합당의 텃밭에 "파란싹"을 틔워야 한다는 의미를 담아 민주통합당을 대표하는 노란색에 새누리당을 상징하는 파란색의 싹을 자수한 넥타이를 특별히 제작하여, 선거운동 과정에서 착용하였다고 밝혔다. 이는 이정현 후보 측이 소위 '상생의 정치'를 주장하며 지역주의의 벽을 넘기 위해 장기간 치밀하게 출마해 왔음을 보여 주는 대목이었다.

아래의 표 2에서 요약하고 있는 바와 같이 인터뷰 과정에서 확인할 수 있었던 것은 이정현 후보가 오병윤 후보를 비롯한 야당 후보자들이 제기하는 정치적 혹은 이념적 공세에 대응하기보다는 인물론으로 대응해 왔다는 사실이었다. 유세현장에서도 후보자가 거듭 언급하였지만, 이정현 후보의 비서관 역시 인터뷰 내내 예결특위위원으로서 의정활동을 하면서 호남 예산을 지키기 위해 다양한 의정활동을 해 온 이정현 후보의 경험과

---

67 후보유세가 끝난 뒤 유세에 참여해 준 청중들에게 다가가 일일이 감사의 인사와 사진촬영에 임하면서 10여 분을 보내는 모습 또한 유세 직후 바로 지지자들과 함께 다음 유세장소로 이동한 오병윤 후보와 차이가 있었다. 이는 사적 교감을 중시한 이정현 후보의 선거전략을 반영한 것이라고 볼 수 있다.

표 2. 선거운동에서 나타난 후보별 특징

주요 평가 항목	이정현	오병윤
후보 이미지	호남 예산 지킴이 유능(예산결산특위경력)	야권단일 후보 개혁적(민주화 운동경력)
핵심 이슈 프레임	인물론 상생(포지티브, 탈지역주의)	정권 심판론 심판(네거티브, 실정심판)
선거운동 지원	중앙당 지원 자제 박근혜, 당지도부 방문 자제	중앙당 지원 손학규, 박지원, 한명숙, 이정희 방문 지원
주요 정책	호남 이익수호 서남해안 해양관광사업 광주 아시아문화도시	정권 심판, 정권 교체 공공임대주택 건설 노인복지회관 증설

선거구민을 포함한 호남에 대한 애정을 표현하는 데에 주력하였다.[68] 현정부와 새누리당에 대한 호감도가 지극히 낮은 지역에서, 소위 인물론 중심의 선거운동이 후보자에게 도움이 될 것이라는 점을 충분히 염두에 두고 있는 듯했다.

인터뷰 과정에서 한 가지 주의를 끈 것은 이정현 후보가 우세하다는 당시 언론의 판세분석 결과에 대하여 특별한 의미를 부여하지 않았다는 점이다. 그는 이정현 후보 측에서는 여론조사를 별도로 하지 않았으며, 정밀한 여론분석을 할 만큼의 여유도 없이 선거유세 일정을 진행해 왔다고 하였다. 오히려 그의 관심은 지지율의 동향보다는 호남의 발전과 유권자들과의 소통을 높이기 위한 이정현 후보의 진심이 제대로 전달되는 것이었으며 그것이 이정현 후보의 지지율을 높이는 주요한 원인이었다고 주

---

68   그는 "초선 비례대표 시절부터 호남 예산 지킴이라는 평가를 받아 왔다. 그 진정성이 광주 서구 유권자들의 마음을 움직이고 있다. … 판세는 계산하지 않고 뛰어 왔다. 정치적 이득과 당선 가능성, 판세만을 고려했다면 광주에 도전하지도 않았을 것. … 앞만 보고 '호남 지킴이'라는 진정성으로 승부할 것."이라고 주장하였다(머니투데이 2012.3.30).

장하였다.[69] 물론 그 역시 대부분의 여론조사에서 나타난 오병윤 후보와의 지지율 격차가 오차범위 내에 있다는 사실을 정확히 인지하고 있었으며 끝까지 긴장을 늦추지 않는 모습이었다.[70] 그는 이정현 후보 측의 노력도 중요했지만 민주통합당 지도부가 총선 후보 공천을 위해 국민경선을 진행하는 과정에서 '비민주적'으로 통합진보당의 후보를 야권단일 후보로 선정함으로써 당원들과 시민들이 반발하게된 것이 이정현 후보의 지지율이 우위에 있는 또 다른 원인이었을 것이라고 추정했다.

> "광주에서도 새누리당 후보가 당선되는 정치혁명을 통해 호남의 자존심을 보여 줘야 한다. … 민주화를 주도하고 완성한 호남이 이제 국민 화합과 상생의 정치를 주도해야 한다(이정현).";"호남 유일의 야권연대 지역에 이명박 정부 동업자인 박 위원장의 측근이 나왔다. … 역사를 이끌 야권연대냐, 독재로 되돌아갈 새누리당이냐 판단해달라(통합진보당 이정희 공동대표)."(한국일보 2012.4.5).

오병윤 후보 운동원과의 인터뷰는 유세현장에서 이루어졌다. 그는 후보단일화 이후 오병윤 후보의 지지율이 예상보다 낮게 나오면서 그의 후보 진영 전체가 상당히 긴장하고 있다고 분위기를 전해 주었다. 아울러, 광주 서구 을 선거구에서 새누리당 이정현 후보가 오병윤 후보보다 더 높은 지지율을 보이고 있다는 언론보도를 접한 여러 지인들이 전화를 걸어 "어쩌다가 광주가 이렇게 되었냐."며 새누리당 후보의 광주 입성 가능성 자체에 탄식과 원망을 하고 있다고 했다.

과거에는 생각조차 할 수 없었던 새누리당 후보의 선전에 대하여 그는

---

69 이정현 후보는 박근혜 의원의 지지방문(3월 30일)을 제외하면 중앙당의 특별한 지원을 받지는 않은 것으로 알려졌다.

70 그림 1에는 포함시키지 않았지만 4월 2~4일 오마이뉴스의 조사는 이정현 후보(46.9%)와 오병윤 후보(31.4%) 사이의 지지율 격차가 무려 15.5%에 달하였다(오마이뉴스 2012.4.5).

이정현 후보 측과 현격히 다른 곳에서 원인을 찾고 있었다. 그의 주장에 따르면, 무엇보다 후보단일화에도 불구하고 민주통합당 기층조직과 지지자들의 이탈과 오병윤 후보에 대한 지지 거부 등 때문에 오병윤 후보의 지지율이 저조하다고 보았다.[71] 이러한 평가는 지역발전을 위한 이정현 후보의 의지와 능력에 대한 유권자들의 신뢰가 커지고 있는 반면, 민주통합당의 비민주적 후보결정에 대한 시민들의 불신이 커지면서, 이정현 의원의 지지율이 증가하고 있다는 상대 후보 측의 평가와는 상당히 거리가 먼 것이었다.

인터뷰를 통해 확인할 수 있었던 것은 오병윤 후보의 경우 민간인 사찰 파문과 4대강 사업 등 현 정부의 실정과 박근혜 대표의 방조를 비판하고 집권당인 새누리당이 책임을 져야하며, 더 나아가 정권 교체의 교두보를 마련해야 한다는 내용의 정권 심판론으로 선거운동의 방향을 정하였다는 것이다. 그는 서남해안 해양관광사업, 광주 아시아문화도시 등과 관련한 지역현안과 관련한 정책을 제시하였던 이정현 후보와 달리 오병윤 후보의 경우 지역공약이 지나치게 부각되지 않았다는 지적에 대해서도 인물론과 지역공약으로 유권자들에게 접근하고 있는 이정현 후보의 선거전략에 오히려 휘말릴 수 있다고 경계하였다.[72]

오병윤 후보 측은 민주통합당 지지자들의 표심을 얻기 위해서는 통합진보당 후보로서의 차별적 이미지보다 민주통합당의 지지를 얻는 야권단일후보로서의 이미지를 부각시키고, 이들 사이에 공동의 유대감과 정치적 지향을 밝히는 것이 필요하다고 판단한 듯했다. 선거운동 과정에서도 오

---

71 오마이뉴스의 여론조사 결과를 보면 민주통합당 지지자들 가운데 오병윤, 이정현을 지지한 이들이 차지하는 비율은 각각 40.2%, 36.7%로 나타났다(오마이뉴스 2012.4.5).

72 오병윤 역시 선거공보를 통해 중앙공원의 국가도시공원지정, 종합생활체육센터와 공공임대주택 건설, 도시농업지원센터 설치, 노인복지회관 증설, 도서관 및 청소년복합문화센터 건립 등의 지역공약을 제시하였다(오병윤 선거공보 2012).

병윤 후보 측이 이정희 당대표는 물론 손학규, 한명숙 민주통합당 전현직 대표의 서구 을 선거구 방문을 동시에 추진한 것도 이와 무관하지 않아 보였다. 손학규 의원은 이곳을 방문하여 "광주 서구 을에서는 민주당이 4번입니다."라고 하였으며, 한명숙 의원은 "김대중 대통령이 돌아가시기 전 '우리가 70을 내주고 30을 갖더라도 반드시 통합을 이뤄 내야 한다'고 했다."고 발언하였다. 이와 같은 방문은 급작스러운 야권연대에 대한 민주통합당 지지층의 불만을 무마하고, 지지층의 지원을 유도하기 위한 것이었다(뉴스코리아 2012.4.5; 조선일보 2012.4.7).

4. 선거 결과

개표 결과 오병윤 후보가 52.4%의 득표로 39.7%를 얻는 데 그친 이정현 후보를 누르고 당선되었다. 이번 선거에서 서구 을 선거구의 투표율은 두 후보의 경합에 대한 관심을 반영하여 광주지역(52.7%)은 물론 전국(54.3%) 투표율 평균보다 높은 59.5%였다.[73] 아래의 그림 2는 1988년 이후 개최된 총선에서 주요 정당들이 서구 을 선거구에서 얻은 득표율 추이를 보여 준다. 이 그림을 통해 알 수 있듯이 민주화 이후 이 선거구에서 개최된 일곱 번의 총선에서 민주통합당은 이번 선거를 제외한 모든 선거에서 압도적인 지지로 당선자를 배출하였다. 탄핵정국 속에서 치러진 17대 총선에서 얻은 51.6%를 제외하면, 모든 민주당 후보들은 70% 이상의 득표율로 당선되었다.

광주일보와 광주방송이 공동으로 진행한 서구 을 선거구에 대한 선거 전 여론조사 자료(조사는 4월 3~4일, 1,000명, 리서치뷰 ARS/RDD)를 이용하여 두 후보에 대한 지지자들의 정당 선호, 야권 후보단일화의 효과와 연령별

---

73 비례대표선거에서 새누리당은 7.6%, 민주통합당은 68.5%, 통합진보당은 17.4%를 얻었다.

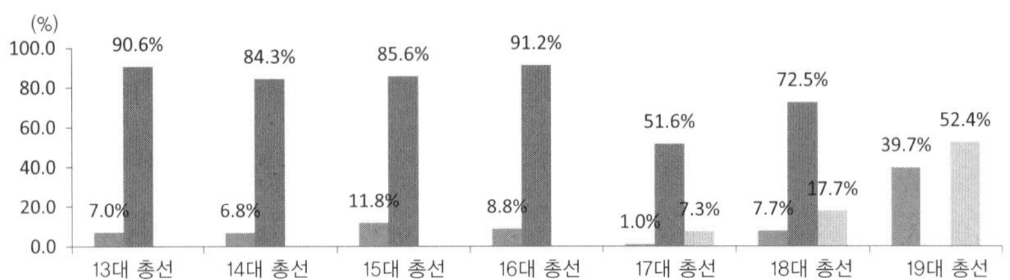

그림 2. 서구 을 선거구에서 주요 정당들의 득표율 변화(1988~2012)

출처: 중앙선거관리위원회.

특성을 추정해 보면 다음과 같다.[74] 첫째, 민주통합당에 대한 서구 을 유권자들의 지지는 여전히 절대적이었다. 비례대표 국회의원선거에서 민주통합당에게 투표하겠다는 의사를 밝힌 이들은 모든 연령대에 걸쳐서 과반수 이상이었다.[75] 둘째, 후보단일화가 오병윤 후보의 당선에 결정적인 도움을 준 것은 분명하지만, 민주통합당 지지자들이 일방적으로 그를 지지한 것은 아니었다. 비례대표 국회의원선거에서 민주통합당에게 투표하겠다고 답한 이들 가운데 오병윤 후보와 이정현 후보에게 투표하겠다고 밝힌 이들이 차지하는 비율의 차이는 불과 3.7%였다(오병윤 43.8%, 이정현 40.1%). 셋째, 흥미롭게도 50대 이상의 연령대가 민주통합당은 물론 이정현 후보에 대한 지지 성향이 가장 강한 것으로 나타났다. 이는 민주통합당 지지 성향이 강한 이 세대가 지역구 투표에서 오병윤 후보가 아닌 이정현 후보에게 투표했을 가능성이 있음을 보여 주는 것이다. 반면, 30대 응답

---

74 이 선거구에 대한 선거 후 여론조사 자료에 대한 접근이 어려워, 이 연구에서는 불가피하게 선거 전 여론조사만을 활용하였다. 이 자료를 이용할 수 있도록 허락해 주신 광주방송(KBC) 측에 깊이 감사드린다.

75 민주통합당에 대한 투표 의사는 40대 이하보다 50대 이상의 연령대에서 매우 강하게 나타났다: 59.2%(19세/20대), 52.8%(30대), 59.0%(40대), 68%(50대), 65%(60세 이상).

자들이 다른 연령층에 비해서 통합진보당에 대한 지지 성향뿐만 아니라 오병윤 후보에 대한 지지 성향이 가장 강한 것으로 나타났다.[76]

다음 표 3은 서구 을 유권자들의 투표 성향을 다항로지스틱모델(multinomial logistic model)을 이용하여 분석한 결과이다. 여기서는 민주통합당과 연합하여 단일 후보로 나선 오병윤 후보가 기초범주(base category)로 사용되었다. 이 표에서 나타나듯이, 민주통합당 지지 여부는 이정현 후보에게 투표할 가능성을 약화시켰다. 반면, 연령은 이정현 후보에 대한 투표 가능성에 긍정적인 영향을 미쳤다. 즉, 연령이 증가할수록 오병윤 후보보다 이정현 후보에게 투표할 가능성은 증가하였다. 성별(남성=1) 역시 이정현 후보에 대한 투표 가능성에 통계적으로 유의미한 긍정적 영향을 미치는 것으로 나타났다. 남성일수록 오병윤 후보보다 이정현 후보에게 투표할 가능성은 증가하였다. 하지만, 거주지역(제3선거구−화정/풍암)은 지지 후보를 결정하는 데 통계적으로 유의미한 영향을 미치지는 않은 것으로 나타났다.

정당 투표의 경우 표 3이 보여 주듯이 오병윤 후보 지지 여부는 그가 속한 통합진보당에 대한 투표 가능성을 높일 뿐만 아니라 새누리당에 대한 투표 가능성을 약화시키는 것으로 나타났다. 연령은 낮을수록 민주통합당보다 통합진보당과 진보신당에 대한 투표 가능성이 증가하는 것으로 나타났다. 하지만 연령이 새누리당에 대한 투표 가능성에는 별다른 영향을 미치지 않은 것으로 나타났다.[77] 흥미롭게도 지역구선거와 정반대로 남성의 경우 새누리당에 대한 투표 가능성은 감소하는 것으로 나타났다.

---

76 이는 비슷한 시기에 시행된 헤럴드경제 조사 결과와도 매우 유사하였다(헤럴드경제 2012.4.5).

77 이는 민주통합당을 지지하는 50대 이상의 유권자들이 지역구선거에서는 이정현 후보에게, 비례대표선거에서는 새누리당이 아니라 민주통합당에게 투표할 의사를 갖고 있었기 때문인 것으로 추정된다.

표 3. 광주 서구 을 선거구의 지지 후보 결정요인[78]

변수명	지역구 선거			비례대표 선거		
	새누리당 이정현	정통민주당 이점자	무소속 정남준	새누리당	통합진보당	진보신당
민주당 지지	−0.59*** (0.15)	0.26 (0.51)	−0.13 (0.28)			
오병윤 지지				−4.00*** (0.72)	1.32*** (0.23)	1.17** (0.54)
연령대	0.14*** (0.05)	−0.63*** (0.22)	0.14 (0.10)	0.07 (0.08)	−0.20** (0.08)	−0.74*** (0.23)
남성	0.52*** (0.14)	0.16 (0.47)	0.14 (0.26)	−0.49** (0.20)	0.17 (0.21)	−0.06 (0.48)
화정동, 풍암동	0.17 (0.14)	1.11** (0.50)	−0.25 (0.27)	0.20 (0.20)	0.24 (0.21)	−0.8 (0.53)
상수	−0.41* (0.25)	−1.82** (0.85)	−2.17*** (0.47)	−1.06*** (0.36)	−1.86*** (0.39)	−1.36 (0.87)
사례 수	1,000	1,000	1,000	1,000	1,000	1,000

※ 괄호 안의 수는 표준오차, *** p0.01, ** p0.05, * p0.1
출처: 광주일보 · 광주방송(KBC) 공동여론조사(2012.4.4).

　이러한 분석 결과는 다른 무엇보다 야권 후보단일화가 오병윤 후보의 당선에 결정적인 계기가 되었음을 보여 주는 것이다. 이미 앞서 지적하였듯 이 후보단일화에 반대한 민주통합당 지지자들 가운데 일부가 이정현 후보에 대한 지지로 선회한 것은 사실이지만, 다수의 민주통합당 지지자들이 이정현 후보보다 오병윤 후보를 전략적으로 선택한 것이다. 아울러, 이정현 후보에 대한 유권자들의 지지가 새누리당에 대한 정당 투표로 이어지지는 않았다는 사실 또한 주목할 만하다. 즉 지역구 후보 선택에서는 이정현을, 정당 투표에서는 민주통합당을 선택한 이들이 적지 않았던 것이다. 이처럼 이정현 후보와 새누리당에 대한 지지 사이에 상당한 수준의

---

78 지역구선거에서 투표 의사의 미결정자와 비례대표 선거에서 자유선진당과 정통민주당에 대한 지지를 표명한 이들의 경우 분석에는 포함하였지만, 편의를 위해 이 표에는 포함하지 않았다.

괴리(32.1%)가 존재하는 것은 여전히 새누리당이 호남지역에서는 대안정당으로 인식되지 못하고 있다는 사실을 보여 준다.

5. 결론과 함의

지금까지 살펴본 것처럼 전국적인 이목을 끌었던 광주광역시 서구 을 선거는 결국 야권단일 후보론과 현 정권 심판론을 중심으로 선거운동을 전개한 오병윤 통합진보당 후보가 인물론과 지역주의 극복을 내세웠던 이정현 새누리당 후보를 누르고 승리하였다. 두 후보의 선거유세 방식 사이에는 선거전략을 반영한 핵심 구호와 유세 내용, 선거운동원과 청중의 연령대, 연사구성 방식에서 현격한 차이가 있었다. 이정현 후보는 광주발전과 지역주의 극복을 위해 일할 수 있는 후보를 지지해 달라는 메시지를 핵심적인 유세내용으로 삼아 중·장년층 중심의 선거운동을 진행하였으며, 후보자 개인의 장점을 강조하고 유권자들과의 유대감을 형성하는 데에 많은 공을 들였다. 반면, 오병윤 후보는 현 정권 심판론을 일관되게 제기하고 청년층을 중심으로 선거운동을 진행하였으며, 민주통합당 지지자들을 포함하는 반새누리당 성향의 유권자들에게 지지를 얻기 위한 노력을 기울였다.

선거운동 과정에서 이정현 후보와 오병윤 후보는 각각 호남 예산 지킴이와 야권단일 후보로서의 이미지를 각각 구축하였으며, 이와 동시에 지역주의 극복과 현 정부의 실정에 대한 심판의 필요성을 제기함으로써 유권자들로부터 상당한 지지를 얻을 수 있었던 것으로 보인다. 그럼에도 이들의 선거운동 과정에서 나타난 주요한 한계들을 요약하면 다음과 같다. 먼저, 이정현 후보는 영·호남 상생의 정치를 주장하였음에도 불구하고, 단지 호남지역 유권자들이 '새누리당 후보라고 해서 배제해서는 안 된다'

는 식의 지극히 소극적이고, '부정적인' 의미에서만 탈지역주의를 정의하고, 민주통합당 독점체제의 문제에 대한 해법을 본인에 대한 투표행위로 환원시켰다. 조직적 자원의 취약성과 함께, 선거운동 과정에서 그가 보여 준 이러한 접근법은 유권자들에게 '탈지역주의'의 정당성을 충분히 인식시키지 못하게 만들었으며, 반새누리당 성향의 유권자들이 선거 종반 결집할 수 있는 기회를 주었다고 볼 수 있다.

오병윤 후보 역시 선거과정에서 민주통합당 지지층에 대한 구애에 치중함으로써 호남의 탈민주통합당 시대를 이끌어 나갈 주체로서 전혀 기능하지 못했다는 점에서 한계가 있었다. 물론 이러한 한계가 선거연대 과정에서 불가피하였다고 변명할 수도 있겠지만, 민주통합당 지도부의 지원유세에 의존한 선거운동이 이루어졌으며, 정책자료집을 통해 '야권연대'를 강조한 김대중 전 대통령의 어록을 인용하거나 '형님정당'으로서 민주통합당을 격상시키는 등 선거과정에서 오병윤 후보 측이 광주시민들에게 보여 준 모습은 민주통합당 독점체제의 해체를 위해 그동안 통합진보당이 광주지역의 시민단체들과 함께 추진해 왔던 조직적 연대의 진정성에 대한 회의적 시각을 불러왔다는 점은 분명하다.

이번 선거를 통해 서구 을 유권자들은 일종의 황금분할을 통해 각 정당들에게 다양한 정치적 메시지를 전달한 것으로 보인다. 먼저 호남지역에서 일당체제를 유지하고 있는 민주통합당에게는 안일함과 자만심에 대한 경고, 새누리당에게는 인물론 중심의 호남 공략이 갖는 한계와 지난 2000년대 중반 이후 당내에 형성된 소위 '호남 포기론'에 대한 재고의 필요성, 통합진보당에게는 탈지역주의 정치의 가능성과 동시에 민주통합당과의 선거연합의 한계를 인식할 수 있는 계기를 마련해 주었다고 볼 수 있다.

비록 일부 호사가들이 서구 을 유권자들의 선택에 대하여 구태를 벗어나지 못한 지역주의 투표로 폄하하기도 하지만, 이번 선거에서 이들은 한국의 선거 및 정당정치의 과거와 현재만이 아니라 미래를 동시에 보여 주었다고 할 수 있다. 민주통합당 지지자들 가운데 거의 절반에 가까운 유권자들이 이정현 후보에 대한 지지를 표명할 만큼 새누리당에 대한 적대감이 상당히 완화되었을 뿐만 아니라 높은 투표율을 나타낸 이번 선거를 통해 비민주당 후보가 승리하였다는 사실은 호남지역에서 지역주의가 극복되고 '탈민주당' 시대가 도래할 가능성을 분명히 보여 주었다고 할 수 있다. 물론 박근혜의 후광 혹은 야권연대만으로는 지역주의를 극복할 수 없으며, 탈지역주의 가치지향의 확산, 이를 위한 비민주당 세력의 조직적 자원의 축적, 제도적 대안의 창출을 통해서만 지역 정당 구조의 변화가 현실화될 수 있을 것이다. 1980년 민주주의를 위해 '죽음을 넘어, 시대의 어둠을 넘어' 전진했던 광주시민들이 이제 '민주당을 넘어, 지역정치의 독점을 넘어' 어떻게 한국민주주의의 심화 발전에 기여할 것인지 벌써부터 4년 뒤가 기다려진다.

참고문헌

김춘석. 2012. 선거구별 여론조사결과 종합, 한국리서치(이메일 교신).

문우진. 2009. "지역주의와 이념성향."『한국정당학회보』8(1): 87-113.

이갑윤·이현우. 2008. "이념투표의 영향력 분석: 이념의 구성, 측정 그리고 의미."『현대정치연구』1(1): 137-166.

정기선. 2005. "지역감정과 지역갈등인식의 변화."『한국사회학』39(2): 69-99.

조기숙. 1997. "지역주의 논쟁: 비판이론적 시각에 대한 비판."『한국정치학회보』31(2): 203-232.

최준영·조진만. 2005. "지역균열의 변화 가능성에 대한 경험적 고찰: 제17대 국회의원 선거에서 나타난 이념과 세대 균열의 효과를 중심으로."『한국정치학회보』39(3): 375-394.

Jhee, Byong-Kuen. 2006. "Ideology and Voter Choice in Korea: An Empirical Test of the Viability of Three Ideological Voting Models." *Korean Political Science Review*. 40(4): 61-83.

『광남일보』. 2012년 1월 31일자(검색일: 2012.4.16).
『광남일보』. 2012년 4월 9일자(검색일: 2012.4.15).
『뉴스1 코리아』. 2012년 4월 5일자.
『머니투데이』. 2012년 3월 30일자(검색일: 2012.4.6).
『민중의 소리』. 2012년 4월 4일자(검색일: 2012.4.7).
『민중의 소리』. 2012년 4월 1일자(검색일: 2012.4.7).
『스포츠서울닷컴』. 2012년 10월 8일자(검색일: 2012.4.6).
『시사In』. 2012년 3월 5일자(검색일: 2012.4.6).
『시사In』. 2012년 7월 29일자(검색일: 2012.4.15).
『오마이뉴스』. 2012년 2월 1일자(검색일: 2012.4.16).
『오마이뉴스』. 2012년 4월 5일자(검색일: 2012.4.6).
『조선일보』. 2012년 4월 7일자(검색일: 2012.4.15).
『한겨레신문』. 2012년 2월 13일자(검색일: 2012.4.19).
『한국일보』. 2012년 4월 5일자(검색일: 2012.4.6).
『헤럴드경제』. 2012년 4월 5일자(검색일: 2012.4.6).

중앙선거관리위원회 홈페이지. http://party.nec.go.kr/people/main/default/page.xhtml(검색일: 2012.4.19).

2. 지역주의, 그 변화의 또 다른 씨앗 :
대구 수성 갑[79]

엄기홍

1. 머리말

전국적인 차원에서 19대 국회의원선거는 정권 심판론과 이러한 심판에서 멀어지고자 하는 새누리당의 전략이 지배적이었던 선거였다. 그렇지만 대구 차원에서의 지배적 화두는 지역주의에 있었으며, 지역주의 담론의 중심에는 '박근혜 대통령 만들기'가 있었다. 이러한 지역주의 결집 시도에 대응하여, 진보 정당은 거의 모든 지역구에서 야권연대를 구성하고 지역주의 해소를 주창하며 선거운동을 전개하였다. 이와 같은 지역주의 극복의 노력은 17대 총선의 조순형 후보, 18대 총선의 유시민 후보 등에서 보였던 것처럼 언제나 수성구를 중심으로 전개되었다(하세헌 2004; 안용흔 2009). 본 장에서는 19대 총선에서 수성 갑에 대한 참여관찰을 통하여 이러한 지역주의 극복의 시도가 또 다른 변화의 씨앗으로 이어졌는지를 파악하는 데 초점을 두고 있다.

지역주의에 대한 도전은 현실적 차원뿐만 아니라 이론적 차원에서도 관심을 자아내게 한다. 그간 한국 선거에 대한 설명은 지역, 이념, 세대라는 장기적 요인과 정권 심판론, 공약평가 등과 같은 단기적 요인이 서로 분리된 채 각각의 주장을 전개해 왔다. 이번 19대 총선 대구 수성 갑의 선거는

---

79 본 장은 『사회과학 담론과 정책』5(2)에 게재된 논문을 수정·보완한 글입니다.

이와 같은 장기적 요인과 단기적 요인이 실질적인 측면에서 어떻게 결합되어 어떠한 결과가 야기되는지를 관찰하게 하는 기회를 제공하고 있다.

본 장은 대구 수성 갑을 대상으로 지역주의와 이의 변화를 위한 선거운동 전략에 대한 효과를 분석하는 데 초점을 두고자 한다. 이와 같은 시도는 지역주의의 정점인 대구에서의 시도를 통하여 한국 정치의 새로운 방향 제시가 가능한지를 가늠할 수 있는 단초를 제공하리라 본다. 2절에서는 대구 수성 갑의 정치적 토양을 개인적 수준과 집합적 수준에서 살펴봄으로써 장기적 요인에 대한 토대를 기술하고자 한다. 3절에서는 주요 후보의 선거운동을 선거전략과 선거공약 차원에서 살펴봄으로써 단기적 요인에 대한 전략을 기술하고자 한다. 끝으로 4절에서는 지역주의라는 장기적 요인과 선거전략이라는 단기적 요인이 수성 갑의 여론형성과 선거 결과에 미치는 영향력을 파악하고자 한다.

2. 대구 수성 갑의 정치적 토양

유권자의 투표행태는 크게 장기적인 요인과 단기적 요인에 의하여 설명된다(Abramson, Aldrich and Rohde 2007). 장기적 요인이란 여러 선거에 걸쳐 지속적으로 행사되는 요인을 의미하며, 단기적 요인이란 선거에 따라 차별적으로 행사되는 요인을 의미한다. 일반적으로 전자의 관점에서 유권자의 행태를 설명하는 접근법은 사회학적 접근법, 사회심리학적 접근법 등이 있으며, 후자의 관점에서는 합리적 선택이론, 인지심리학적 접근법 등에 설명이 제공되고 있다. 먼저 지역주의의 아성(牙城)으로 간주되는 대구 수성 갑의 사회경제적 배경을 살펴보고자 한다.

1) 사회경제적 배경

지역구의 사회경제적 배경은 주로 연령, 교육, 직업 등을 통하여 측정된다. 본 연구에서는 중앙선거관리위원회 선거통계정보시스템 및 국가통계 포털 사이트 등으로부터 취합된 집합적 자료와 수성 갑에 대한 여론조사 자료에 기반하여, 수성 갑 지역구에 대한 사회경제적 배경을 검토해 보고자 한다.[80]

집합자료의 측면에서 볼 때, 대구 수성 갑은 연령층이 균형적으로 구성되어 있다. 유권자 중 가장 많은 비중을 차지하고 있는 연령대는 40대로서 전체의 20.5%(남성 19.8%, 여성 21.0%)를 차지하고 있다. 그 뒤를 이어 50대(12.9%)와 30대(12.3%)가 다수를 차지하고 있다(표 1).

수성 갑의 인구는 268,071명으로서 이 중 남성 유권자가 94,510명이고, 여성 유권자가 103,772명이다(중앙선거관리위원회 선거통계정보시스템). 인구의 연령분포는 40대를 정점으로 30대와 50대, 20대와 60대, 20세 미만과 70세 이상이 유사한 비중을 차지하고 있다. 따라서 세대 간의 차이가 정

표 1. 수성 갑의 연령분포

(단위: %)

	전체	남성	여성
20세 미만	27.1	30.4	24.0
20대	10.7	11.8	9.7
30대	12.3	11.0	13.6
40대	20.5	19.8	21.0
50대	12.9	13.4	12.4
60대	6.5	6.2	6.7
70세 이상	10.0	7.4	12.6

출처: 국가통계포털.

---

80 수성 갑에 대한 여론조사 자료는 익명을 전제로 사용하는 것이 허락되었다. 자료를 사용하게 해 준 000에게 감사드립니다. 여론조사는 2012년 1월 10~11일까지 대구시 수성 갑에 거주하는 만19세 이상 남녀를 대상으로 실시되었으며, 구조화된 설문지를 이용한 유무선 병행조사 방식을 이용하였다. 표본 수는 500명이다.

치적 함의를 지닌다는 주장이 적절하다면, 수성 갑에 있어서는 투표 참여의 수준에 따라 선거 결과가 차별적일 것으로 예상할 수 있다.

수성 갑은 대학 졸업 이상의 학력 소지자가 압도적 다수를 차지하고 있었다. 조사 대상 중 67.0%가 대학교 졸업 이상의 학력을 소지하고 있었으며, 전문대 졸업이 9.7%를 차지함으로써 조사 대상 전체 중 약 4분의 3 이상이 대학 이상의 학력 수준을 지니고 있는 것으로 나타났다.

수성 갑 거주자의 직업분포를 보면, 사무/기술직이 상대적으로 높은 비중을 차지하고 있는 반면, 농/임/어업과 같은 1차 산업 종사자의 비율은 낮은 것으로 나타났다.

표 2에서 제시된 것처럼, 수성 갑에서 가장 다수를 차지하고 있는 직업은 사무/기술직이다. 사무/기술직에 해당하는 직업이 6급 이하 공무원, 기업체 차장급 이하, 사무직/엔지니어, 직업군인, 평교사라는 점을 고려할 때, 수성 갑 거주자의 약 4분의 1은 비교적 안정적인 직장에 근무하고 있다고 간주할 수 있다. 그 뒤를 잇는 직업군 또한 가정주부(25.2%)와 학생(13.2%)이어서 직업상의 안정성이 확보되고 있다. 이를 반영하듯 수성 갑의 유권자가 '2012년 총선을 앞두고 우리지역에서 먼저 해결해야 할 문제'로서 1위 일자리 창출(32.4%), 2위 물가 안정(30.8%)을 지적하고 있었다.

표 2. 수성 갑의 직업분포

직종	%
농/임/어업	0.0
자영업	10.6
판매/서비스직	6.6
기능/숙련공	1.8
일반직업	0.4
사무/기술직	28.3
경영/관리직	1.2
전문/자유직	4.0
가정주부	25.2
학생	13.2
무직	8.4
기타	0.4

출처: 수성 갑 여론조사 자료.

그렇다면 이와 같은 사회경제적 배경이 어떠한 정치적 토양으로 이어질까? 사회학적 접근법은 거주하는 지역, 소속감을 가지고 있는 단체, 유권자의 연령 등이 정치적 정향에 영향을 주는 것으로 지적하고 있다. 또한 사회심리학적 접근법은 유권자의 정당일체감이 후보자 선택에 영향을 미친다고 지적하고 있다. 따라서 이어서는 수성 갑의 정치적 속성을 분석함으로써 사회경제적 배경의 정치적 함의를 파악하고자 한다.

2) 정치적 속성

한국의 투표 참여율은 민주화 이후 지속적으로 하락하고 있다. 지역주의가 강한 대구와 광주는 이와 같은 하락세와 더불어 전국적으로 가장 낮은 투표 참여율을 기록하고 있다. 이러한 선상에서 볼 때, 수성 갑 유권자의 투표 참여는 대구 전체와 비교할 때 비교적 높은 편에 속하며 이러한 투표 참여율은 상대적 측면에서 상승하고 있었다. 그림 1은 민주화 이후의 투표 참여율을 전국적인 차원에서("◆"으로 표시), 대구시 차원에서("■"으로 표시) 그리고 수성 갑 차원("▲"으로 표시)에서 병렬하여 그린 그림이다.

그림 1에 제시된 바와 같이, 투표 참여율은 2004년 국회의원선거에서 약간의 상승세를 기록했지만, 전체적인 추세는 여전히 하락세를 보이고

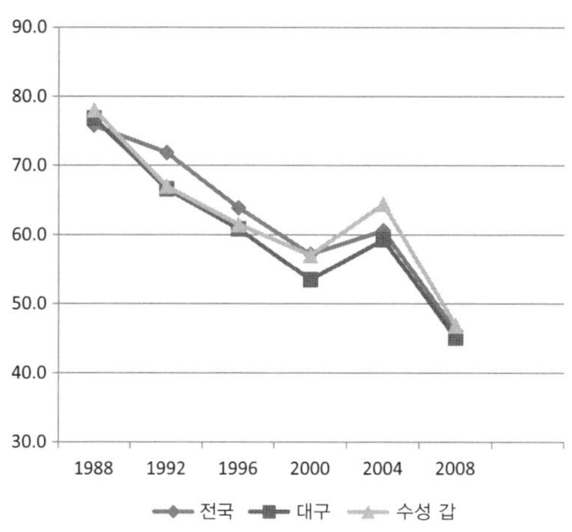

그림 1. 민주화 이후의 투표 참여율

출처: 중앙선거관리위원회 선거통계정보시스템.

있다. 특히, 전국적인 차원의 투표 참여와 비교할 때, 대구의 투표 참여율은 거의 매번 낮은 투표 참여율을 기록하고 있었다. 그렇지만 대구시의 한 지역구인 수성 갑은 전국적인 차원의 투표 참여율과 그리 큰 차이를 보이지 않고 있으며, 최근 들어서는 오히려 다소 높은 투표 참여율을 보여 주고 있다. 이와 같은 점은 전국적인 차원에서의 투표 참여율과 대비한 그림 2에서 보다 극명하게 보여 주고 있다.

그림 2에 제시된 바와 같이, 대구의 투표 참여율은 전국적인 차원의 투표 참여율과 대비할 때도 현저히 낮았다. 예를 들어, 1992년 총선의 경우 전국적인 투표 참여율은 71.9%인 데 반하여, 대구의 투표 참여율은 66.6%로서 약 5.2%의 차이를 보이고 있었다. 물론 1992년 선거 이후 전국 투표참여율과 대구 투표 참여율 간의 차이는 감소하고 있었지만, 여전히 존재하는 것으로 나타났다.

그렇지만 수성 갑의 투표 참여율은 전국적인 투표 참여율과 비교할 때 1992년을 기점으로 급격히 개선되고 있음을 알 수 있다. 1992년 총선 때

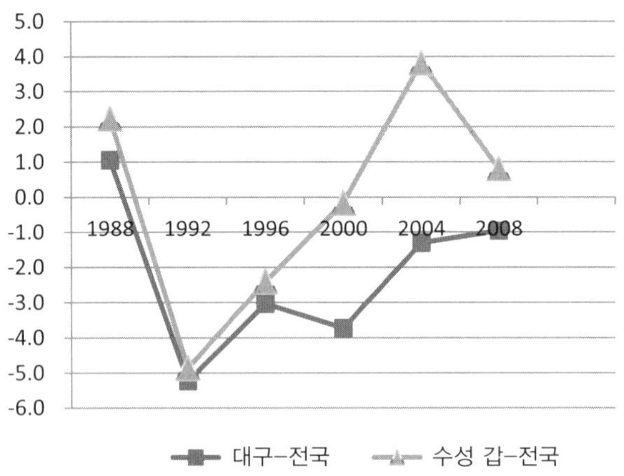

그림 2. 전국 대비 대구 수성 갑 투표 참여율

출처: 중앙선거관리위원회 선거통계정보시스템.

전국 투표 참여율과 수성 갑의 투표 참여율은 4.9%의 차이를 보였으나, 1996년 2.4%, 2000년 0.2%로서 그 차이가 감소했으며, 2004년 이후로는 오히려 전국 투표 참여율을 상회하는 것으로 나타났다. 이와 같은 점에 근거하여 추론해 보면, 수성 갑 유권자의 투표 참여 의지는 전국적인 차원보다 다소 높으며, 대구시의 전반적인 의지 보다도 높은 것으로 간주할 수 있다. 따라서 후술하는 바와 같이 대구지역 선거에 대해 많은 언론들이 지적하는 "공천만 있고 본선은 없다."는 점은 최소한 수성 갑 유권자에 대해서는 적용되지 않는 것임을 알 수 있다.

그렇다면 이와 같이 높은 투표 참여율은 어떠한 정치적 결과로 이어졌는가? 본 장은 지역 후보자 및 정당이 획득한 득표율을 사용하여 선거에서 나타난 정당 지지도를 집합적 차원에서 측정하였다. 역대 선거에서 나타난 정당 지지도는 후보자가 지역구를 선택함에 있어(하세헌 2007), 그리고 선거전략을 구성함에 있어 주요한 기반이 된다(2012.1.19일 수성 갑 ○○○ 예비후보자와의 인터뷰).

주지하다시피, 대구는 보수 정당에게 압도적 지지를 보내어 왔다. 이와 같은 점은 수성구 또는 수성 갑에 있어서도 예외는 아니었다. 예를 들어, 17대 총선 때 대구시 차원에서 보수 정당 후보가 얻은 득표율은 61.8%였으며, 수성구 차원에서 62.7%, 수성 갑 차원에서는 59.5%로서 과반의 수치였다. 이에 반해 진보 정당은 대구 차원에서 3분의 1에도 못미치는 득표율(28.3%)을 기록했으며, 수성구 차원에서는 28.7%, 그리고 수성 갑에서는 이보다 높은 34.4%의 득표율을 기록했다. 18대 총선의 경우에는 보수 정당 대 진보 정당 간의 양극화가 보다 심각해져서 보수 정당은 대구 차원에서 80.5%의 득표율을 기록한 반면, 진보 정당은 6.7%만의 지지만을 받았다. 수성 갑도 예외는 아니어서, 보수 정당의 득표율은 17대 총선 대비 17.0% 상승한 반면, 진보 정당의 득표율은 15.7% 하락하였다.

표 3. 역대 선거에서 나타난 정당 지지도

		지역구 후보자 득표율[1]			비례대표 득표율[2]		
		대구	수성구	수성 갑	대구	수성구	수성 갑
보수 정당	18대	80.5	71.3	76.9	78.2	78.1	77.8
	17대	61.8	62.7	59.9	61.3	59.2	
진보 정당	18대	6.7	24.8	18.7	4.9	5.4	5.2
	17대	28.3	28.7	34.3	23.1	24.8	

1) 18대 국회의원선거 후보자 득표율의 경우, 보수 정당 후보는 한나라당, 친박연대 그리고 친박 성향의 무소속 후보를 의미하며, 진보 정당 후보는 통합민주당과 무소속 유시민 후보를 의미함. 17대 국회의원선거의 경우, 보수 정당 후보는 한나라당 후보이며, 진보 정당 후보는 새천년민주당과 열린우리당 소속 후보를 의미함.

2) 18대 국회의원선거 비례대표 의원 정당득표율의 경우, 보수 정당은 한나라당 및 친박연대를 의미하며, 진보 정당은 통합민주당을 의미함. 17대 국회의원선거의 경우, 보수 정당은 한나라당이며, 진보 정당은 새천년민주당과 열린우리당을 의미함.

출처: 중앙선거관리위원회 선거통계정보시스템.

보수 정당에 대한 지지는 지역구 후보자 득표율뿐만 아니라 비례대표 의원 정당득표율에서도 나타나고 있었다. 자료의 한계상 18대 총선에 국한된 논의이지만, 보수 정당의 득표율은 대구 차원에서 78.2%, 수성구 차원에서 78.1% 그리고 수성 갑 차원에서 77.8%인 데 반하여, 진보 정당의 득표율은 각각 4.9%, 5.4%, 그리고 5.2%로서 극히 낮은 수치를 보였다. 따라서 수성 갑은 대구라는 지역주의 블럭이 내포하고 있는 정치적 속성의 연장선상에 있다고 평가할 수 있다.

그렇지만 상대적인 차원에서 볼 때, 수성 갑은 비교적 진보 정당 후보가 커 나갈 수 있는 환경을 지니고 있다. 득표율 차원에서 볼 때, 수성 갑의 보수 정당은 대구 전체 차원보다는 비교적 낮은 정당득표율을 보이고 있었으며, 그 차이는 진보 정당 지지로 전환되고 있는 것으로 보인다. 예를 들어, 노무현 탄핵에 대한 후폭풍이 있었던 17대 총선의 경우, 대구 전체의 보수 정당이 얻은 득표율은 61.8%인 반면, 수성 갑에서는 59.9%를 기록했다. 같은 시기 진보 정당의 득표율은 대구 전체 차원에서 28.3%인 데 반하여, 수성 갑은 34.3%로서 비교적 진보 정당의 높은 득표율을 기록하고 있었다. 이와 같은 경향은 진보 정당이 고전했던 18대 총선에서도 나타나고 있어서, 대구시 전체 득표율과 비교할 때 수성 갑은 보수 정당의 득표율이 3.6% 낮은 반면, 진보 정당의 득표율은 11.9% 높은 지역구였다. 이러한 점들을 고려해 볼 때, 수성 갑은 여전히 대구라는 지역주의가 강한 지역의 하나로 간주될 수 있지만, 대구 내 다른 지역구와 비교할 때 비교적 진보 정당 후보가 커나갈 수 있는 환경을 지닌 지역구로서 평가할 수 있다.

진보 정당의 인큐베이터로서 수성 갑에 대한 평가는 해당 지역 유권자의 이념성향, 정당선호도 등을 고려할 때 보다 의미가 커진다. 표 4는 수성 갑 유권자의 이념성향과 정당선호도를 나타낸 표이다.

앞서 언급한 것처럼 비록 득표율 차원에서는 보수 정당에 대한 압도적 지지를 보냈지만, 표 4에 제시된 것처럼 자신의 이념적 성향에 있어서나 선호하는 정당에 있어서는 그러한 압도성이 나타나지 않고 있었다. 예를 들어, 자신의 이념성향을 중도라고 응답한 자의 비중이 21.2%에 달했으

표 4. 수성 갑의 이념성향 및 정당선호도

이념성향	%	정당선호도	%
진보	15.0	진보신당	0.4
중도진보	20.0	통합진보당	3.2
중도	21.2	민주통합당	12.6
중도보수	21.6	창조한국당	–
보수	15.0	자유선진당	0.6
모르겠음	7.2	한나라당	48.8
		미래선진연대	1.2
		무당파	33.2

출처: 수성 갑 여론조사.

며, 자신을 진보 또는 중도진보라고 응답한 자의 비중도 35.0%에 달했다. 물론 자신의 정치 성향을 보수 또는 중도보수라고 응답한 자가 가장 높은 비중(36.6%)을 차지하지만, 진보/중도진보/중도라고 응답한 자의 비중이 56.2%라는 점은 진보 정당의 입장에서는 충분히 공략할 여지가 있는 지역구로 간주될 수 있다.

이와 같은 현상은 정당선호도의 측면에서도 잘 나타나고 있다. 앞서 득표율에서 제시된 바와 같이, 가장 지지하는 정당은 한나라당(48.8%)이지만, 진보 정당 지지자도 16.2%에 달하며 지지하는 정당이 없다고 응답한 무당파 비중 또한 33.2%에 달하고 있었다. 따라서 진보 정당의 입장에서는 이들 무당파층을 흡수할 수 있는 선거전략이 있다면, 지역주의의 아성(牙城)인 대구에서도 진보 정당 후보가 당선될 가능성이 있다고 볼 수 있다. 이러한 점으로 인하여, 수성 갑 나아가 수성구는 지역주의 타파를 외치는 진보 정당의 도전지가 되어 왔으며, 이번 19대 총선에 있어서도 그 도전의 장소가 되었다.

이러한 도전을 역으로 생각한다면, 보수 정당은 역대 선거에서 나타난 정당 지지를 유지하면서, 보수 정당(설문조사 당시에는 한나라당) 지지자를 결집시키는 것이 주요한 전략이 될 것이다. 즉, 역대 선거에서 나타난 압도적 정당 지지도를 유지하면서, 50%에 육박하는 정당선호도를 투표장으로 유도할 수 있는 선거전략이 있다면, 선거는 시작하기도 전에 승리를 장담할 수 있다. 이러한 관점에서 볼 때, 19대 총선에 즈음해 실시한 수성 갑 여론조사에서 한나라당 선호자의 69.3%가 친박계를 지지하고 있고, 단지 12.3%가 친이계를 지지한다는 점은 시사하는 바가 크다. 만약 보수 진영 선거캠프가 이러한 여론조사를 신빙성이 있는 조사로 간주한다면, 보수 진영의 주요 선거전략은 박근혜를 중심으로 한 지역주의 호소에 초점을 두는 것이 합리적이라 볼 수 있다. 이어서는 이러한 예측이 실질적인 선거에서는 어떻게 전개되고 있는지 살펴보자. 분석되는 후보자는 새누리당의 이한구 후보 그리고 이에 도전하는 민주통합당의 김부겸 후보로 한정하고자 한다.

3. 선거공약과 선거운동

김부겸 민주통합당 최고의원은 1월 19일 대구시당에서 기자회견을 갖고 수성 갑을 지역구로 밝히고 선거운동에 돌입하였다(티엔티뉴스 2012.1. 18; 오마이뉴스 2012.1.19; 경향신문 2012.1.19). 김부겸 후보의 수성 갑 출마는 이미 예견된 것으로서 민주당 불모지인 대구에서 경쟁이 있는 정치 실현을 위하여 대구 출마를 선언하고 민주통합당 대표 경선에 참여하여 최고위원으로 선출되었다(오마이뉴스 201.1.19; YTN 뉴스 김부겸 최고위원 인터뷰 2012.1.21).

김부겸 후보가 수성 갑에 출마한 첫 번째 이유는 '경쟁 있는 정치' 실현에 있는 것으로 보인다.[81] 설 연휴 직전인 1월 21일 YTN 뉴스와의 인터뷰에서 김부겸 후보는 수성 갑에 대한 출마 이유를 다음과 같이 밝혔다(유사한 발언은 2012년 3월 26일 동아일보 이유종 기자와의 인터뷰, 3월 30일 YTN 뉴스와의 인터뷰에서도 발견된다).

"우리 정치나 우리 사회에서 가장 오래된 고질이 있다면 그게 지역주의거든요. 누군가는 한 번씩 도전해서 한번 저 국민들에게 정말 고발해야겠구요. 그러면서 정치적 계기를 마련해야겠다. 이렇게 지역별로 한 정당이 독식하는 구조는 깨져야 되지 않겠나 생각합니다."

---

[81] 김부겸 후보에 대한 인터뷰 요청은 3월 28일 협조공문 및 전화를 통하여 시도되었으며, 4월 1일 공보실장 이재관 실장과의 전화를 통하여 재차 시도되었으나 실패했다. 따라서 김부겸 후보에 대한 참여관찰은 거리유세 관찰, 현수막 등 홍보 내용분석, 언론보도 등에 의존할 수밖에 없었다.

　‘경쟁 있는 정치’라는 슬로건은 김부겸 후보의 핵심적 선거운동 기조로서 상당 기간 지속됐다. 예를 들어, 3월 29일 CBS 라디오 김현정의 뉴스쇼에서 “대구는 그동안 너무 오랫동안 일당독주 때문에 정치도 침체됐지만 경제도 침체된 것 같아요.”라고 하면서, “그래서 저는 대구에 걸맞는 성장 동력은 결국 IT라든가 소프트웨어 등 이런 미래 산업하고 기존의 전통 산업의 조화 속에서 발전시킬 수밖에 없다.”라고 주장했다. 즉, 대구의 정치 · 경제적 고립이 대구의 미래를 제약한 요인이며, 대구 발전을 위해서는 지역주의 해소가 필요조건이라는 것이다.

　김부겸 예비후보의 선거사무소 개소식은 2월 24일 범어네거리에 위치한 뉴영남호텔 3층 선거사무소에서 있었다. 며칠 뒤인 3월 10일 김부겸 후보의 선거사무소 개소식 초청장에 적힌 표현처럼 선거사무소는 ‘여기를 정말 쓸 수 있을까?’ 할 정도로 낙후된 환경이었지만, 지리적 위치는 낙후된 환경이라는 단점을 극복할 만한 충분한 장점이 있는 곳이었다. 선거사무소가 있는 뉴영남호텔은 범어네거리 도로변에 위치해 있으며, 범어네거리는 수성구 교통의 요충지이다. 따라서 대구를 경쟁력 있는 대구로 전환시키기 위해 출마한 김부겸 후보의 입장에서는 대구의 중심인 수성, 그리고 수성의 요충지인 범어네거리가 자신의 의지를 전달하기에 최적의 장소라고 평가될 수 있다.

　또한 뉴영남호텔은 당시 공사 중인 건물로서 김부겸 후보의 홍보를 위한 적합한 장소였다. 주지하다시피, 대부분의 빌딩 소유주는 최소 1~2년 임대를 선호하는 반면, 후보자는 선거 기간 동안만 임대하기를 선호한다. 또한 후보자의 선거사무소는 일반적으로 한 층만을 사용하기 때문에 후보자의 현수막이 빌딩 전체에 걸쳐 게시되는 것은 어려운 문제이다. 그렇지만 당시 뉴영남호텔은 건물 전체를 리모델링하는 시기였기 때문에 단기 임대와 후보자 현수막 게시가 비교적 쉽게 성사될 수 있었을 것이다.

따라서 김부겸 후보의 사진 현수막 그리고 정당 번호 및 이름이 적힌 현수막은 뉴영남호텔 전면에 배치되었으며, 이러한 현수막은 수성구의 핵심적 교통요충지에서 쉽게 관찰될 수 있었다. 이와 같은 상황은 맞은편 현대증권에 위치한 한나라당 서성교 예비후보 선거사무소의 현수막과 대조적인 양상을 이루었다.

새누리당 이한구 의원의 공천은 가장 늦게 그리고 후유증이 남는 형태로 진행되었다. 새누리당 공천위원회에 의해 진행된 공천은 다양한 절차와 형태를 통해 전개되었으며, 선거일을 한 달도 채 남기지 않은 3월 18일에 완료되었다. 수성 갑에 대한 공천은 공천 일정상 가장 뒤늦은 시기인 3월 18일 9차 공천 결과 발표에 공개되었다. 이와 같은 늑장 공천은 대구시 지역구 전체 12개 중 6개가 마지막 날 이루어졌다는 점에서 많은 비난에 휩싸였다(대구신문 2012.2.27; 매일신문 2012.3.26; 티엔티뉴스 2012.3.28). 따라서 수성 갑 유권자는 새누리당이 공천에 기울인 시간 보다 짧은 시간 내에 후보자를 평가하고 선별해야 하는 상황에 처하게 되었다.

새누리당의 공천에 대해서 당시 한나라당 예비후보였던 김대현 예비후보와 서성교 예비후보의 반발은 거셌다. 예를 들어, 김대현 예비후보는 "이번 공천은 신인이나 다양한 정치적 목소리 특히 지역발전과 지역정치는 안중에 없고 오로지 중앙정치만 존재한 공천이다. 서울TK만 있고, 대구TK는 없었다."고 비판했고, 서성교 예비후보도 "시스템에 의한 공천을 약속했지만 현역의원 25% 탈락시키는 데 머물고 어떤 방식에 의해 새로운 인물을 추천했는지 그 과정이 의심스럽다."고 지적했다(매일신문 2012.3.19. 3.28). 이와 같이 새누리당의 늑장 공천과 공천 방식에 대한 불만 표시는 수성 갑 유권자의 새누리당에 대한 정당선호도를 다소 나마 훼손시키고 있었다(매일신문 2012.3.28).

이렇게 시작한 이한구 새누리당 후보와 김부겸 민주통합당 후보의 수성 갑 선거운동은 여러 가지 유사한 측면이 있었다. 물론 선거운동의 기조에 있어서는 큰 차이를 보이고 있었지만, 이들의 사회적 배경, 이들이 수성 갑 유권자에게 제시한 공약, 이들의 선거운동 방식은 여러 가지 측면에서 유사한 점이 있었다. 예를 들어, 이한구 후보와 김부겸 후보는 모두 경북에서 태어나(이한구 후보는 경북 경주, 김부겸 후보는 경북 상주), 경북고등학교를 졸업한 후 서울대학교에서 유학하였다. 또한 이론의 여지는 있으나, 일정 기간 동안 이들은 한나라당에 같이 소속된 바도 있다.

이한구 후보와 김부겸 후보는 선거공약 측면에서도 유사한 점이 있었다. 물론 이한구 후보의 공약은 수성구 차원의 공약과 국가 차원의 공약으로 구성되어 있고, 김부겸 후보의 공약은 수성구 차원의 공약과 동 차원의 공약으로 구성되어 있다. 따라서 국가 차원의 공약과 동 차원의 공약은 차별적일 수 있으나, 전체적 맥락에서 그리고 구체적 공약에 있어서 유사한 공약이 발견되고 있다(표 5). 특히, 김부겸 후보의 수성구 차원의 선거공약은 모두 이한구 후보의 선거공약과 상당히 유사하며, 동 차원의 공약 중 황금2동에 대한 공약, 고산1동에 대한 공약, 그리고 범어2동에 대한 공약은 지나칠 정도로 유사했다.

이와 같은 유사성에 대하여 이한구 후보는 "김부겸 후보의 공약은 이 지역 주민들이 가장 원하는 일자리 만드는 것은 거의 없고 제가 시작한 사업 달랑 해 놓고 돈 쓰는 공약만 잔뜩 해 놓고요."라고 비판했다. 이러한 점에 대하여 김부겸 후보도 일부 시인하면서, 그 답변으로 "아까 말씀하신 대로 IT나 소프트웨어, 3D에 대한 융복합단지 문제는 이 선배님이 시작한 건 맞습니다. 그러나 결정적일 때 저도 분명히 한방을 했기 때문에 여야가 힘을 합쳐서 성공한 좋은 지역발전의 하나의 사례가 될 것입니다. 그 점에 대해서는 저도 당당하게 얘기할 권리가 있다고 생각합니다."라고 응답했다(CBS라디오 김현정의 뉴스쇼 2012.3.29). 이러한 유사성에 근거해 볼

표 5. 주요 후보들의 선거공약

이한구 후보의 8+8 공약	김부겸 후보 선거공약
수성구 차원의 8대 공약 1. 기업유치 및 일자리 창출 본격화 2. '해피타운 프로젝트'를 통해 생활환경이 낙후된 단독주택 밀집지역의 주민 생활환경 대폭 개선 · 시범 사업 확대 3. 주민들의 건강 · 여가 · 휴식 공간확충 4. 도로 · 보행 환경 개선 5. 인근의 의료 인프라를 적극 활용하여 소외계층 · 난치성 환자에 대한 공공의료 강화 6. 학교폭력 걱정 없고, 자녀 안심하고 키울 수 있는 수성구 만들기 7. 주민들의 생활편의시설 및 방법시설 확충 8. 고산지역 등 2곳 종합사회복지관 건립 추진	**수성 발전 공약** 1. 수성을 명품교육특구로: 학교폭력 근절을 위한 상담과 보호를 연계한 '안심시스템' 구축, 혁신학교 도입, 질 좋은 영어교육실시, 친환경 무상급식 2. 수성을 대구 발전의 성장엔진으로: IT 융복합기술 산업단지 3. 수성을 더불어 살아가는 복지공동체로: '해피타운' 계획
국가 차원의 8대 공약 1. 박근혜 위원장을 중심으로 정권 재창출을 성공시켜, 국민이 하나되는 세상 만들기 2. IT융복합기술로 국민과 소통하며, 좋은 일자리 만드는 지식 정부 · 투명한 정부 만들기 3. 세계 일류국가 수준으로 국민 생명 · 건강 챙기고, 미래 불안 없는 사회 안전보호체제 만들기 4. 실질적 기회 평등 보장되고, 상향적 사회이동 보장되는 공정한 경쟁체제 만들기 5. 지방도 활기찬 세상 만들기: 지식창조형 산업으로 대구 경제 리모델링 6. 행복한 중산층 두텁게 만들기 7. 세계에서 신뢰받는 열린 통상국, 국제협력 네트워크 만들기 8. 모든 국민이 행복한 나라, 세계가 신뢰하는 나라 만들기	**동별 숙원 사업** 1. 황금동 　황금 1동 동대구 역세권과의 대중교통망 확보 　황금 2동 방범용 CCTV 확대 설치, 안전한 등하교길 조성 2. 고산동 　고산 1동 미래 어린이 공원 내 고산권 도서관 예산 확충 및 조기 완공 　고산 2동 도시전철 3호선 시지까지 연장 　고산 3동 골목상권과 대형마트 간 상생의 제도화 3. 만촌동 　만촌 1, 2동 대구 최고의 모범적 '해피타운' 건설로 품격 있는 마을로 재탄생 　만촌 1, 2, 3동 청소년 적성계발센터 설립 　만촌 3동 공공 도서관 건립 4. 범어동 　범어 1, 2, 3, 4동 구청 앞 구립도서관 공사 재개 　범어 1동 범어공원 내 국민체육센터 조속 추진 　범어 2동 도시가스 보급 확대, 자부담 절감 조례화 　범어 3동 범어천 복개도로 주차문제의 합리적 조정

때, 수성 갑 유권자가 선거공약에 기준해서 이들 후보 간의 차별성을 파악하기에는 어느 정도 한계가 있었을 것으로 추정된다.

이한구 후보와 김부겸 후보 간의 가장 큰 차이점은 구체적인 선거운동에 있기 보다는 이들 후보가 표방한 선거운동의 기조에 있었다. 이한구 후보의 선거운동 기조는 박근혜 대통령 만들기와 예산 확보로 대표되는 경제전문성에 있었다(4월 21일 이한구 후보와의 인터뷰). 이에 반해 김부겸 후보의 선거운동 기조는 경쟁 있는 정치라는 슬로건으로 대표되는 지역주의 극복에 있었다. 달리 이야기 하면, 이한구 후보의 선거운동 기조는 박근혜 중심의 지역주의, 예산확보라는 회고적 기제, 그리고 경제전문가라는 전망적 기제가 중심이었다. 반면 김부겸 후보의 선거운동 기조는 지역주의 극복에 근거하고 있었다.

이한구 후보가 '박근혜 대통령 만들기'에 노력했다는 점은 수성 갑만의 현상이 아니었다. 대구시 새누리당 후보 12명 모두의 선거운동 기조에 박근혜 대통령 만들기가 있었다 해도 과언이 아니었다. '박근혜 대통령 만들기'라는 용어는 주성영 새누리당 대구시당위원장 및 최경환 새누리당 경북도당위원장을 비롯하여 여러 후보들에게 사용된 용어였다. 예를 들어, 이한구 후보는 3월 29일 CBS라디오 김현정의 뉴스쇼에서 "박근혜 대통령이 돼야 우리 지역이 발전할 수 있다 하는 것은 우리 지역 주민들의 염원이에요. 그건 확신이고."라고 했으며, 2012년 3월 26일 동아일보와의 인터뷰에서 "제가 국회 예산결산특위 위원장을 지낸 기간을 포함해 이명박 대통령 때 대구 예산이 세 배 늘었습니다. '박근혜 대통령' 땐 이미 짜 놓은 경제플랜으로 최종 결실을 이룰 겁니다."라고 했다. 이와 같이 박근혜 대통령 만들기라는 용어는 수성 갑을 포함한 대구시 상당수 지역구에서 공공연히 사용된 용어이며, 이러한 용어는 대구시민의 지역주의 성향을 결집시키고자 하는 의도가 다분했던 것으로 추론할 수 있다. 나아가 상대편 후보였던 김부겸 후보 또한 박근혜 대통령 만들기에 대한 직접적인 반박을 피할 정도였다. 다음은 CBS라디오 "김현정의 뉴스쇼"에서 박근혜 대통령 만들기가 지역주민의 염원이냐는 사회자의 질문에 대한 김부겸 후보의 발언 중 일부를 녹취한 기록이다(유사한 선거운동 내용이 2012년 3월 26일 『동아일보』, 2012년 3월 28일 『매일신문』 등에서도 발견된다).

> "박근혜 후보가 진정 국민의 지도자가 되어서 대통령이 될 생각을 하시고 또 그렇게 옆에서 도와주셔야지 그 지역 사람들끼리 뭉쳐서 박근혜 대통령 만들겠다고 그러면 그분을 국민적 지도자가 아니라 동네 지도자로 만드는 꼴이에요. 지금 제가 보기에 박 대표가 대통령이 되시기에 가장 큰 걸림돌은 바로 지역 분들이 박 대표를 둘러싸고 자신들의 정치적 이익을 가져가려고 하니까 많은 국민들이 상당히 거부감을 갖는 거 아닙니까?"

이와 같이 19대 총선에서 수성 갑을 포함한 대구시의 정서는 박근혜 대통령 만들기가 주도적인 분위기였다. 이와 같은 상황에서 같은 새누리당 소속이었던 이한구 후보는 손쉽게 이를 마케팅화하여 지지자를 결집시킬 수 있었지만, 지역주의 극복을 위하여 출마한 김부겸 후보는 근본적인 부분에서부터 전략적 제한에 부딪쳤다고 평가할 수 있다.

이한구 후보는 박근혜를 중심으로 지역주의 결집과 더불어 예산 확보로 표방되는 경제전문성에 선거운동의 초점을 두었다. 예를 들어, 19대 총선에 자신이 당선되어야 하는 이유를 다음과 같이 제시하고 있다.

> "여러 가지 사업도 유치하고 예산도 가져왔지만 아직 완공이 안 돼서 기업 유치가 본격적으로 안되고 있어요. 그래서 기업 유치가 제대로 되게 하고 좋은 일자리가 많이 만들어지도록…(YTN 2012.3.30)."

김부겸 후보는 지역주의 극복의 기치 아래 대구 토박이론을 선거전략에 도입하였다. 예를 들어, 3월 26일 대구 범어시장 앞에서 "민주당에서 지역주의를 말할 수 있는 사람이 많지 않다. 제가 초중고교를 대구에서 마쳤다. 지역 연고 없이 출마할 수는 없지 않나."라고 주장하며, '우리가 남이가'라는 정서에 편승하고자 하는 시도가 있었다(동아일보 2012.3.26). 이와 같은 시도는 지역의 오피니언들의 모임들에서도 꾸준히 제기되었다(3월 29일 경북대학교 신문방송학과 정걸진 교수와의 인터뷰).

물론 수성 갑 선거에 있어서 부정적 선거운동이 없었던 것은 아니다. 예를 들어, 김부겸 후보의 공약이행률 및 당적 변경 문제가 이한구 후보에 의하여 제기되었다(동아일보 2012.3.26; CBS라디오 김현정의 뉴스쇼 2012.3. 29). 그렇지만 이와 같은 부정적 선거운동은 선거전반에 부각되지 않았으며, 이에 대한 김부겸 후보의 이한구 후보에 대한 비판도 제기되지 않았다. 따라서 수성 갑에 있어서는 달서 갑에서 보였던 것처럼 상대방 비방이 선거운동의 중심으로 자리 잡지 않았다.

그렇다면 지역주의 결집과 지역주의 극복을 위한 두 후보의 전략은 어떠한 선거 결과로 이어졌을까? 이어지는 절에서는 두 후보의 전략이 수성 갑의 여론에 미친 영향과 선거 결과에 미친 영향을 분석함으로써 본 장의 결론에 대신하고자 한다.

4. 선거 결과 : 결론에 대신하여

새누리당 이한구 후보는 박근혜 중심의 지역주의를 기제로 자신의 세력을 집결하는 선거전략을 사용하였다. 이에 도전하는 민주통합당 김부겸 후보는 경쟁 있는 정치를 표방하며, 지역주의 극복이 지역경제 발전을 위한 선제요건임을 강조하였다. 두 후보는 모두 3선 국회의원이라는 점에서 조직과 경험의 유사성이 있었고, 수성 갑 유권자에 제시한 선거공약에 있어서도 상당 부분 유사했다. 그렇지만 이한구 후보는 지역주의 정서와 일치하는 새누리당의 후보인 반면, 김부겸 후보는 지역주의 정서와 배치되는 민주통합당 후보여서 이 둘 간의 지지도는 처음부터 큰 차이를 나타냈다. 그림 3은 수성 갑에 대한 여론조사들을 취합하여 정리한 그림이다. 이 한구 후보에 대한 지지도는 '■'로 표시되었으며, 김부겸 후보에 대한 지 지도는 '●'로 표시되었다. 첫 번째 여론조사 자료가 공개된 시점(2월 7~11 일)에서 김부겸 후보는 이미 선거운동을 시작한 시기였으며, 수성 갑 현직 의원이었던 이한구 후보는 그림 3의 여론조사 시기 중반 즈음인 3월 18일 에 공천이 확정됐다.

그림 3에서 나타나듯이, 이한구 후보에 대한 지지율은 일반적으로 40% 대를 유지하고 있었다. 물론 2월 7~10일 조사, 2월 11일 조사에서 40% 대 미만으로 지지도가 나타났지만, 일반적으로 이한구 후보의 지지율은 40%대를 유지하고 있었다. 이에 반해, 김부겸 후보의 지지율은 시간이 흐름에 따라 상승하고 있었다. 15.9%에서 시작되었던 지지율은 3월 평균 25% 안팎의 지지도를 기록하였고, 본격적인 선거운동 기간이었던 4월에 는 30%를 넘었다. 또한 선거 당일 출구조사에서는 44%를 기록하여, 이한 구 후보와 6.3%의 차이로 경합지역으로 분류되었다. 이와 같은 지지율 상

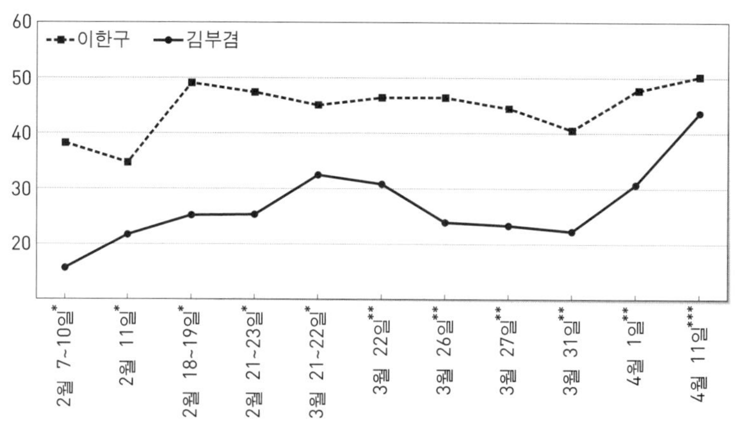

그림 3. 수성 갑의 여론향배

출처: * 동아일보 2012.3.26, ** 영남일보 2012.4.3, *** 조선일보 2012.4.11, KBS-MBC-SBS 출
구조사

승에 대하여 김부겸 후보 측은 "야당중진에 대한 기대감, 새누리당 일당 독재에 대한 피로감, 새로운 인물에 대한 갈증이 막판 표심을 흔들 것으로 전망했다." 하는 등 선거 결과에 희망을 드러내기도 하였다(대구신문 2012. 4.1).

이에 조응하듯, 선거 전일인 4월 10일에는 비교적 젊은 층이 많이 거주하는 고산3동 신매역 시지(신매)광장에서 지역주의 극복을 중심으로 '집중유세'를 했으며, 선거 당일 5시 18일에는 "대구 수성 갑 오후 5시 현재 전국 평균보다 3.5% 이상 높습니다. 대구에서도 가장 높습니다. 역사가 만들어 집니다. 대구 수성 갑의 저력을 보여 주십시오. 꼭 투표해 주십시오."라는 문자메세지로 투표 참여를 독려하였다. 또한 김부겸 후보의 선거운동에 같은 당 소속 후보들의 지원도 적극적이었다. 예를 들어, 동구 을에 출마한 민주통합당 이승천 후보는 3월 28일, 4월 6일, 4월 10일 김부겸 후보의 선거운동 정보를 알리면서 참여를 독려하였다. 또한 선거 당일 12시 35분에는 "후보들이 피말리는 경합 중입니다 당의 미래가 우리 손에 있습니다. 투표하시고 주위에 독려해 주세요."라는 문자메시지로 김부겸 후보를 지원하였다.

그렇지만 지역주의 극복을 위한 또 다른 도전은 실패로 돌아갔다. 4월 11일 있었던 19대 총선 결과, 김부겸 민주통합당 후보는 이한구 새누리당 후보에게 40.2% 대 52.5%로 패함으로써 지역주의의 벽은 넘기 어렵다는 것을 다시 한 번 보여 줬다(표 6). 나아가 비례대표 의원에 대한 정당득표율은 더욱 격차가 벌어져서 새누리당에 대한 수성 갑의 압도적 지지가 여전함을 보여 주었다.

김부겸 후보의 노력은 수성구를 넘어 대구로 전파되는 데 있어서도 한계가 있었다. 수성구 차원에서 민주통합당 후보 대 새누리당 후보의 득표율은 33.5% 대 57.1%이었으며, 대구 차원에서의 수치는 20.9% 대 59.6%

였다. 이와 같은 수치는 전국 차원의 새누리당 득표율과 비교할 때, 여전히 높은 수치였다. 이와 같은 경향은 비례대표 의원에 대한 정당득표율에서 보다 분명해서, 새누리당 비례대표 의원에 대한 정당득표율이 수성구 차원에서 63.9%, 대구 차원에서 65.3%로서 전국 차원의 41.8%보다 20% 이상의 차이를 나타내고 있었다. 따라서 김부겸 후보에 의한 지역주의 극복 노력은 이번 19대 총선 차원에서도 완결되지 않은 것으로 평가할 수 있다. 이와 같은 점은 김부겸 후보 측에서도 인지되고 있는 듯하다. 예를 들어, 경향신문과의 인터뷰에서 김부겸 후보는 "연말에 대선이 겹치다보니 지역주의의 깊은 그림자를 극복하지 못했다. '박근혜 마케팅'을 많이 했는데 대구에서 박 위원장에 대한 지지는 거의 열광이다."라고 19대 총선을 평가했다(경향신문 2012.4.15).

그렇지만 김부겸 후보의 도전이 허무한 것만은 아니었다. 예를 들어, 2월 초 여론조사에서 보였던 22.4%의 지지율 차이는 선거 당일 6.3%로 줄어들었다. 또한 김부겸 후보가 19대 총선 때 얻은 득표율은 18대 총선의 유시민 후보가 얻은 득표율 32.6% 보다 높았으며, 17대 총선의 새천년민주당 조순형 후보와 열린우리당 김태일 후보의 득표율을 합한 수치인 34.3%보다도 높은 수치였다. 나아가 김부겸 후보의 선전은 변화하기 어

표 6. 19대 국회의원선거 결과(%)

		전국*	대구	수성구	수성 갑**
투표 참여율		54.3	52.3	55.5	58.2
지역구 후보자	새누리당	43.3	59.6	57.1	52.5
	민주통합당	37.6	20.9	33.5	40.2
비례대표 의원	새누리당	41.8	65.3	63.9	62.8
	민주통합당	35.6	16.1	18.2	19.5

출처: * 전국 득표율 자료는 조선일보 2012.4.13. ** 수성 갑 비례대표 의원 득표율 자료는 수성구 선거관리위원회에 요청하여 취합, 이외의 자료는 중앙선거관리위원회 선거통계정보시스템에서 취합.

려운 지역주의의 속성, 즉 이성보다는 감성에 의존한 정당 애착감의 산물
에 대한 도전의 결과라는 점에서 더욱 의미가 크다고 볼 수 있다. 따라서
이번 19대 총선에서 김부겸 후보의 도전은 "정치적 열망을 표출할 기회를
갖지" 못한 대구 사람들에게 새로운 희망의 씨앗을 뿌리기에 충분한 선거
였다고 볼 수 있다(경향신문 2012.4.15).

참고문헌

하세헌. 2004. "지역주의에 대한 허무한 도전." 김용호 외. 『17대 총선 현장 리포트: 3인
　　　정치학자의 참여관찰』. 서울: 푸른길.
하세헌. 2007. "지역주의에 대한 도전." 이준한 외. 『제4회 지방 선거 현장 리포트』. 서울:
　　　푸른길.
안용흔. 2009. "지역주의, 그 변화의 씨앗: 대구 수성(을)." 유재일 외. 『18대 총선 현장 리
　　　포트: 18인 정치학자의 참여관찰』. 서울: 푸른길.
Abramson, Paul R. John H. Aldrich, and David W. Rohde. 2007. *Change and Continuity in
　　　the 2004 and 2006 Elections*. Washington, D.C.: CQ Press.

국가통계포털. http://kosis.kr(검색일: 2012.4.20).
중앙선거관리위원회 선거통계정보시스템. http://info.nec.go.kr(검색일: 2012.4.20).

3. 친노 바람과 부산 유권자의 변화 :
   부산 북·강서 을 선거구 사례

전용주

1. 낙동강 벨트, 지역균열 vs 세대균열

부산 북·강서 을 선거구는 2000년 16대 총선에서 노무현 후보가 지역주의 타파를 내걸고 출마했던 곳이다. 2012년 총선에서도 야권이 이른바 '낙동강 벨트'라고 명명하면서 새누리당의 텃밭을 허물겠다고 했던 지역 중 하나이다. 여기에 대표적 친노 정치인인 민주통합당 최고위원 문성근 후보가 출마했다. 낙동강 벨트발 야권 바람은 이른바 '노풍(盧風)'에 근거한다. 이명박 정부하에서 동남권 신공항 백지화 파동, 부산저축은행 사태가 잇따라 터져 반새누리당 정서가 확산되면서 이 지역에서 친노 정치인들에게 기회의 창이 열린 듯 보였다. 이 때문에 민주통합당은 낙동강 벨트를 부산·경남 공략의 거점으로 삼고 친노계 인사를 집중적으로 배치해 지역주의 타파를 내세우면서 선거에 임했다.

한국 정치에서 '지역'은 유권자들의 정치적 태도와 성향에 강력한 영향력을 행사해 왔다. 특히 1987년 민주화 이후 거의 모든 선거에서의 '지역주의'는 유권자들의 투표행태와 정당체제의 형성을 규정해 왔다. 민주화 이후 유권자들의 후보나 정당 지지에 미치는 강력한 영향에 관해서는 학자들 사이에서 거의 이견이 없었던 것이 사실이며 또한 많은 경험적 연구들이 이를 증명해 왔다. 그러나 지역주의의 강력한 영향력은 2002년 대통령선거 이후 변화조짐을 보이기 시작했다. 즉 2002년 대선에서 세대 간 이념 차이가 반영되면서 지역주의의 영향력이 일정 정도 약화되는 현상이 나타난 것이다. 즉 세대별로 20대와 30대는 진보적, 40대는 중립적, 그리고 50대 이상의 유권자층에서는 보수적 성향을 보여 준 것이다.

특히 지역주의의 강도가 강했던 영남지역에서 이러한 세대별 이념의 차이와 지지 후보의 차이가 나타났으며 호남지역에서도 변화조짐이 관찰되었다(가상준 2007; 강원택 2003; 박명호 2006; 이내영·신재혁 2003; 최준영 2007; 최준영·조진만 2005). 그리고 2004년 실시된 총선은 이러한 세대균열과 이념균열의 작동이 다시 한 번 확인된 선거였다(어수영 2006; 이갑윤 2011; 정혜숙·임영규 2006; 조진만·최준영 2006). 특히 노무현 전 대통령에 대한 국회의 탄핵은 이러한 새로운 균열구조를 동원하게 하는 '사건'으로 작용한다. 예를 들어 국회의 탄핵결정에 대해 20대와 30대가 가장 많은 반대 비율을 보였고, 연령이 높을수록 찬성 입장을 보였다.

중요한 사실은 이러한 사회균열의 대체가 지역마다 다른 속도로 나타나고 있다는 사실이다. 16대 대선과 마찬가지로 영남의 일부지역, 특히 부산·경남지역의 경우 정당 간 경쟁의 정도가 높아짐으로써 부분적인 지역균열 약화 현상과 세대균열 및 이념균열의 등장 현상을 보인 것이다(박명호 2006; 최준영·조진만 2005).

따라서 친노 바람을 일으키면서 지역주의 극복을 내걸고 19대 총선에 출마한 친노 인사들의 선거운동 과정과 선거 결과는 학문적으로도 중요한 연구 주제라고 할 수 있을 것이다. 특히 '노무현의 막내 동생'이라고 자처한 문성근 후보가 출마한 북·강서 을 선거구는 매우 흥미로운 연구 대상이다. 예를 들어 과연 이 선거구에서 문성근 후보는 어떤 형태의 선거운동을 했는지, 텃밭을 사수하려고 했던 새누리당 김도읍 후보는 친노 바람을 차단하고자 어떠한 방식으로 대처했는지, 이 선거구 유권자들은 어떠한 반응을 보였는지, 그리고 선거 결과는 어떠했는지를 살펴보는 것은 한국 정당정치와 유권자 투표행태 변화를 살펴볼 수 있는 좋은 연구 대상이라고 할 수 있을 것이다. 지역주의의 약화와 친노 바람 혹은 세대균열의 등장 정도를 측정할 수 있는 대표적 선거구라고 할 수 있기 때문이다.

2. 북·강서 을 선거구의 특성과 지난 선거 결과

북·강서 을 선거구는 부산에서 지역이 가장 넓다. 또한 도시와 농어촌이 혼재되어 있는 지역적 특성을 가지고 있다. 낙동강 서쪽의 강서구는 농촌과 어촌의 성격이 강한 지역이며, 낙동강 동쪽인 북구는 신도시가 형성되어 인구가 많은 대도시 성격을 가지고 있다. 즉 도시와 농촌이 결합된 도·농복합적 성격을 띠고 있다고 할 수 있다. 따라서 지역주의가 여전히 강한 변수로 작용하면서, 동시에 도농균열과 세대균열이 혼재하는 지역으로 선거 결과를 예측하기가 상당히 힘든 지역이라고 평가할 수 있다.

표 1에서 보는 바와 같이 이 선거구의 인구는 약 15만 명으로 그중 2/3 정도 신도시가 형성되어 있는 북구에 거주하고 있다. 세대별 인구 구성으로 보면 40대가 25.1%로 가장 많은 유권자층을 구성하고 있으며 그 다음으로는 50대(20.2%)이다. 50대 이상이 30대 이하보다 더 많다는 사실로부터, 40대가 가장 많음에도 불구하고 전체적으로는 고령화되어 있다는 점도 알 수 있다. 북구와 강서구 세대별 인구의 차이점을 보면, 북구의 경우 40대(27.9%)가 가장 높은 비율을 차지하고 있는 반면, 강서구의 경우는 60대 이상(25.3%)이 가장 높은 비율을 차지하고 있다. 즉 농촌지역 성격을 갖는 강서구는 고령화되어 있으며, 신도시 성격을 갖는 북구는 40대 중년층이 주류를 이루고 있다고 할 수 있을 것이다. 단 강서구 명지 신도시의 경우 30대가 가장 높은 비율을 차지하고 있다. 따라서 이 지역도 2009년 명

표 1. 부산 북·강서 을 선거구 동별·세대별 인구 구성

구	동	20대	30대	40대	50대	60대 이상	계
북구	금곡동	5,156	5,580	8,496	6,483	6,679	32,394
	덕천2동	2,388	2,214	2,526	2,724	2,563	12,415
	화명1동	3,522	3,806	6,218	3,970	2,525	20,041
	화명2동	2,785	2,435	4,351	3,177	2,520	15,268
	화명3동	3,327	5,429	7,446	4,236	3,338	23,776
	계 (%)	17,178 (16.5)	19,464 (18.7)	29,037 (27.9)	20,590 (19.8)	17,625 (17.0)	103,894 (100)
강서구	대저1동	1,119	887	1,308	1,780	2,286	7,380
	대저2동	981	775	942	1,181	1,524	5,403
	강동동	783	505	863	1,282	1,651	5,084
	명지동	2,184	4,061	2,998	2,609	2,209	14,061
	가락동	274	189	311	460	802	2,036
	녹산동	1,779	1,129	909	1,135	1,373	6,325
	천가동	184	158	304	474	819	1,939
	계 (%)	7,304 (17.3)	7,704 (18.2)	7,635 (18.1)	8,921 (21.1)	10,664 (25.3)	42,228 (100)
전체		24,482 (16.6)	27,168 (18.6)	36,672 (25.1)	29,511 (20.2)	28,289 (19.4)	146,122 (100)

※ 인구총조사 자료(2010)를 활용하였음. 19세 유권자 수는 별도로 확인할 수 없으므로 포함시키지 않았음.

지 신도시 건설 이후 젊은 층이 유입되면서 노령화 현상이 희석되고 있다고 할 수 있다.

이 선거구에서의 역대 총선 결과를 보면 다른 부산지역과 마찬가지로 새누리당 계열 정당 소속 후보가 계속 당선되어 왔다(표 2). 후보 득표율에서도 거의 50%를 넘기면서 압도적 승리를 거둬 왔다. 특히 이 선거구에서는 2000년 16대 총선 이후 새누리당의 허태열 의원이 3선을 했다. 그러나 1인 2표제가 실시된 2004년 총선 이후 선거 결과를 보면 한 가지 특징을 찾아 볼 수 있다. 부산지역 전체의 새누리당 평균 정당득표율보다 이 선거

표 2. 민주화 이후 북·강서 을 선거구 역대 총선 결과(%)

선거	선거구명	후보자	정당	후보 득표율	정당 득표율	정당득표율 부산 평균
1992년 14대 총선	북구 갑	문정수	민주자유당	48.8		
		안경률	민주당	18.7		
	북구 을	신상우	민주자유당	56.2		
		배갑상	민주당	23.9		
	강서구	송두호	민주자유당	53.6		
		오세호	민주당	8.9		
1996년 15대 총선	북·강서 을	한이헌	신한국당	62.1		
		안병해	통합민주당	31.2		
2000년 16대 총선	북·강서 을	허태열	한나라당	53.2		
		노무현	새천년민주당	35.7		
2004년 17대 총선	북·강서 을	허태열	한나라당	52.5	45.1	49.8
		정진우	열린우리당	44.9	37.6	33.4
2008년 18대 총선	북·강서 을	허태열	한나라당	64.2	42.0	43.7
		정진우	통합민주당	23.2	17.1	14.0

구에서의 새누리당 정당득표율이 낮다는 점이다.

반면 야당인 민주통합당 계열 정당의 정당득표율은 부산지역 평균보다 이 선거구 정당득표율이 더 높다. 예를 들어 2004년 17대 총선에서 새누리당의 부산 전체 정당득표율 평균은 49.8%였으나, 이 선거구에서는 45.1%였다. 반면 열린우리당의 부산지역 정당득표율 평균은 33.4%였으나, 이 선거구에서는 37.6%를 획득했다. 2008년 18대 총선에서도 새누리당의 부산지역 정당득표율 평균은 43.7%였으나, 이 선거구에서는 42.0%였다. 반면 통합민주당의 경우는 부산지역 정당득표율 평균(14.0%)보다 이 선거구 정당득표율(17.1%)이 더 높았다. 즉 부산의 다른 선거구보다 지역의 지배적 정당인 새누리당 정당 지지도가 다소 낮고, 반면 야당 지지도는 다른 선거구보다 다소 높은 것으로 보인다. 즉 지역주의의 강도가 다른 선거구보다 다소 약한 것으로 볼 수 있을 것이다. 그럼에도 지역주의가 이 지역 정당체제와 유권자 투표행태를 결정해 온 것은 확실한 듯 보이며 따라서 19대 총선에서도 여당인 새누리당에 상대적으로 유리한 구도가 형성된 것이 사실이다.

2. 양대 정당 후보와 선거운동

1) 선거전략과 공약

이 지역에서 이명박 정부에 대한 비판적 분위기가 형성되고 친노 바람이 불면서 야당에게도 기회가 있는 것처럼 보이게 된다. 또한 이 지역 3선 의원인 허태열 의원이 새누리당 공천에서 탈락하면서 전국적인 관심 선거구로 부상하게 된다. 주요 정당에서 먼저 공천이 확정된 것은 민주통합당의 문성근 최고위원(58세)이었다. 선거 두 달 전인 2월 22일 공천 확정이 발표되었던 것이다. 영화배우이자 대표적 친노 인사로서 문성근 후보는 2012년 1월 민주통합당 지도부 경선에서 한명숙 대표에 이어 최고위원으로 선출된 바 있다. 전국적 인지도를 가지고 있는 문성근 후보는 당내 경선에서는 같은 선거구에서 2번 출마한 바 있는 정진우 후보와의 경선을 치루지 않고 공천이 확정되게 된다.

이 같은 상황에서 새누리당은 다소 늦게 이 선거구 후보를 확정지었다. 검사 출신의 정치신인인 김도읍 변호사(47세)를 공천한 것이다. 김도읍 후보는 현역 3선의원인 허태열 의원과 해운대·기장 을 선거구로 전략 공천된 하태경 후보와 마지막까지 경합을 벌였고 3월 9일 공천이 확정되었다. 김도읍 후보는 부산지검 검사 출신으로 부산동고–동아대를 졸업하여 사법고시에 합격해 2011년까지 부산지검 외사부장 검사를 지냈다. 이 선거구 지역인 강서구 강동동이 고향인 토박이라고 할 수 있을 것이다.

따라서 선거 초반에는 영화배우 출신으로 전국적 인지도를 가지고 있으며, 당 최고위원인 문성근 후보에 비해 인지도 면에서는 떨어지는 지역출신 정치신인 김도읍 후보가 대결을 펼치는 구도가 형성되었다. 이로 인해 선거 초반까지는 '인물' 면에서는 김도읍 후보보다 문성근 후보가 유리하다는 평가가 지배적이었다.

양대 정당의 부산지역 선거전략도 이러한 선거 구도를 반영한 것이었다. 새누리당은 소속 후보인 사상구의 손수조, 북·강서 을의 김도읍 후보, 그리고 부산진 갑의 나성린, 부산진 을 선거구의 이헌승 후보 모두 '지역일꾼론'을 내세웠다. 경쟁 상대였던 민주통합당 문재인, 문성근, 김영춘, 김정길 후보를 겨냥해 '철새 정치인'이라고 공격하면서 자신들의 강점을 차별화하는 전략이었던 것이다. 반면 민주통합당과 통합진보당 등 야권은 정부 여당 5년 심판에서 더 나아가 새누리당이 지난 20년간 부산지역에서 일당지배를 해 온 결과에 대한 부정적 평가를 강조하고 있었다. 부산의 수출 물량 감소와 인구 유출 증가, 자살률 최고 등 각종 부정적 지표를 제시하며 "여야가 경쟁해 지역발전을 이뤄 낸 인천에게 2위 도시 자리를 내 줄 처지에 있다."는 논리를 전개했다.

북·강서 을 선거구의 양대 정당 후보들은 이 같은 정당의 선거전략을 반영한 선거운동을 펼쳤다. 새누리당 김도읍 후보는 "철새는 날아가도 북·강서는 남습니다."라는 캐치프레이즈를 내세웠다. 낮은 인지도를 극복하기 위해 "부산에서 대학까지 다녀 누구보다 지역을 잘 안다." 혹은 "저는 우리 지역에서 어머님을 모시고 살고 있다. 선거가 끝나도 이 지역에서 살아야 될 사람이다."고 하면서 '지역 토박이론', '지역일꾼론'을 앞세우고 있었다. 그는 "1970년 이후 40여 년간 단 한 번도 이 지역 출신이 국회에 입성한 적이 없다."고 주장하며 자신이 이 지역 대표로 적임자임을 주장했다. 이 같은 지역 토박이론은 지역 연고가 없는 문성근 후보와 차별성을 두기 위한 전략인 것으로 보였다. 사실 그는 선거운동 내내 문성근 후보가 지역에 연고가 없음을 공격한 바 있다.

이에 반해 문성근 후보는 "바람이 다르다"라는 캐치프레이즈로 크게 세 가지 이슈 차원에서 유권자를 공략했다. 첫째, 지역주의 타파라는 노무현 정신의 계승이다. 북·강서 을 출마 이유에 대해 그는 "형님 노무현이 내 밀었던 손, 이제는 저의 손을 잡아달라"라고 하면서, "이곳은 2000년 고 노무현 전 대통령이 지역주의 벽을 극복하기 위해 출마했다가 낙선한 곳 이다. 노 전 대통령의 정신을 계승하기 위해 나섰다."고 했다. 둘째, 지역 주의로 인해 이 지역 정당정치에서 경쟁이 부재했으며 그 결과 지역발전 이 저해되어 왔다는 것이다. 그는 "연고가 있는 분들께 20년 넘게 맡겼다 가 이 모양 이 꼴이 된 것이다."라고 하면서, "지역 구도를 넘음으로써 부 산의 변화를 이루고 대한민국의 변화를 이뤄야 한다."고 주장했다. 즉 지 역발전을 이루기 위해서는 지역주의를 타파해야 한다는 논리였다. 마지 막으로 정권 심판론이다. 이는 19대 총선에서 야당이 주로 의존했던 쟁점 으로 문성근 후보도 "이명박 정부의 실정을 심판하겠다."고 말했다. 그는 "선관위 디도스 공격, 민간인 불법사찰, 내곡동 땅 문제 등이 밝혀질 기미 가 없다."는 점을 언급했다.

이 같은 선거전략은 부산지역에서 상대적으로 저발전되고 낙후된 지역 문제의 원인에 대해 각 후보들이 서로 다르게 '프레이밍(framing)'하고 있 었다는 사실에서도 대표적으로 드러난다. 먼저 김도읍 후보는 다음과 같 이 주장한다.

북·강서 지역이 낙후된 가장 큰 이유는 지역 출신의 일꾼이 없었기 때문 이다. 지역의 정서를 잘 알아 주민의 뜻을 대변하고 고향 사람의 마음으로 지역주민과 생사고락을 함께하며, 지역문제를 고민하고 해결할 수 있는 사람이 없었다. 출세를 위해 잠시 머물다 떠다는 '정치 철새', 지역에 대한 비전도 없이 북·강서를 정치실험장으로 삼는 '정치꾼'이 아니라, 북·강서와 함께 커 가며 10년 후에도, 20년 후에도 북·강서의 부모 형제들과 함께할 사람이 절실하다. 김도읍은 정치하러 나온 사람이 아니라 일하러 나온 사람이다.

반면 문성근 후보는 "새누리당 의원님들, 20년 동안 무얼하셨습니까?" "부산 재도약 경쟁정치라야 가능합니다."라고 주장하면서 다음과 같이 말했다.

여야 의원들이 섞여 있어야 서로 경쟁하듯 지역에 힘과 돈을 몰아오게 된다. 1992년 이후 20년간 90명의 국회의원 중 88명을 한나라당 성향의 후보를 선출했던 부산은 여야가 경쟁정치를 하던 인천에 뒤쳐져 제3의 도시로 추락하고 있다. 그동안 부산 출신 대기업은 모두 무너졌다.

즉 김도읍 후보는 동일한 지역발전 쟁점에 대해 지역일꾼을 뽑아야 된다고 주장한 반면, 문성근 후보는 지역주의를 무너뜨려야 지역발전이 이루어질 것이라고 주장했던 것이다.

두 후보는 북·강서지역의 발전을 위해 구체적 공약을 표 3과 같이 제시했다.

양 후보는 강서구와 북구 특성에 맞는 정책공약을 제시했다. 예를 들어 김도읍 후보는 강서구의 그린벨트 해제와 교육 인프라 확충을 약속했다. 세부 정책공약에서도 강서구 관련 내용이 많았다. 예를 들어 농어촌 소득 증대와 낙동강 관광 활성화 등이 그것이다. 그를 통해 이 지역에 인구가 유입될 수 있도록 하겠다는 것이다. 또한 젊은 층과 중년층이 많은 북구의 화명, 명지 신도시의 경우에는 교육과 복지 관련 공약을 강조하며 제시하였다.

표 3. 주요 두 후보의 공약

구분	김도읍	문성근
주요 공약	교육특구조성 및 국제학교 설치 강서그린벨트 해제지역 생활기반 구축 영상 미디어 촬영센터 조성 레저문화도시 창조	신항만배후철도와 남북철도 연결 부산신항만 확충 가덕도 신공항 신설 해양수산부 신설
세부 정책 공약	유통구조 개선을 통해 농어촌 소득증대 도모 오션시티 등 강서구 전역 대중교통망 확충 강서지역 도서관 시설 확충 강서지역 낙동강 관광 활성화 지역법률지원, 고충 상담센터 설치 노인 등 취약계층 안정적 일자리 지원 교육도시 조성 지역아동센터와 교사 지원 확대 도서무료대여소 확대로 저소득층 보육, 교육 지원 출산장려금, 영유아 복지 증대 꿈나무 영어캠프 확대	낙동강 수질개선 행복하고 살기 좋은 북·강서 육해공 복합물류, 남북협력 일자리 복지의 출발은 일자리부터 금곡동 지식산업센터 재추진 청년·영세민 일자리 창출 부산 최초의 행복한 '혁신학교'를 북·강서구에 기초노령연금·장애인연금 지급대상 확대하고 2배로 증액 명지동, 북구에 국공립 어린이집 4개 이상 신설 부자증세로 중앙예산을 더 만들고 그 돈을 북·강서로

※ 각 후보의 홈페이지에서 발췌하여 정리하였음.

반면 문성근 후보는 지역발전을 남북관계와 연결시켰다. 부산 신항만에서 개성공단~중국·시베리아까지 철도를 연결해 부산을 유라시아의 관문으로 만들겠다고 했다. 그는 "남북 관계가 잘 풀려야 지역현안도 해결될 수 있다."고 하면서 "MB 정부 출범 이후 묶여 있는 개성공단 확장과 남북 철도망이 연결되면 부산지역경제에 도움이 될 것"이라는 논리를 전개했다. 또한 지역별로는 강서구의 경우 신항만, 신공항, 철도를 연계한 물류 중심지로 만들고, 북구의 경우는 문화의 중심지 조성과 복지를 확충시키겠다는 공약을 내놓았다.

2) 양대 정당 후보의 선거운동

선거일 한 달 전인 3월 10~11일 한 언론사 여론조사에 의하면 문성근 후보가 26.5%, 김도읍 후보가 25.3%포인트로 오차범위 내 접전을 벌이고 있었다. 문성근 후보는 20~40대에서 김도읍 후보를 앞섰지만 50대 이상에서는 김도읍 후보가 37.5%로 문성근 후보(16.7%)를 앞섰다(매일경제 2012.3. 12).[82] 즉 김도읍 후보의 낮은 인지도, 그리고 세대별 성향 차이가 여론조사에 반영되고 있었다. 양 후보의 선거운동도 이러한 지역 정서를 반영한 것이었다.

김도읍 후보의 선거운동 특징은 전통적 선거운동 방식인 유권자와의 대면 방식을 통한 인지도 제고, 그리고 조직에 의한 운동이라고 할 수 있을 것이다. 이에 반해 조직 면에서 취약한 문성근 후보의 경우는 콘서트 형식의 새로운 선거운동 방식, 연예인과 명사를 활용한 투표율 제고운동 등이 선거운동의 특징이라고 할 수 있을 것이다. 선거운동의 대상에서도 김도읍 후보의 경우 자신의 고향인 강서구, 문성근 후보의 경우는 젊은 세대 다수가 거주하는 북구 화명 신도시에 집중하는 모습을 보였다.

먼저 김도읍 후보의 경우 그의 선거운동 하루 일정을 보면 주로 유권자를 직접 만나는 데 주력하고 있는 것처럼 보였다. 예를 들어 오전 7시 출근길 아침 인사를 시작으로 도보를 이용한 선거운동과 차량유세, 퇴근 인사, 지역 내 각종 모임에 참석했다. 또한 주말에는 유권자가 많이 모이는 등산로와 종교시설, 축구장 등을 찾았다. 유세에서도 지역일꾼론을 강조했다. "북·강서는 어린 김도읍을 키웠습니다."고 외쳤다. 그리고 문성근 후보에 대한 공격을 이와 연계했다. "선거 끝나면 떠나는 철새 정치인은 안됩니다. 북·강서 을의 아들 김도읍을 밀어주십시오."

그러나 김도읍 후보의 선거운동 중 가장 효과적인 것은 강력한 대선 주자인 박근혜 새누리당 비상대책위원장의 지원 유세였다고 할 수 있다. 그는 선거 초반 낮은 인지도라는 문제뿐만 아니라, 지역 현역 3선의원이면

---

82 http://news.mk.co.kr/newsRead.php?year=2012&no=158309

서 19대 총선에서는 공천 탈락한 허태열 의원의 조직을 쉽게 장악하지 못한 듯 보였다. 그러나 이러한 인지도와 조직 문제는 박근혜 위원장의 수차례 부산 방문과 지원 유세로 극복된 듯 보였다. 박근혜 위원장은 3월 27일, 31일, 그리고 4월 6일 인구 밀집 지역인 북구 화명 신도시 대형마트 앞에서 김도읍 후보에 대한 지원 유세를 한 바 있다.

이에 비해 문성근 후보는 조직에서의 열세를 극복하기 위해 바람을 일으키는 새로운 형태의 선거운동과 주로 지지층으로 판단되고 있던 청장년층의 표심을 움직이고 투표율을 올리기 위한 선거운동을 전개했다. 예를 들어 3월 31일 유세에서는 선거운동원들과 함께 댄스 플래시몹 형태의 유세전을 펼치기도 했고, 프로야구 개막전이 열리는 4월 7일 자이언츠 유니폼을 입고 대저토마토축제장에서 유세했다. 여기에 선거운동원들도 부산 야구장 응원문화로 잘 알려진 신문지 응원 형식으로 유세에 참여하기도 했다. 또한 '토크 콘서트' 형식을 빌린 선거운동을 하기도 했다. 4월 1일 오후 6시 북구 화명동 신도시 근처 공원에서 '이야기 마당—노무현의 눈물, 문성근의 김장' 행사를 진행했다. 여기서 문성근 후보는 이창동 영화감독과 노무현 전 대통령에 대한 추억을 얘기하며 표심 잡기에 나섰다. 철새라는 비판에 대응한 말도 했다. "제 손을 잡아주신다면 왜 그 손을 뿌리치고 떠나겠나?"며 "부산을 위해 제 모든 것을 바치겠다."고 주장했다.

명사를 동원한 선거운동도 특징적이었다. 4월 6일에는 안도현 시인, 8일에는 권영길 의원과 조국 서울대 교수, 9일에는 공지영 작가와 '나는 꼼수다'의 김어준과 함께 유세를 펼쳤다. 투표율을 올리기 위한 선거운동도 진행했다. 3월 24일에는 연예인 김제동, 윤도현 등이 참여한 '개념찬 콘서트 바람'이 부산에서 열렸고 여기에 바로 이웃 선거구인 사상구에 출마한 같은 당 문재인 후보와 함께 참여하여 2030세대의 투표율을 올리는 데 주력했다.

또한 문재인 후보와의 합동 유세도 펼쳤다. 예를 들어 3월 31일과 4월 5일 화명동 신도시에서 문재인 후보와 합동 유세를 갖기도 했다. 이는 신도시 청장년 세대를 공략하기 위한 전략의 일환으로 보였다. 또한 문재인 후보는 박근혜의 대세론에 대항하여 문재인의 PK 대망론과 연결시킨 선거 전략을 보여 주기도 했다. 그는 "민주당 후보를 다수 약진시켜 준다면 그 힘으로 부산을 대표하는 정치인을 대통령 후보로 밀어 올릴 수 있다."고 언급하기도 했다.

3) 지역 유권자 태도

선거 기간 내내 두 후보의 여론조사 지지율은 박빙의 차이를 보였다. 특히 3월 초 새누리당 공천 확정 직후에는 김도읍 후보가 여론조사에서 다소 뒤지는 현상을 보였지만 박근혜 위원장의 3월 27일 첫 번째 지원 유세 이후 지지율이 뒤바뀌거나, 그 이후 백중세를 보였다는 점은 주목할 만하다(그림 1).

그렇다면 지역 유권자는 어떤 생각을 하고 있었을까? 대면 인터뷰(face-to-face interview)를 통해 유권자들의 판단을 살펴보았다. 대체로 60대 이상에서는 '지역일꾼론'을 내세워 새누리당 김도읍 후보를 지지하는 이들이

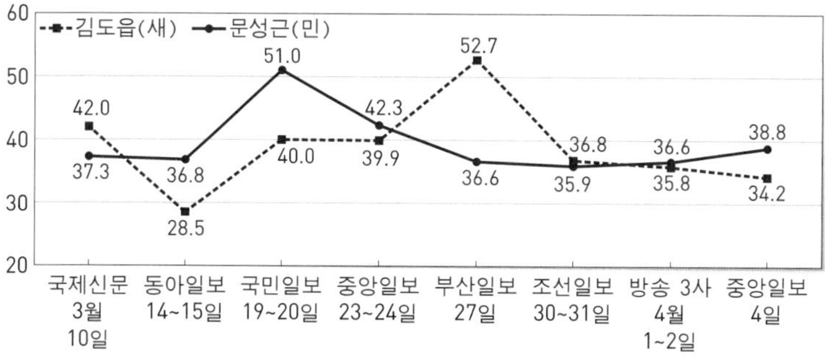

그림 1. 북·강서 을 선거구 김도읍·문성근 후보의 여론조사 지지율

많았다. 반면 30~40대 젊은 층에서는 '세력 균형론'을 내세워 민주통합당 문성근 후보를 지지하는 이들이 많았다. 하지만 마음을 정하지 않았거나 투표 자체를 거부하는 이들도 상당수였다.

예를 들어 A씨(60대, 남, 퇴직자)는 "김도읍 후보를 지지한다. 새누리당이고 부산 토박이이기 때문이다. 부산은 새누리당이 되어야 한다. 하던 정당이 잘할 것이다. 민주통합당은 부산을 잘 모른다. 부산에 대해서 아무 것도 모르는 사람들이 와서 뽑아달라고 하는 것이다. 김도읍 후보는 부산에서 나고 자라서 여기를 잘 안다."

또한 문성근 후보의 좌파적 이미지도 부정적 평가를 받고 있었다. 예를 들어 B씨(40대, 여, 주부)는 "문성근 후보는 종북 좌파로써 친북적인 언행을 보여서 대한민국의 일원으로써 용납할 수 없다. 김도읍 후보를 지지하는 이유는 어차피 다른 후보가 당선될 가능성이 없어서이다." 또 C씨(50대, 여, 주부)는 "새누리당을 지지한다. 민주통합당은 약간 빨갱이 같다. 김대중이나 노무현이나 북한에 다 퍼줬다. 세금은 우리가 내는데 있을 수 없는 일이다. 새누리당은 그래도 믿을 만한 것 같다."

반면 젊은 세대는 부산에서의 지역주의 폐해와 정당경쟁의 필요성에 공감했다. 예를 들어 D씨(20대, 여, 대학 재학)는 "문성근 후보를 지지한다. 좋아서 지지하는 것은 아니고 부산이 좀 바뀌면 좋을 것 같아서이다. 부산이 새누리당 텃밭에서 벗어나야 한다고 생각한다. 몇 십 년간 새누리당이 장악했는데 부산을 위해 한 것이 없다. 부산 국회의원이 거의 서울에만 있고 부산은 제2도시에서 점점 퇴보하고 있다."

또한 E씨(20대, 남, 대학 재학)도 "나의 정치적 이념은 진보 쪽이라고 생각한다. 때문에 문성근 후보를 지지할 것이다. 인지도가 있고 이미지가 좋다. 그리고 새누리당과 균형을 맞추고 경쟁이 되면 조금 나아지지 않겠나?"라고 말했다. F씨(30대, 남, 회사원)도 "지금까지 대부분 새누리당 후보들이 당선되었다. 하지만 생각보다 좋은 결과를 보여 주지 못했다. 그래서 이번 기회에 새누리당이 아닌 민주통합당 문성근 후보를 지지해 보려고 한다. 인지도도 있고 이번 기회에 평소 지지했던 새누리당이 아닌 민주통합당에 한 표를 던지려 한다.”고 말했다.

문성근 후보의 정권 심판론에 동의하는 유권자도 있었다. 예를 들어 G씨(40대, 여, 주부)는 “문성근 후보를 지지한다. 과거에는 새누리당을 지지했었지만 요즘 실망했다. 경제도 어려워지고 실업율도 높다.”고 했고 H씨(50대, 남, 자영업)는 “문성근 후보를 지지한다. 새누리당의 각종 비리와 민간인 사찰 등, 현 정부에 실망했고, 새바람을 일으킨다는 의미로 지지한다.”고 했다. 이 같은 세대 차이는 도농 성격이 혼재한 강서구의 명지동에서도 극명하게 드러났다. I씨(60대, 여, 상인)도 “지역 사람을 뽑아야 한다는 게 저는 물론 주변 사람들의 대체적인 생각이며 강서구 출신이니 무조건 김도읍이다.”라고 했다. 반면 이 지역 신도시에 거주하는 J씨(40대, 남, 회사원)는 “부산은 20년 넘게 일당독식이 이뤄졌고 시장도 내내 한 당에서 해왔는데 발전된 게 없다.”고 말했다.

이와 같이 보면 이 지역에서도 연령이 높은 유권자일수록 여전히 보수적이고 지역주의에 의해 강하게 영향을 받고 있으며, 반면 연령이 낮은 유권자일수록 변화지향적이고 야당 성향을 가지고 있거나 선거에 무관심한 것으로 보였다.

4. 선거 결과

19대 총선 결과 새누리당의 김도읍 후보가 53.1%의 득표율을 얻어 당선되었다. 그는 부산지역 새누리당 후보들의 득표율 평균인 49.9%보다 더 높은 지지를 받았다. 낙선한 문성근 후보는 45.2% 득표를 했고, 이는 부산지역 야권연대 후보 득표율 평균인 31.7%보다 훨씬 높은 수치이다. 그리고 이 선거구의 비례대표 정당득표에서는 새누리당이 48.6%을 얻었다. 이는 부산지역 새누리당 정당득표율 51.4%보다 적은 수치이다. 반면 민주통합당은 부산지역 31.7%보다 높은 36.9%를 얻었다.

이는 앞서 논의한 바와 같이 북·강서 을 선거구가 부산지역의 다른 선거구보다 지역주의의 강도가 약하다는 사실이 선거 결과로 반영된 것이라고 할 수 있다. 또한 문성근 후보가 민주통합당의 정당득표율보다 약 8%이상 더 많은 표를 얻었다는 사실은 야권연대의 효과 —통합진보당의 정당득표율이 이 선거구에서 약 7~8% 정도라는 점에 근거할 때— 및 인물 효과가 어느 정도 작용했다고 할 수 있을 것이다. 중요한 사실은 문성근 후보가 획득한 득표율은 민주화 이후 이 지역 주요 선거—대통령선거와 국회의원선거—에서 야권 후보가 얻은 득표율 중 가장 높은 수치라는 점이다. 이는 진보적 성향의 젊은 세대가 '바람'에 의해 어느 정도는 결집되었다는 것을 의미할 수도 있다. 이는 북·강서 을 선거구의 투표율은 60.9%로 부산지역에서 가장 높았다는 점에서도 알 수 있다(표 5).

19대 총선에서 부산지역의 선거 결과를 전체적으로 평가해 보면, 민주

표 4. 19대 총선 부산지역 선거구별 투표율(%)

선거구	북·강서 을	사상	부산진 갑	남구 을	수영	연제
투표율	60.9	57.4	57.1	56.8	56.6	56.4
선거구	북강서 갑	동래	사하 갑	사하 을	금정	영도
투표율	55.0	54.5	54.0	54.0	53.7	53
선거구	해운대·기장 을	부산진 을	남구 갑	중동구	해운대·기장 갑	서구
투표율	52.8	52.8	52.8	51.6	50.8	50.1

전국 투표율: 54.3, 부산 투표율: 54.6

화 이후 이 지역의 정당체제와 유권자 투표행태를 지배해 오던 지역주의
는 지속적으로 그리고 점진적으로 약화되고 있는 듯 보인다. 정당득표율
에서도 새누리당이 과반수를 넘는 51.4%를 얻었지만, 민주통합당(31.7%)
과 통합진보당(8.4%) 야권연대 정당의 정당득표율도 40.1%였다. 야당 지
지율이 민주화 이후 가장 높은 수치를 기록한 것이다(표 5). 또한 친노 인
사들이 출마해 '낙동강 벨트'로 일컬어지면서 '친노 바람'을 일으켰던 선거
구에서도 부산의 다른 선거구보다 후보들이 상대적으로 더 많은 득표를
함으로써 어느 정도는 바람의 효과가 나타났다고 할 수 있을 것이다. 즉
부산지역에서 지역균열이 약화되면서 세대균열이 어느 정도 강화되는 정
당 재편성 현상이 나타나고 있는 듯 보인다(전용주 외 2007; 전용주 외 2008).

물론 이 같은 현상에 대해서는 이후 세대별 투표율과 지지후보 및 정당
에 대한 실증적 자료에 근거해야 객관적 평가가 가능할 것이며, 이 글에서

표 5. 19대 총선 부산지역 지역구별 후보 및 정당득표율(%)

선거구명	후보자명	정당	후보 득표율	비례대표 득표율	차이 (후보득표율－정당득표율)
중구·동구	정의화	새누리당	48.1	53.1	−5.0
	이해성	민주통합당	39.2	31.2	+8.0
서구	유기준	새누리당	55.1	55.8	−0.7
	이재강	민주통합당	29.4	28.1	+1.3
영도구	이재균	새누리당	43.8	49.0	−5.2
	민병렬	통합진보당	37.7	29.5	+8.1
부산진구 갑	나성린	새누리당	39.5	50.3	−10.8
	김영춘	민주통합당	35.8	32.0	+3.8
부산진구 을	이헌승	새누리당	53.2	50.3	+2.9
	김정길	민주통합당	40.6	32.0	+8.6
동래구	이진복	새누리당	53.4	53.7	−0.3
	노재철	민주통합당	33.1	29.8	+3.3

선거구명	후보자명	정당	후보 득표율	비례대표 득표율	차이 (후보득표율− 정당득표율)
남구 갑	김정훈	새누리당	52.9	52.2	+0.7
	이정환	민주통합당	37.5	31.5	+6.0
남구 을	서용교	새누리당	49.4	52.2	−2.8
	박재호	민주통합당	41.5	31.5	+10.0
북구·강서 구 갑	박민식	새누리당	52.4	48.6	+3.8
	전재수	민주통합당	47.6	36.9	+10.7
북구·강서 구 을	김도읍	새누리당	53.1	48.6	+4.5
	문성근	민주통합당	45.2	36.9	+8.3
해운대구· 기장군 갑	서병수	새누리당	55.5	51.1	+4.4
	고창권	민주통합당	40.3	27.6	+12.7
해운대구· 기장군 을	하태경	새누리당	44.8	51.1	−6.3
	유창열	민주통합당	31.7	27.6	+4.1
사하구 갑	문대성	새누리당	45.1	49.6	−4.5
	최인호	민주통합당	41.6	35.1	+6.5
사하구 을	안준태	새누리당	41.8	49.6	−7.8
	조경태	민주통합당	58.2	35.1	+23.1
금정구	김세연	새누리당	66.3	54.4	+11.9
	장향숙	민주통합당	33.8	28.9	+4.9
연제구	김희정	새누리당	49.0	52.3	−3.3
	김인회	민주통합당	30.8	30.1	+0.7
수영구	유재중	새누리당	45.3	56.4	−11.1
	허진호	민주통합당	24.6	27.0	−2.4
사상구	손수조	새누리당	43.8	47.0	−3.2
	문재인	민주통합당	55.1	40.3	+14.8
합계		새누리당	49.9	51.4	−1.5
	야권연대		39.3	민주통합당 31.7 통합진보당 8.4	

※ (+) 표시는 후보득표율이 정당득표율보다 많다는 의미이며, (−) 표시는 후보득표율이 정당득표율 보다 적다는 의미임.

주장하고 있는 지역주의 약화론과 세대균열 강화론이 검증될 수 있을 것이다. 따라서 이는 향후 남겨진 과제라고 할 수 있을 것이다.

참고문헌

가상준. 2007. "2007년 대통령 선거와 이념갈등." 한국정치학회 특별학술회의 발표 논문집.

강원택. 2003. 『한국의 선거 정치: 이념, 지역, 세대와 미디어』. 서울: 푸른길.

박명호. 2006. "17대 총선과 정당구도의 변화." 어수영 편. 『한국의 선거 V: 제16대 대통령선거와 제17대 국회의원선거』. 서울: 도서출판 오름.

어수영. 2006. "세대와 투표양태." 어수영 편. 『한국의 선거 V: 제16대 대통령선거와 제17대 국회의원선거』. 서울: 도서출판 오름.

이갑윤. 2011. 『한국인의 투표행태』. 서울: 후마니타스.

이내영·신재혁. 2003. "세대정치의 등장과 지역주의." 『아세아연구』 114.

전용주·차재권·김은미. 2007. "정치사회화와 정치성향 형성에 관한 연구: 부산지역 대학생들을 대상으로 한 설문조사결과를 중심으로." 『한국정당학회보』 6(2).

전용주·김도경. 서영조. 2008. "부산–광주 지역 대학생들의 정치성향 비교연구: 설문조사결과를 중심으로." 『한국정치학회보』 42(4).

정혜숙·임영규. 2006. "17대 총선과 지역주의." 어수영 편. 『한국의 선거 V: 제16대 대통령선거와 제17대 국회의원선거』. 서울: 도서출판 오름.

조진만·최준영. 2006. "17대 총선에 나타난 정당투표 결정요인 분석." 『정치·정보연구』 9(1).

최준영. 2007. "2007년 대통령 선거와 지역주의." 한국정치학회 특별학술회의 발표논문집.

최준영·조진만. 2005. "지역균열의 변화 가능성에 대한 경험적 고찰: 제17대 국회의원선거에서 나타난 이념과 세대균열의 효과를 중심으로." 『한국정치학회보』 39(3).

지역 정당의 미래와
전략적 투표

1. 세종시 선거와 지역 정당의 미래

유진숙

1. 서문

행정중심복합도시, 세종시는 이번 선거에서 가장 주목받았던 지역 중의 하나였다. 그리고 59.2%로 전국 최고의 투표율을 기록하며 충청 선거 1번지로 등장하였다. 이런 뜨거운 선거 열기는 무엇보다도 세종시가 '캐스팅보트' 역할을 해 온 충청권 장악의 향방을 상징하는 지역구라는 점에 있었다. 따라서 대선을 앞둔 중원 장악의 의미가 컸다. 또한 세종시가 충청권의 최대 승부처로 떠올랐던 이유는 세종시 탄생을 둘러싼 수년간의 전국적 논쟁과 갈등, 그리고 행정수도라는 미래상과 연관된 세종시의 전국적 입지를 배경으로 하고 있다. 세 번째로 세종시 선거에서는 자유선진당의 심대평 후보와 민주통합당의 이해찬 후보 등 거물급 정치가들의 치열한 접전이 전개되면서 전국적인 관심이 고조되었다. 그 외에도 세종시 출범을 앞두고 시장 및 교육감 선거가 병행되어 선거에 대한 유권자들의 관심이 증폭되었던 점 역시 세종시 부상의 중요한 요인 중 하나이다.

세종시 선거는 자유선진당 심대평 후보와 민주통합당 이해찬 후보 간의 치열한 접전, 그리고 새누리당의 신진 후보 등으로 이루어진 3자 구도 속에서 진행되었으며 이해찬 후보가 압도적인 표 차이로 당선되면서 종결되었다. 이 선거 결과는 여러 가지 측면에서 해석될 수 있지만 무엇보다도 충청의 지역 정당 자유선진당의 참패, 그리고 충청지역주의의 향방이라는 맥락 속에서 상당한 중요성을 갖는다.

본 장에서는 세종시 선거구의 특징과 후보자와 공약 분석 및 선거 결과 분석을 통하여 자유선진당의 패인과 향방 및 충청지역주의의 향방을 분석해 보고자 한다.

2. 충청지역주의

지역이 한국 선거의 가장 중요하고도 결정적인 균열구조로 자리 잡기 시작한 원년은 일반적으로 1987년 13대 대통령선거로 잡고 있다. 지역주의는 1988년 이후 한국 선거·정당경쟁 메커니즘의 핵심적 요소로 자리 잡아 왔으며 따라서 다양한 접근에서 학문적 논쟁의 대상이 되어 왔다(강명세 2005; 강원택 1999; 김진하 2010; 문우진 2009; 김욱 2012; 박상훈 2001; 김영태 2007; 이내영 외 2003; 이현우 외 2011; 장수찬 2006; 정병기 2009).

충청지역주의는 영남지역주의 및 호남지역주의와 더불어 한국의 3대 지역주의를 형성하고 있다. 충청지역주의는 그 토대가 취약함에도 불구하고 영남 및 호남과 더불어 지역주의 전통을 강하게 유지하여 왔으며 주요 이유 중의 하나는 지역 정당의 존재이다.

대전·충남지역은 자민련에서 자유선진당으로 이어지는 25년 지역 정당의 역사를 보유하고 있다. 노태우, 김대중, 김영삼이 경쟁하며 처음 지역 구도가 등장하였던 1987년 대선 당시 김종필은 신민주공화당을 결성하여 선거에 출마하였고 충청지역의 압도적 지지를 동원하였다. 1988년 13대 총선에서 신민주공화당은 충남 18석 중 13석을 석권하여 충청지역주의의 결집력을 과시하였다(장수찬 2006). 1992년 14대 총선 당시 이루어진 3당 합당으로 인하여 충청지역주의는 잠시 퇴조하는 듯하였다. 김종필의 주도로 1995년 탄생하였던 자민련은 17대 총선에서 지역구 4석을 확보한 군소정당이었다. 그러나 김종필은 다시 자민련을 기반으로 1회 지방선거와 1996년 15대 총선 및 1998년 2회 지방선거에서 충청권 지지를 회복하였다. 그리고 자민련 후신으로 탄생하였던 자유선진당은 2008년 18대 총선에서 국회 의석수 18석을 보유한 제3정당으로 부활하였다.

그럼에도 충청지역주의는 제한적인 지역 규모 및 인구 규모를 비롯하여 취약한 물리적 토대로 인하여 영·호남지역주의와는 차별적인 양상을 보여 준다. 첫 번째 현상은 '분할투표(split-ticket voting)' 경향성이다. 즉, 충청의 유권자들은 영·호남 유권자들이 모든 수준의 선거에서 한 정당에 표를 몰아주는 '일관투표(straight-ticket voting)' 경향을 보이는 것과는 달리 선거 영역에 따라서 다른 정당을 선택하는 '분할투표' 성향을 보여 준다(김욱 2012). 일례로 지난 2010년 지방선거 당시 충남 유권자들은 도지사로는 민주당의 안희정 후보를 선택하였으나 도의원선거에서는 자유선진당이나 한나라당에 더 많은 지지를 표명하였다. 이러한 분할투표 경향성은 무엇보다도 두 가지 요인으로 해석될 수 있다. 첫 번째 충청지역에서는 정당 요인뿐만 아니라 후보자 요인 역시 투표 결정에 강한 영향을 미치고 있다는 점이다. 두 번째는 균형과 견제 심리이다. 충청지역주의는 타 지역 지역주의에 비하여 권력집중에 대한 견제 심리가 강하게 동반된다.

두 번째 차이는 충청지역의 지역주의 투표행태가 타 지역에 비하여 상당히 유동적이라는 점이다. 충청지역에서의 지난 선거 결과는 충청지역당 지지율 변동의 극심함을 보여 준다. 1996년 15대 총선 당시 46.9%를 동원하며 충청지역을 휩쓸었던 자민련 지지율은 2000년 16대 총선에서는 34.79%로 급격히 하락하여 30.03%를 동원하였던 제2당인 민주당과 그리 큰 편차를 보이지 않았다. 2008년 자유선진당의 18대 총선 승리를 통하여 충청지역주의는 다시 극적으로 부활하였으나 19대 총선에서는 거의 회복 불능의 수준으로 참패하였다.

표 1. 13~19대 총선 충청지역 정당득표율 비교(%)

구분	정당명	전국	대전	충남	충북
13대 대선(1987)	신민주공화당	8.1	–	43.8	13.2
13대 총선(1988)	신민주공화당	15.6	–	46.5	33.2
14대 대선(1992)	3당 합당으로 신민주공화당이 민자당에 통합(1990)				
14대 총선(1992)					
1995	민자당에서 탈퇴, 자유민주연합 창당				
15대 총선(1996)	자유민주연합	16.2	49.8	51.2	39.4
15대 대선(1997)	DJP 연합으로 김종필 대선 불출마				
16대 총선(2000)	자유민주연합	9.8	34.3	39.2	29.5
16대 대선(2002)	불출마				
17대 총선(2004)*	자유민주연합	2.82	14.49	23.79	6.28
2006~2008	자민련 해체(2006), 국민중심당(2006~2008), 자유선진당(2008)				
17대 대선(2007)	무소속(이회창)	15.1	28.8	33.2	23.4
18대 총선(2008)	자유선진당	6.84	34.34	37.78	14.11
19대 총선(2012)	자유선진당	3.2	17.92	20.39	5.31

* 17대 총선부터는 정당명부제 비례대표제 선거 결과에 따른 정당득표율 고려.

출처: 김재한, 충북의 투표행태와 선거지역주의: 18대 총선을 중심으로, 청대학술논집 19, p.9; 중앙 선거관리위원회 선거통계시스템(http://info.nec.go.kr/main/main_load.xhtml).

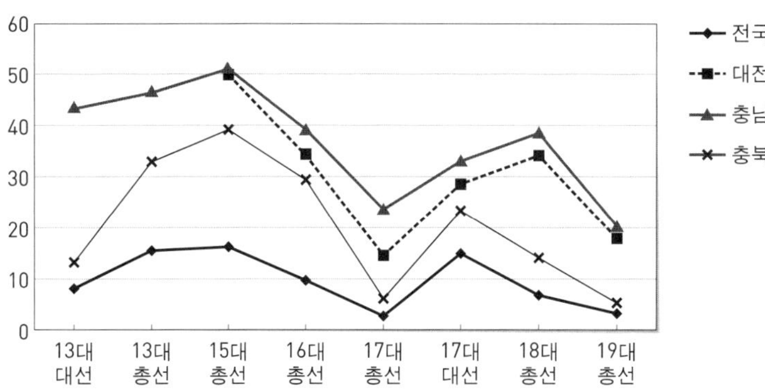

그림 1. 충청지역당의 득표율 변화(%)

출처: 김재한, 충북의 투표행태와 선거지역주의: 18대 총선을 중심으로, 청대학술논집 19, p.9; 중앙 선거관리위원회 선거통계시스템에서 재구성.

이러한 상황에 따른 정당 지지도 변화와 유동성은 충청지역주의가 영·호남의 지역주의에 비하여 정서적 요소보다는 실리적 측면이 강함을 보여 준다. 이러한 유동성과 실리주의적 성격은 무엇보다도 충청지역주의의 취약한 물리적 토대를 통하여 설명된다(김욱 2009; 2012). '충청지역주의'는 실질적으로 충남과 대전에 한정되어 있으며 충북은 충남, 대전과는 비교적 상이한 정당 지지도를 보여 준다. 따라서 충청지역주의는 안정적인 패권 장악보다는 경쟁하는 양대 지역 간의 균형 구조를 이용한 캐스팅 보터(casting voter) 역할을 지향한다. 일례로 충청지역은 14대 대선에서는 3당 합당에 참여하여 김영삼을 지지하고 15대 대선에서는 DJP연합을 통해 김대중을 지지하였으며 16대 대선에서는 노무현을 지지한 바 있다(김욱 2007). 이러한 유연성은 영·호남의 지역주의가 보수적, 또는 진보적 성향을 뚜렷이 띄는 것에 비하여 충청지역주의의 이념성향이 비교적 중도적이라는 점에도 반영된다.

세 번째 특징은 충청지역당의 높은 지역의존도이다. 한나라당, 새누리당, 민주당, 열린우리당, 민주통합당 등의 영·호남지역주의 정당들은 전국정당으로서의 성격을 동시에 보유하고 있다. 그러나 충청지역 당의 지역의존도는 타 지역 정당에 비하여 지극히 높게 나타난다(김진하 2010). 즉, 충청지역당의 기반은 충청지역에 한정되어 있을 뿐만 아니라 다른 지역 정당보다 더 강하게 지역주의를 정당경쟁 전략의 핵심적 요소로 활용하고 있다는 것이다.

이는 충청지역주의의 실용성과 유동성과 맞물릴 때 결과적으로 충청지역당 입지의 불안정성을 야기한다. 즉, 전적으로 지역주의에 의존하고 있는 충청지역당은 실리적 지역주의 투표 경향성에 의하여 상황에 따른 지속적인 부침을 거듭하게 되는 것이다.

이번 19대 총선 결과 역시 충청지역주의의 유동성과 지역당의 부침을 전형적으로 보여 준다. 본 장에서는 세종시 선거구를 중심으로 충청지역의 19대 총선 결과에서 나타난 충청지역주의 향방을 분석하고자 한다.

3. 세종시 선거구의 특징

1) 세종시의 인구 및 경제학적 특성

세종시 선거구 신설은 2012년 2월 27일 국회본회의에서 선거구획정안이 통과됨으로써 확정되었다. 2012년 7월 1일 자치단체로 출범한 세종시는 충남 연기군, 공주시 장기, 반포, 의당면, 충북 청원군, 부용면 등 3개군 16개 읍, 면을 포함한다. 2012년 4월 현재 인구수는 9만 9600명, 그중 유권자 수는 8만 61명이며 2030년까지 약 50만 명까지의 인구 증가를 예상하고 있다. 면적은 총 465.23km로 당초 예정되었던 72.9km보다 훨씬 큰 규모이다.

2012년 9월부터 2014년 12월까지 9부2처2청이 이전할 예정이지만 현재까지는 정부기관의 이전이 본격화되지 않은 시점이며 따라서 기존의 연기군 주민들이 유권자의 대부분을 차지하고 있다. 세종시 첫 마을 입주가 본격적으로 진행되면 정부기관 이전에 따라 젊은 20~40대 인구 비율, 그리고 공무원 비율이 급격히 상승할 예정이다. 이러한 연령 및 직업군 등 인구 구성의 변화는 향후 세종시 유권자의 정치적 성향에도 상당 부분 영향을 미칠 것으로 보인다.

2) 세종시 탄생의 정치적 배경

세종시는 2002년부터 이번 2012년 독립선거구로 획정되기 전까지 여러차례 전국을 뒤흔드는 지난한 갈등 과정에서 탄생하였다. 세종시 역사는 크게 네 개의 단계로 진행되었으며 이 과정에서 두 번 백지화의 위기를 맞았다(유진숙 2010).

첫 번째 시기(2002~2004)는 2002년 노무현 전 새천년민주당 대통령 후보의 신행정수도 이전 공약으로 시작되었다. 노무현 전 후보는 수도권과 밀화 해소와 국토균형발전이라는 장기적인 국가발전전략을 배경으로 신행정수도 이전을 공약으로 내걸었으며 2003년 신행정수도건설 특별조치 법안이 국회본회의를 통과하였다. 그러나 신행정수도 건설은 수도권과 보수층의 강한 반발에 부딪쳐 2004년 헌법소원이 제기되었다. 헌법재판소는 수도 이전은 '수도는 서울'이라는 관습법에 위배된다는 논리로 신행정수도특별법에 대한 위헌 판결을 내렸다.

두 번째 시기(2004~2007)는 노무현 정부의 두 번째 시도로 시작되었다. 정부는 다시 국가기관 이전계획을 16부4처3청으로 축소한 행정도시안을 대안으로 내세웠으며 당시 한나라당 박근혜 전 대표의 찬성 당론에 힘입어 여·야 간 합의에 도달하였다. 2005년 행정중심복합도시 건설을 위한 특별법이 국회를 통과하고 헌법재판소 판결 역시 통과함으로써 2007년 행정중심복합도시 기공식이 개최되었다. 당시 이명박 전 한나라당 대통령 후보는 세종시 건설을 계획대로 추진할 것임을 여러 차례 밝힘으로써 세종시 건설은 현실화되는 듯하였다.

세 번째 시기는(2007~2010) 세종시 건설계획의 수정 및 백지화 위기로 축약될 수 있다. 이명박 대통령은 당선 이후 행정중심복합도시 예산의 축소와 정부조직개편 변경을 추진하였다. 행정도시 이전 대상기관은 기존의 12부4처2청에서 9부2처2청으로 변경되었고 부처 숫자도 감소하였다. 더 나아가 2009년 말 정운찬 총리 후보는 행정중심복합도시에서 '녹색첨단복합도시'로 변경하는 내용을 담은 행정중심복합도시건설특별법 개정안을 국회에 제출하였다. 정운찬 총리의 세종시 수정안 제출 이후 한나라당은 세종시특별위원회를 구성하여 세종시 수정을 본격적으로 추진하였다. 이 수정안은 행정부처 이전 백지화와 다기능 복합도시로의 성격전환을 내용으로 하였다.

마지막 단계(2010~2012)는 세종시 원안 복구기이다. 이명박 정부의 수정안은 충청권을 비롯하여 전국적으로 강한 저항에 부딪쳤으며 충청권에서는 정치가들과 시민단체를 중심으로 단식과 삭발 농성이 몇 달간 지속되었다. 2010년 6월 22일 국회 국토해양위원회의 수정안 부결, 2010년 국회 본회의 부결을 거쳐 수정안은 결국 부결되었다. 그 과정에서 한나라당 박근혜 전 대표는 원안 고수 입장을 밝혔다. 이에 세종시는 원안 그대로 추진되는 것으로 결정되었으며 2012년 총선 독립선거구로 획정되었다.

3) 세종시의 정치적 역학관계

세종시는 19대 총선을 앞두고 신설된 선거구로서 세종시 정치지형을 파악하기 위하여 2010년 5회 전국동시지방선거 결과와 18대 총선 당시 공주시 연기군 선거 결과를 참조하고자 한다.

최근의 두 선거 결과가 보여 주는 바와 같이 공주시와 연기군은 자유선진당의 텃밭이라고 할 수 있다. 18대 국회의원선거에서 심대평 자유선진당 후보는 63.2%를 득표하였으며 특히 연기군에서는 67.54%를 득표하였다. 또한 5회 전국동시지방선거 선거에서 유한식 자유선진당 후보는 52.96%를 동원하여 압도적인 지지하에 연기군수로 당선되었다. 이는 18대 총선 당시 불었던 충청지역주의 바람으로도 설명할 수 있지만 충청지역의 보수성과 연관되어 비교적 안정적으로 잠재적 지지도는 존재한다고 봐야 한다.

그러나 19대 총선을 앞두고 자유선진당이 압도적인 우세를 누렸던 세종시의 정치적 역학관계는 상당히 변화되었고 세종시에는 세 개 정당 간의 복잡한 삼각구도가 형성되었다. 첫 번째는 지난 18대 총선 당시 충청지

표 2. 18대 국회의원선거 공주시 연기군 결과

		소계	공주시	연기군
선거인 수		162,699(4,215)	99,916(2,362)	62,783(1,853)
투표수		76,475(3,855)	47,947(2,166)	28,528(1,689)
후보자별 득표수 (득표율)	통합민주당 김용명	4,105(5.42)	2,411(5.08)	1,694(5.99)
	한나라당 오병주	19,273(25.45)	13,293(28.01)	5,980(21.17)
	자유선진당 심대평	47,937(63.32)	28,860(60.81)	19,077(67.54)
	민주노동당 한준혜	3,400(4.49)	2,294(4.83)	1,106(3.91)
	평화통일가정당 유서은	986(1.30)	600(1.26)	386(1.36)
계		75,701	47,458	28,243
무효투표수		774	489	285
기권 수		86,224	51,969	34,255

출처: 중앙선거관리위원회 선거통계시스템.

표 3. 2010년 5회 전국동시지방선거 연기군 군의장 선거 결과

정당	후보자	득표수	득표율(%)
민주당	홍영섭	11,075	30.01
자유선진당	유한식	19,542	52.96
국민중심연합	권문용	1,344	3.64
미래연합	김준회	997	2.70
무소속	이성원	762	2.06

출처: 중앙선거관리위원회 선거통계시스템.

역주의 바람을 일으키며 충청을 석권하였던 자유선진당이다. 자유선진당은 2008년 18대 총선 당시 대전의 6석 중 5석, 그리고 충남의 11석 중 8석을 석권하며 명실상부 충청지역당으로 부상하였다. 그러나 자유선진당은 이후 심대평 대표와 이회창 대표 간의 대립, 심대평 대표의 탈당과 국민중

표 4. 2010년 지방선거 충남지역 정당별 득표 현황

선거단위	총의석	한나라당	민주당	자유선진당	진보신당	민노당	국중연	무소속
광역단체장	1	0	1	0	0	0	0	0
광역의회	36	5	12	19	0	0	0	0
광역의회 비례대표	4	1	1	2	0	0	0	0
기초단체장	16	4	3	7	0	0	1	1
기초의회	152	50	34	60	0	0	2	0
기초의회 비례대표	26	4	7	15	0	0	0	0

출처: 중앙선거관리위원회 역대선거정보시스템.

심연합 창당 과정에서 당세가 약화되었으며 18대 국회에서 이렇다 할 존재감을 심어 주지 못하였다. 19대 총선을 앞두고 이회창, 심대평 및 이인제 등 충청의 대표적 정치가 3인은 2011년 10월 10일 다시 자유선진당으로 재결합하였으나 선거 직전 이회창 대표가 공동선대위원장을 사퇴하는 등 당내 갈등은 완벽하게 봉합되지 못하였다. 이러한 외적·내적 위기 속에서 유권자 지지도는 급속히 하락하였으며 자유선진당은 세종시 선거에 당의 존폐를 걸었다. 심대평 자유선진당 대표는 중앙당 선거대책본부를 세종시로 옮기기까지 하며 세종시 선거에 총력을 기울였다.

두 번째는 민주통합당이다. 민주통합당은 전통적 보수지역으로 분류되는 대전, 충남지역에서 그다지 세력 확장에 성공하지 못하고 있었다. 그러나 민주통합당은 세종시를 탄생시켰던 노무현 참여정부의 계승자로서의 정치적 이점, 또는 세종시를 선점해야 한다는 정치적 부담을 안고 있었다. 또한 지난 2010년 5회 전국지방선거에서 민주당 안희정 후보가 극적으로 충청남도 도지사 선거에서 승리함으로써 충청권 도약의 발판을 마련하였던 점 역시 민주통합당에 유리한 한 가지 조건을 형성하였다.

세 번째는 한나라당에서 새누리당으로 이어지는 여당 세력이다. 새누

리당은 한편으로는 세종시 수정 및 백지화를 추진하였던 이명박 정부의 정당으로 세종시 유권자의 강력한 비판 대상이다. 그러나 새누리당은 세종시 원안을 고수하였던 박근혜 위원장의 정당으로서 세종시 유권자의 지지를 호소한다. 이 과정에서 한나라당에서 새누리당으로의 변화와 박근혜 위원장의 전면적 대두는 유권자들의 반한나라당 정서를 상당 부분 불식시키는 데 충분한 효과를 발휘하였다.

4. 후보자와 공약 분석

1) 공천 과정

모든 정당의 세종시 후보 공천 과정은 당 내부의 전략 공천지역 설정과 경선 없는 단일 후보 공천 과정으로 이루어졌다.

자유선진당은 급격한 당세 위축 속에서 충청의 지역 정당으로서의 위상을 유지하기 위해서는 세종시를 선점해야 한다는 절박한 위기감을 갖고 있었다. 이에 당의 총력을 동원하여 세종시를 선점해야 한다는 공감 속에 심대평 후보가 선거구를 공주시에서 세종시로 이전하고 선거 참여 선언을 하였다. 심대평 후보는 2012년 3월 1일 4·11 총선 출마 기자회견문을 발표함으로써 다른 정당에 비하여 상당히 일찍 선거운동을 시작하였다. 이 과정에서 자유선진당은 중앙선대위도 세종시로 옮겼다.

민주통합당 역시 세종시 국회의원선거구 증설이 확정된 직후 세종시를 전략 공천지역으로 발표하였다. 그러나 후보자 공천은 상당한 난항을 거듭하였으며 후보자 등록을 앞둔 마지막 순간까지 미뤄졌다. 민주통합당 내부에서 세종시 선거를 위해서는 일명 총리급 인사의 후보 공천이 필요하다는 논의가 제기되는 가운데 적당한 후보 물색에 난항을 겪었다. 가장 많이 언급되었던 잠재적 후보군은 이해찬 전 총리와 한명숙 전 총리였다.

한명숙 대표는 여러 차례 회동을 통하여 이해찬 전 총리에게 세종시 출마를 권유하였으나 이해찬 전 총리 측에서는 "지역구만 5선을 한 이해찬 전 총리에게 고향도 아닌 옆 지역에 나가라는 것은 결례"이며 "지역구 출마를 요구하는 것은 지나친 희생 강요"라는 비판적인 반응이 있었을 뿐이다(중앙뉴스 2012.3.19). 한때 이해찬 전 총리 불출마설이 강해지면서 한명숙 대안 출마설이 강력하게 부상하기도 하였다(경향신문 2012.3.15).

그러나 이해찬 전 총리는 결국 후보자 등록을 23일 앞둔 2012년 3월 19일 세종시 선거 참여를 선언하였다. 출마 선언 이후에도 이해찬 후보는 초기에는 민주통합당 기반이 취약한 충남의 정치지형을 의식하는 듯 상당히 조심스럽게 접근하였다. 이해찬 후보는 여러 차례 언론 인터뷰를 통하여 "타지인 취급을 할 줄 알고 우려했었는데 환대해 줘서 고맙다."는 말을 하기도 하였다.

새누리당의 경우 세종시에는 박희부 전 국회의원, 오경수 전 대통령정책실 신행정수도기획단 대외협력관 및 신진 충남대 교수 등 세 명의 후보가 공천을 신청하였다. 그러나 공천 신청을 한 후보자들이 자유선진당의 심대평 후보나 민주통합당에서 거론되는 일명 '총리급' 후보들에 비하여 역량이 상당히 떨어진다는 자체평가하에 전략 공천지로 추가 지정되었다. 당시 언론에서는 조심스럽게 무공천이 점쳐지기도 하였다. 충청권의 보수표를 의식한 새누리당이 대선을 앞두고 자유선진당과의 선거연대를 위하여 자유선진당에 표를 몰아줄 수 있지 않겠냐는 예측이었다(대전일보 2012.3.12). 보수표의 분산을 막아 민주통합당이 세종시를 선점하는 것을 막아야 한다는 당내 여론 역시 존재하였다(충청투데이 2012.3.13).

그러나 결국 외부인사 영입에 실패한 새누리당은 3월 15일 지역 정계에서 거의 알려지지 않은 정치신인 충남대 정치외교학과 신진 교수를 공천하였다. 이 공천은 상당한 파격인사로 평가받았다(대전일보 2012.4.7).

2) 후보자

자유선진당 심대평 후보는 상당히 화려한 정치경력을 보유하고 있을 뿐만 아니라 소위 충청의 맹주로서 막강한 지지기반을 갖고 있는 후보이다. 심대평 후보는 충남 공주 출신으로 임명직 대전시장(1981년 3월~1983년 12월)을 역임하였으며 임명직과 선출직을 합쳐 총 13년 6개월 동안 충남지사를 역임하였다. 또한 청와대 행정수석, 국회의원, 당대표 등을 역임한 거물급 정치가이다. 특히 심대평 후보는 세종시가 행정수도 위헌 판결을 받던 당시 충남도지사로서 행정수도 관철을 위해 싸웠을 뿐만 아니라 '세종특별자치시 설치법'을 국회에서 통과시키기도 한 인물이다(오마이뉴스 2012.4.12).

민주통합당 이해찬 후보는 70~80년대 학생운동과 민주화운동에 투신하였던 인물로 민청학련 사건과 김대중 내란음모 사건에 연루되어 투옥되기도 하였다. 1987년 한겨레신문 발간에 관여하기도 하였으며 1987년 평화민주당에 입당한 후 1988년 36살의 나이로 13대 국회의원 총선거에 당선되었다. 이해찬은 총 20년의 국회의원 경력을 보유한 5선 국회의원이자 김대중 정부하 38대 교육부장관과 참여정부하 36대 국무총리를 역임하는 등 막강한 정치경력을 보유하고 있다. 더욱이 이해찬 후보는 노무현 정부 당시 총리로서 세종시를 최초 기획하고 추진하였던 인물로서 세종시와 관련된 상당한 정치적 상징성을 보유하고 있다. 또한 이해찬 후보는 '정치사전', '책임총리' 등의 별명이 시사하듯 신뢰성을 가장 대표적인 이미지로 보유하고 있는 인물이다.

이해찬 후보의 선거 출마 선언은 세종시 선거 판세에 결정적인 영향을 미쳤다. 출마 선언을 한 직후 이미 이해찬 후보에 대한 지지도가 40%를 넘어서며 세종시 선거 판세가 극적으로 변화하기 시작하였다.

새누리당 신진 후보는 정치경력이 전무한 신인으로서 현재 충남대 정치

표 5. 세종시 선거 후보자 명단

기호	정당	성명	성별	생년월일	주소	직업	학력	경력
1	새누리당	신진	남	1958/11/21 (53세)	충남 연기군 남면	교수	성균관대 행정학과, 서울대 대학원 졸업	현 충남대 교수 현 평화문제연구소 소장
2	민주통합당	이해찬	남	1952/07/10 (59세)	충남 연기군 조치원읍	정당인	서울대 사회학과 졸업	전 36대 국무총리 전 13~17대 국회의원
3	자유선진당	심대평	남	1941/04/07 (71세)	충남 연기군 조치원읍	국회의원	서울대 경제학과 졸업	전 충청남도 도지사 현 국회의원
4	무소속	박희부	남	1938/10/05 (73세)	충남 연구군 조치원읍	없음	동국대 행정대학원 졸업	전 14대 국회의원 전 한국도로공사 이사장
5	무소속	박재성	남	1967/02/20 (45세)	충남 연기군 금남면	대학원생	고려대 경영정보대학원 재학	현 고려대 경영정보대학원 석사과정
6	무소속	고진천	남	1961/08/12 (50세)	충남 연기군 조치원읍	법무사 사무소 실장	안양대학 졸업	전 13대 국회의원 비서관

출처: 중앙선거관리위원회 선거통계시스템.

외교학과 교수로 재직하고 있다.

3) 주요 공약

세 후보는 공히 세종시의 발전을 주장한다는 점에서 공통된 핵심 공약을 내걸었다. 그러나 세부 공약에 있어서는 세 후보 간의 이념적 차별성이 일정 부분 나타났다.

심대평 후보는 세종시를 "국가브랜드도시, 국가대표도시로 육성" 한다는 핵심 공약하에 여덟 가지 공약을 내세웠다. 균형발전 위한 월하−봉산 지구 및 읍면지역의 예정지역 추가 지정, 북부권 개발을 위한 1번 국도 우회도로 건설, 수도권 전철 역세권(소정리, 전의, 전동, 조치원역) 개발, 균형발전사업 추진을 위한 '세종시균형발전위원회' 구성, 조치원읍 활성화를 위한 '조치원 민자역사' 추진, 편입지역(잔여지역)과 예정지역 간 교육환경격차 해소, 군용항공기지 및 군부대 이전사업 추진, 전의 조경수 재배단지 특구지정 추진 등의 세부 공약들이다. 심대평 후보의 공약은 지역 내부의 균형발전에 가장 큰 강조점을 두었으며 상당수 공약이 개발을 통한 발전을 지향하고 있다.

이해찬 후보의 경우 "워싱턴 D.C에 버금가는 세계적인 명품 도시 건설"을 가장 핵심적인 공약으로 내걸었다. 그리고 이를 위해 세종특별자치시법의 개정과 입법, 행정, 재정, 교육의 4대 자치권 확보, 대통령 제2집무

표 6. 세종시 선거 3개 정당 후보의 공약

후보(정당)	핵심공약	세부공약	이념적 차별성
심대평 (자유 선진당)	국가브랜드도시, 국가대표 도시로 육성	1. 균형발전 위한 월하-봉산지구 및 읍면지역의 예정지역 추가 지정 2. 북부권 개발을 위한 1번 국도 우회도로 건설 3. 수도권 전철 역세권(소정리, 전의, 전동, 조치원역) 개발 4. 균형발전사업 추진을 위한 '세종시균형발전위원회' 구성 5. 조치원읍 활성화를 위한 '조치원 민자역사' 추진 6. 편입지역(잔여지역)과 예정지역 간 교육환경격차 해소 7. 군용항공기지 및 군부대 이전사업 추진 8. 전의 조경수 재배단지 특구지정 추진"	지역균형 개발과 성장 등 보수주의적 방향
이해찬 (민주 통합당)	세종시 완성 정권 교체	1. 세종시 특별법 개정 2. 4조원 추가 투자로 지역격차 해소 및 시민복지 향상 3. 10만 인구의 경제중심 조치원 건설 4. 도·농이 어우러지는 친환경 미래산업 육성 5. 사교육이 필요없는 한국 최고의 교육·문화도시 창조	보편적 복지 환경주의 등 '진보적' 가치 지향
신진 (새누리당)	세종시의 새미래	1. 세종시청의 조치원 건설 추진 2. 세종시를 문화와 교육 환경도시로 건설 3. 무상임대주택의 5,000세대 건설 4. 각 세대에 새로운 일자리 창출 제공 5. 그린벨트 해제 및 주민재산권 보호 6. 특권없는 정치, 선진정치의 실현	일자리 창출 재산권 보호 등 보수주의적 방향

출처: 심대평 후보 홈페이지, 이해찬 후보 홈페이지, 신진 후보 홈페이지.

실과 국회분원, 프레스센터의 추가 건설 등을 공약으로 내걸었다. 특히 10년간 4조원 이상의 예산 추가 확보를 통한 지역격차 해소와 시민복지 향상, 도·농이 어우러지는 친환경 미래산업 육성 등은 민주통합당의 전반적 보편복지 노선을 반영하고 있다고 볼 수 있다.

신진 후보 역시 세종시의 균형발전을 강조한다는 점에서 위 두 후보와 공통점을 갖는다. 그러나 몇 가지 세부공약은 보수 정당으로 분류되는 새누리당의 이념적 노선을 반영한다. 일례로 조치원에 국제학교와 특수목적고 건설, 국내 최대의 물류 클러스터 건설, 세종시 입주기업을 2020년까지 5,000개 확대, 금남면 그린벨트 해제로 주민의 재산권 보호 등은 위의 두 후보와의 이념적 차별성을 보여 준다.

5. 선거운동 분석

1) 선거운동

위에 언급한 개별 후보의 구체적인 공약이나 정책은 선거과정에서 부차적인 영향을 미쳤다. 선거 승패에 결정적인 영향을 미쳤던 요인은 개별 공약이나 정책보다는 전국적인 총선 정국에서 정당의 입지와 노선, 그리고 "누가 세종시를 지켰는가?"라는 공과의 싸움이었다.

필자는 3월 23일 심대평 후보의 선거사무소 개소식을 방문하여 심대평 후보와 약 20분간의 인터뷰를 가질 수 있었다. 이날 개소식은 지역의 유지들과 이인제, 변웅전, 권선택 후보 등 자유선진당 소속 후보들, 그리고 기초의회의원들 등으로 발 디딜 틈 없이 북적거렸다. 이 순간 만큼은 자유선진당과 심대평 후보의 지역적 기반을 실감할 수 있었다. 심대평 후보는 "지역 정당과 패권 정당은 구별되어야 한다."고 말하며 지역당은 지역의 이해를 대변하고 국가의 이익과 조화시키며 균형발전을 추구하는 정당이라고 강조하였다.

즉, 심대평 후보의 가장 핵심적인 정치적 메시지는 두 가지로 요약될 수 있다. 첫 번째는 "제3의 대안적 정치세력"을 통한 "거대 양당"의 패권 견제이다. "영호남의 패권쟁패 속에 거대 양당이 국민 위에 군림하고" 있다는 것이다.[83] 자유선진당의 약세가 뚜렷해졌던 2012년 4월 8일 심대평 후보는 특별기자회견을 개최하였다. 그리고 "선진당이 없어지면 앞으로 다가올 그 많은 홀대와 설움을 어떻게 감내하겠나. 한나라당에 속고 민주당에 배신당해 넘어지고 울었던 것을 잊었나 … 국민 위에 군림하는 영호남 패권정당의 야욕에 충청인이 2등 국민으로 전락하는 모습, 홀대와 설움 속에 눈물을 삼키는 모습이 눈에 보이는 듯해 잠을 이룰 수도 없으며 억장이 무너진다."라고 호소하였다(데일리안 2012.4.9). 그리고 자유선진당이야말로 세종시 무효화 위기에 삭발과 단식을 통하여 세종시를 지켰다는 점을 강조하였다.

이러한 충청지역주의 전략하에 자유선진당은 한때 거론되었던 새누리당 및 국민생각과의 보수대연합 논의에 상당히 거리를 두었다. 심대평 후보는 필자와의 인터뷰에서 "권력유지를 위해 새누리당이 자유선진당에 들어오기를 요구"하고 있으며 "선진당의 정체성과 충청의 대표성을 유지할 수 없을 때는 선거연대는 불가능" 하다고 단언하였다. 김종필 전 자민련 총재도 "한나라당과 합치면 절단 나"라고 언급하는 등 자유선진당은 보수연합에 부정적인 입장을 보였다(디트뉴스24 2011.11.2).

그 외에 선거 막바지에는 작은 사건이 발생하기도 하였다. 자유선진당 중앙당선거대책위원회는 2012년 4월 9일 이해찬 후보가 이장단 모임 주선을 요청하고 거절하자 막말을 퍼부었다는 내용으로 "내 편 안든 공무원 협박했다는 이해찬 후보"라는 보도자료를 배포하였다. 이 내용은 다시

---

83 19대 총선 D-1 자유선진당 심대평 대표 대국민호소문, 심대평 후보 홈페이지.

『대전일보』의 "'이해찬 막말' 막판 총공세"라는 제목으로 기사화되었고 지역 내에 상당한 논란을 야기하였다(오마이뉴스 2012.4.10). 이 사건은 결국 연기 부군수가 사실이 아니라고 공개적으로 해명함으로써 결국 보도자료 오류로 마무리되었지만 선거 막판에 작은 돌발 변수로 등장하였다.

이해찬 후보는 기획과 실천의 이미지를 전달하며 세종시 최초 기획자이자 책임총리 선출 강조를 선거전략의 핵심으로 구사하였다. 이해찬 후보의 이미지는 선동적이거나 화려하기 보다는 냉철하고 치밀한 쪽에 가깝다. 3월 20일 4시 세종시 행복도시 건설청 앞 네거리에서 이루어진 출마 기자회견에서도 이해찬 후보의 모습은 예외 없이 차분하고 침착하였다. 이해찬 후보는 이 기자회견에서 "집권 가능한 정당이 충청을 책임져야" 하며 "중원의 선거 승리로 정권을 교체" 하고 "충청이 변방에서 주류로 발전해야" 한다는 비전을 제시하였다.

이해찬 후보는 "저 이해찬은 세종시의 최초 기획자로서 최종 완결까지 책임지라는 충청도민과 세종시민의 요청이 있었기에 출마할 수 있었습니다. … 5선 국회의원으로서 정책능력과 기획능력을 겸비한 정치인이라는 평가를 들었습니다."라고 강조하였다.[84] 2012년 4월 4일 세종시 조치원 시장 앞에서 있었던 이해찬 후보-이춘희 세종시장 후보 지원연설에서 한명숙 전 대표는 "세종시는 충청도민이 지켜냈다. 민주당의 국회의원이 목숨을 건 단식을 하고 삭발을 하고 충청도민과 함께 투쟁해서 지켜냈다. 다 차려놓은 밥상에 숟가락 하나 딱 얹어 새누리가 지켜냈다고 하는 것은 숟가락 정치다."라고 주장하며 '박근혜 세종시 사수론'을 비판하기도 하였다.[85] 또한 이해찬 후보는 정권 심판론을 전면에 내세우며 민간인 불법사

---

84 이해찬 후보의 4월 4일 아침 라디오연설, 이해찬 후보 홈페이지(http://Ihc21.net/home/vision/ 3102).

85 한명숙 대표의 이해찬 후보-이춘희 세종시장 후보 지원연설, 이해찬 후보 홈페이지(http:// Ihc21.net/home/vision/3124).

찰에 대한 비판, 이명박 정부의 4대강 사업과 부자 감세 정책에 대한 비판 등 이명박 정부에 대한 비판과 정권 교체의 필요성을 집중적으로 제기하였다.

새누리당 신진 후보는 뒤늦게 선거전에 뛰어들었을 뿐만 아니라 상당히 소극적인 선거운동을 전개하였다. 신진 후보의 가장 핵심적인 선거운동 전략은 대부분의 새누리당 후보들과 동일하게 박풍의 활용이었다. 신진 후보는 박근혜 위원장과의 사진을 홈페이지 첫 화면에 크게 탑재하고 "박근혜의 신뢰와 원칙 위에 신진의 강력한 추진력으로 세종시의 새 미래를 열겠습니다."라는 선거구호를 내세웠다.[86] 박근혜 위원장은 신진 후보를 공천한 다음날 세종시와 대전지역을 방문하여 대대적인 충청지역 세몰이에 나서기도 하였다.

그 외에 독자적인 선거운동과 활동은 비교적 제한적으로 이루어졌다. 신진 후보는 지역에 정식 선거사무소도 개소하지 않고 천막사무소를 열기도 했다. 또한 지역 언론에서 주관한 토론회에 연락 두절 상태에서 불참하여 상당한 논란을 불러일으키기도 하였다.

2) 유권자 반응

심대평 후보는 지난 18대 총선 당시 공주·연기지역에서 63%의 압도적인 지지를 받았을 만큼 지역의 맹주로 자타가 공인하는 인물이다. 따라서 심대평 후보가 단독으로 선거출마를 선언하고 지역구 선거운동을 시작하였을 즈음만 해도 최소한 세종시 만큼은 자유선진당이 지킬 수 있으리라는 낙관이 어느 정도 있었다.

그러나 이러한 상황은 민주통합당 이해찬 후보의 출마 선언 직후부터 극적으로 변화하였다. 출마 선언 직후 이루어진 여론조사 때부터 이미 이

---

86 신진 후보 홈페이지(http://www.shinjin1.co.kr/sub1_01.html).

해찬 후보 지지율은 심대평 후보 지지율에 비하여 10~20%가량 앞섰다.

일반적으로 충청의 유권자들은 속내를 드러내지 않는 것으로 유명하다. 그래서 충청지역은 여론조사와 선거 결과가 상당히 다른 대표적인 지역으로 꼽히기도 한다. 그러나 이번 선거에서는 최소한 자유선진당에 대한 지지도 하락 만큼은 이미 비교적 명확하게 감지되었다.

필자가 만난 지역주민들 역시 비교적 조심스럽게 의사를 표현하지만 자유선진당에 대해서만큼은 상당히 유보적인 자세를 보여 주었다. 지역 주민 강현섭(66세) 씨의 경우 중요한 것은 '중앙무대'에서 영향력을 가지고 "전국적인 명망"을 가진 사람, 그리고 "다수당"이 선출되어야 한다고 강조한다. 그 가운데 새누리당은 "세종시 원안을 사수" 했다는 면과 "대통령을 배출할 수 있다"는 면에서 지지할 만하지만 이해찬 총리 역시 "행정도시를 위해서 노력" 했다는 중립적 평가를 덧붙였다. 이해찬 총리 팬클럽 회원이라고 밝힌 천용기(42세) 씨 역시 심대평 후보의 자유선진당 탈당, 복당 등에 대해서 지역주민들의 평가는 부정적이라고 언급한다. 그리고 세종시를 위해서는 추진 능력을 가진 "전국적 정당"을 지지해야 한다고 강조한다. 세종시에서 부동산을 운영하는 박기석 씨도 선진당은 지역 활동이 제한적이고 구조적인 한계가 있다고 지적한다. "양대 거대 정당에 끌려가는 형상"이라는 것이다.

자유선진당의 충청지역주의 호소가 이번 선거에서는 호소력이 떨어질 것이라는 점은 그 외에도 다양한 여론조사나 전문가 분석을 통하여 예측되었다. 다양한 여론조사에서 심대평 후보의 지지율은 대부분 이해찬 후보 지지율을 10% 가량 밑돌았다.

6. 결론 및 함의 : 충청지역주의의 향방

영·호남지역에 비하여 유연하고 실리적인 충청의 지역주의 성향에는 많은 전문가들이 동의한다(김욱 2009; 정연정 2009). 즉, 충청지역에서는 특정 정당에 대한 안정적 지지가 형성되기 보다는 선거 판세에 따라 유리한 정당을 밀어주는 투표 경향성이 나타나 왔다. 그리고 무엇보다도 한 정당을 일관되게 지지하기 보다는 견제와 균형을 중시하는 투표행태를 보여 주었다. 따라서 충청지역주의는 상당히 극적인 부침을 거듭해 왔으며 이러한 유연한 투표행태로 인하여 충청지역은 역대 선거의 캐스팅보트 역할을 해 왔다. 이번 선거 역시 예외가 아니었으며 충청은 새누리당, 민주당, 자유선진당으로 나누어진 황금분할의 선거 결과를 보여 주었다. 이러한 유동적이고 실리적인 지역주의 투표행태를 가장 상징적으로 보여 주었던 선거구가 세종시 선거구였다.

세종시에서는 세종시 최초 기획자인 참여정부 책임총리 출신 민주통합당 이해찬 후보와 대전·충청지역의 맹주인 자유선진당 심대평 후보 간의 치열한 접전이 벌어졌다. 심대평 후보는 양대 정당의 패권적 지역주의에 저항하는 충청지역주의에 호소하였으며 이해찬 후보는 세종시 입안자로서 실행능력을 가진 전국정당 지지를 호소하였다. 결국 세종시 유권자들은 지역 정당보다는 실행능력을 선택하였고 충청의 맹주, 심대평 자유선진당 후보는 민심을 잡는 데 실패하였다.

충청의 맹주 심대평 후보가 세종시에서 낙선한 이번 선거 결과는 한 지역구를 넘어서서 자유선진당의 정당으로서의 존폐 위기를 반영하는 사건이었다.

지난 18대 총선에서 충청지역주의 돌풍을 일으키며 대전·충남 16개 지역구 중 13곳을 석권하였던 자유선진당은 이번 선거에서 지역구 3석과 비

기호	정당	성명	득표수	득표율	순위
1	새누리당	신진	6,455	13.9	3
2	민주통합당	이해찬	22,192	47.9	1
3	자유선진당	심대평	15,697	33.8	2
4	무소속	박희부	1,071	2.3	4
5	무소속	박재성	336	0.7	6
6	무소속	고진천	616	1.3	5
계			46,349		
무효투표수			1,039		
기권 수			32,640		

출처: 중앙선거관리위원회 선거통계시스템.

례대표 2석을 포함하여 단 5석을 획득하였다. 특히 대전과 충북에서는 1석도 확보하지 못하였고 충남지역에서만 3석을 겨우 유지하였다. 심대평 대표는 총선 패배의 책임을 지고 2012년 4월 12일 전격 사퇴하였다.

이러한 선거 참패의 원인은 몇 가지로 지적될 수 있다. 무엇보다도 유권자들이 지난 18대 국회 활동을 보며 지역 정당의 구조적 한계를 실감하였던 점이 결정적인 요인으로 보인다. 더욱이 자유선진당은 지난 4년간 당세를 확장하는 데 실패하였을 뿐만 아니라 심대평 후보의 탈당과 국민중심연합 창당으로 시작된 당내 분열 위기를 봉합하지 못하였다. 19대 총선을 앞둔 2011년 9월 8일 국민중심연합 심대평, 자유선진당 이회창, 이인제 후보의 충청권 대통합이 이루어졌지만 당내 내홍은 그치지 않았다. 오히려 선거를 앞두고 이상민(대전 유성구), 김창수(대전 대덕)와 같이 비중 있는 자유선진당 정치가들이 탈당하는 사태가 발생하였다. 2012년 2월 9일에는 공천심사위원회 인선안을 놓고 이회창 의원의 측근 박선영 의원과 이흥주 최고위원이 공개적으로 심대평 대표의 사퇴를 요구하였다(오마이뉴스 2012.2.9). 선거 직전에는 이회창 명예선대위원장이 사퇴하여 심대평 후보가 눈물로 동참을 호소하는 사건이 발생하기도 하였다.

또 한 가지 가능한 설명은 한국 사회의 이념적 이동 속에서 이루어진 자유선진당의 보수화에 대한 유권자들의 지지유보이다. 일례로 자민련은 16대 총선 당시 상당한 지지도 하락을 경험하였다. 당시 자민련은 총선시민연대의 '김종필 정계 은퇴 요구' 운동에 대응하여 '신보수주의 주창'과 '국가보안법 개정 반대'라는 전략을 구사하였다. 당시 이루어졌던 자민련의 보수화 전략은 유권자 지지하락의 중요한 요소로 지적되기도 한다(박상훈 2000, 129). 이번 19대 총선에서도 자유선진당은 일명 진보적 이슈를 대폭 수용한 새누리당과는 달리 '진정한 보수'를 주창하며 보수적 이념을 보다 강화하였다. 그러나 이는 정책성 차별성 확보를 통한 지지도 제고에 기여하기 보다는 오히려 지지도 하락을 야기하였던 것으로 보인다.

마지막으로 중요한 영향을 미친 외적 변수로서는 강력한 지역이슈의 부재를 들 수 있다. 세종시 문제나 과학벨트 사안 등 주요한 지역 사안은 일단락이 나 있는 상태였다. 따라서 충청권은 타 지역에 비하여 선거 열기가 그리 강하지 않은 상태였고 민주통합당과 새누리당 간의 양당 대결 구도라는 전국적 이슈가 보다 중요한 영향을 미쳤다. 이는 자유선진당이 추구하였던 지역주의 선거경쟁에는 지극히 불리한 조건이었다.

현재 충청지역당은 정당 존립의 기로에 서 있다. 선거 참패의 책임을 지고 심대평 후보가 당대표를 사임한 후 2012년 5월 29일 이인제 비상대책위원장은 선진통일당으로 당명을 수정하고 당권을 장악하였다. 그러나 선진통일당이 급격히 위축된 당세를 회복하고 최소한 지역 정당으로서의 명맥을 이어갈 수 있는가의 문제는 여러 가지 요인에 달려 있을 것이다. 민주통합당이 주도하는 세종시 건설의 향방, 선진통일당의 내적 분열의 극복과 조직 정비, 대선을 앞둔 새누리당과의 보수연합의 향방 등 다양한 난제들이 언급될 수 있다. 더 나아가 최근에는 19대 총선 공천헌금비리와 불법 정치자금 조성 의혹으로 인하여 김광식 대표비서실장을 비롯한 핵심 간부들이 고발당하는 심각한 위기에 직면하고 있다.

그럼에도 자유선진당의 완전한 붕괴를 언급하기에는 이르다. 충청지역은 1988년 김종필의 자민련에서 시작되어 자유선진당으로 이어지는 수십 년 충청지역 정당의 역사를 유지해 왔다. 그리고 이는 다양한 인적·조직적 네트워크의 형태로 지역 정계에 잔존하고 있다. 또 한 가지 요인은 충청지역의 보수주의적 전통이다. 일례로 세종시 유권자는 이번 총선에서 민주통합당 이해찬 후보를 선택하였지만 세종시 초대시장으로는 전 연기군 군수였던 자유선진당 소속 유한식 후보를, 그리고 교육감으로는 보수 성향으로 분류되는 신정균 후보를 선택하였다. 신정균 후보는 보수 성향의 후보가 네 명이나 출마하여 보수표가 분산되었음에도 불구하고 진보진영의 단일 후보로 출마하였던 최교진 전 전교조 충남지부장을 제치고 교육감으로 당선되었다. 이는 견제와 균형을 중시하는 충청 유권자들의 정치문화를 반영한다. 마지막으로, 한 지역 언론사의 여론조사 결과에 따르면 여전히 '지역 정당의 필요성'에 41.5%가 공감하고 있다(충청투데이 2012.4.5). 지극히 불리한 현재적 여건에도 불구하고 충청지역당의 일말의 존립 가능성을 점칠 수 있는 몇 가지 이유이다.

참고문헌

강명세. 2005. "지역주의정치와 한국정당체제의 재편?" 『한국정당학회보』 4(2)(통권 7호).

강원택. 1999. "지역주의투표와 합리적 선택: 비판적 고찰." 『한국정치학회보』 34(2).

김영태. 2007. "호남지역주의의 연속성과 변화: 시, 군별 제6~16대 대통령선거 결과를 중심으로."『사회과학연구』15(2).

김욱. 2009. "과거와 차별화된 지역주의의 재현: 대전 중구." 유재일 외『18대 총선 현장 리포트. 18인 정치학자의 참여관찰』서울: 푸른길.

김욱. 2012. "충청지역정치의 특성과 향후 전망: 2010년 제5회 지방선거 충남 도의원 선거 결과를 중심으로."『국제지역연구』15(4): 163-178.

김욱. 2007. "충청지역주의의 역사적 발전과정과 특성."『정치정보연구』10(2).

김진하. 2010. "한국 지역주의의 변화: 투표행태와 정당을 중심으로."『현대정치연구』 3(2).

문우진. 2009. "지역주의와 이념성향: 17대 총선 분석."『한국정당학회보』8(1)(통권14 호).

박상훈. 2001. "한국의 유권자는 지역주의에 의해 투표하나: 제16대 총선의 사례."『한국 정치학회보』35(2).

유진숙. 2010. "중앙 지방 정당구조와 행정중심복합도시문제."『사회과학연구』32.

이내영·신재혁. 2003. "세대정치의 등장과 지역주의."『아세아연구』46(4).

이현우·이지호·한영빈. 2011. "사회자본 특성이 지역주의에 미치는 영향: 결속형과 교량형을 중심으로."『한국정치학회보』45(2).

장수찬. 2006. "충청지역주의의 변화와 지역정당 해체."『한국정당학회보』5(1)(통권 8 호).

정병기. 2009. "민주화 이후 한국 정당체제의 현황과 전망 – 보수적 지역주의 카르텔 정당체제의 형성과 해체."『대한정치학회보』17(2): 45-71.

정연정. 2009. "지역인물의 귀환: 충남 예산. 홍성." 유재일 외『18대 총선 현장리포트 18 인 정치학자의 참여관찰』서울: 푸른길.

『경향신문』. 2012년 3월 15일자.

『대전일보』. 2012년 3월 12일자.

『대전일보』. 2012년 4월 7일자.

『데일리안』. 2012년 4월 9일자.

『디트뉴스24』. 2011년 11월 2일자.

『오마이뉴스』. 2012년 2월 9일자.

『오마이뉴스』. 2012년 4월 10일자.

『오마이뉴스』. 2012년 4월 12일자.

『중앙뉴스』. 2012년 3월 19일자.

『충청투데이』. 2012년 3월 13일자.

『충청투데이』. 2012년 4월 5일자.

심대평 후보 홈페이지. http://www.dpsim.co.kr/.
신진 후보 홈페이지. http://www.shinjin1.co.kr/sub2_01.html.
이해찬 후보 홈페이지. http://Ihc21.net/home/ 2829/ec3/trackback.
중앙선거관리위원회 선거통계시스템. http://info.nec.go.kr/main/main_load.xhtml.

2. '군맹평상'과 '결집'의 선거정치 : 강원 사례를 중심으로

김재한

1. 시작하는 말

종종 선거 결과는 현명한 유권자의 황금 분할로 표현될 때가 있다. 2012년 19대 국회의원선거의 결과도 그렇게 표현한 매체가 많았다. 선거 결과가 황금 분할이라는 주장에는 두 가지 전제가 필요하다. 대다수 유권자가 원하는 분할의 비(比)가 있어야 하고 또 그 의도대로 유권자들 간의 조율이 잘 되어야 한다.

어떤 선거 결과가 가장 좋은지는 각자 다르게 생각한다. 여소야대에 대한 평가가 각기 다르듯이, 유권자 대다수가 좋다고 생각하는 정당 간 의석비는 존재하지 않는 듯하다. 만일 유권자 대다수가 좋다고 생각하는 황금 분할 비가 존재한다고 해도 2012년 국회의원선거 기준으로 40,205,055명의 유권자들, 아니면 21,815,420명의 투표자들이 서로 암묵적인 합의로 특정 선거 결과를 만들어 내는 것은 매우 어렵다. 왜냐하면 후보를 포함한 모든 유권자는 다른 유권자들의 표심을 알지 못하기 때문이다. 따라서 실제 선거 결과가 유권자 모두의 의도된 결과는 아니다.[87]

---

[87] 미시적 접근에 관한 문헌들은 개별적 의도와 집합적 결과가 불일치하는 수많은 예를 소개하고 있다. 황금 분할을 서로 다른 개별 의지의 합이라는 루소(Jean Jacques Rousseau)의 일반 의지(general will) 개념으로 이해할 수 있을지 모르겠으나, 그 일반 의지가 그 의지대로 실천되기란 매우 어렵다. 실천의 의미로 강조하려면 황금 분할 대신 '보이지 않는 손'이 더 적절한 개념이다. 그렇지만

부분들이 전체의 의도에 충실하여 선택할 때조차 전체의 의도가 실천되기 어렵듯이, 마찬가지로 부분으로 전체를 유추하는 것도 그렇게 쉽지만은 않다. 매번의 국회의원선거 때처럼 이번 19대 국회의원선거 이후에도 부정확한 여론조사에 대한 비판이 높다. 실제 선거 결과를 정확히 예측했었다고 선거 이후 주장하는 곳은 있지만, 그 예측이 선거 이전에 분명하게 이루어졌었다는 근거를 보여 주고 있지는 못하다. 조사를 직접 수행해 온 사람의 입장에서, 엄청난 돈을 들여 조사한 내용이 그 돈의 100분의 1 만을 들여 조사한 내용보다 더 나을 것이 없다고 비판하게 된다. 전체 선거인의 모(母)집단 대신 일부 선거인의 표본(sample)만 갖고 전체 선거인의 투표선택을 예측하는 조사방법의 특성상, 표본은 정확한 예측 여부를 결정하는 주요한 요인이다. 전체를 알려면 부분을 잘 추려야 한다.

군맹평상(群盲評象), 즉 코끼리를 알지 못하는 여러 맹인들이 코끼리를 평가하다 보면 다 다르게 평가한다. 몸통을 만진 맹인은 벽으로, 꼬리를 만진 맹인은 뱀으로, 코끝을 만진 맹인은 전복 등으로 인지한다는 것이다. 코끼리 모양을 잘 알려면 코끼리의 여러 몸 부위를 함께 관찰해야 한다. 직접 눈으로 관찰할 수 없는 장님이 코끼리 모양을 잘 알려면 코끼리 몸 특징을 알 수 있는 주요 부위들을 뽑아서 만져봐야 한다. 결국 샘플링이 관건이다.

강원도 전역의 선거를 이해하기 위해 한 개의 선거구를 참여관찰하는 경우에도 선거구 선택이 매우 중요하다. 새누리당의 강원지역 전 의석 확보를 주장하려면, 새누리당 후보 당선의 가능성이 가장 낮은 지역구 사례를 살핀 후 그 지역구에서조차 새누리당 후보가 당선될 가능성이 높음을 보여 주어야 할 것이다. 한국정당학회와 중앙일보의 2012년 국회의원선거 강원지역 참여관찰 선거구는 홍천·횡성 지역구였다(중앙일보 2012.4.3).

'보이지 않는 손'이 늘 좋은 결과만 가져다주는 것은 아니다.

4월 11일 실시된 국회의원선거에서 새누리당의 홍천군 정당득표율은 46.9%로 강원도 18개 시군의 새누리당 정당득표율 가운데 가장 낮았다. 그런 면에서 참여관찰 대상 강원지역으로 홍천·횡성 선거구를 정한 것은 적절한 선택이었다고 평가할 수 있다.

언론에서는 선거 후마다 이번 선거의 특징과 이변을 소개한다. 매번 선거가 이변이면 선거에 관한 이론이나 법칙이 없다는 의미이다. 수도권의 높은 투표율과 수도권 젊은이의 높은 투표율을 새로운 현상으로 소개하지만, 과거 10년 동안 젊은 유권자의 경우 대도시 투표율은 다른 지역 투표율보다 더 높았다(김재한 2011). 이번 2012년 국회의원선거의 전국 투표율은 54.3%이었고, 서울은 55.5%이었다. 높은 투표율은 젊은 유권자의 적극 참여를 의미하기 때문에 서울은 젊은 유권자가 지지하는 정당 후보의 당선이 더 많았던 것이다.[88]

이 글은 매 선거마다 원칙 없이 다른 점을 부각시키는 것 대신에 일관된 기준으로 설명하는 것이 훨씬 기여도가 높다고 전제하면서, 2012년 강원지역 국회의원선거 결과를 해석하고자 한다. 강원지역의 표심이 여도(與道)이니 야도(野道)이니, 또 여촌야도(與村野都)이니 도저촌고(都低村高)이니 하는 주장 대신에 중간투표자 정리(median voter theorem)와 전략적 투표(strategic voting)라는 일반적 법칙으로 설명하고자 한다.

2. 강원지역 유권자의 지속적 표심

2012년 국회의원선거를 앞두고 강원도 유권자의 표심은 '야도'라는 표

88　각 언론에서 발표하는 연령별 투표율은 각기 다르고 그 추산방법에도 문제가 많다. 부재자 투표율을 전혀 감안하지 않기 때문이다. 부재자를 포함하여 표본 추산하는 중앙선거관리위원회 조사 결과가 더 정확하지만 이 또한 선거 후 수개월 후에나 발표되고 있다.

현이 많았다. 이는 장님 코끼리 만지기 식의 잘못된 샘플에서 기인하는 것이다.

강원도가 야도라고 주장한 사람들의 정확한 근거는 알 수 없으나, 가장 큰 근거는 강원도지사 선거 결과일 것이다. 민선 도지사 선거가 도입된 1995년 이래 1998년, 2002년, 2006년, 2010년, 2011년 보궐 등 여섯 차례의 도지사 선거에서 집권여당 후보가 패배했다. 만일 집권여당의 후보가 당선하느냐 아니냐가 동전 앞뒤 던지기 식의 1/2(50%)로 된다고 가정한다면, 여섯 번 선거 모두에서 집권여당 후보가 낙선할 가능성은 1/64(1.6%)에 불과하다. 즉 집권여당 후보라는 사실이 당선/낙선에 전혀 관계없음에도 여섯 번 모두 집권여당 후보가 낙선될 가능성은 1.6%라는 매우 희박한 확률이다. 따라서 98%의 신뢰수준에서 집권여당의 공천은 강원도지사 후보의 당선 가능성을 낮춘다고 말할 수 있다.

이러한 근거로 강원도가 야도라고 단정하는 것은 정확한 표현이 아니다. 먼저, 집권여당 후보에 대한 반대는 실정(失政)에 대한 책임 추궁의 의미가 강하다. 그런데 중앙정부 차원의 집권여당과 지방정부 차원의 집권여당이 일치하지 않을 때가 많고, 대통령 중심의 국정(國政)과 단체장 중심의 도정(道政)은 늘 일치하지 않는다.

1995년 1회 전국동시지방선거의 강원도지사 선거에서 최각규 후보는 자민련이라는 야당으로 출마하여 당선되었다가 한나라당으로 이적했다. 1998년 2회 전국동시지방선거 당시 한나라당은 중앙정부 차원의 야당이었지만 현직 강원도지사의 당적이 한나라당이었기 때문에 지방정부 차원에서는 집권여당이었다. 따라서 1998년 당선자 김진선 후보는 지방정부 차원에서는 여당 후보였다. 이렇게 따지면 2002년 김진선 당선자, 2006년 김진선 당선자, 2011년 최문순 당선자 모두 지방정부 차원에선 모두 집권여당 후보였다. 즉 지방정부의 기준에서는 여섯 차례 강원도지사 선거

가운데 네 차례에서 여당 후보가 당선된 것이다. 이 기준에서는 강원도를 야도라고 부를 근거가 없다.

어떤 면에서는 행정부와 의회 간의 견제균형을 전제하듯이 중앙정부와 지방정부 간의 견제균형을 염두에 두는 유권자가 있을 수 있다. 지방선거에서는 정부 여당을 견제해서 야당 후보에게 투표하고, 또 국회의원선거에서는 야당 단체장을 견제해서 여당 후보에게 투표하는 것이다. 심판 대상은 현역 후보인 것이 일반적인데, 여(與)를 심판한다는 슬로건뿐 아니라 야(野)를 심판한다는 슬로건도 나왔다. 특히 강원도에서는 이광재–최문순 도지사 중심의 도정에 대해 심판해야 한다는 여당 주장이 여당 새누리당을 심판해야 한다는 야권 주장을 충분히 상쇄하였다.

만일 강원지역 유권자가 여/야의 기준을 오로지 중앙정부의 차원으로 인지한다고 해도, 도지사 선거의 여/야 표심을 국회의원선거에 아무런 변용 없이 적용할 수는 없다. 도지사선거와 달리 일부 국회의원선거에서는 '여군(與郡)'으로 불릴 정도로 여당 후보가 늘 승리한 지역도 있다.

홍천·횡성 선거구가 처음 획정된 1996년 15대 국회의원선거의 신한국당 이응선, 2000년 16대 국회의원선거의 새천년민주당 유재규, 2004년 17대 국회의원선거의 열린우리당 조일현, 2008년 18대 국회의원선거의 한나라당 황영철, 2012년 19대 국회의원선거의 새누리당 황영철 등 당선자 모두는 선거 당시 대통령과 같은 정당의 후보들이었다. 당선 여부에 여/야가 관계없다는 가정하에 다섯 번 모두 여당 후보가 당선될 가능성이 1/32(3.1%)이니 여당이 유리하다는 가설은 95% 신뢰수준에서 채택된다.[89]

---

89 그렇다고 홍천·횡성 선거구에서 여당 후보가 거의 무조건 당선된다고 단정할 수는 없다. 여당 후보 당선 가능성이 3/4이라는 가정하에 다섯 번 선거에서 모두 여당 후보가 승리할 가능성은 $(3/4)^5$ 즉 23.7%가 되고, 2/3이라는 가정하에서는 다섯 번 모두 승리할 가능성은 $(2/3)^5$ 즉 13.2%는 되기 때문에 홍천·횡성 선거구에서 여당 후보의 당선 가능성은 2/3 이상이라는 가설은 통계적으로 유의하지 않은 것이다. 따라서 몇 개의 선거로 강원지역 유권자의 표심을 일반화시켜서는 아니 된다.

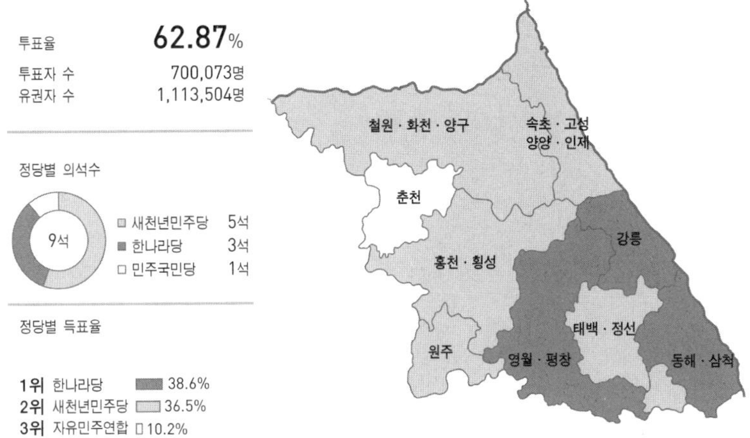

그림 1. 2000년 강원 지역구 국회의원 당선자 정당별 분포

※ 비례대표 정당표가 없는 1인1표제이었으며, 정당별 득표율은 지역구 후보에 투표한 비율임.

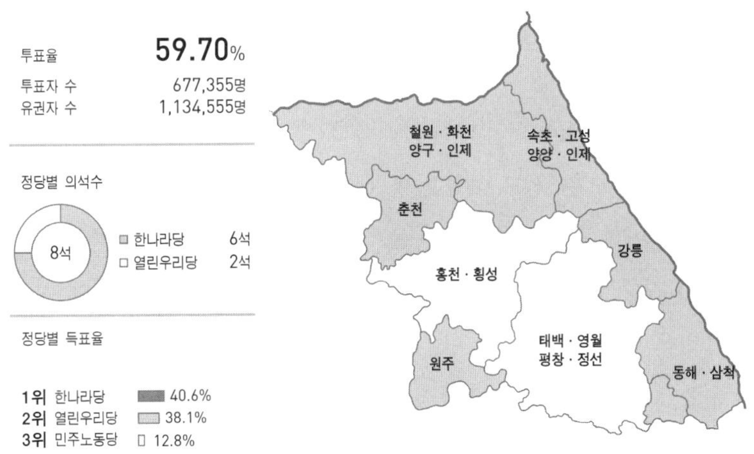

그림 2. 2004년 강원 지역구 국회의원 당선자 정당별 분포

국회의원선거에서 전체 강원지역 유권자의 여/야 성향은 어떠한가? 그림 1의 2000년 16대 국회의원선거에서 당시 여당이었던 새천년민주당의 후보는 전체 9개 선거구 가운데 5개 선거구에서 당선되었다. 당시 여당은

비록 의석수 과반을 얻었지만 득표율로 보자면, 과반도 되지 못한 36.5%이었고 이는 당시 야당이었던 한나라당의 득표율보다 낮은 수치이다. 2000년 국회의원선거에서 여당 후보에게 투표한 강원 유권자보다 야당 후보에게 투표한 강원 유권자가 더 많았던 것이다.

국회의원 당선자 비율로 본 야도 경향은 2004년에 증대되었다. 그림 2의 2004년 17대 국회의원선거에서 당시 여당이었던 열린우리당은 강원지역구 8석 가운데 홍천·횡성과 태백·영월·평창·정선의 2석만을 얻었다. 나머지 6석의 국회의원 당선자는 당시 야당이었던 한나라당에게 갔다. 또 여당의 정당득표율은 38.1%로 야당보다 더 낮았다.

그림 3의 2008년 18대 국회의원선거에서는 당시 여당이었던 한나라당이 45.5%의 득표율을 얻었으나 의석은 강원지역 8석 가운데 3석만 얻었다. 2000년, 2004년, 2008년의 세 차례 강원지역 국회의원선거 가운데 당시 여당이 득표율 1위를 기록한 선거는 2008년 선거 한 차례였고, 과반 의석을 얻은 선거는 2000년 선거 한 차례였다.

여/야 성향과 보수/진보 성향은 별개의 것이다(김재한 1998). 또 강원지역 선거에 출마한 후보의 혁신 성향은 약하다. 미국 민주당이 다른 국가의 좌파 정당 기준에서는 우파적이더라도 미국 선거에서는 공화당에 비해 좌파 정당으로 분류되는 것이다. 좌우는 시대와 장소에 따라 다르다. 강원지역 선거의 보수/진보 성향도 상대적 입장 차이로만 분류되는 것이다. 그림 1~4의 네 차례 국회의원선거를 여/야 성향 대신 보수/진보 성향으로 살펴보면, 양대 정당 가운데 보수적 정당이 네 차례 선거 모두에서 득표율 1위를 기록했다. 의석비 기준에서는 한나라당이 2004년 및 2012년 선거에서 과반 의석을 얻었지만, 나머지 두 차례 선거에서는 그렇지 못했다. 즉 강원지역 유권자 표심은 약한 보수라고 말할 수 있다.

2012년 3월 30일 강원도 횡성 재래시장 앞 도로에서 민주통합당 한명숙

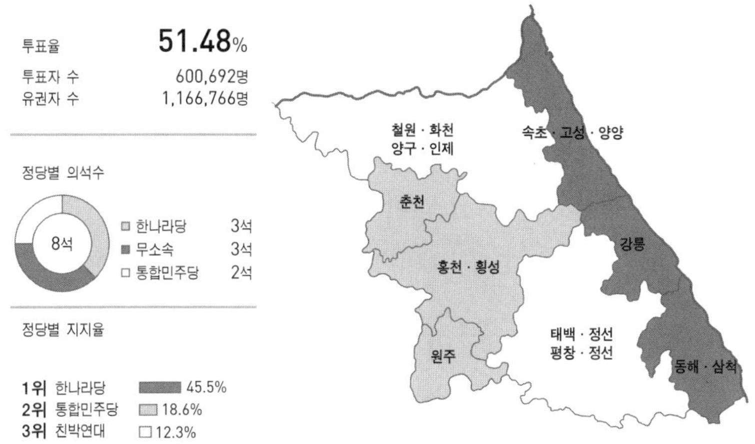

그림 3. 2008년 강원 지역구 국회의원 당선자 정당별 분포

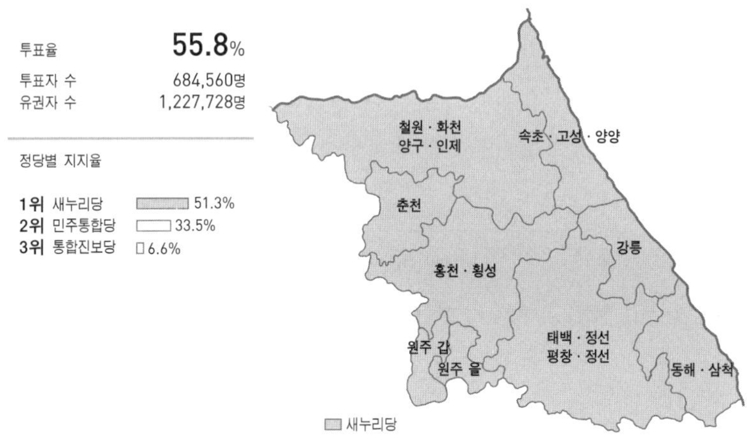

그림 4. 2012년 강원 지역구 국회의원 당선자 정당별 분포

대표는 "이명박 정부 4년 동안 … 강원도는 홀대받았습니다. … 새로운 변화의 시대를 선택해 주십시오. …(새누리당에) 한 번 속은 것으로 충분합니다. 두 번 속으면 축산도 무너지고 강원도의 경제도 무너집니다."라고 말하면서 지지를 호소했다(서울신문 2012.3.31). 이러한 야당의 호소에 횡성군

민과 강원도민의 호응은 크지 않았다. 강원도 유권자는 강원도를 홀대한 당사자가 중앙정부 차원의 여당인 새누리당뿐 아니라 지방정부 차원의 여당인 민주통합당도 포함된다고 생각했던 것이다.

강원도 유권자의 표심은 중앙정부이든 지방정부이든 앞선 선거에서 승리한 정당에 대해 견제하는 측면이 강하다. 1981년 국회의원선거부터 1996년 국회의원선거까지 예상 대비 실제 여당의 승패는 승리와 패배를 한 차례씩 번갈아 나타나는 견제균형적 유권자 투표행태를 보였다(김재한 1996). 강원지역의 경우 2010년 강원도지사 선거와 2011년 도지사 보궐선거에서의 민주당 승리가 2012년 국회의원선거의 민주통합당에게 불리하게 작동한 것으로 보인다. 그림 1~4에서 한나라당이 2000년 패배, 2004년 과반 승리, 2008년 과반 실패의 선거 결과는 다음 선거인 2012년 선거에서 새누리당 과반 승리를 암시한 부분도 있다.

그렇다고 강원지역 유권자의 표심이 급격하게 새누리당에 쏠렸던 것은 아니다. 그림 4의 2012년 19대 국회의원선거에서 새누리당은 51.3%, 민주통합당은 33.5%의 정당득표율을 얻었다. 2008년 18대 국회의원선거에서 새누리당 전신인 한나라당은 45.5%의 정당표를 얻었고 민주통합당의 전신인 통합민주당은 18.6%를 얻었다. 새누리당은 4년 전보다 73,355(=340,123−266,768)표를 더 얻은 반면에, 민주통합당은 4년 전보다 무려 112,642(=221,750−109,108)표를 더 얻었다. 2008년 대비 2012년의 득표 증가수, 득표 증가율, 득표율 증가폭, 득표율 증가율 모두에서 민주통합당이 새누리당보다 더 나았다. 더구나 2008년 친박연대의 정당득표율이 12.3%라는 점을 감안하면, 2012년 새누리당의 정당득표율 51.3%는 2008년 한나라당과 친박연대 정당득표율의 합인 57.8%에 훨씬 미치지 못했다. 2012년 강원지역 국회의원선거에서 한 정당이 전 의석을 석권한 예는 최근에 보기 드문 현상이지만, 득표율로 보자면 이전 선거와 크게 다르지 않았다. 주어진 득표에서 의석을 최대화시키는 것을 후보나 정당의 몫이라고 본다면, 강원지역 유권자의 투표행태는 과거와 달라진 것이 별로 없다고 말할 수 있다.

강원도 유권자의 표심이 별로 바뀌지 않았음에도 불구하고 강원지역의 9개 선거구 모두에서 새누리당 후보가 당선된 이유는 무엇인가? 이는 소선거구제 자체의 특성에 기인한다. 그림 1의 2000년 선거에서 정당득표율 1위 정당은 한나라당이었지만 의석비 1위 정당은 새천년민주당이었다. 그림 2의 2004년 선거에서 한나라당의 정당득표율은 열린우리당보다 2.5%포인트만 더 높았는데, 한나라당 의석은 열린우리당보다 4석이 더 많았다. 반면에 그림 3의 2008년 선거에서 한나라당의 득표율은 통합민주당보다 26.9%포인트 더 높았지만 의석은 1석만 더 많았다. 소선거구제에서는 전체 득표율이 중요하지 않고 각 지역구에서 1위이냐 아니냐는 것만 중요하다. 이처럼 비례대표 정당득표율과 지역구 의석비 간의 괴리는 소선거구제에서 늘 존재한다. 따라서 강원지역 유권자의 표심은 하나도 바뀌지 않아도 4년 전 2008년 선거에서 1/3 의석만 얻은 정당이 2012년 선거에서 전체 의석을 얻는 것이 가능하다.

이는 다른 시도에서도 유사하게 발견된다. 울산, 부산, 경남, 충북에서 새누리당 정당득표율은 각각 49.5%, 51.3%, 53.8%, 43.8%이었는데 의석비는 각각 100%, 88.9%, 87.5%, 62.5%의 의석비를 얻었다. 서울에서는 새누리당이 42.3%의 정당득표율과 33.3%의 의석비를 얻은 반면에, 민주통합당은 38.2%의 정당득표율과 62.5%의 의석비를 얻었다.

2012년 강원지역 국회의원선거 결과는 소선거구제의 득표율과 의석비 간 괴리뿐 아니라 소선구제에서의 전략적 행태에서도 기인한다. 이러한 전략적 행태에는 후보나 정당의 위치 선정과 프레임(frame) 설정뿐 아니라 유권자의 결집도 포함된다.

3. 정당의 좌/우 클릭[90]

중간투표자 정리(median voter's theorem)는 일차원적 기준으로 배열된 투표자 가운데 중간 위치에 있는 유권자가 가장 선호하는 지점의 후보 또는 정책이 다른 대안과 일대일로 대결하여 패배하지 않는다는 법칙이다. 일차원 공간에서의 전략은 중간투표자 위치에 자신의 정강 또는 공약을 내세워 승리하는 것이다. 이는 김대중(DJ) 후보가 1992년 대선에서 패배했다가 1997년 대선에서 승리한 이유를 설명한다(김재한 1993; 김재한 2012).

1992년 14대 대선에서 DJ는 전국연합과 연합하여 중간투표자의 위치에서 더욱 좌측으로 멀어졌다. 그림 5에서 DJ는 김영삼(YS) 후보와의 대결에서 좌측으로 이동하였는데, 그 이동한 거리의 절반(본래 DJ 지지층이었던 진하게 색칠한 네모)을 YS에게 넘겨준 결과를 초래하였다. 어쩌면 DJ는 당시 정주영 후보와 박찬종 후보가 출마했기 때문에 다자 대결로 판단하여 그러한 선택을 했을지도 모른다.

반면에 1997년 15대 대선에서 DJ는 보수적 이미지의 JP(김종필)와의 연합, 소위 DJP연합으로 중간투표자 위치에 더 근접했다. 그림 5에서 1997년 김대중 후보는 이회창(昌) 후보와의 일대일 대결에서 밀리는 형국이었다. DJ는 DJP연합을 통해 우측으로 이동하였는데, 그 이동한 거리의 절반(본래 昌의 지지층이었던 진하게 색칠한 네모)을 昌으로부터 빼앗은 결과가 되었다.

이러한 중간으로의 이행이 늘 유리하지는 않다. 2002년 16대 대선 당내 경선과 2007년 17대 대선 본선에서 정동영 후보는 중간적 성향을 보여 주고자 노력했는데, 이는 득표에 큰 도움이 되지 않았다. 상대적으로 가까운 후보에게 무조건 투표할 만큼 당시 유권자들이 일차원 이념 기준으로

---

90 이 절과 다음 절의 이론적 부분은 김재한(2012)에서 따온 것이다.

278

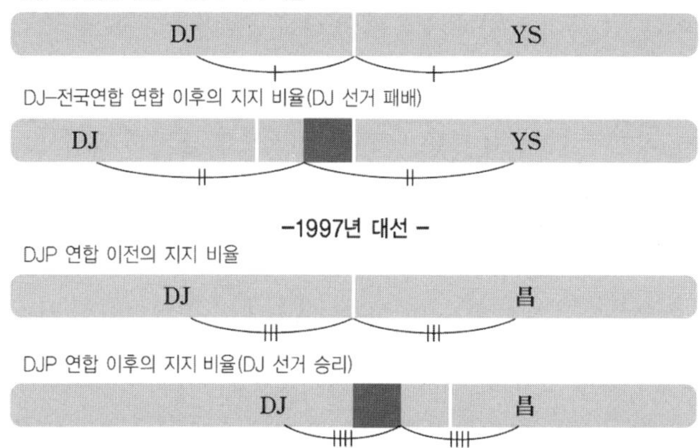

그림 5. DJ의 위치 변경에 따른 대선 결과

출처: 김재한(2012).

배열되어 있지도 않았고 또 상대적으로 가깝더라도 거리가 있으면 기권하는 유권자 투표행태를 간과했던 것이다. 정동영 후보는 2012년 18대 대선을 앞두고는 한미 FTA 등 여러 문제에서 과거에 비해 더 과격한 입장을 견지하였는데, 정치적 효과는 별로 없었다. 동일한 행위이더라도 그 효과는 조건에 따라 다르기 때문이다.

만일 유권자들이 그들의 최선호점으로 정책이념의 직선상에 배열될 수 있고(one-dimension), 자신의 최선호점에서 멀리 떨어지는 위치일수록 덜 선호하며(single-peakedness), 후보 간 차이가 없어(indifference) 기권하는 것 말고는 기권하지 않고(no alienation), 후보가 둘이라면, 중간 계층의 지지를 얻는 후보가 승리하게 되어 있다. 만일 이러한 조건이 성립하지 않으면 중간 지대로의 이동은 당선을 보장하지 않는다.

일반적으로 말해서, 좌우나 보혁의 기준으로 전체 유권자들을 배열할 수 있을 때 우파 정당은 좌로, 좌파 정당은 우로 움직이는 것이 자신에게 유리하다. 중간투표자 정리(median voter's theorem)가 말하는 대로 중간의 위치가 유리한 것이다. 미국의 양당제가 유럽의 다당제보다 더 중도로 수렴하고 있는 현상과 같은 이치이다.

다시 설명해서, 우파 정당의 좌 클릭과 좌파 정당의 우 클릭이 자신에게 유리하려면 몇 가지 조건들을 충족시켜야 한다. 유권자들을 배열할 때 좌우나 보혁의 기준 외에 감안해야 할 기준이 있는지, 정당의 입장과 어느 정도 일치해야 유권자들이 투표하는지, 각 정당에 대한 유권자들의 혐오가 어느 정도인지, 제3의 정당들에 대한 진입장벽이 어느 정도인지 등에 따라 각 당에 유리한 위치는 달라진다.[91] 만일 유권자들이 자기 위치와 아주 가깝게 있는 후보에게만 투표한다면, 중간(median) 위치의 후보보다 최빈(最頻, mode) 위치의 후보가 득표에 더 유리하다.

2012년 19대 국회의원선거에서 민주통합당 행보는 그림 5의 1992년 대통령선거 유형에 해당한다. 민주통합당은 반(反)MB 혹은 반 새누리당의 연합군 사령부를 자처하고 양자 대결 구도로 몰았다. 그런데 그림 6에서 일부 유권자들은 통합진보당과 연대한 민주통합당의 위치를 왼쪽으로 치우쳤다고 생각하게 되었다. 반면에 새누리당은 공천 등을 통해 당내 역학

민주통합당–통합진보당 연대 및 새누리당 좌 클릭 이전의 양당 지지 비율

민주통합당	새누리당

민주통합당–통합진보당 연대 및 새누리당 좌 클릭 이후의 양당 지지 비율

민주통합당		새누리당

그림 6. 민주통합당–통합민주당 연대에 따른 새누리당–민주통합당의 지지 비율

---

91 선거전략은 유권자들이 자기를 지지하도록 하는 효과, 자기를 지지하는 유권자가 투표에 참여하도록 하는 효과, 경쟁 후보를 지지하는 유권자가 기권하도록 하는 효과 등이 구분되어 수립되어야 한다.

관계를 완전히 바꾸어 당내 일부 반발을 가져왔음에도 불구하고 당명 개명과 각종 공약을 통해 왼쪽으로 더 이동하는 모습을 보였다. 그림 6의 ■ 부분은 민주통합당-통합진보당 연대 및 새누리당 좌 클릭 이전에 민주통합당을 새누리당보다 더 가깝게 인지하고 민주통합당을 상대적으로 더 지지한 유권자 집단이다. 이 집단은 두 야당의 연대 및 여당의 변신 후에는 민주통합당보다 새누리당을 더 가깝게 인지하여 새누리당에 투표한 유권자들이다. 양대 정당의 득표가 양대 정당의 위치에 따라 일부 결정되는 것이다.

물론 수도권이나 부산에서는 우파 단일화 혹은 보수 연합의 주장도 나왔다. 좌파 혹은 진보적 성향의 유권자가 많은 지역에서 우파 혹은 보수 연대의 공공연한 주장은 오히려 역효과를 낼 것이다. 강원지역처럼 보수 연합 때문에 진보진영이 결집한다고 해도 대세에 영향을 주지 않는 곳에서는 별 의미가 없다.

후보단일화 혹은 정당 간 연대를 통해 플러스알파(+ α)나 시너지(synergy)효과를 얻을 수 있고, 반대로 양 후보나 양 정당의 지지도 합보다 못한 지지도를 받을 때도 있다. 1995년 1회 전국동시지방선거에서 강원도지사 후보로 이봉모, 이상용, 최각규 3인이 각축을 벌였다. 홍천지역과 춘천고 출신인 이상용 후보가 당시 여당인 민자당 후보로 출마했다. 강릉지역과 강릉상고 출신인 최각규 후보와 이봉모 후보가 각각 자민련과 민주당에서 공천되었었다. 이봉모 후보가 후보등록을 포기하여 영동권 후보단일화가 이루어졌고, 영동권 후보가 단일화됨으로써 영동-영서의 대결이 되어, 영동보다 영서지역의 선거인 수가 더 많기 때문에 이상용 후보가 오히려 더 유리해졌다는 전망도 당시 있었다. 그러한 전망에도 불구하고 최각규 후보가 당선되었다. 당시 여론조사 기준으로는 최각규-이봉모의 연대는 플러스알파를 얻었다.

2012년 국회의원선거에서는 민주통합당과 통합진보당이 연대에 합의했다. 강릉, 원주 갑, 홍천·횡성 등을 경선지역으로, 원주 을에 통합진보당이 후보를 공천하지 않기로 합의하였다. 두 후보가 단일화하여 하나의 후보가 되었을 때 그 단일화된 후보의 지지율은 본래 두 후보가 얻었던 지지율의 단순 합보다 더 크지는 않은 것으로 추정된다.

4. 지역 유권자의 전략적 투표

결집 현상은 무소속 후보가 아무도 당선되지 않았다는 사실로 확인된다. 이 현상은 다른 시·도에서도 마찬가지였다. 전국 17개 시·도 가운데 3곳을 제외하고는 무소속 당선자가 없었다. 전국의 무소속 당선자는 경남 거제시 김한표, 광주 동구 박주선, 전북 정읍시 유성엽 등 3인에 불과하였다. 유성엽 의원은 19대 국회 개원 후 민주통합당에 입당했으며, 김한표 의원은 2012년 9월 새누리당에 입당했다. 박주선 의원은 공직선거법 위반 혐의로 재판에 계류 중이다. 2012년 9월 현재 온전한 무소속 19대 국회의원은 전무한 실정이다.

이는 4년 전인 2008년 18대 국회의원선거에서 25인의 무소속 후보가 당선된 사실과 비교하면 매우 큰 변화이다. 무소속에 관한 선행연구는 기존 정당에 대한 불만이 정치권 전반에 대한 불신으로 이어지고 이는 다시 무소속 후보에 대한 지지로 연결되기 때문에 무소속 후보의 존재는 한국 정당정치의 파행을 보여 주는 중요한 증거라고 진단하였다(황수익·강원택 1998). 2012년 국회의원선거에서 유권자들이 과거보다 한국 정치권을 더 신뢰해서 무소속 지지가 감소하였다고 말할 수는 없다. 싫더라도 박빙의 분위기에서는 차선에게 결집하였기 때문에 무소속 후보에 대한 투표가 감소한 것이었다.

양대 정당의 강원지역 정당득표율 합은 그림 1의 2000년 선거 75.1%, 그림 2의 2004년 선거 78.7%, 그림 3의 2008년 선거 64.1% 등이었다. 이에 비해 그림 4의 2012년 선거에서의 양대 정당 강원지역 정당득표율의 합은 무려 84.8%에 이르렀다. 강원지역 유권자들이 두 정당에게 과거보다 더 많은 호감을 갖게 된 것은 아니다. 그럼에도 불구하고 양대 정당의 정당득표율이 높았던 이유는 정당이나 후보들이 연대와 단일화를 추구하였고, 이에 맞추어 유권자들도 자신이 지지하는 무소속 후보보다 정당을 보고 투표하는 경향을 보였기 때문이다.

춘천 지역구의 새누리당 김진태 후보, 민주통합당 안봉진 후보, 무소속 허천 후보의 지지도는 2012년 3월 19일 조사에서 각각 30.3%, 29.3%, 17.8%이었고, 3월 24~25일 조사에서는 각각 26.6%, 23.9%, 12.5%이었으며, 3월 31일~4월 3일 조사에서 각각 38.2%, 30.4%, 11.0%이었다(강원일보 2012.4.5). 민주통합당 공천을 받지 못했지만 무소속으로 후보를 등록한 변지량 후보는 3월 25일 야권단일화의 대의를 위해 후보를 사퇴하며 안봉진 후보를 지지한다고 밝혔다. 4월 11일 선거 결과는 새누리당 김진태 후보 49.3%, 민주통합당 안봉진 후보 44.8%, 무소속 허천 후보 5.9%이었다. 변지량 후보의 사퇴는 오히려 보수적 지지자들의 결집에 영향을 주었고 선거일 당일에 무소속 허천 후보의 지지자 가운데 일부는 양강(兩强) 후보에게 전략적으로 투표한 것으로 보인다.

원주 갑 선거구의 민주통합당 김진희 후보는 세 차례의 지지도 조사에서 36.5%. 34.0%, 36.7%를 기록하여, 새누리당 김기선 후보의 33.0%, 30.1% 34.8%보다 더 높았다(강원일보 2012.4.5). 4월 11일 선거에서 민주통합당 김진희 후보는 43.5%, 새누리당 김기선 후보는 51.4%를 득표했는데, 국민생각 김대천 후보 지지자 일부와 부동(浮動)층 일부가 새누리당 김기선 후보에게 결집한 것으로 해석할 수 있다.

속초·고성·양양 선거구의 세 차례 조사에서 새누리당 정문헌 후보의 지지도는 31.3%, 22.5%, 35.0%로 조사되었고, 민주통합당 송훈석 후보는 31.2%, 32.9%, 27.9%로 조사되었으며, 무소속 손문영 후보는 12.7%, 10.4%, 12.6%로 조사되었다(강원일보 2012.4.5). 4월 11일 선거에서는 새누리당 정문헌 후보가 48.7%, 민주통합당 송훈석 후보가 35.6%, 무소속 손문영 후보가 13.3%를 얻었다. 부동층 다수가 양대 정당 후보에게 투표한 것으로 보인다.

태백·영월·평창·정선 선거구의 세 차례 지지도 조사에서 민주통합당 김원창 후보는 42.2%, 30.3%, 31.6%를 기록하였고, 새누리당 염동열 후보는 25.2%, 30.1%, 37.8%로 조사되었으며, 자유선진당 류승규 후보는 5.5%, 9.1%, 2.2%로 조사되었다(강원일보 2012.4.5). 실제 선거에서는 민주통합당 김원창 후보 40.0%, 새누리당 염동열 후보 56.6%, 자유선진당 류승규 후보 3.4%이었다. 자유선진당 후보의 지지자 일부와 부동층 일부가 새누리당 후보에게 집결한 것으로 보인다.

동해·삼척 지역구에서 새누리당 이이재 후보와 무소속 최연희 후보의 지지도는 3월 19일 조사에서 각각 25.8%와 22.7%로 박빙을 보였으나, 3월 24~25일 조사에서 각각 28.9%와 19.2%, 그리고 3월 31일~4월 3일 조사에서 각각 26.2%와 13.5% 등으로 점점 무소속 최연희 후보에 대한 지지도는 떨어졌다(강원일보 2012.4.5). 실제 4월 11일 선거에서는 새누리당 이이재 후보가 44.9%를, 무소속 최연희 후보가 28.0%를 얻었다. 민주통합당 후보 공천이 철회된 무소속 이화영 후보와 통합진보당 박응천 후보가 있어 새누리당 후보에게 전략적으로 투표가 증가된 모습이다.

이러한 전략적 투표는 오래전부터 있었다(김재한 1994; 김재한 1998; 김재한 2012). 1987년 13대 대통령선거는 순환적 상황이라고 말할 수 있다. 노태우, 김영삼, 김대중 3인의 후보는 모두 출마해서 각각 1, 2, 3위를 차지하였고 아무도 과반수 지지를 얻지 못했다. 당시 다음과 같은 전망이 우세하였다. 노태우 후보와 김영삼 후보 간의 일대일 대결에서 김영삼 후보가 승리하고, 노태우 후보와 김대중 후보 간의 일대일 대결에서는 영남 대 호남의 지역 특성으로 인해 노태우 후보가 승리하며, 세 후보가 모두 출마하는 경우에는 지역 기준으로는 영남 표가 나뉘어져 호남 기반의 김대중 후보가 유리하고 여/야 기준으로는 야당 표가 나뉘어져 여당 출신 노태우 후보가 유리하다는 내용이었다. 3자 동시 출마가 유리한 후보로서는 단일화를 추진할 이유가 없었다. 만일 김영삼 후보와 김대중 후보 간의 일대일 대결에서 김대중 후보가 승리하게 되어 있었다면, 세 후보 간의 일대일 우열관계는 노태우＞김대중＞김영삼＞노태우의 순환관계이다. 이러한 상황에서는 전략에 따라 결과가 달라진다.

1992년 14대 대통령선거에서 좋아하는 후보가 한 사람 분명하게 있다고 응답한 유권자 가운데 79.5%는 그 후보에게 투표했고, 7.0%는 기권했으며, 나머지 13.5%는 다른 후보에게 투표하였다(김재한 1994). 이 조사가 선거 실시 이후에 조사되었고 선거 실시 이전에 관한 선호도는 조사되지 않았음을 감안하면, 실제 전략적 투표를 행한 비율은 이 수치보다 훨씬 높았던 것으로 추정된다. 가장 좋아하는 후보 대신 다른 후보에게 투표한 유권자의 대다수는 본래 군소 후보를 가장 좋아했음은 물론이다.

1997년 15대 대통령선거에서 양자 대결 시 이회창 후보는 김대중 후보에게 승리하고(이회창＞김대중), 김대중 후보는 이인제 후보에게 승리하고(김대중＞이인제), 이인제 후보는 이회창 후보에게 승리한다는(이인제＞이회창) 주장이 있었다. 그렇다면 각 후보는 자신을 이기는 상대방을 제3자가 이겨 주는 이이제이(以夷制夷)의 전략을 선택할 수 있는 것이다. 만일 김대중 후보가 이회창 후보와의 1대1 대결에서 패배하게 되어 있었지만 이인제 후보를 이용해 이회창 후보에게 승리했다면 그것은 글자 그대로 이이

제이(以李制李)이다. 양자 대결과 달리 다자 대결이나 예선에서는 자기 지
지율을 과장하는 경향이 있다. 자신을 가장 선호하는 유권자의 표를 그
대로 가져오고 또 자신을 차선으로 선호하는 유권자의 표도 가져오기 위
한 것이다. 자기 지지를 과장하는 이면에도 전략적 투표의 계산이 깔려 있
다. 1997년 15대 대통령선거에서 이회창 후보와 이인제 후보가 당내 경선
뿐만 아니라 본선에서도 반(反)DJ표를 얻기 위해 상대 이 후보에게 투표하
면 김대중 후보가 당선되고 자신에게 투표하면 자신이 당선될 수 있다고
강조한 바 있다. 싫어하는 후보가 당선되지 않도록 자신에게 지지를 보내
달라는 주장이다.

강원지역 유권자의 결집은 소지역주의와도 관련이 있다. 그림 4에서 보
듯이 2012년 국회의원선거의 9개 강원도 선거구 가운데 원주시가 두 선거
구로 분구되어 있고, 춘천시와 강릉시는 각각 단일 선거구로 획정되어 있
다. 나머지 5개 선거구는 두 개에서 네 개까지의 여러 기초자치단체가 한
선거구로 통합되어 있다. 동해시와 삼척시는 합해서 한 선거구로 되어 있
다. 속초·고성·양양 선거구처럼 3개 시·군으로 구성된 선거구도 있고, 4
개 시·군으로 구성된 선거구도 있다. 철원군, 화천군, 양구군, 인제군으
로 구성된 복합선거구와 태백시, 영월군, 평창군, 정선군의 복합선거구가
그 예이다. 홍천·횡성은 상대적으로 인구가 더 많은 홍천군과 상대적으
로 인구가 더 적은 횡성군으로 이루어진 복합선거구이다. 홍천 출신의 후
보가 일반적으로 유리하지만, 홍천 출신의 후보가 난립했을 때 횡성 출신
의 후보가 당선되기도 했다.

2012년 국회의원선거 홍천·횡성 선거구에는 새누리당 황영철 후보
와 민주통합당 조일현 후보가 출마했다. 2012년 3월 24~25일 조사에서
홍천군의 경우, 홍천읍과 북방면에서는 황영철 후보 34.5%, 조일현 후
보 45.1%이었고, 화촌면과 두촌면 등 나머지 지역에서는 황영철 후보

32.2%, 조일현 후보 37.5%이었다. 횡성군의 경우, 횡성읍, 공근면, 서원면에서 황영철 후보가 36.4%, 조일현 후보가 35.5%로 조사되었고, 우천면과 안흥면 등 나머지 지역에서는 황영철 후보가 46.8%, 조일현 후보가 28.8%를 얻었다(강원일보 2012.3.27). 3월 31일~4월 3일 조사에서 황영철 후보가 홍천에서 40%, 횡성에서 38.8%로 조사되었다. 조일현 후보는 홍천에서 36.5%, 횡성에서 34.7%의 지지율을 기록했다(강원일보 2012.4.5). 4월 11일 실제 선거에서는 새누리당 황영철 후보는 홍천 49.1%와 횡성 56.0%를 얻어 전체 선거구에서 51.8%를 득표했다. 반면에 민주통합당 조일현 후보는 홍천 50.9%와 횡성 44.0%를 합해 홍천·횡성에서 48.2%를 득표하였다. 황영철 후보는 두 후보의 출신지역인 홍천군에서 조일현 후보보다 624표를 더 적게 얻었지만, 인구가 홍천의 2/3 정도 되는 횡성군에서는 2,710표를 더 얻어, 전체 선거구에서 2,086표 차이로 당선되었다. 과거 횡성 출신 후보에게 투표했던 횡성 유권자들이 2012년 선거에서는 황영철 후보에게 결집한 측면도 있는 것이다.

5. 요약 및 결론

선거 예측조사 오차와 선거 결과 이변의 이면에는 부분으로 전체를 판단하는 군맹평상(群盲評象) 즉 '장님 코끼리 만지기'의 오류가 존재한다. 강원도의 표심을 '여도'이니 '야도'이니 매 선거 때마다 다르게 단정하는 것 또한 군맹평상의 오류에 속한다. 2012년 19대 국회의원선거에서 강원도 유권자의 투표행태는 여/야와 보수/진보의 기준에서 과거와 크게 달라진 것이 별로 없다. 2012년 19대 국회의원선거처럼 양대 정당 가운데 비교적 보수적 정당이 여당이었던 2008년 18대 국회의원선거와 비교하면 양대 정당 모두 강원지역 득표율이 높아졌다. 2012년 새누리당은 2008년 한나라당의 정당득표율 45.5%에서 증가한 51.3%의 정당득표율을 얻었다. 마찬가지로 2012년 민주통합당은 2008년 통합민주당의 정당득표율 18.6%보다 대폭 증가한 33.5%의 정당득표율을 얻었다. 소선거구제의 특성상 51.3% 대 33.5%의 득표율에서도 새누리당이 강원지역 9개 선거구 모두에서 당선하는 것이 가능하였다. 2008년 선거에 비해 2012년 선거에서는 무소속 후보의 부진이 두드러졌는데 이 또한 강원지역만의 현상이 아닌 전국적 현상이었다. 무소속 후보 부진의 이면에는 선거를 앞둔 결집 현상이 있다. 정당 간 연대 및 후보단일화와 같은 정치권의 전략적 캠페인과, 동시에 군소정당이나 무소속 대신 양대 정당의 후보에게 투표하는 유권자의 전략적 투표가 있었던 것으로 추정된다.

참고문헌

김재한. 1993. "양당제하의 선거." 이남영 편『한국의 선거 I』. 서울: 나남.

김재한. 1994. "한국 거대여당 체제의 등장과 쇠퇴." 김재한 편.『정당구도론』. 서울: 나남.

김재한. 1996. "한국 유권자의 투표행태에 관한 일 고찰."『국가전략』2(2).

김재한. 1998.『합리와 비합리의 한국정치사회』. 서울: 도서출판 소화.

김재한. 2011. "투표율의 연령효과 및 도농효과"『대한정치학회보』18(3).

김재한. 2012.『정치마케팅의 전략』. 한림대학교출판부.

황수익·강원택. 1998. "한국 국회의원선거에서 무소속 후보에 대한 연구"『의정연구』4(2).

여성, 군소정당, 무소속 후보의 선거운동

1. 여성 후보 간 지역구 경쟁 :
   경기 고양 일산 서구

박경미

1. 서론

　최근 여성 정치인의 역할이 주목받기 시작하면서 19대 총선은 이전과 다른 많은 변화가 있었다. 비상대책위원회 위원장 및 대변인 등을 비롯한 주요 당직을 여성 정치인이 맡으면서 이번 총선에서 여성의 정치 참여에 대한 관심이 그 어느 때보다 높았다. 여성 정치인들은 주요 정당의 공천 및 선거운동 과정 전반을 주도하였고 이를 반영하듯, 여성 후보의 공천 비율이 주요 쟁점으로 떠올랐으며, 그만큼 여성 의원의 증가를 기대하게 하였다. 그에 따라 2000년 정당 공천에 대한 여성할당제 도입 이후 지속적으로 증가하고 있는 여성 후보가 이번 19대 총선에서는 얼마나, 어떻게 공천되었으며, 그 결과는 어떠하였는지에 대한 관심을 필요로 한다.

　이전 총선에 비해 이번 19대 총선에서 나타난 두드러진 특징 중 하나는 여성 후보들 간 치열한 접전을 치룬 지역구가 다수였다는 점이다. 이전의 총선에서 여성 후보가 지역구에 출마하더라도 남성 후보들이 주축을 이루는 가운데 여성 후보 1인이 참여하는 정도였으며, 일부를 제외한 대부분의 여성 후보는 대체적으로 선거경쟁력이 낮은 것이 일반적이었다. 특히, 한 지역구에서 여성 후보들이 경쟁하는 경우는 드물었다. 그러나 이번 총선은 공천 단계에서부터 여성 후보의 공천 비율에 대한 논란이 컸던

"

만큼 주요 정당의 공천 과정과 선거경쟁에서 여성 후보들의 참여가 두드러졌다는 특징에 주목할 필요가 있다.

이러한 관점에서 이 글은 이번 총선에서 여성 후보들의 공천과 선거운동 과정은 어떤 특성을 띠고 있었는지, 그리고 이들의 선거 결과는 어떠하였는가에 대한 관심으로부터 출발하였다. 이에 대해서 이 글은 여성 후보들이 접전을 치른 지역구에 대한 참여관찰의 결과를 중심으로 논의하고자 한다. 이번 총선에서 여성 후보들 간 경쟁이 이루어졌던 선거구는 서울시와 경기도에 각각 2개의 지역구, 총 4개의 선거구였다(서울 중랑 갑과 도봉을, 경기도 광명 을과 고양 일산 서). 그중 이 글은 지난 18대 총선에 이어 같은 여성 후보가 다시 경쟁한 경기도 고양시 일산 서구에 관심을 갖는다. 일산 서구는 새누리당 김영선 후보와 민주통합당 김현미 후보, 두 여성 후보의 접전이 치러졌던 선거구였다. 김영선 후보는 15대와 16대, 두 차례의 비례대표 의원으로 활동하다가 17대부터는 일산 서구에서 출마하여 두 차례 연이어 당선된 4선의원이었다. 반면 김현미 후보는 17대 비례대표 의원을 지낸 후 18대 총선에서 현역의원인 김영선 후보와 이 지역구에서 경쟁한 경력이 있었다. 두 여성 후보의 두 번째 총선 경쟁은 첫 번째 선거 결과와 달랐다. 지난 총선에서는 당시 현역의원인 김영선 후보가 김현미 후보를 11.7% 앞선 득표로 재선에 성공하였던 데 반해, 이번 19대 총선에서는 김현미 후보가 현역의원 김영선 후보와 접전을 거듭하면서 4.5%의 득표율 차이로 승리하였다.

경기도 고양 일산 서구에 대한 참여관찰을 토대로 한 이 글은 여성 후보 간 지역구 경쟁에 주목하여 다음과 같은 사안을 중심으로 논의한다. 우선, 여성 후보들이 각축을 벌였던 선거구의 특징을 살펴보기 위해서 정당의 공천 방침과 이 지역구에서 선거운동 과정의 특징과 결과에 중점을 두어 살펴본다. 특히, 정당 공천 결과로서 여성 후보의 수와 비율은 이전 총선보다 얼마나 증가하였는가? 여성 후보 간 대결이 이루어진 선거구의 선거는 어떻게 진행되었는가? 여성 후보 간 경쟁에서 선거운동 과정에서의 쟁점은 무엇이었는가? 이러한 문제를 중심으로 이 글은 여성 후보의 공천과 여성할당제의 관계, 한 지역구 내 여성 후보자 간 선거경쟁, 그리고 경기도 고양 일산 서구의 참여관찰, 그리고 마지막으로 이번 19대 총선이 여성의 정치 참여의 관점에서 어떤 함의를 갖는지에 대해서 분석결과 요약과 함께 논의되었다.

2. 여성 후보 공천의 의의와 여성할당제

여성의 정치 참여는 오랫동안 주목받아 온 사안이었지만 사회문화적 요인, 제도적 요인, 정치적 요인의 복합적 작용이 여성의 정치 참여를 저해하여 왔다. 여성에 관한 사회적 편견이나 선입견이 작용하는 사회문화적 특성과 함께, 소선거구제 단순다수제의 선거제도에서 남성 위주의 정당 공천이 구조화되어 있기 때문에 여성의 정치 참여는 활발하지 않았다(서현진 2004). 이에 대해 여성할당제와 같은 적극적인 조치의 도입을 통해 여성의 정치 참여를 제고하는 것이 필요하다는 주장이 대두되었다. 여성의 정치 참여를 저해하는 요인을 최소화하는 방안들 중에서 가장 손쉽게 선택할 수 있는 대안은 기존의 정치제도 수정·신설 등의 제도 개혁이라고 인식되었기 때문이었다.

이러한 취지에서 도입된 여성할당제는 이론적으로 유권자에 대한 정치적 대표성을 구현하기 위해서 유권자의 인구사회학적 특성을 그대로 반영하여야 한다고 보면서 숫자상 절반을 차지하는 여성의 정치 참여를 수적으로 늘리는 것이 필요하다고 보는 시각에 근거해 있다. 여성 의원들은 기존의 관점과 다른 시각에서 정치적 쟁점에 접근하여, 특히 여성으로서

만이 아니라 집단으로서 여성으로 활동할 때 새로운 관점이 나타날 수 있기 때문에(Phillips 1995; Mansbridge 1999), 여성 의원의 존재는 정치적 변화를 가져온다고 기대할 수 있다는 것이다. 1995년 베이징 국제연합 여성회의가 정치, 경제, 사회영역에 그 도입을 권고하는 안을 채택한 이후 여성할당제는 세계적으로 확산되었다. 기회 평등의 원칙보다는 결과 평등의 원칙을 강조하는 여성할당제가 여성의 정치적 대표성 확대를 위한 가장 '빠른 경로(the fast track)'라는 담론이 보편화된 것이었다(문경희 2007). 그 결과 국제의원연맹이 처음으로 조사한 시점인 1997년 1월 12%였던 여성 의원의 비율은 2011년 12월 현재 19.7%로 증가하였다(Inter-Parliamentary Union, 검색일: 2012.4.15). 이와 같은 적극적 조치가 최소한 숫자상 여성의 정치 참여에 긍정적 효과를 갖는 것으로 해석할 수 있다.

그러나 한국의 여성할당제는 그동안 여성의 정치 참여 증진에 크게 기여하지는 못하였다. 2000년 여성할당제 도입 이후 10여 년이 지난 2012년 현재 여성의 국회 진출은 190개국 중 87위로, 비교적 낮은 수준에 있다(Inter-Parliamentary Union, 검색일 2012.4.15). 이는 정당이 여성할당제를 어떻게 지키고 있는가와 관련이 있다. 국회의원과 광역의원의 비례대표 후보 중 30%를 여성 후보로 공천하는 것을 의무화하는 2000년 정당법 개정 이후 네 차례의 개정 및 해당 조항 폐지와 함께 2005년 공직선거법 개정에 따라 현재 공직선거법 제47조에 규정되어 있다. 현재 적용되고 있는 여성할당제는 제20차 개정 공직선거법 조항으로, 비례대표 후보 중 50%를 의무적으로 공천하고 남성과 여성의 순위를 번갈아 배정하는 교호순번제 의무조항과 함께 지역구 후보 중 30%를 여성 후보로 공천하도록 권고하는 것을 내용으로 하고 있다(현행 공직선거법 제47조 3, 4항). 여성할당제 도입 이전 시기에 비해 여성 의원의 비율은 숫자상으로는 2배 이상 늘어나 일정 정도 효과를 거두었다는 긍정적인 평가가 가능하지만, 지난 18대 국회의 여성 의원 비율은 제17대와 비슷하여 여성할당제의 한계가 지적되기도 하였다. 이와 같이 기대만큼 여성 의원이 증가하지 않는 이유는 남·여 후보의 비례대표 순위를 번갈아 배치하는 교호순번제와 지역구 후보의 30% 할당이 권고사항으로 남아 있기 때문이라고 지적하면서(김현희·오유석 2010), 여성 의원의 비율을 늘리기 위해서는 보다 적극적 조처가 필요하다는 의견도 개진되었다.

그럼에도 불구하고 여성할당제 도입은 여성 후보의 수와 비율이 증가하는 데 일정 정도 기여한 것으로 평가할 수 있다. 표 1에서 보는 것처럼, 여성할당제 도입 이전인 15대와 16대에 여성 후보는 각각 15명, 1.1%와 33명, 3.2%만이 지역구 후보로 공천을 받았으며, 비례대표 후보로는 22명, 13.7%와 32명, 23%가 비례대표 후보명단에 올랐다. 여성할당제 도입 이후에 시행된 17대 총선 이후에는 지역구와 비례대표 모두에서 여성 후보의 수가 늘어났다. 여성 지역구 후보는 17대 66명, 5.6%에서 18대 132명, 11.8%로 증가하였다. 이번 19대 총선의 경우에는 전체 후보 902명 중 63명 7.0%만이 여성 후보로 확정되었는데, 이는 여성할당제 권고 비율인 30%와는 상당한 차이가 있는 것이다.

비교적 여성할당제가 적극적으로 시행되고 있는 부분은 비례대표 후보의 공천이었다. 여성 비례대표 후보의 수는 여성할당제 도입 이전에 비해 2배가량 증가하였다. 그러나 17대에 47.9%, 18대에는 44.1%를 여성 후보가 차지하였다가 이번 총선에서는 80명, 42.6%로 줄어들었다. 이 역시 의무공천 비율 50% 규정에 미치지 못하는 수준이었다. 전체적으로 의무규정이 좀처럼 준수되고 있지 않았으며, 이번 19대 총선은 여성할당제 도입의 효과가 다른 총선보다도 적었다는 것이다.

여성의 정치 참여 확대라는 관점에서 이번 총선의 긍정적 결과는 역대 총선에 비해 여성 의원의 수와 비율이 증가하였다는 사실이다. 전체적으

표 1. 총선의 여성 후보 공천과 당선

		지역구			비례대표			의원 중 여성 의원
		전체	공천	당선	전체	명부	확정	
여성 할당제 도입 이전	15대	1,389	15	2	161	22	7	11
			1.1(%)	13.3(%)		13.7(%)	31.8(%)	3.7(%)
	16대	1,040	33	5	139	32	11	16
			3.2(%)	15.2(%)		23.0(%)	34.4(%)	5.9(%)
여성 할당제 도입 이후	17대	1,175	66	10	190	91	29	43
			5.6(%)	15.2(%)		47.9(%)	31.9(%)	14.4(%)
	18대	1,113	132	14	188	83	27	41
			11.9(%)	10.6(%)		44.1(%)	32.5(%)	13.7(%)
	19대	902	63	19	188	80	28	47
			7.0(%)	30.2(%)		42.6(%)	35.0(%)	15.7(%)

※ 역대 국회의원선거 총람 자료와 중앙선거관리위원회 선거통계시스템에서 작성.

로 전체 300명 당선자 중 47명, 15.7%가 여성 당선자로, 15대 이후 선거 결과 중 여성 의원이 차지하는 비율이 가장 높았다. 지역구에 출마한 여성 후보 63명 중 19명, 30.2%가 당선되었으며, 비례대표 여성 후보 80명 중 28명, 35%가 당선되었다. 이는 역대 총선 중에서 가장 높은 여성 후보의 당선 비율을 나타낸 16대와 17대 총선보다 2배 가까이 증가한 것이었으며, 비례대표 여성 의원의 당선도 이전 총선에 비해서 가장 높은 것이었다. 다시 말해, 여성할당제는 이러한 여성 의원 비율의 증가에 기여하여 여성의 정치 참여를 확대하는 효과를 갖는 것으로 볼 수 있다.

3. 정당의 여성 후보 공천과 여성 후보 간 경쟁

이번 총선에서 주목하여야 할 부분은 여성할당제가 규정하고 있는 여성 후보 공천 비율, 즉 지역구 30%와 비례대표 50%를 대부분의 정당들이 지키지 않았음에도 불구하고 여성 후보 및 여성 의원이 늘어났다는 사실이다. 표 2에서 보는 것처럼, 대부분의 정당은 비례대표 후보 중 50%를 여성 후보로 공천하지 않았다. 비례대표 후보를 공천한 전체 20개의 정당 중에서 통합진보당, 진보신당, 청년당 등 3개의 정당만이 비례대표 후보에 여성 후보를 50% 공천하였다. 새누리당과 민주통합당은 각각 47.7%와 47.4%만을 공천하여 의무규정을 준수하지 않았으며, 이 외에 6개 정당(가자! 대국민중심당, 대한국당, 불교연합당, 한국기독당, 한국문화예술당, 한나라당)은 비례대표 후보에 여성을 단 1명도 공천하지 않았다.

이와 같은 여성 후보의 정당 공천에 대해서 새누리당과 민주통합당의 공천을 중심으로 예비후보자 등록단계와 후보 확정단계로 나누어 살펴보았다. 표 3에서 보는 것처럼 예비후보 등록단계에서 여성 예비후보는 전체 1,997명의 예비후보 중 165명의 여성 후보가 예비후보로 등록하여 전체 예비후보 중 8.3%를 차지하였다. 정당별로는 새누리당 예비후보 821명 중 65명, 8.0%가 여성 예비후보였고 민주통합당 예비후보 673명 중 48명, 7.1%를 차지하였다. 상대적으로 민주통합당보다 새누리당에 여성 예비후보가 많은 편이었지만, 두 정당 모두 여성 예비후보의 비율은 그다지 높지 않았다.

최종 후보 확정단계에서 두 정당의 여성 예비후보의 비율 차이는 역전되었다. 전체 246개 지역구에 대해서 전체 여성 후보 165명 중 63명, 7.0%

표 2. 비례대표 명단 중 여성 후보

정당명	새누리당	민주통합당	자유선진당	통합진보당	기타	합계
전체 후보 수(명)	44	38	16	20	70	188
여성 후보 수(명)	21	18	6	10	25	80
여성 후보 비율(%)	47.7	47.4	37.5	50.0	35.7	42.6
여성 당선자(명)	13	11	1	3	0	28

※ 각 정당의 후보 명단에서 작성.

표 3. 예비후보 등록단계와 후보 확정단계의 여성 후보

단계	후보 수	여성 수		새누리당			민주통합당		
예비후보 등록단계	전체 예비후보	후보 수	비율	총	여성 예비	비율	총	여성 예비	비율
	1,997명	165명	8.3%	821명	65명	8.0%	673명	48명	7.1%
후보 확정단계	전체 후보	후보 수	비율	총	여성 후보	비율	총	여성 후보	비율
	902명	63명	7.0%	230명	16명	7.0%	209명	21명	10.0%

※ 중앙선거관리위원회 선거통계시스템에서 작성.

의 여성 예비후보가 공천되어, 여성의 예비후보 등록 수와 비율에 비해 1.3%가 줄어든 비율의 여성 후보 출마가 확정되었다. 정당별로는 새누리당이 16명의 여성 후보를 지역구에 공천하여 전체 지역구 후보 중 7.0%를 차지하였던 데 반해, 민주통합당은 21명을 공천하여 지역구 후보 중 10.0%가 여성 후보였다. 여성 예비후보의 수가 상대적으로 많았던 새누리당은 1.0% 감소한 여성 지역구 후보를 공천하였고, 민주통합당은 예비후보 등록단계에 비해 2.9% 많은 여성 지역구 후보를 공천하였다.

이와 같이 두 정당의 후보 확정단계에서 나타난 여성 후보의 공천비율 차이는 공천심사 과정에서 기인하는 것으로 유추할 수 있다. 우선, 위원회 구성에서 차이를 보였다. 새누리당 공직후보자추천위원회는 위원 10명 중 여성이 2명, 20%로 구성되어, 민주통합당 공직후보자추천심사위원회는 15명 중 5명, 33.3%보다 적었다. 이는 민주통합당이 여성에 대한 고려가 많았다는 것이다. 이러한 경향은 여성 후보에 대한 공천 기준에서 확인할 수 있다. 새누리당은 지역구 후보 중 30% 공천을 '권장'한다는 기준을, 민주통합당은 15% '의무공천'의 입장을 표명하여, 새누리당이 고려한 여성 지역구 후보의 비율은 민주통합당보다 높았지만 여성 후보 공천의 의지는 민주통합당이 새누리당에 비해 강한 것이었다. 왜냐하면 민주통합당은 공직후보자추천심사위원회에 여성을 30%로 구성하도록 당헌에

명시한 첫 정당으로서, 다른 정당에 비해 여성 후보 공천에 주력하도록 하는 제도적 조건이 갖추어졌기 때문이었다.

두 정당의 여성 지역구 후보 수의 차이가 나는 또 다른 요인은 여성 지역구 후보의 공천 방식이었다. 새누리당은 후보를 공천한 지역구 중 4개, 25.0%의 지역구에 여성 후보를 전략 공천하였고 여성 후보가 참여한 경선은 4개, 1.6%의 선거구에 불과하였다. 경선에 참여한 여성 후보는 모두 낙선하였다. 반면 민주통합당은 3명의 여성 후보를 지역구에 전략 공천하였으며, 여성 후보가 참여한 9개의 지역구 경선에서 4명, 44.4%가 승리하여 최종적으로 후보 공천이 확정되었다.

여기에서 주목하여야 할 두 정당의 차이는 두 정당의 경선 성패가 여성 후보에게 가산점을 주었는가 아닌가의 차이에서 비롯되었다는 점이다. 민주통합당의 경우에는 여성 후보에게 10%의 가산점을 주었으며, 특히 신진 여성 후보에게는 20%의 가산점을 부여하였다. 그에 따라 여성 후보가 남성 후보 혹은 현역의원과 경쟁하는 지역구 경선에서 경쟁 양상이 치열할수록 여성 후보가 당선되는 경우도 있었다. 강원 원주 갑 김진희 후보는 20%의 가산점을 받아 모바일투표와 현장투표의 합산 결과 1위였던 남성 후보 박우순 후보를 누르고 후보에 공천되었으며, 전북 익산 을의 전정희 후보는 경선 합산 결과 1위이며 현역의원이었던 조배숙 후보를 제치고 지역구 후보가 되었다. 남성 후보나 현역의원들과 맞붙는 경선에서 여성 후보들에게 부여한 가산점이 경선 성패에 영향을 미쳤다는 것이다. 이는 여성 후보에 대한 강제적 조치가 여성 후보 혹은 여성 신진 후보가 진입하기에 유리하게 만든다는 사실을 말한다.

반면 후보 확정단계에서 여성 예비후보 간 경쟁이 두드러졌던 정당은 새누리당이었다. 새누리당과 민주통합당 소속으로 등록한 예비후보들 중에서 2명 이상의 여성 예비후보들이 같은 지역구에서 경쟁한 지역구 수는 각각 10개와 3개 선거구로, 새누리당이 민주통합당보다 많았다. 이 중에서 예비후보로 등록한 선거구에서 지역구 후보로 공천을 받은 예비후보는 7명으로, 새누리당 5개 지역구와 민주통합당 2개 지역구였다. 이 중에서 새누리당은 4개의 지역구에서 경선을 하였지만 모두 낙선하였고 16명의 여성 지역구 후보가 경선 없이 단독 공천이나 전략 공천을 통해 지역구 후보가 되었다. 새누리당의 경우 2명 이상의 여성 예비후보들이 경쟁하는 지역구는 단 1개도 없었던 데 반해, 민주통합당은 2개의 지역구에서 여성 예비후보가 경쟁하였다. 여성 후보 간 경쟁이 있었던 민주통합당의 2개 지역구에서는 전북 익산 을에서 전정희 예비후보가 경선에서 이겨 후보로 확정되었지만 광주 서구 갑은 장하진 예비후보가 사퇴함으로써 박혜자 예비후보가 최종적으로 공천되었다.

최종적으로 여성 후보 간 지역구 경쟁은 서울과 경기지역의 선거구에서 총 4곳으로, 서울의 중랑 갑과 도봉 갑 그리고 경기도 고양 일산 서구와 광명 을 지역구에서 치러졌다. 표 4와 같이 여성 후보 간 경쟁 지역구의 초기 지지율은 2개의 서울지역 선거구에서는 민주통합당이 우세한 상황이었고 2개의 경기도 지역구에는 새누리당이 우세한 상황이었다. 서울 도봉 갑 선거구를 제외하고는 모두 새누리당의 현역의원들이 참여한 지역구였다. 서울 중랑 갑의 김정 후보는 18대 새누리당 비례대표 의원이었고, 경기도 고양 일산 서와 광명 을은 모두 지역구 현역의원이 공천을 받은 선거구였다. 만약 현직효과가 작용하고 있었다면, 적어도 3개의 선거구에서 새누리당의 승리를 예견할 수 있는 조건이었다. 그러나 초기부터 서울지역 2개의 선거구에서 모두 민주통합당 후보에 대한 지지율은 상대 후보보다 높았으며, 서울 도봉 갑 인재근 후보가 현직효과를 부분적으로 누렸다는 사실을 예외로 한다면, 3개의 선거구에서 모두 현직효과는 나타나지 않았다. 서울 도봉 갑 인재근 후보의 경우, 현역의원은 아니었지만

표 4. 여성 후보 간 경쟁 지역구의 초기 지지율(%)[92]

지역구	새누리당	지지율	민주통합당	지지율	조사일자	조사기관
서울 중랑 갑	김 정	12.7	서영교	22.2	3.31	동아일보 (리서치앤리서치)
서울 도봉 갑	유경희	29.0	인재근	52.2	4.3	중앙일보 (한국리서치)
경기 고양 일산 서	김영선	39.2	김현미	37.0	3.31~4.2	KBS·MBS·SBS (코리아리서치)
경기 광명 을	전재희	42.7	이언주	29.0	4.1	중앙일보 (한국갤럽·엠브레인)

표 5. 여성 후보 간 지역구 경쟁의 선거 결과

지역구	새누리당			민주통합당		
	후보	득표수	득표율(%)	후보	득표수	득표율(%)
서울 중랑 갑	김 정	19,647	23.71	서영교	33,891	40.91
서울 도봉 갑	유경희	31,361	40.13	인재근	45,682	58.46
경기 고양 일산 서	김영선	57,738	46.09	김현미	63,432	50.64
경기 광명 을	전재희	40,028	46.15	이언주	43,441	50.09

※ 중앙선거관리위원회 선거통계시스템에서 작성.

민주통합당 김근태 전 의원 부인으로서 선거운동 초반부터 2배에 가까운 지지율 차이를 보이면서 앞섰다.

표 5에서 보는 것처럼, 두 정당이 팽팽한 지지율 경쟁을 보였던 4개의 지역구에서 모두 민주통합당이 승리하였다. 3명의 새누리당 현역의원들은 모두 낙선하였던 데 반해, 인재근 후보를 비롯한 네 명의 민주통합당 여성 후보가 모두 당선되었다. 사실 김근태 전 의원의 현역의원 시절부터 직·간접적으로 지역구 활동을 하였을 것이라는 사실을 감안한다면 인재근 후보의 당선은 예견된 결과였다. 그러나 새누리당이 과반의 의석을 차

92　여론조사 결과는 서울 중랑 갑은 동아일보 2012.4.2, 서울 도봉 갑은 중앙일보 2012.4.5, 경기 고양 일산 서는 KBS뉴스 2012.4.3, 경기 광명 을은 중앙일보 2012.4.3 참조.

지한 이번 총선에서 재선 이상의 현역 여성 지역구 의원이었던 새누리당 김영선과 전재희 전 의원이 모두 낙선하였다는 사실은 이번 총선의 쟁점과 관련이 있다. 이번 총선에 주효하게 작용하고 영향을 미친 것으로 평가되는 정권 심판론이 두 정당의 여성 후보 간 경쟁에 그대로 반영되었고, 그 결과 새누리당 현역의원들에게 불리하게 작용하여 민주통합당이 4개의 여성 후보 간 지역구 경쟁에서 승리한 것으로 평가할 수 있다.

4. 참여관찰 : 경기도 고양 일산 서의 여성 후보 간 경쟁

일산 서구는 이번 총선에서 치열한 접전을 거듭하였던 선거구 중 하나로, 지난 18대 총선에서도 이미 한차례 경쟁한 후보들이 다시 경쟁하는 지역구라는 점에서 그 선거 결과에 관심이 집중되었다. 두 여성 후보는 비교적 유사한 경력을 갖는 여성 후보라는 공통점이 있었다. 두 후보 모두 비례대표 의원 경력을 갖는 후보로서, 김영선 후보는 두 차례, 김현미 후보는 한 차례 비례대표 의원을 지냈으며 소속 정당의 중책을 맡았던 경력이 있었다. 유사한 경력을 갖는 두 후보의 지역구 경쟁은 이들의 경력과 배경에서 기인하는 경쟁보다는 정권 심판론이 새누리당 후보에게 불리하게 작용할 것이라고 전망되는 상황에서 새누리당 현역의원과 이에 재차 도전하는 전직 비례대표 의원의 경쟁이었다는 점에서 흥미로운 선거경쟁이었다.

표 6은 이번 19대 총선을 포함하여 두 후보가 경쟁한 두 차례의 선거 결과이다. 현역 지역구 의원과 현역 비례대표 의원으로서 참여한 지난 18대 총선에서는 41.8%를 확보한 김현미 현역 비례대표 의원을 11.9% 차이로 누르고 김영선 현역 지역구 의원이 53.7%의 지지를 받아 재선에 성공하였다. 18대 총선은 지역구 의원의 현직효과와 함께 17대 대선 직후 치러진

표 6. 두 후보의 총선 결과

		일산 서구		전국 지역구 평균 득표		전국 정당 투표 득표	
		김영선	김현미	새누리당	민주통합당	새누리당	민주통합당
18대	득표수	51,595	40,198	7,478,776	4,977,508	6,421,727	4,313,645
	득표율(%)	53.7	41.8	43.5	28.9	37.5	25.2
19대	득표수	57,738	63,432	9,673,030	8,115,064	9,129,226	7,775,737
	득표율(%)	46.1	50.6	38.6	32.4	42.8	36.5

※ 중앙선관위(2008) 자료와 중앙선거관리위원회 선거통계시스템에서 작성.

총선에서 집권당 후보로서 후광효과(coattail effect)를 누린 김영선 후보가 비례대표 의원이었던 김현미 후보에 비해 상대적으로 유리하였던 것으로 볼 수 있다. 그러나 이번 총선에서는 두 후보의 치열한 경쟁은 초반부터 계속되었고, 그 결과는 김현미 후보가 김영선 후보를 5.5%라는 적은 득표율 차이로 앞서 당선된 것이었다. 두 후보의 득표율은 이들의 소속 정당이 지역구와 정당 투표에서 받은 득표율을 상회하는 것으로, 그만큼 이 지역구의 선거경쟁이 치열하였고 두 후보가 모두 선거경쟁력이 있다는 사실을 의미한다. 이와 같은 선거 결과에 대해서 선거구의 특성과 선거운동의 과정과 쟁점, 두 부분으로 나누어 살펴보고자 한다.

1) 선거구의 특성 : 새누리당과 민주통합당의 경합 지역구

일산 서구의 역대 총선 결과에서 새누리당 후보가 다섯 차례, 그리고 민주통합당 후보가 한 차례 당선되어, 당선 여부만으로 보았을 때 새누리당이 우세한 선거구로 볼 수 있다. 민주통합당 후보가 당선되거나 경합을 치를 만큼 선거경쟁력을 갖기 시작한 것은 이 지역의 변화와 관련이 있다. 10여 년 사이 지역개발에 따라 대규모 아파트단지가 들어서기 시작하면서 선거구의 특성이 변화하였다. 지역개발 이전에 이 지역은 지주를 중심으로 이루어진 농촌지역으로서 지주—소작 관계가 존재하였고, 그러한 관계들이 비교적 최근까지 지속되는 가운데 새누리당이 상대적으로 유리한 선거구였다.

특히, 새누리당이 우세하였던 역대 선거에서는 지역 토박이들의 보수적인 정치적 태도가 영향을 미친 것으로 보인다. 이 지역에 선조부터 살아 왔다는 자영업자 40대 남성은 이 지역에 오랫동안 거주한 노년층들은 대부분은 지주들이었고 이들은 소작을 주었던 호남지역 사람들에 대한 강한 반감을 가지고 있다고 말하였다. 이러한 태도가 그 자손들에게도 영향을 미쳐, 여전히 보수적인 새누리당에 대한 선호가 강한 동시에 민주통합당에 대한 반감이 강하다는 것이었다. 몇 차례의 선거를 경험하고 고양시 의원을 지낸 50대 남성은 토박이들의 호남인에 대한 태도는 지주였던 토박이들과 유입된 인구였던 소작인들, 특히 호남인과의 수직적 관계 인식이 이 지역의 토박이들에게 남아 있기 때문이라고도 말하였다. 이러한 지역구의 특성은 경기도 고양군에서 고양시로, 그리고 일산구와 일산 3개의 구로 분구되면서 도시개발의 한 결과로서 유입인구 증가가 새누리당이 우세한 지역구의 성격을 변화시킨 것으로 볼 수 있다.

일산 서구의 선거구 특성이 변화한 시점은 새누리당이 우세하였던 역대 총선 결과와 달리 새천년민주당 김덕배 후보가 당선된 16대 총선이었다고 볼 수 있다. 16대 총선은 13대 총선 이후 하나의 선거구였던 경기도 고양군에서 1996년 3월 1일부로 덕양구와 일산구로 분리된 직후에 치러진 선거였다. 15대 총선에서 신한국당 이택석 후보에게 약 5%의 득표율 차이로 낙선한 김덕배 후보는 선거구 변경 이후에 치러진 16대 총선에서는 약 13% 앞선 득표율로 당선되었다. 그 이후의 총선에서 김영선 한나라당 후보가 연이어 당선되었지만 상대 후보였던 열린우리당 김두수 후보나 통합민주당 김현미 후보와의 득표율 차이는 그다지 크지 않았다. 그러나 새누리당 후보가 당선되었던 17대 총선 결과는 선거구의 특성을 반영한 것

표 7. 주요 정당의 역대 총선 결과

선거(지역구명)	선거인 수	투표수	후보 및 정당	
13대 (경기 고양군)	129,071	95,274	이국헌 민주정의당 19,272 (20.41)	이근진 통일민주당 16,957 (17.96)
14대 (경기 고양시)	169,058	111,542	이택석 민주자유당 35,635 (32.34)	이교성 민주당 30,941 (28.08)
15대 (고양 일산)	221,231	139,577	이택석 신한국당 47,876 (34.66)	김덕배 새정치국민회의 40,371 (29.23)
16대 (고양 일산 을)	141,412	74,078	홍기훈 한나라당 26,401 (35.87)	김덕배 새천년민주당 35,587 (48.36)
17대 (고양 일산 을)	186,388	117,211	김영선 한나라당 52,501 (45.05)	김두수 열린우리당 50,237 (43.10)
18대 (고양 일산 을)	205,367	96,695	김영선 한나라당 51,595 (53.71)	김현미 통합민주당 40,198 (41.84)

※ 중앙선거관리위원회 선거통계시스템에서 작성. 괄호 안은 비율(%).

은 아니었다. 경기도 고양시 일산 3개의 선거구 중에서 열린우리당이 유일하게 패배한 일산 서구의 17대 총선 결과는 이 지역구가 새누리당이 우세한 선거구였기 때문이라고 보기보다는 당시 열린우리당 내 과도한 후보 경쟁이 지역구 유권자들에게 좋지 않게 보였기 때문이라는 50대 남성의 평가가 적절한 것으로 보인다.

이러한 관점에서 일산 서구는 새누리당 우세 선거구라기보다는 두 정당이 경쟁하는 경합 지역구로 볼 수 있으며 이번 19대 총선도 이 지역구의 부동층이 선택하는 후보의 승리가 예상되는 선거구였다. 특히, 이 지역이 고양시 중에서도 가장 늦게 대규모 아파트 단지로 조성된 지역으로서 상당수의 젊은 세대가 새로 진입한 지역이라는 사실을 고려하였을 때 그 이

표 8. 거주지 평균연령(세)

연도	2000	2005	2010
전국	33.3	35.6	38.1
서울	33.1	35.5	37.9
경기도	31.5	33.8	36.2
고양 일산 서구	–	33.0	35.9

※ 통계청 홈페이지에서 주민등록인구통계 자료에서 작성.

전의 투표행태와는 다른 행태를 보일 가능성이 높은 선거구였다. 앞서 지적한 것처럼 토박이들의 호남에 대한 반감이 선거 결과에 영향을 미친다고 하더라도 새로 진입한 젊은 세대들이 그러한 효과를 상당히 상쇄할 수 있기 때문이었다. 표 8과 같이 인구총조사가 별도로 실시된 2005년 시점 이후 일산 서구는 전국과 서울시 거주자의 평균연령에 비해서 젊은 층이 다수 거주하는 지역이었다. 이와 같은 인구 구성의 변화가 도시개발 이전의 고양시와는 다른 선거 결과를 나타내는 데 영향을 미쳤을 것으로 볼 수 있다.

2) 선거운동 과정과 그 쟁점 : 의정활동 성과론과 정권 심판론

일산 서구는 공식적인 선거운동 시작 이후 줄곧 경합지역으로 분류되었다. 그 경합의 양상은 각 언론사에서 시행한 여론조사 결과에서 확인할 수 있었다. 표 9에서 보는 것처럼, 공식적인 선거운동 기간 이전에 실시된 중앙일보 여론조사에서는 민주통합당 김현미 후보가 약 5%가량 앞서고 있었지만, 그 이후 선거운동 기간에 조사된 여론조사 결과는 김현미 후보의 지지율이 김영선 후보를 10%가량 앞서거나 2% 안팎의 차이로 경합 양상이었던 것으로 조사되었다. 두 후보에 대한 지지율은 조사기관마다 그 비율과 격차에서 차이가 있었지만, 사실상 그 지지율의 차이가 크게 벌어지

표 9. 두 후보의 여론조사 결과(%)[93]

조사시점	조사기관	조사방법	김영선	김현미
3.24~3.25	중앙일보(한국갤럽·엠브레인)	전화면접(RDD+휴대)	28.2	34.4
4.1	중앙일보(한국리서치)	전화면접(RDD+휴대)	32.3	43.3
3.31~4.2	KBS·MBC·SBS(코리아리서치)	전화면접(RDD)	39.2	37.0

지 않은 상황이었기 때문에, 부동층 동원에 두 후보의 선거캠프가 모두 촉각을 세우고 있었다.

이러한 여론조사 결과로 인해 두 후보의 선거캠프는 치열한 경합 상황이라는 인식에서 이를 만회하기 위해서 선거운동에 주력하는 분위기였다. 박빙의 경쟁 양상에도 불구하고 두 선거캠프가 예상하는 최종적인 선거 결과는 김현미 후보의 승리와 김영선 후보의 낙선이었다. 이러한 결과를 예상한 이유는 근본적으로 이명박 정부에 대한 비판이라는 요인이 작용할 것이라는 선거 판세 분석에서 기인한 것으로 보인다.

특히, 정권 심판론의 대두 속에서 청와대의 '민간인 사찰' 이슈는 두 후보에게 다르게 작용하였다. 이를 기점으로 김현미 후보 진영은 여론조사에서 지지율이 점점 올라가고 있다는 긍정적 전망과 함께 이러한 추세가 지속된다면 당선될 것이라는 긍정적이고 고무적인 분위기가 감지되었고, 이에 반해 김영선 후보 진영의 캠프는 지난 18대 총선과는 유권자의 반응과 분위기가 사뭇 다르다며 다소 가라앉아 있었다.

이러한 정치적 쟁점을 반영하듯이, 선거운동 과정에서 두 선거캠프에서 내세우는 선거운동의 쟁점은 '의정활동 성과론'과 '정권 심판론'이었다. 현역의원인 김영선 후보는 두 차례의 임기 동안 자신이 이루어 낸 지역발전의 성과들을 유권자 동원의 전략으로 삼은 한편, 야권단일 후보인 김현

---

93 여론조사 결과는 중앙일보 2012년 3월 27일자 기사와 2012년 4월 3일자 기사, 그리고 KBS 뉴스 기사에서 작성.

미 후보는 지역적 이슈에서 벗어나 정권 심판론에 주목하면서 야당을 통해 변화를 추구하여야 한다는 내용을 선거운동의 주요 메시지로 삼고 있었다. 김현미 후보 진영에서는 의정활동 성과론을 반박하면서 그동안에 한 일이 없다는 주장을 펴고 있었다. 이에 대해 김영선 후보 캠프의 한 사람은 현역의원으로서 김영선 후보는 일산 서구의 발전에 기여하였음에도 불구하고 야당의 정권 심판론이라는 네거티브 캠페인이 효과적으로 작용하여 현역의원으로서 내세울 수 있는 장점인 의정활동 성과론이 좀처럼 힘을 발휘하지 못하고 있다는 어려움을 토로하기도 하였다.

이러한 선거운동 과정의 쟁점은 각 후보의 선거공보물에서 확인할 수 있었다. 우선 김영선 후보의 책자형 선거공보에서 내건 캐치프레이즈는 "더 힘차게! 더 뜨겁게! 서민을 지킵니다."로 서민들을 위하는 정책을 펼쳐 일산 서구의 지역발전에 주력하겠다는 공약을 내걸었다. 특히, 지난 8년간 지역발전을 위한 의정활동의 성과를 열거하면서 각종 사업을 추진할 목적으로 각 동별 추진 사업에 대한 성공적인 예산 확보를 그 성과로 제시하였다. 이에 반해 김현미 후보의 선거공보물에는 야권단일 후보라는 점을 강조하면서 "하나가 되었습니다. 심판만 남았습니다."라는 정권 심판론이 강조되어 있었다. 특히, 다시 새누리당 후보에게 투표하는 것은 "이명박 정부에게 잘했다고 박수갈채를 보내는 것과 같습니다."라며 "또다시 '한나라당'이 필요하십니까."와 같은 정권 심판론을 겨냥한 메시지를 11페이지 중 4페이지에 걸쳐 제시하면서 정권 심판론을 김현미 후보의 선거운동 전략으로 삼았다.

의정활동 성과론이나 정권 심판론 이외에 두 여성 후보의 선거운동에서 여성정책이나 여성관련 이슈는 두드러지지 않았지만 지역개발 사업에 중점을 두었다는 공통점이 있었다. 김영선 후보의 경우, '미래를 통찰하는 융합 발전 전략'이라는 비전을 제시하면서 R&D와 교육·문화컨텐츠, 그리고 국제무역·금융을 결합하는 도시개발을 비전으로 제시하였다. 반면 김현미 후보는 '지식창조도시' 건설을 목적으로 특성화 대학의 유치 등 교육문화, 문화·환경정책 그리고 교통과 거주지 개선 등을 내용으로 하는 도시개발의 방향을 선거공약으로 내걸었다.

두 후보의 이와 같은 선거운동 전략은 일산시장의 5일장터에서 의정활동 성과론과 정권 심판론에 대한 관심과 이에 대한 서로 다른 입장들이 맞서고 있는 데에서 다시 확인할 수 있었다. 5일장에서의 선거유세는 각 선거캠프의 선거운동원들의 환호만이 활기를 띠는, 비교적 냉담한 분위기에서 진행되고 있었다. 상인들의 태도도 두 후보가 접전을 거듭하고 있다는 사실을 느끼게 하는 것이었다. 김영선 후보에 대해서 현역의원으로서 지역발전에 기여하였다는 의견이 있는 반면에, 경제상황이 너무 좋지 않다며 이번에는 좀 바꿔야겠다는 의견도 다수 있었다. 반면 김현미 후보에 대해서는 지난 4년간 꾸준히 장터에 들러 상인들과 교감을 나눴다며 긍정적 평가를 하는 상인들도 있었지만 '구관이 명관'이라며 새로운 인물을 선택하는 것보다 현역의원을 계속 지지하는 것이 더 나을 것 같다고 생각하는 상인들도 있었다. 40대 상인은 아무리 경제상황이 안 좋고 정권에 대해 비판적이라고 하더라도 지역 토박이들이 갖는 호남사람들에 대한 반감은 일산 서구에서 민주통합당 후보에게 유리하지 않게 작용할 것이라며 새누리당의 승리를 점치기도 하였다.

결론적으로 두 선거운동의 쟁점 대결에서 김현미 후보 진영이 내세운 정권 심판론이 효과적이었던 것으로 판단된다. 4월 3일 현재 중앙일보 여론조사 결과에서 부동층이 34.4%에서 19.4%로 감소하였고 김현미 후보 지지율은 34.5%에서 43.3%로 약 10% 상승한 반면, 김영선 후보 지지율은 28.2%에서 32.2%로 약 5% 늘어나는 데 그쳤다(중앙일보 2012.4.3). 이 시기가 청와대의 민간인 사찰 쟁점이 부각되기 시작한 시점임을 고려하였을 때, 민간인 사찰 쟁점 자체가 전체적인 투표 선택에 큰 영향을 미치지는 못하였다고 하더라도 김영선 후보의 의정활동 성과론보다는 정권 심판론이 힘을 갖게 한 요인이었을 것으로 추측할 수 있다. 다시 말해, 부동층의 상당수가 현역의원인 새누리당 김영선 후보보다 민주통합당 김현미 후보를 선택하였고, 그 결과 두 정당이 경쟁하는 경합 지역구인 일산 서구에서의 여성 후보 간 경쟁은 민주통합당의 승리로 끝났다고 평가할 수 있다.

5. 결론

이번 19대 총선은 정당의 여성 후보 공천이라는 측면에서 그다지 많은 성과를 거둔 선거는 아니었다. 지역구와 비례대표에서 여성 후보의 공천 비율은 지난 18대 총선에 비해 낮았을 뿐만 아니라 비례대표의 의무공천 비율 50%와 지역구 30% 권고사항을 지키지 않은 정당이 대부분이었으며, 교호순번제를 지키지 않은 정당도 상당수 있었다. 이는 여성할당제가 여성의 정치 참여 확대에 기여하는 효과가 부분적이며 강제적 조치가 부가되어야 한다는 사실을 의미한다.

비록 제한적이지만 여성의 정치 참여 확대라는 관점에서 이번 총선이 갖는 긍정적 의미는 선거 결과에 있다. 여성 지역구 후보와 비례대표 후보의 당선비율이 역대 총선에 비해서 높아졌으며, 지역구 선거에서도 여성 후보들은 상당한 경쟁력을 보였다. 그 결과 19대 총선은 여성 국회의원의 비율이 가장 많은 국회를 구성하였다. 이러한 흐름은 지난 10여 년간 여성 할당제가 지속적으로 확대·적용되고 여성 정치인들이 주요 정당의 중책을 맡으면서 여성의 정치 참여와 영향력이 확대되었다는 것을 의미한다.

특히, 여성 후보 간 지역구 경쟁이 치열하였다는 점에서 여성의 정치 참여 전망은 비교적 밝다. 비록 수도권 4곳의 지역구에서만 여성 후보 간 경쟁이 있었지만 이들 지역구에서 두 여성 후보 득표율의 총합이 거의 100%에 가까운 치열한 접전을 치루었을 정도로 여성 후보의 선전이 두드러졌다. 여성의 정치 참여를 저해하는 사회문화적 요소들이 여전히 남아 있다고 하더라도 점차적으로 여성 후보도 선거경쟁력을 갖고 정치적 영향력을 행사할 수 있는 정치문화로 변화하고 있다는 것이다.

참여관찰의 대상 지역이었던 경기도 고양 일산 서구에서의 여성 후보 간 경쟁은 여성 후보의 출마가 반드시 여성만의 문제가 아니라 전반적인 정치 이슈를 반영한다는 사실을 의미한다는 점에서 주목할 필요가 있다. 이 지역구의 선거운동 쟁점은 현역의원의 의정활동 성과론과 야당 후보의 정권 심판론의 대결이었다. 일산 서구에서 3선 지역구 의원에 도전한 김영선 후보는 지역발전에 기여한 성과를 제시하면서 지지를 호소하였고 이에 도전하는 김현미 후보는 이에 대한 네거티브 선거운동과 함께 정권 심판론을 내세웠다. 여기에서 여성 정책이나 이슈는 주요 공약에 포함되어 있었지만 주요 쟁점은 아니었다. 새누리당과 민주통합당이 경합해 왔던 선거구에서 두 후보의 선거 성패를 가른 것은 부동층이 정권 심판론에 더 귀를 기울었기 때문이었고 그 결과 현역의원을 누르고 민주통합당 김현미 후보가 당선되었다. 이는 지역구 선거운동 과정이나 투표 선택에서 여성에 대한 사회적 편견이나 선입견은 이제 그다지 큰 장애요인이 아니라는 사실을 의미한다. 이러한 관점에서 앞으로 여성 후보 간 경쟁이 점차적으로 확대되고 여성 의원의 비율은 증가할 것으로 전망할 수 있지만, 그것이 여성의 정치적 대표성을 제고할 만한 것인가에 대해서는 조금 더 지켜볼 필요가 있다.

참고문헌

김현희·오유석. 2010. "여성정치할당 10년의 성과와 한계."『동향과 전망』79: 140-182.

문경희. 2007. "여성과 정치 그리고 할당제: 국제적 동향과 쟁점."『페미니즘연구』7(1): 273-300.

서현진. 2004. "17대 총선 여성후보자의 개인적 배경과 주요정당 공천."『국제정치논총』44(4): 263-288.

중앙선거관리위원회. 1996.『제15대 국회의원선거총람』.

중앙선거관리위원회. 2000.『제16대 국회의원선거총람』.

중앙선거관리위원회. 2004.『제17대 국회의원선거총람』.

중앙선거관리위원회. 2007.『제18대 국회의원선거총람』.

Inter-Parliamentary Union(http://www.ipu.org/wmn-e/classif-arc.htm 검색일: 2012.04. 15).

Mansbridge, J. 1999. "Should Blacks Represent Blacks and Women represent Women? A Contingent 'Yes'." *Journal of Politics* Vol. 61 No. 3 628-657.

Phillips, A. 1995. *The Politics of Presence*. Clarendon Press.

『동아일보』. 2012년 4월 2일자(검색일: 2012.4.8).

『중앙일보』. 2012년 4월 3일자(검색일: 2012.4.8).

『중앙일보』. 2012년 3월 27일자(검색일: 2012.4.9).

『중앙일보』. 2012년 4월 5일자(검색일: 2012.4.8).

중앙선거관리위원회 선거통계시스템. http://info.nec.go.kr/main/main_load.xhtml?electionId=0020120411(검색일: 2012.4.12).

통계청 홈페이지. 국가통계포털. http://kosis.kr/index/index.jsp(검색일: 2012.4.11).

KBS뉴스. 2012.04.03. "경기·강원·충청 등 21곳 여론조사 … 곳곳서 경합." http://news.kbs.co.kr/politics/2012/04/03/2458490.html (검색일: 2012.4.8).

2. 2012년 경남지역 총선 결과와 사천·남해·하동 지역의 참여관찰 : 선거구 통합과 소지역주의

김용복

1. 머리말

2012년 4월11일 실시된 19대 총선은 새누리당의 승리와 야권의 패배로 막을 내렸다. 이번 총선은 이명박 정부의 실정에 따른 정권 심판론의 확산, 야권연대의 합의, 연말에 실시될 대선과 연계된 대권 주자들의 전초전 등 여러 요인들과 변수들이 뒤섞여서 진행되었다. 위기감에 직면한 한나라당은 새누리당으로 당명을 바꾸는 등 정당 쇄신과 변화, 그리고 공천혁명을 통해서 위기를 돌파하고자 하였다. 여기에 야권은 후보단일화를 통해 이명박 정부와 새누리당을 심판한다는 선거전략을 전면에 내세웠다. 공천후유증에 이어 선거과정에서 부각된 불법사찰 문제, 종북논란, 한미 FTA와 제주도 강정마을 등 정책대립, 막말파문, 성추행과 논문표절 논란 등 여러 변수들이 유권자들의 마음을 흔들리게 하였다.

이번 19대 국회의원선거에서는 지역구 246명과 비례대표 54명 등 총 300명의 의원을 선출하였다. 지역구에서는 새누리당이 127명, 민주통합당이 106명, 통합진보당이 7명, 그리고 자유선진당 3명, 무소속 3명이 당선되었다. 정당득표율에 따라 배정되는 비례대표 의석은 유효득표 총수의 3%이상의 득표율을 얻거나 지역구에서 5석 이상의 의석을 차지한 정당에게 돌아간다. 정당득표율을 3% 이상 얻은 정당은 새누리당 42.8%,

민주통합당 36.45%, 통합진보당 10.3%, 자유선진당 3.23% 등이었다. 이에 따라 비례대표 의석은 새누리당 25석, 민주통합당 21석, 통합진보당 6석, 자유선진당 2석 등이 배정되었다.[94] 결국 총선의 결과, 새누리당은 152석, 민주통합당은 127석, 통합진보당은 13석, 자유선진당 5석, 그리고 무소속 3석을 얻었다. 지난 18대와 비교하면, 새누리당은 162석에서 152석으로 줄었고, 민주당은 80석에서 127석으로 크게 늘었으며, 통합진보당도 7석에서 13석으로 약진하였다. 그럼에도 불구하고 이번 선거는 여권의 승리와 야권의 실패로 평가된다. 이는 이명박 정부와 여당에 대한 국민들의 실망이 지속되는 가운데, 이번 선거에서 각 정당이 세운 목표와 기대를 기준으로 평가하였기 때문이다. 새누리당은 120석 이상을 얻는 것으로 목표로 하였지만, 과반수 의석을 얻은 제1당이 되었다. 민주통합당은 제1당과 야권연대의 과반수 의석 획득을 목표로 하였지만, 그 어느 것 하나 성공하지 못했다. 원내교섭단체 구성을 목표로 한 통합진보당도 원하는 목적을 달성하지 못했다.

일반적으로 국회의원선거는 집권여당에게는 대통령을 도와 지난 4년간 무엇을 하였는가에 대해, 야당들에게는 정부와 여당을 잘 견제하고 감시하였는지를 평가하는 과정이다. 따라서 정부와 집권여당에게는 '정권 심판론'이라 불리는 회고적 투표경향이, 야당에게는 다음 4년을 맡길 수 있느냐는 전망적 투표경향이 지배적으로 나타난다. 즉 여당은 지난 4년 동안 일을 잘 했는지에 대한 평가로, 야당은 앞으로 4년을 맡길 수 있는가에 대한 기대로 평가를 받는다. 따라서 이번 선거 초반에는 과거 선거와 마찬가지로 이명박 정부와 새누리당에 대한 실망이 '정권 심판론'으로 분출

---

94 새누리당의 지역별 정당득표율을 높은 순으로 살펴보면, 경북(69.02%), 대구(66.48), 경남(53.8%), 강원(51.34), 부산(51.31), 울산(49.46) 등이다. 민주당의 지역별 정당득표율을 높은 순으로 살펴보면, 전남(69.57), 광주(68.91), 전북(65.57), 제주(39.53), 세종시(38.73), 서울(38.16) 순이었다.

되는 듯하였다. 그러나 민주당이 정권 심판론에 기대어, 안이하게 대처하는 동안에, 새누리당은 박근혜 리더십을 바탕으로 당 쇄신과 공천 개혁으로 선거과정을 주도하였다. 야당은 연대와 단일화로 정권 심판론을 확산시키고자 하였지만, 매끄럽지 못한 단일화 과정과 공천실패 등에다가 종북논란과 막말파문 등이 겹치면서 기대와는 달리 선거에서 승리하지 못한 결과를 빚었다. 더욱이 이번 총선은 연말의 대선을 앞두고 실시되었기 때문에 정치인이나 유권자 모두 대선 구도와 연계하여 판단하였다. 강력한 대권 주자가 전면에 나선 새누리당과는 달리 잠재적 대선 후보만 존재한 야권은 강력한 리더십과 비전을 제시하는 데 실패하였다. 결국 정권 심판론과 미래권력 선택론의 경쟁 속에서 국민들은 이명박 정부와 일정한 거리를 두면서 대권 주자로서의 이미지를 효율적으로 활용한 새누리당과 박근혜 리더십에 좀 더 지지를 모아 준 것으로 보인다.

이 글은 4·11 총선 결과의 특징과 경남지역의 선거 결과를 살펴보고, 이번 선거 직전에 선거구가 통합된 사천·남해·하동지역을 중점적으로 고찰하여 경남지역 유권자들의 투표행태와 민심의 향배를 분석하고자 한다. 사천·남해·하동지역은 경남지역에서 선거구 통합으로 두 개의 선거구가 하나의 선거구로 합쳐진 지역이다. 소지역 간 대립과 경쟁이 과거의 선거 결과를 좌우하였기 때문에 선거구 통합이 어떠한 결과를 낳을 것인가에 대한 궁금증이 있었다. 또한 정치적으로 비중이 높은 정치인들이 여당, 야당, 무소속으로 출마한 지역이기 때문에 주목을 받은 선거구였다.

2. 4·11 총선의 특징과 경남지역의 선거 결과 분석

1) 4·11 총선의 특징

4·11 총선 결과 나타난 특징과 의미를 몇가지로 나누어 살펴보자. 첫

째, 이번 선거의 투표 참여는 기대보다는 높지 않았다. 19대 총선투표율은 54.3%로 18대의 46.1%보다는 상승하였지만, 16대 57.2%, 17대 60.6%에 비하면 낮은 편이었다. 특히 총선 이전에 55% 이상이 참여할 것이라는 기대보다는 낮은 투표율이었다. 특히 선거과정에서 보여 준 정치권의 무능과 자질논란은 유보적인 태도를 보인 중도층이나 젊은 층에게 투표에 참여할 이유를 제공하지 못하였다.

둘째, 선거 결과를 지역적으로 살펴보면, 영남과 호남권에서는 여전히 지역주의 정서가 견고하게 유지되고 있었다(표 1). 수도권을 중심으로는 정권 심판론이 일정하게 영향을 주었지만, 영남권에서는 새누리당이 의석의 94%를 얻었고, 호남·제주권에서는 민주당이 의석의 84.8%를 얻어, 일당패권적인 지역 구도가 견고하게 지속되고 있음을 보여 주었다. 특히 지역주의는 올해 치루어질 대선 구도와 맞물리면서 더욱 강화된 모습을 보였다. 그럼에도 불구하고 호남에서 새누리당 후보의 선전, 영남 낙동강 벨트 지역에서 민주당 후보의 선전은 지역주의 해결에 작은 희망을 보여 주었다.

지역 구도 차원에서 새누리당이 과반수 의석을 획득할 수 있었던 것은

표 1. 지역별 국회의원 정수 및 당선자 수

	의석수	새누리당	민주통합당	통합진보당	자유선진당	무소속
수도권	112	43(38.3%)	65(58%)	4(3.5%)	–	–
강원·충청권	34	21(61.7%)	10(29.4%)	–	3(8.8%)	–
영남권	67	63(94.0%)	3(4.4%)	–	–	1
호남·제주권	33	–	28(84.8%)	3(9.0%)	–	2

※ 수도권은 서울(48), 경기(52), 인천(12)
강원·충청권은 충북(8), 충남(10), 대전(6), 세종(1), 강원(9)
영남권은 경북(15), 대구(12), 부산(18), 경남(16), 울산(6)
호남·제주권은 전북(11), 전남(11), 광주(8), 제주(3)
출처: 중앙선거관리위원회.

영남권을 싹쓸이하고, 강원·충청권에서 선전하였기 때문이다. 강원·충청권에서 새누리당은 의석의 61.7%를 획득하였다. 특히 강원지역에서 새누리당의 싹쓸이는 전통적인 보수지역이라는 사실 외에도 선거과정에서 불거진 종북논란, 막말파문이 민주당에 대한 거부감을 주었던 것으로 보인다. 반면에 민주당은 호남권 싹슬이, 수도권에서 대승에도 불구하고, 강원·충청권과 영남권에서의 부진으로 제1당이 되는 데에는 실패하였다. 민주당은 공천실패, 선거전략의 부재, 당 쇄신 노력의 부족 등에다가 여성, 노인, 개신교를 비하한 막말파문에 제대로 대처하지 못하는 등 취약한 리더십이 선거 패배의 중요한 원인으로 지적된다.

셋째, 영남지역의 선거 결과를 보면, 대구·경북지역과 부산·경남지역이 분리되고 있음을 알 수 있다. 먼저 영남지역의 선거 결과를 18대와 비교하여 살펴보자. 18대 영남권을 보면, 한나라당의 의석율은 67.6%였다. 당시 영남권(68석)은 한나라당 46석, 무소속 13석, 친박연대 5석, 민주당 2석, 민노당 2석이었다. 19대 새누리당의 의석율은 94%에 비교하면, 새누리당의 의석 독점구조가 강화되었음을 알 수 있다. 특히 부산의 2석, 경남의 2석을 제외하면, 대구, 경북, 울산은 새누리당이 100% 장악하는 결과를 낳았다.

영남지역의 정당득표율을 살펴보면, 다음과 같다.

19대 총선에서 대구·경북지역은 새누리당 지지율이 67~69%이었고, 야권지지는 19~23% 정도였다. 그러나 부산·경남지역은 새누리당 지지율이 49~53% 내외였으며, 야권지지는 36~41% 정도였다. 영남권에서는 대구·경북지역과 부산·경남지역이 구별되는 추세를 알 수 있다. 18대와 비교하여 보아도 그러하다. 18대에서 대구경북지역은 여당 성향의 지지(한나라당+친박연대)가 77~79%로 압도적인 반면에, 부산·경남지역은 61~66%로 매우 높은 편이지만, 대구·경북지역에 비해서는 상대적으로

표 2. 19대 영남권 정당득표율(%)

	새누리당	민주통합당	통합진보당	자유선진당
전국	42.80	36.45	10.3	3.23
대구	66.48	16.37	7.04	2.01
경북	69.02	13.42	6.22	1.43
부산	51.31	31.78	8.42	1.88
울산	49.46	25.22	16.30	1.58
경남	53.80	25.61	10.53	1.55

출처: 중앙선거관리위원회.

표 3. 18대 영남권 정당득표율(%)

	한나라당	통합민주당	친박연대	자유선진당	민주노동당
전국	37.5	25.2	13.2	6.9	8.6
대구	46.6	4.9	32.7	4.0	3.2
경북	53.5	5.6	23.6	2.9	4.1
부산	43.5	12.7	22.6	5.2	5.3
울산	42.9	9.3	18.7	3.4	14.2
경남	45.0	10.5	18.0	4.2	10.6

출처: 중앙선거관리위원회.

15% 내외로 낮은 편이었다.

넷째, 야권연대도 한계를 보였다고 생각된다. 선거 초기 야권은 후보단일화를 통해 정권 심판론을 확산시키고, 야권의 승리를 기대하게 만들었다. 그러나 몇몇 선거구(관악 을, 성남 중원) 등 후보 사퇴 파동으로 그 의미가 퇴색되었고, 야권연대의 정책적 내용과 비전도 불투명하여 유권자의 표심을 잡는 데 성공하지 못하였다. 많은 지역에서 야권단일화는 그 효과를 발휘하였고, 선거 결과에 중대한 영향을 미쳤다는 것은 대체로 인정된다. 그러나 야권연대가 정권 심판과 같은 반대를 위한 연대라는 소극적인 측면에서 벗어나지 못한 점은 한계로 지적되었다. 특히 야권연대는 정권 심판론의 깃발 아래 2010년 지방선거와 2011년 서울시장선거에서는 빛을 발했지만, 이번 선거처럼 진전된 정책과 비전을 제시하지 못한 채 또다시 정권 심판만을 반복한 것은 오히려 식상함을 더해 준 것이라고 평가된다.

다섯째, 제3세력과 무소속 당선이 급감하였다는 점도 특징이다. 이는 19대 국회가 양당제적 경향으로 운영될 것으로 예견되는 근거이기도 하다. 18대에는 6개의 원내정당이 있었으며, 무소속 당선자도 25명이었다. 그러나 19대에는 원내정당이 4개로 줄어들었고, 무소속 당선자는 3명에 불과하였다. 이는 이후 대선국면이 들어서면서, 새누리당과 민주당을 중심으로 하는 양당경쟁의 구도가 중심이 될 수 있음을 보여 준다.

2) 경남지역의 총선 결과와 의미

경남지역은 18대에는 17개의 선거구를 가지고 있었는데, 19대에는 사천과 남해·하동의 선거구가 통합되어 16개의 선거구로 줄어들었다. 경남의 유권자는 2,585,353명인데, 19세 1.8%, 20대 15.3%, 30대 19.9%, 40대 22.2%(573,241명), 50대 19.2%, 60대 이상 21.7%이었다. 경남지역의 정치적 성향을 살펴보기 위해서『경남신문』에서 발표한 여론조사를 보자(경남신문 2012.3.2). 우선 대선 후보 지지도를 보면, 박근혜 37.4%, 안철수 14.9%, 문재인 11.3%이었다. 이를 가상대결로 다시 물어보면, 새누리당 후보를 찍겠다는 응답이 40.7%, 야권단일 후보를 택하겠다는 응답이 30.7%, 잘 모른다는 28.6%로 나왔다. 또 이번 선거에서 어느 정당의 후보를 지지하겠는가라는 물음에 대하여, 새누리당 후보를 찍겠다는 응답이 32.6%, 민주통합당 후보를 선택하겠다는 응답이 16.0%, 통합진보당 2.7%, 진보신당 1.8%, 잘 모른다는 응답이 41.1%였다. 비례의원을 선출하는 정당 투표에서 어느 정당을 지지하겠느냐는 질문에 대해, 새누리당 37.5%, 민주통합당 19.0%, 통합진보당 3.6%, 진보신당 3.2%, 잘 모른다가 36.5%였다. 경남지역에서는 여전히 새누리당이 압도적 우위를 차지하고 있지만, 아직 선택을 하지 못한 부동층이 30~40% 정도나 되었다. 이러한 부동층의 향배가 선거 결과에 큰 영향을 미칠 것으로 평가되었다. 따라서 이후 선거과정에서 어떠한 이슈와 구도가 부각되느냐에 따라 선거 결과는 다소 유동적인 상황이었다고 할 수 있다.

경남에서는 16개 선거구에서 59명의 후보가 등록해 평균 3.7 대 1의 경쟁률을 보였다. 이는 17개 선거구에서 78명이 등록하여 4.6 대 1 경쟁률을 보인 18대에 비해 다소 낮아진 것이었다. 새누리당은 16개 선거구에 모두 후보를 냈으며, 민주통합당은 9개 선거구, 통합진보당은 6개 선거구, 진보신당 2개 선거구, 자유선진당과 국민행복당 1개 선거구에 후보를 냈다. 야권은 창원 성산을 제외한 15개 선거구에서 단일 후보를 냈다. 창원 진해에서는 도내 최대인 8명의 후보가 입후보했고, 산청·함양·거창에서는 7명이 등록했다. 양자 구도가 된 지역구는 4곳으로, 창원 의창(박성호-문성현), 창원 마산·합포(이주영-김성진), 김해 을(김태호-김경수), 양산(윤영석-송인배) 등이었다. 3자 구도도 4곳으로 창원 성산(강기윤-손석형-김창근), 창원 마산·회원(안홍준-하귀남-백상원), 거제(진성진-김한주-김한표), 의령·함안·합천(조현룡-박민웅-강삼재) 등이었다.

각 정당의 공천 과정을 보면, 새누리당은 공직후보자추천위원회의 결정에 따라 경남지역에 단수공천자 7명을 발표하여 공천을 확정지었으며, 6곳에서는 경선을 실시하여 공천자를 결정하기로 하였다. 그리고 3곳은 전략 공천을 하였다. 단수공천자는 현 국회의원 6명과 창원 의창 박성호 후보 등 7명이었다. 경남지역에서는 현역의원인 권경석 의원과 윤영 의원 2명을 탈락시켰다. 그리고 6곳의 경선지역에 현역 3명의 의원을 경선대상자로 분류하였다. 전략 공천지역은 창원 진해, 사천·남해·하동, 현역의원이 탈당한 진주 갑 등 3곳이었다.

이에 대해 야권은 후보단일화로 대응하였다. 야권연대의 결과 경남지역에서는 15개 선거구에서 야권단일 후보를 내세울 수 있었지만, 창원 성산은 통합진보당과 진보신당의 후보단일화 결렬로 두 명의 야권 후보가 입후보하였다. 그러나 당선가능성에 무게를 둔 '묻지마 후보단일화' 논의는 여러 후유증을 낳았는데, 진주 을에서는 정체성이 다른 여당 성향의 후보와 단일화를 추진해서 논란이 되었고, 야권단일화 과정이 너무 길고 늦게 결정되어 단일화 효과가 충분히 발휘되지 못했다고 지적된다. 특히 진보 정당인 통합진보당과 진보신당의 힘겨루기는 경남지역 전체에 악영향을 미쳤다.

　선거 결과, 경남지역의 투표율은 57.2%로 전국평균 54.3%보다는 다소 높은 편이었다. 경남지역에서는 지역구 16개 선거구에서 새누리당이 (87.5%) 14석을, 친여 성향의 무소속이 1석을, 민주당이 1석을 차지하였다. 18대의 경남지역(17석) 지역구 당선자 정당별 분포를 보면, 한나라당 13명(76.4%), 민노당 2명, 민주당 1명, 무소속 1명이었다. 친여 성향의 무소속 당선자를 포함하면, 새누리당이 거의 의석을 독점하였다고 할 수 있다. 정당득표율을 보면, 19대는 새누리당 53.80%, 민주당 25.62%, 통합진보당 10.53%, 자유선진당 1.55%였다. 18대의 정당득표율은 한나라당 45.0%, 친박연대 18.0%, 민노당 10.6%, 민주당 10.5%이었다. 정당득표율을 보면, 야권 성향의 정당득표율이 증가하였음을 알 수 있다. 2002년 지방선거에서 한나라당의 정당득표율은 74.5%였다. 이것이 2006년에는 63.8%로 다소 낮아졌다. 경남지역만을 보면, 여권 성향(한나라당, 친박연대, 새누리당)의 지지율은 점차 감소하고 있음을 알 수 있다. 야권 성향의 정당득표 중에 진보 정당의 득표율이 지속적으로 감소하고 있음도 주목이 된다. 2004년 총선에서 민주노동당의 정당 지지율은 15.8%였는데, 2006년 지방선거에서는 민주노동당이 18.0%였다. 그것이 18대 총선에서는 10.6%, 19대 총선에서는 10.5%였다.

표 4. 경남지역의 정당득표율(%)

	새누리당	민주통합당	통합진보당	자유선진당
창원 의창	51.09	23.61	17.99	1.30
창원 성산	45.19	26.48	18.75	1.52
마산 합포	61.67	23.00	7.57	1.60
마산 회원	56.03	27.42	8.53	1.54
진해	57.02	25.48	7.95	1.74
진주	59.31	19.84	10.15	1.78
통영	62.79	20.54	6.71	1.48
고성	60.21	19.70	6.26	1.65
김해	43.53	40.20	8.93	1.26
사천	54.17	16.75	15.34	1.85
남해	59.71	19.22	9.89	1.53
하동	62.14	19.02	9.60	1.64
밀양	57.42	24.80	6.67	1.78
창녕	62.67	20.98	5.45	1.60
거제	47.17	24.62	9.93	1.73
양산	49.41	34.58	8.91	1.44
의령	59.10	16.36	12.52	1.44
함안	58.20	19.78	11.91	1.48
합천	65.50	12.58	8.97	1.31
산청	60.73	15.80	9.63	1.88
함양	59.76	16.84	8.27	1.82
거창	58.25	14.81	11.85	1.78
경남 평균	53.80	25.61	10.53	1.55
전국 평균	42.80	36.45	10.30	3.23

출처: 중앙선거관리위원회.

　　새누리당이 압승한 원인으로는 무엇보다도 전통적인 새누리당의 텃밭이어서 고정적인 지지자가 많았다는 점 외에도, 후보자질이 야권보다 앞섰고, 불법사찰 등 정권 심판론이 큰 영향을 발휘하지 못하였으며, 공천에서 탈락한 현역의원이 모두 승복하고 무소속으로 출마하지 않은 점, 그리고 박근혜 위원장이 접전지역인 김해, 창원, 진주 등을 세 차례나 방문하여 보수층의 지지를 결집하였다는 점 등이 거론된다. 특히 새누리당은 공천 물갈이 등으로 새인물을 투입하여 참신함으로 승부를 걸었다. 16개 선거구 중에서 7개 선거구에 신인급 후보를 공천하여 거제를 제외한 6개 선거구에서 새 인물이 당선되었다. 7명의 정치신인 중에 거제 진성진 후보는 낙선하고, 박성호(창원 의창), 강기윤(창원 성산), 박대출(진주 갑), 김성찬(창원 진해), 조현룡(의령·함안·합천), 윤영석(양산) 등은 당선되었다.

야권연대의 효과는 미미하였는데, 15개 선거구의 야권단일 후보 중에 김해 갑의 민홍철 민주통합당 후보 외에는 모두 낙선하였다. 더욱이 민주당 후보가 당선된 김해 갑 지역은 여권의 공천에서 탈락한 후보가 무소속으로 출마한 지역으로 여권분열의 반사이익으로 당선되었다. 야권단일 후보를 내지 못한 유일한 창원 성산에서는 야권분열로 새누리당이 당선되는 결과를 낳았다.

무소속은 22명이 출마하였는데, 거제의 김한표 후보 외에는 성공하지 못하였다. 거제의 김한표 후보는 무소속 후보끼리의 단일화를 이루었으며, 새누리당 후보, 야권단일의 진보신당 후보, 무소속 단일 후보의 3자 구도에서 승리를 거두었다.

선거과정과 총선 이후에도 관심을 받은 지역이 소위 낙동강 벨트라고 불리는 지역이다. 노무현의 이른바 노풍과 잠재적 대권 주자인 문재인의 영향력이 어떠했는지 이번 선거에서 주목을 받은 지역이었다. 아래 표 5를 보면, 격전지로 떠올랐던 부산·경남의 10개의 낙동강 벨트 지역에서는 야권 후보 중에서 3명의 후보가 당선되었고, 7명의 후보가 석패하였다. 낙선한 후보들은 3.53~12.65% 정도의 차이로 낙선하였으며, 7명의 낙선자 중에 40%이상 득표자는 6명이었고, 4% 내외의 차이로 낙선한 후보도 5명이나 되었다. 비록 당선자 수로 보면, 낙동강 프로젝트는 성공하였다고 보기는 어렵지만, 후보 득표율과 정당득표율을 보면, 상당히 선전한 것임을 알 수 있다. 2002년 대선 때 노무현 당선자가 부산에서 얻은 득

표 5. 부산·경남의 격전지 득표율(%)

선거구	새누리당	야권 후보	격차	정당득표율 비교 (새+선 / 민+진)
김해 갑	47.17 김정권	48.33 민홍철	−1.16	44.79 / 49.13
김해 을	52.11 김태호	47.88 김경수	4.23	
경남 양산	52.3 윤영석	47.69 송인배	4.61	50.85 / 43.49
부산 사상	43.75 손수조	55.04 문재인	−11.29	48.37 / 46.62
부산진 갑	39.52 나성린	35.76 김영춘	3.76	53.50 / 40.33
부산진 을	53.19 이헌승	40.54 김정길	12.65	
북·강서 갑	52.39 박민식	47.6 전재수	4.79	50.61 / 43.64
북·강서 을	53.05 김도읍	45.15 문성근	7.90	
사하 갑	45.14 문대성	41.61 최인호	3.53	50.92 / 42.30
사하 을	41.80 안준태	58.19 조경태	−16.39	

출처: 중앙선거관리위원회.

표율이 29.6%였던 것과 비교하면, 그 추세를 확인할 수 있다. 부산 18개 선거구 중에 7곳의 민주당 후보들이 40% 이상을 득표하였고, 2곳에서는 35% 이상을 득표하였다.

다음으로 주목이 되었던 곳이 창원, 울산, 거제지역이었다. '진보정치 1번지'로 불리던, 창원, 울산, 거제지역의 진보 정당에서 단 1명의 후보도 당선시키지 못한 것은 진보 정당의 입장에서 보면, 매우 뼈아픈 패배이다. 노동자들이 밀집하여, 진보적 성향을 보이고 있는 지역으로는 창원 성산구, 울산 북구, 그리고 거제지역이 있다.

거제지역은 표 6에서 확인되듯이 야권 후보의 단일화와 여권 후보의 분열이라는 좋은 여건 속에서도 낙선하였다. 기본적으로 진보적 성향의 지지기반이 존재하지만, 경남지역에 존재하는 지역적 정서를 넘기에는 역부족인 상황임을 알 수 있다.

문제는 창원 성산구이다. 야권의 분열이 새누리당의 당선을 가능하게 하였다는 사실은 득표율을 단순 비교하여 보아도 알 수 있다. 통합진보당과 진보신당 후보의 득표율은 50.95%이었다. 새누리당 후보의 49.04%보다 1.91%가 앞섰음을 알 수 있다. 물론 통합진보당 후보가 민주통합당 후보와 후보단일화를 한 상황이므로 진보신당 후보와도 단일화하는 것은 당시의 정치상황에 불가피한 흐름이었지만, 진보진영 내부의 노선과 자질 논란 등의 갈등과 분열로 진보정치 1번지를 수성하지 못하는 결과를 낳았다. 울산 북구는 새누리당과 통합진보당의 1대 1 대결이었음에도 불구하고, 당선되지 못한 아쉬움이 있다. 창원 의창은 전통적인 새누리당 텃밭이다. 새누리당의 잘못된 공천이 통합진보당의 문성현 후보에게 보다 좋은 기회가 된 것이었을 뿐, 처음부터 가능성이 없었다고 본 사람들이 많았다.

표 6. 창원, 울산, 거제지역의 후보 및 정당득표율(%)

선거구	새누리당	통합진보당	진보신당	무소속
창원 성산	49.04 강기윤	43.83 손석형	7.12 김창근	–
울산 북구	52.37 박대동	47.62 김창현	–	–
거제	31.69 진성진	–	32.96 김한주	35.33 김한표

출처: 중앙선거관리위원회.

3. 경남 사천·남해·하동지역의 선거 결과와 참여관찰

1) 사천·남해·하동 선거구의 특징과 역대 선거 결과

2012년 2월 27일 공직선거법 개정으로 사천 선거구와 남해·하동 선거구가 통합되었다. 사천시는 1995년 사천군과 삼천포시가 통합된 경험을 갖고 있다. 이후 실시된 여러 선거에서 구 사천군과 구 삼천포시의 지역 간 대결양상인 소지역주의적 투표양상이 나타났다. 올해 사천과 남해·하동의 선거구 통합은 이를 더욱 심화시켰다. 선거구를 빼앗겼다는 상실감이 자기지역 지키기로 표출되고 있었다. 그래서 사천·남해·하동 선거구는 구 사천군, 구 삼천포, 남해군, 하동군이란 네 개의 작은 지역으로 구성되어, 선거경쟁도 소지역 간 대립으로 전개될 것으로 여겨졌다.

사천·남해·하동 선거구는 유권자가 20만이 조금 안 되지만, 면적이 대략 1,430km²(서울시 면적은 605km²)로서 서울의 두 배가 넘는 규모이며, 농어촌 지역의 특성상 지역주민들의 생활권도 분리되어 있는 곳이다. 아래 표 7은 사천·남해·하동 선거구의 인구학적 특징을 살펴본 것이다.

표 7. 사천·남해·하동의 인구학적 특성(%)

	구분	인구비율
성별	남	48.4
	여	51.6
연령	20대 이하	12.4
	30대	15.8
	40대	18.0
	50대	19.2
	60대 이상	34.6
시군별	사천시	51.2
	남해군	23.8
	하동군	25.0

사천의 인구가 남해군과 하동군의 인구를 합친 것보다 조금 많고, 연령별 구성도 농어촌의 특성상 50대 이상이 53.8%로 반 이상이 넘었다. 유권자 수를 보면, 2011년 선거구 획정 때의 기준으로 세 지역의 유권자는 사천이 90,996명, 남해가 43,114명, 하동이 46,073명이었다.

사천은 통합되기 이전 옛 사천과 옛 삼천포 지역 간 갈등이 있어 왔다. 남해와 하동지역은 국회의원선거 때마다 대립되어 왔다. 이는 역대 선거 결과에서도 확인이 된다. 17대 총선 결과는 아래 표 8과 같다.

17대 총선 결과, 사천시에서는 당시 탄핵열풍에도 불구하고 한나라당 이방호 후보가 60.1%라는 압도적인 득표로 당선되었으며, 정당 지지도 한나라당이 53.0%를 유지하였다. 남해·하동지역에서는 남해 출신의 한나라당 박희태 후보와 열린우리당 김두관 후보가 경쟁하였는데, 박희태 후보가 53.5%로 42.0%를 얻은 김두관 후보를 이겼다. 정당 지지를 보면,

표 8. 17대 총선 사천·남해·하동지역 선거 결과

사천(51,524)		남해·하동(63,738)	
한나라당 이방호	30,965(60.1)	한나라당 박희태	34,106(53.5)
열린우리당 한영성	16,045(31.1)	민주당 남명우	1,728(2.7)
자민련 이기원	601(1.7)	열린우리당 김두관	26,747(42.0)
무소속 김기도	3,913(7.6)	무소속 홍재표	1,157(1.8)

출처: 중앙선거관리위원회. 괄호 안은 비율(%)

표 9. 17대 총선 사천·남해·하동지역 비례대표 선거 결과

	사천(51,393)	남해(32,101)	하동(30,714)
한나라당	27,226(53.0)	16,450(51.2)	14,424(47.0)
새천년민주당	631(1.2)	454(1.4)	925(3.0)
열린우리당	13,759(26.8)	11,257(35.1)	10,440(34.0)
민주노동당	7,572(14.7)	2,625(8.2)	3,413(11.1)

출처: 중앙선거관리위원회. 괄호 안은 비율(%)

남해, 하동 모두 한나라당이 50% 내외의 득표를 하였으며, 열린우리당은 35% 내외를 유지하였다.

표 10과 표 11은 18대 총선 결과를 보여 준다.

18대 총선 당시 각 지역의 투표율은 사천 57.6%, 남해 69.8%, 하동 72% 였다. 사천보다 더 농어촌지역인 남해·하동의 투표율이 전통적으로 높았다. 사천시의 경우, 민주노동당의 강기갑 후보가 한나라당 사무총장인 이방호 후보를 178표 차이로 신승하는 이변을 연출하였다. 정당 지지를 보면, 당시 한나라당과 친박연대가 분열되어 있었기 때문에, 이를 합산한 여당 성향 지지는 58%였으며, 2위는 강기갑 후보의 정당인 민노당이 23.4%였다. 남해·하동의 경우에는 하동 출신의 여상규 후보와 남해 출신의 김두관 후보가 경쟁하였는데, 56.7% 대 40.6%로 여상규 후보가 당선되었다. 정당 지지를 보면, 남해는 한나라당이 56%, 민주당이 15.6% 순이

표 10. 18대 총선 사천·남해·하동지역 선거 결과

사천		남해·하동	
한나라당 이방호	23,686(47.3)	한나라당 여상규	34,874(56.7)
선진당 이순근	1,273(2.5)	가정당 김윤곤	1,628(2.6)
민주노동당 강기갑	23,864(47.7)	무소속 김두관	24,966(40.6)
가정당 김순자	1,213(2.4)	–	–

출처: 중앙선거관리위원회. 괄호 안은 비율(%)

표 11. 18대 총선 사천·남해·하동지역 비례대표 선거 결과

	사천시	남해군	하동군
통합민주당	3,095(6.3)	4,479(15.6)	3,375(11.0)
한나라당	22,619(45.7)	13,143(45.8)	17,767(58.0)
자유선진당	1,889(3.8)	1,001(3.5)	967(3.2)
민주노동당	11,589(23.4)	2,536(8.8)	2,783(9.1)
친박연대	6,111(12.3)	2,925(10.2)	3,170(10.3)

출처: 중앙선거관리위원회. 괄호 안은 비율(%)

었으며, 하동은 한나라당이 68.3%, 민주당이 11.0%, 민노당이 10.3% 순이었다.

17대와 18대 지역구선거는 소지역과 인물 중심이 된 투표경향이 지배적이었다면, 정당 지지는 전통적인 한나라당의 텃밭으로 보수적 정당에게 높은 지지를 보여 왔다.

2) 19대 총선의 공천 과정

선거구가 통합되면서, 공천경쟁을 둘러싼 경쟁과 갈등도 치열하였다. 새누리당의 경우에는 사천지역에서만 예비후보가 7명이 등록하였다. 이들은 18대 총선에서 '친박 학살'을 주도한 사천 출신의 이방호 전 사무총장보다는 하동 출신의 여상규 의원이 공천을 받을 가능성이 높다고 판단하여, 인구가 적은 하동 출신 현역의원을 공천하면 거대한 역풍을 맞을 것이라고 주장하였다. 또한 3월 5일 사천지역 출마자 공천을 위한 공동기자회견에서는 새누리당 당원, 보수 성향의 시민단체, 예비후보 등 200명이 참석하였는데, 이들은 "사천지역의 예비후보자 중에서 공천하여 야당 국회의원과 무소속 후보에게 압승해야" 할 것이고, 남해·하동지역에는 비례대표 공천을 제안하였다.

새누리당은 선거구가 통합된 사천·남해·하동을 공천보류지역으로 분류하였다가 결국 여상규 의원을 전략 공천하였다. 당시 새누리당의 공천에 탈락한 예비후보 6명은 재심사를 요청하였다. 그리고 이방호 전 의원은 3월 7일 새누리당을 탈당하여 무소속 출마를 선언하였다. 이방호 전 의원은 탈당과 무소속 출마 이유에 대해 "선거구 통폐합의 정치적 책임에서 자유롭지 못한 여상규 의원을 공천한 것은 사천·남해·하동의 유권자들을 무시한 결정"이라고 하였다. 이날 도의원 박동식 의원과 사천시의원 최동식, 최갑현, 박종권, 김국연, 강태석 의원이 같이 새누리당을 탈당하여 이방호 후보에게 힘을 실어 주었다.

야권에서는 통합진보당의 강기갑 의원과 민주통합당 조수정 예비후보가 출마 선언을 하였다. 강기갑 후보는 "농어촌 선거구를 대변하는 것과 농어업, 농민, 어민을 지키는 것은 농민 비례로 출발한 나의 사명"이라고 주장하였다. 이들은 중앙 차원의 야권연대 합의와 경남지역에서 논의를 토대로 야권단일화에 합의하였다. 강기갑 통합진보당 후보와 조수정 민주통합당 예비후보가 3월 13일 사천시청에서 야권단일화에 합의하였다. 단일화 경선은 100% 여론조사 방식으로 2개 여론조사 기관의 평균값을 가지고 진행하기로 하였다. 사천·남해·하동은 3월 18~19일 사이에 여론조사를 실시하여 3월 19일 민주당 조수정 후보를 꺾고 강기갑 후보가 야권단일 후보로 확정되었다.

결국 사천·남해·하동지역에서는 유력한 후보로 새누리당의 여상규, 통합진보당의 강기갑, 무소속의 이방호 등 3자가 대결하게 되었다.

사천지역 시민사회단체들은 3월 13일 사천시청에서 새누리당 공천을 받은 여상규 후보에 대한 낙선운동을 벌이겠다고 선언했다. 사천·남해·하동 농어촌 죽이기, 선거구 통합규탄이라는 제목하에서 "남해, 하동군민의 밥그릇도 지키지 못하면서 사천시민들의 밥그릇을 챙기겠다는 현 국회의원인 여상규 후보의 정치력을 누가 믿겠느냐."고 비판하였다(경남도민일보 2012.3.15). 공천을 받은 이후, 여상규 후보는 강기갑 후보에 대해 "사천 출신 국회의원이 중앙정치는 잘 했는지 몰라도, 지역기여는 미흡했다. 이제 사천시민도 지역을 위해 일하는 의원을 뽑아야 할 때"라고 말했다.

3) 선거운동, 선거전략 그리고 정책과 공약

사천·남해·하동지역이 관심을 받은 이유는 선거구가 통합되어, 두 현역의원과 전 한나라당 사무총장 출신 등 세 명의 거물 정치인이 맞붙는 지역이면서, 야권은 단일화되었지만, 여권은 분열되어 경쟁하는 선거구이기 때문이었다. 또한 경남지역 중에 농어촌지역임에도 불구하고 진보 정치인이 재선에 성공한 이례적인 지역이기 때문이었다. 더욱이 소지역 간 대결이 이번 선거경쟁에서 주요한 변수가 될 것이라는 점도 주목의 대상이 되었다. 사천은 옛 사천과 삼천포 지역 간 갈등이 있어 왔다. 여기다 남해와 하동 지역 간 이익을 둘러싼 치열한 지역이기주의가 대립되고 있었다. 여상규 후보는 하동지역, 강기갑 후보는 옛 사천지역, 이방호 후보는 옛 삼천포지역 출신이어서 과거 선거 결과에서도 보여 지듯이 자신의 출신지역에서 압도적인 득표를 하여 왔다. 따라서 남해지역이 당락을 결정짓는 최종 격전지가 될 것으로 유권자나 후보자들 모두 그렇게 생각하였다. 남해지역 출신의 후보가 없는 상황에서, 누구에게 유리한지에 대해 의견이 달랐다. 전통적인 새누리당의 텃밭이자, 남해·하동의 선거구였기 때문에, 새누리당의 여상규 후보에게 유리할 수도 있지만, 남해지역이 김두관 도지사의 고향이자, 김두관 도지사와 함께 민주통합당에 동반입당한 정현태 남해군수도 있는 지역이기 때문에, 야당에게도 좋은 조건이라고 주장되어 왔다.

이러한 소지역주의 투표 성향은 후보들의 선거전략에서도 읽을 수 있었다. 새누리당의 여상규 후보는 하동에서의 압도적 지지를 받고, 사천과 남해에서도 새누리당 정서를 바탕으로 고른 득표를 기대하고 있었다. 통합진보당의 강기갑 후보는 옛 사천지역의 지지를 바탕으로 서민 정치인과 야권단일 후보라는 이미지로 농어민과 야당 지지층을 공략하고 있다. 무소속의 이방호 후보는 옛 삼천포지역의 압도적 지지를 바탕으로 수년간 다져 온 조직표와 오랜 수산업활동으로 남해와 하동 어민들의 지지를 기대하고 있다.

새누리당의 여상규 후보는 서울 고등법원 판사를 거쳐 초선의원으로 올해 초부터 농어촌 선거구 지키기 운동을 펼치면서 지역민들과 밀착해 호흡했다. 사천·남해·하동이 공생할 수 있는 방안을 마련하겠다며, 남해안의 중심도시, 남중경제권의 핵심도시로 도약할 수 있는 기틀을 마련하겠다고 공약하였다. 여상규 후보는 삼천포항 2단계 조기개발, KTX 남북내륙선 삼천포항 연장, 제2남해대교 조기완공, 하동 노량항 개발, 삼천포 해상 케이블카 설치 등의 지역개발 방안을 제시하였고, 소지역 간 갈등극복 방안을 제시하였다. 이를 사천−강진만권, 광양만권, 지리산권 등 3개 권역별로 특화할 것으로 집약하였다.

통합진보당의 강기갑 후보는 중앙정치인으로서는 인지도가 높았지만, 지역구의 대변자, 지역개발에 관해서는 소홀히하였다는 비판이 있었다. 강기갑 후보는 사천공항 활성화와 국제공항 승격, 경남 항공산업 국가산업단지 유치, 갈사만 조선산업단지, 첨단 조선해양플랜트 복합단지 조성, 한려대교 건설, 국도 2호선, 19호선 조기확장 완료 등 지역개발 정책을 집중적으로 공약하였다. 그리고 여상규 의원에 대해 선거구 통합의 책임론을 제기하였다. 남해·하동 선거구가 통폐합 대상으로 전락한 것에 대하여 새누리당의 책임을 피할 수 없다고 주장하였다. 특히 선거구 통합이 확정되던 2월 27일 국회본회의에 여상규 후보가 참석조차 하지 않은 것을 비판하였다. 당시 본회의는 재석의원 174명 중 92명이 찬성하고, 39명이 반대, 기권이 43표로 가까스로 선거법 개정안이 통과되었다.

무소속의 이방호 후보는 선거구가 통합되면서 인구가 절대적으로 많은 사천지역 출신이 국회의원이 되어야 한다는 여론에다가, 사무총장과 다년간 당원협의회장을 하면서 다져 온 조직과 옛 삼천포지역의 절대적인 지지, 수협중앙회장을 역임하는 등 수산업에 오래 종사한 경력이 남해와 하동지역의 어업인들에게 유리하게 작용할 것으로 보았다. 이방호 후보는 특히 남해지역의 표심이 선거의 당락을 결정할 것으로 보아, 집중 공략의 대상으로 선거전략을 구상하였다. 이방호 후보는 4년 전 낙선에 따른 지역경제 낙후, 선거구 통폐합에 대한 반성으로 연일 무릎을 꿇는 유세를 하였다.

3월 28일 지역케이블 방송 토론회에서 세 후보는 하나같이 "19대 국회에 들어가면 선거구를 바로 잡겠다."고 말하였다. "남해·하동도, 사천도 독자적으로 좋은 국회의원을 뽑아서 발전시켜야 한다."는 주장이었다.

그러나 이들 세 후보들이 넘어야 할 부담도 있었다. 선거구 통폐합을 막아 내지 못한 여상규 후보, 지역보다는 중앙정치에 더 힘을 쏟았다는 강기갑 후보, 새누리당의 공천불복과 탈당이라는 비난에 직면한 이방호 후보 역시 유권자들을 어떻게 설득하느냐 하는 과제를 안고 있었다. 정책과 정당이 실종되고 지역감정이 중심이 된 사천·남해·하동의 선거풍경은 한편으로 지역개발과 지역일꾼이 절실하다는 소외된 지역 유권자들의 마음으로 다가왔지만, 다른 한편으로 전국적인 지역주의의 축소판이라는 쓸쓸함을 느끼게 하였다.

4) 선거 결과와 유권자들의 민심 : 새누리당 정서와 소지역주의 투표행태

따뜻한 남쪽지역에서 만난 유권자들은 한결같이 중앙정치에는 관심이 없었다. 아니 선거에 관심과 기대도 매우 적어 보였다. 유권자들 사이에서는 정책 대결이나 인물 검증보다는 소지역 간 대결이 주로 거론되었다. 이들은 소지역주의의 투표 향배가 세 후보의 운명을 가를 것으로 전망하였다. 이번 선거구 통합은 이러한 지역 대결 구도를 더 심화시킨 듯이 보였다. 유권자들은 자신의 선거구를 빼앗겼다는 느낌을 가지고 있었고, 이는 지역 출신의 후보가 없는 남해주민들에게 더 심하였다.

선거운동 과정에서 만난 유권자들의 최대 관심은 지역경제의 활성화, 계속적인 인구 감소로 인한 도심공동화 해소를 위한 전통시장의 활성화

와 도심상권의 회복 등이다. 사천지역은 정치에 대한 자부심과 지역특색도 강했으나, 선거구 통합으로 인해 정치권에 대한 불신이 커지고 있다. 삼천포 어시장 상인 최갑수(56세) 씨는 "우리 지역 출신이 아니면 후보가 누구인지도 모르는데, 생소한 지역과 통합을 해 놓고 투표를 하라니 이런 상태에서 어떻게 선거를 하나, 어려운 지역의 경제는 누구한테 하소연해야 할지 막막하다."고 했다(경남신문 2012.4.5). 사천읍에서 농사를 짓는 김영신(63세) 씨는 "후보자가 누구인지 제대로 알지도 못하고 선거를 해야 하는 것은 문제다. 이번에는 아예 투표를 안할 생각이다."라고 잘라 말했다. 사천의 택시기사 문해주(64세) 씨는 "여상규 후보는 집권여당의 장점이 있지만, 남해·하동 쪽이라 생소하다. 여기에서 택시비가 5만 원이나 나오는 거리"라고 말했다. 사천시외버스터미널 앞에서 과일을 파는 최정범(52세) 씨는 "하동이 개발돼 인구가 늘어나면, 다시 선거구가 분리될텐데, 여상규 후보가 굳이 사천에 예산을 챙겨주겠냐."며 사천 출신 이방호 후보를 뽑을 수 밖에 없다고 했다. 사천의 한 40대 주부는 강기갑 후보를 지지하는데, 서민을 위한 정치인이라서 지지한다고 했다. 사천의 민심은 사천 출신 후보와 지역개발에 집중되어 있었다.

남해지역은 이 지역 출신 김두관 경남도지사와 정현태 군수 등이 최근 민주통합당에 동반 입당하면서 외형상 야성이 강한 지역으로 분류된다. 하지만 남해 출신 후보자가 없는 데 대해 군민들의 무관심이 팽배했다. 4월 1일 김두관 도지사가 방문하면서 분위기의 전환을 꾀하기도 하였다. 남해읍 화전로에서 만난 60대 약사는 "여상규 후보는 하동사람"이라면서 "남해에서 누구라도 한 명 나왔으면 찍어 주었을텐데." 하며 아쉬워했다. 남해의 주부 서수연(49세) 씨는 "우리는 선거에 관심이 없다. 누가 나오는지도 모르겠고, 당도 모르겠다."고 말했다. 30년 넘게 선거운동을 해 봤다고 자신을 소개한 남해전통시장의 상인 하 모 씨(71세)는 세 후보의 지지가 남해에서는 엇비슷하게 나올 거라고 전망하였다. 남해군에서 어업을 하는 장순호(71) 씨는 "남해에는 출마자도 없고, 후보자 중 아는 사람이 없다. 갑자기 선거구 조정해 놓고 투표하라니. 정치권이 군민들을 바보로 아는가. 이제 정치든, 선거든 신경도 쓰지 않을 것"이라고 비난했다(경남신문 2012.4.5). 남해지역은 대체로 지역 출신의 후보가 없어서 선거에 관심이 없었다.

하동지역은 새누리당 여상규 후보의 고향인 만큼 여상규 후보의 강세기류가 나타나고 있다. 하동군에서 농사를 짓는 박신화(58세) 씨는 "되든 안되든 이 지역 출신에게 표를 주고 싶다."고 했고, 정순태(62세) 씨는 "왜 선거구가 이렇게 됐는지 혼란스럽다. 우리 지역 출신 후보를 빼놓고는 아무도 알지 못한다."고 했다(경남신문 2012.4.5).

이러한 민심의 흐름이 여론조사에서는 어떻게 표출되었을까?

여론조사를 보면, 대체적으로 새누리당 여상규 후보가 다른 후보에 크게 앞서는 것으로 나타났다. 여상규 후보는 35~44% 정도를 얻어, 강기갑 후보 17~22%, 이방호 후보 14~20%와 크게 격차를 벌렸다. 한겨레(2012.3.26)의 조사에 따르면, 20~40대에서는 강기갑 후보가 34.8%로 여상규 후보 25.0%, 이방호 후보 15.6%에 앞서는 것으로 나타났다. 경남신문(2012.3.30)의 조사에 따르면, 소지역주의 투표 성향이 확인되었는

표 12. 사천·남해·하동 선거구의 여론조사 추이(%)

출처	여상규 (새누리당)	강기갑 (통합진보당)	이방호 (무소속)
3월 26일, 한겨레	35.7	22.0	14.3
3월 29일 조사, 창원 KBS	43.0	18.1	20.3
3월 29일 조사, 경남 MBC	38.1	20.1	17.7
3월 30일, 중앙일보	44.5	22.5	18.9
3월 30일, 경남신문	38.8	17.8	15.2

데, 사천시에서는 이방호 후보 27.3%, 강기갑 후보 23.4%, 여상규 후보가 16.0%를 얻었으며, 부동층도 32.4%에 달했다. 남해군에서는 여상규 후보 58.0%, 강기갑 후보 16.0%, 이방호 후보 3.4%였으며, 하동군에서는 여상규 후보 67.2%, 강기갑 후보 8.0%, 이방호 후보 1.6%였다. 정당 지지도는 새누리당 42.0%, 민주통합당 14.2%, 통합진보당 8.0%, 진보신당 1.0%, 자유선진당 0.8% 순이었다. 연령대별로 보면, 20대 이하에서는 강기갑 후보(30.6%), 여상규 후보(22.6%), 이방호 후보(17.7%) 순으로, 60대 이상에서는 여상규(53.8%) 이방호 후보(13.9%) 강기갑 후보(2.9%)로 나타났다. 반드시 투표하겠다는 응답은 하동(79.2%)이 제일 높았으며, 남해(68.9%), 사천(69.5%)은 비슷하게 나왔다.

실제로 선거 결과를 보면, 새누리당 여상규 후보의 압승이라고 할 수 있다. 새누리당 여상규 후보 50.3%, 무소속 이방호 후보 24.57%, 통합진보당 강기갑 후보 24.05% 순이었다. 지역별 득표수를 보면, 여상규 당선자는 하동에서 80.4%(24,759), 남해에서 67.2%(18,601), 사천에서 25.62%(14,480), 이방호 후보는 고향인 사천에서 44.8%(25,334), 하동 2.9%(905), 남해 7.3%(2,012), 강기갑 후보는 고향 사천에서 28.4%(16,062), 남해 24.5%(6,776), 하동 15.6%(4,815) 등을 받았다. 이는 중앙정치의 활동 여부와 상관없이 지역 출신 인물론과 지역개발론이 가져다준 선거 결과라고 볼 수 있다. 대체로 여론조사 결과와 선거 결과가 유사하게 나왔다는 것을 알 수 있다. 다만 선거 이전에 예측한 것과는 달리, 남해지역에서 여상규 후보가 크게 선전한 것이 주목할 만한 것이다. 여론조사에서도 비슷한 추세가 확인되었는데, 이는 남해가 선거구 통합 이전에는 여상규 후보의 지역구이기도 하였다는 점과 더불어, 새누리당의 정서와 박근혜 위원장의 영향력이 무엇보다도 크게 영향을 준 것으로 보인다.

사천·남해·하동의 비례대표 정당득표율을 살펴보면, 새누리당은 각각

표 13. 소지역별 선거 결과

	사천	남해	하동
여상규	14,480(25.62%)	18,601(67.2%)	24,759(80.4%)
이방호	25,334(44.8%)	2,012(7.3%)	905(2.9%)
강기갑	16,062(28.4%)	6,776(24.5%)	4,815(15.6%)

출처: 중앙선거관리위원회.

54.2%, 59.8%, 62.1%를 얻었으며, 민주통합당은 16.8%, 19.2%, 19.0%를, 통합진보당은 15.3%, 9.9%. 9.6%를 얻었다. 이를 경남지역 평균과 비교하여 보면, 세 지역 모두 새누리당의 지지율이 1~9% 높았으며, 민주통합당은 경남지역 평균보다 6~9% 정도 낮았고, 통합진보당은 사천에서 5% 정도 높게 나오고, 남해, 하동은 비슷한 득표를 보였다. 이는 강기갑 후보의

표 14. 19대 사천·남해·하동지역의 비례대표 정당득표율(%)

	새누리당	민주통합당	통합진보당	자유선진당
사천	54.17	16.75	15.34	1.85
남해	59.71	19.22	9.89	1.53
하동	62.14	19.02	9.60	1.64
(경남)	53.80	25.61	10.53	1.55
(전국)	42.80	36.45	10.30	3.23

출처: 중앙선거관리위원회.

표 15. 18대 사천·남해·하동지역의 비례대표 정당득표율(%)

선거구	통합민주당	한나라당	자유선진당	민주노동당	친박연대	창조한국당	진보신당
경남	10.5	45.0	4.2	10.6	18.0	3.4	2.9
사천시	6.3	45.7	3.8	23.4	12.4	2.5	1.5
남해군	15.6	45.8	3.5	8.8	10.2	2.4	1.6
하동군	11.0	58.0	3.2	9.1	10.3	2.3	1.4

출처: 중앙선거관리위원회.

표 16. 2010년 5회 지방선거 광역의회 비례대표 주요 정당득표율(%)

	한나라당	민주당	민노당	국참당	친박연대
경남	48.2	17.9	14.6	6.9	5.7
사천	53.8	13.5	18.1	4.1	5.2
남해	55.5	14.9	9.8	5.4	5.9
하동	50.1	17.1	13.6	6.2	6.0

출처: 중앙선거관리위원회.

지지표가 통합진보당 지지로 나타난 것으로 여겨진다. 이를 18대 총선(한나라당+친박연대)과 5회 지방선거(한나라당+친박연대)와 비교하면, 새누리당의 득표율은 사천에서는 59.1%(2008) → 59.0%(2010) →54.2%(2012)으로 다소 줄어드는 추세를 보였으며, 남해지역은 56.0% → 61.4% →59.7%를 유지하여 전통적인 한나라당 텃밭임을 알 수 있었다. 하동지역은 68.3% → 56.1% → 62.1%로 지역 후보가 다른 지역 후보와 경쟁하면 높은 득표율을 보여 주었다.

5. 맺음말

19대 총선의 결과는 짧게는 올해 12월에 치루어질 대선과 향후 4년간 의정활동의 토대를 만들어 놓았다. 앞으로 국회구성 협상이 타결되면, 바로 대선국면으로 전환될 것으로 생각된다. 새누리당은 박근혜 대세론이 탄력을 받으면서, 대선 승리를 위한 다양한 쇄신의 노력을 경주할 것이다. 이 과정에서 이명박 정부와 일정하게 거리를 두면서, 복지와 경제민주화, 남북관계 등에서 이슈를 선점하면서 젊은 층과 수도권 민심을 끌어들이고자 할 것이다. 야당은 잠재적인 대권 주자들을 어떻게 단일의 후보로 만들면서 지지층을 최대로 확대하느냐를 고민할 것이다. 이번 선거의 실패로 민주당은 더 많은 쇄신과 개혁 요구에 직면할 것이고, 대권 후보도 정당 밖에 있는 안철수와 같이 참신한 인물의 지원이 절실히 필요할 것이다. 그러한 과정에서 여야의 경쟁은 대권을 둘러싸고 매우 치열하게 전개될 것이고, 정당 구도 또한 출렁거릴 가능성이 높다고 생각된다.

영남지역의 선거 결과는 대구·경북지역과 부산·경남지역을 구분하여 작지만 의미 있는 변화를 살펴보는 것이 중요한 것으로 보인다. 특히 대선 구도와 연계되면, 자신의 지역 출신 후보와의 연관성 때문에, 더욱 그러한 추세가 강화될 수 있을 것으로 생각된다. 겉으로나 의석수로 보면, 과거 어느때보다 부산·경남지역에서 새누리당의 독점 구조가 강화된 것으로 보인다. 하지만 득표율과 정당 지지율 추이를 살펴보면, 부산─경남지역에서 야권의 지지기반이 확대되고 있는 추세를 확인할 수 있다. 문제는 그러한 흐름을 어떻게 대선 국면에서 잘 이끌어 낼 수 있느냐 하는 역량과 전략이라고 할 수 있다. 이것이 이번 선거에서 보여 준 한계와 가능성일 것이다.

사천·남해·하동지역의 선거 결과는 중앙정치와는 다소 분리된 지역 간 경쟁으로 진행되었다고 할 수 있다. 따라서 중앙정치에서의 활동보다는 지역적 이익을 대변하고 지역개발에 역점을 둔 정치인이 유권자들의 마음을 사로잡았고, 이명박 정부와 새누리당에 대한 심판론 같은 큰 이슈보다는 소지역의 지역이익이 중요한 요인으로 작용하였다. 여상규 후보는 남해·하동지역의 강점을 바탕으로, 사천지역에서 이방호 후보와 강기갑후보의 표분열을 통해 상대적 이점을 확보하면서, 경남지역 전체에 흐르는 새누리당과 보수 성향의 정서에 기반한 고정적인 지지를 얻어 크게 승리할 수 있었다. 선거구 통합과 지역개발을 둘러싼 소지역주의적 투표 행태는 쉽게 극복되기 어려운 과제이자 한계를 보여 주었다고 할 수 있다.

참고문헌

김용복. 2009. "대통령의 귀향과 지역주의: 경남 김해을."『18대 총선 현장리포트』. 서울: 푸른길.

김용복. 2007. "중선거구제, 정당공천제, 그리고 지역주의: 경상남도 마산시, 창원시, 김해시." 이준한 외.『제4회 지방선거 현장리포트』. 서울: 푸른길.

김용호. 2000.『4.13총선: 캠페인 사례연구와 쟁점분석』. 서울: 문형.

박찬욱편. 2008.『제17대 대통령선거를 분석한다』. 서울: 생각의 나무.

서울대학교 한국정치연구소. 2002.『6.13 지방선거 평가』.

이갑윤. 1998.『한국의 선거와 지역주의』. 서울: 오름.

이준한 외. 2007.『제4회 지방선거 현장리포트』. 서울: 푸른길.

중앙선거관리위원회. 2007.『제4회 전국동시지방선거 총람』

중앙선거관리위원회. 2008.『제17대 대통령선거 총람』.

한국정당학회. 2004.『17대 총선 현장리포트』. 서울: 푸른길.

『경남신문』.
『경남도민일보』.
『중앙일보』.
『한겨레』.

중앙선거관리위원회 역대선거정보시스템 조회자료들.

3. 국회부의장의 무소속 도전과 좌절 : 인천 남동 갑 국회의원선거 참여관찰

조진만

1. 서론

19대 국회의원선거(이하 총선)를 앞두고 많은 소식들이 날아들어 왔다. 주로 누가 선거에 출마한다는 것과 누가 공천을 받았다는 것이었다. 그중에서도 인천광역시에 거주하고 있는 나의 관심을 끌었던 한 가지 소식이 있었다. 그것은 국회부의장까지 역임한 4선의 이윤성 국회의원(이하 의원)이 공천을 받지 못하였다는 소식이었다. 왜냐하면 평소부터 소속 정당으로부터 공천을 받지 못한 현역의원들이 왜 당선 가능성도 낮은 무소속 후보로 출마하는가에 대한 궁금증을 가지고 있었기 때문이다.

물론 내가 관심을 가지고 있던 현역의원의 무소속 출마에 대한 실질적인 연구는 이윤성 의원이 무소속 출마를 결정할 때 가능한 것이었다. 소속 정당의 공천을 받지 못한 직후 이윤성 의원은 어떠한 생각을 하고 있을까? 갑자기 머릿속에 이와 같은 질문이 떠올랐다. 아마도 이런 생각이 아닐까 하는 마음으로 메모지에 적어 내려가 보았다.

> "16년 동안 국회, 지역구, 소속 정당을 위하여 정말 묵묵히, 그리고 열심히 일했다. 그래서 4선 국회의원, 상임위원회 위원장, 국회부의장, 전당대회 의장 등을 역임할 수 있었다. 이제 한 번 더 하면 나의 본래 경력을 살려

방송통신위원장을 해 볼 수 있다. 아니 더 나아가 인천광역시 출신 최초의 국회의장에도 도전해 볼 수 있다. 19대 총선도 언제나 그랬듯이 승리할 자신이 있다. 그런데 이번에 쇄신을 강조하고 있는 정당에서 다선의원이라는 이유로 공천을 주지 않았다. 억울하다. 이대로 주저앉아야 하는가?"

19대 총선에서 여당과 야당이 쇄신과 통합의 가치들을 강조하는 상황 속에서 이윤성 의원과 유사한 상황에 처하였던 의원들은 상당수 존재하였다. 하지만 어떤 의원은 정계 은퇴를 결정하고, 어떤 의원은 무소속 출마를 감행하였다. 이윤성 의원은 후자를 선택하였다.

현역의원이 소속 정당의 공천을 받지 못하여 정계 은퇴나 불출마 선언을 할 경우 선거의 과정과 결과에 별 영향을 미치지 못한다. 하지만 현역의원이 공천 결과에 불복하여 무소속 출마를 감행할 경우 상황은 달라진다. 선거의 과정과 결과가 복잡하게 전개될 수 있다. 그러므로 연구해 볼 가치가 있다.

이에 본 연구는 19대 총선 인천광역시 남동 갑 선거구에 대한 참여관찰을 토대로 현역의원의 무소속 출마에 대한 이해를 돕고, 향후 관련 연구에 도움을 줄 수 있는 탐색적 연구(exploratory study)를 수행하고 있다(Babbie 2002, 김용호 2011). 구체적으로 본 연구는 4선의 이윤성 전 국회부의장이 무소속 출마를 감행한 배경과 요인은 무엇인지, 그리고 선거의 과정과 결과상에 나타난 특징들을 무엇이었는지를 다각적으로 논의하고 분석하고 있다.

국내외적으로 무소속 후보에 대한 기존 연구는 절대적으로 부족한 것이 현실이다. 그러므로 향후 무소속 후보에 대한 연구는 다양한 차원에서 진행시킬 필요가 있다. 이에 본 장에서는 현역의원의 무소속 도전과 좌절에 대한 다양한 논쟁점과 연구과제들을 제시하고 있다. 이러한 이유로 본 장에서 민주주의 공고화를 도모하기 위해서는 정당정치의 제도화가 필요하다(Mainwaring and Scully 1995)는 주장과 관련하여 다양한 시사점을 제공하려고 한다.

2. 이론적 논의와 연구전략

샤츠슈나이더는 일찍이 대의민주주의하에서 정당이 그 기능을 적극적으로 수행하지 못할 경우 시민은 완전한 주권자가 되지 못하고 절반의 주권만을 향유하게 된다고 지적한 바 있다(Shattschneider 1975). 이것은 정당이 정책을 수립하여 전국적인 조직화를 도모하는 것, 그리고 정권을 장악하여 실제로 그 정책을 실현하려는 의지와 행동을 보이는 것이 중요하다는 점을 시사한다.

이와 같은 점을 고려할 때 정당정치에 기반한 대의민주주의가 제대로 기능하기 위해서는 정당들의 자구적인 노력이 무엇보다도 중요하다고 평가할 수 있다. 하지만 현실에서 정당정치에 기반한 대의민주주의를 어렵게 만드는 요인들이 존재한다. 그것은 정당의 난립과 무소속 정치인의 과다 출현이다.

정당은 기본적으로 운영을 위한 조직과 인력을 필요로 한다. 그러므로 정당은 난립하더라도 선거라는 기제를 통하여 자연스럽게 조정되는 모습을 보이게 된다. 다시 말해 선거에서 의석을 확보하지 못한 정당이나 이전 선거와 비교하여 현저하게 떨어지는 유권자의 지지를 받은 정당은 선거 이후 자연스럽게 소멸 또는 해체되는 모습을 보이게 된다. 그리고 이러한 과정을 통하여 적절한 규모와 수에 기반한 정당정치가 이루어지게 된다.

하지만 무소속 정치인의 과다 출현은 통제가 힘든 측면이 존재한다. 왜냐하면 선거에서 무소속 출마는 기본적으로 후보 개인의 선택에 기반하여 이루어지기 때문이다. 선거에서 다수의 무소속 후보가 출마한다는 것은 기존 정당들에 대한 불만이 높다는 점(Menendez 1996), 그리고 이로 인한 정당정치의 안정화 내지는 제도화 수준이 낮다는 점을 시사한다(Mainwaring and Scully 1995). 다시 말해 무소속 후보의 부상은 기존 정당들이 시민사회의 이해관계를 제대로 반영하지 못할 때 주로 나타나는 경향[95]을 보인다(Brancati 2008). 그리고 무소속 의원이 다수 존재할 경우 정당 중심의 안정화된 의사결정 과정에 위협이 초래될 수 있다. 왜냐하면 무소속 의원의 경우 정당의 통제와 보호를 받지 못하는 상황 속에서 무소속으로 인하여 받는 정치적 소외감을 극단적이고 비타협적 방식으로 표출할 수 있기 때문이다(Sherrill 1998).

뿐만 아니라 누가, 그리고 얼마나 많은 수의 무소속 후보가 출마하는가의 문제는 선거의 과정과 결과에 중요한 영향을 미칠 수 있다. 예를 들어 인지도가 높은 다선의원이 무소속으로 출마하였을 경우 그 의원이 본래 소속되어 있던 A정당으로부터 공천을 받고 출마한 후보는 지지층 표의 분산을 우려할 수 있다. 그러므로 선거과정에서 A정당 후보와 무소속 후보는 실질적인 경쟁 대상인 B정당 후보보다 상호에 대한 공격에 더욱 매진할 수 있다. 그리고 이러한 상황 속에서 어부지리(漁夫之利) 격으로 B정당 후보가 상대적으로 적은 득표율을 기록하였음에도 불구하고 당선이 될 수도 있다. 다시 말해 무소속 후보의 출마는 결과적으로 유권자들이 가장 선호하는 후보가 덜 선호하는 후보에게 패배할 확률을 높일 수 있는 것이다(Lacy and Burden 1999).

표 1에서 볼 수 있듯이 민주화 이후 한국에서 실시된 총선에서 전체 출

---

95 이와 같은 맥락에서 군소정당이나 무소속 의원들이 새롭고 혁신적인 입법을 주도함으로써 민주주의에 긍정적인 영향을 미친다는 주장들도 존재한다(Costar and Curtin 2004; Rosenstone et al. 1986).

표 1. 민주화 이후 국회의원선거 무소속 후보 출마 및 당선 현황

국회	전체 출마자 수	무소속 출마자 수	무소속 출마 비율(%)	전체 당선자 수	무소속 당선자 수	무소속 당선 비율(%)
13대	1,043	111	10.6	224	9	4.0
14대	1,051	225	21.4	237	21	8.9
15대	1,386	394	28.4	253	16	6.3
16대	1,038	202	19.5	227	5	2.2
17대	1,167	217	18.6	243	2	0.8
18대	1,113	124	11.1	243	25	10.3
19대	902	241	26.7	246	3	1.2

출처: 중앙선거관리위원회 선거통계시스템을 활용하여 연구자가 작성함.

마자 중 무소속 후보가 차지하는 비율은 최소 10.6%(13대 국회)에서 최대 28.4%(15대 국회)를 기록하고 있다. 그리고 지역구 의원 중 무소속 당선자 비율도 최소 0.8%(17대 국회)에서 최대 10.3%(18대 국회)를 기록하고 있다. 상당히 많은 무소속 후보들이 꾸준히 총선에 출마를 하고, 때에 따라서는 적지 않은 무소속 후보들이 당선되고 있는 것이다. 더욱이 무소속 후보가 낙선되더라도 그 출마 자체가 특정 후보의 득표율과 당락에 영향을 미칠 수 있다는 점에서 중요한 의미를 갖게 된다.

이와 같은 중요성에도 불구하고 무소속 후보들이 왜 출마하는지, 그리고 선거의 과정과 결과에 어떠한 영향을 미치는지 등을 분석한 기존 연구를 찾아보기 힘들다. 다시 말해 기존 연구들은 당선 가능성이 적은 무소속 후보보다는 선거의 향배를 결정지을 부동층 유권자에 초점을 맞추어 그 특성을 분석하는 모습[96]을 보여 왔다(고승연 2004; 소순창 1999; 이현출 2000; 진영재 2008; 1993).

이처럼 무소속 후보에 대한 연구가 제대로 이루어지지 못한 이유는 중

---

[96] 한국정당학회(2008; 2004)와 한국정치학회(2007)가 주관하였던 두 차례의 총선과 한 차례의 지방선거에 대한 참여관찰 연구에서도 무소속 후보에 대한 연구는 이루어지지 못하였다.

앙정치 차원에서 야기되는 무소속 당선자의 낮은 효능감 때문이다(황수익·강원택 1998). 주요 정당 중심으로 정치적 의사결정이 이루어지는 상황 속에서 실제로 무소속 당선자 개인이나 소수가 할 수 있는 일은 거의 없다. 그러므로 대다수 무소속 당선자들은 당선 이후 기존 주요 정당들 중 하나를 선택하여 편입하는 모습을 보이게 된다. 그리고 이와 같은 무소속 당선자의 임시적·유동적 특성들이 무소속 후보에 대한 연구를 더욱 어렵게 만든다.

이러한 현실 속에서 지금까지 한국에서 무소속 후보에 대한 연구는 조일문(1971)과 황수익·강원택(1998)에 의하여 진행된 것이 거의 전부에 가깝다. 조일문의 연구는 서구 민주국가의 공천제도를 소개하고, 제헌국회부터 7대 국회까지 무소속 후보의 현황을 정리한 수준에 머물러 있다. 그러므로 엄밀하게 말하면 조일문의 경우 무소속 후보에 대한 본격적이고 심도 깊은 연구를 진행하지 못하였다고 평가할 수 있다. 황수익과 강원택의 경우 무소속 후보를 지지하는 유권자들의 특성을 집합 자료와 설문조사 자료를 통하여 면밀하게 분석하였다. 하지만 이 연구 역시 무소속 후보보다는 무소속 후보를 지지하는 유권자에 초점을 맞추고 있다. 그러므로 무소속 후보의 인식이나 행태와 관련한 논의와 분석은 제대로 이루어지지 못한 측면이 존재한다. 이러한 점들을 종합적으로 고려할 때 지금까지 무소속 후보에 초점을 맞추어 진행된 연구는 없었다고 볼 수 있다. 그러므로 참여관찰에 기반하여 무소속 후보에 대한 연구를 본격적으로 수행하고 있는 본 장은 다양한 차원에서 의미를 가질 수 있을 것으로 기대된다.

연구 전략과 관련하여 본 장의 참여관찰은 다음과 같은 차원에서 수행되었다. 먼저, 완전 참여(full participation)와 완전한 관찰자(complete observer)의 양 극단에 서지 않고 중간자적 관점에서 참여관찰을 시도하였다.[97] 일

---

[97] 참여관찰에서 완전 참여와 완전 관찰 모두 일정한 한계점을 노정하고 있다(Babbie 2002, 352–

단 연구자의 경우 이윤성 의원과 선거참모들 중 일부와 사전에 일정 수준 관계를 형성하고 있었다. 그러므로 참여관찰을 진행함에 있어 많은 도움을 받을 수 있었다. 연구자는 이윤성 의원에게는 참여관찰을 진행한다는 점을 밝히지 않고, 그의 선거운동 방식과 유권자들의 반응을 편하게 관찰하였다. 반면 선거참모들에게는 무소속 후보에 대한 연구를 진행하고 있다는 점을 사전에 밝혔다. 그리고 주로 선거사무실을 방문하여 관심 내용에 대하여 질문하는 방식으로 참여관찰을 진행하였다.

이윤성 후보의 선거운동과 지역구 내 유권자들의 반응에 대한 자료 수집은 시간이 날 때마다 이루어졌다. 하지만 특히 4월 7일(토)과 8일(일)에 집중적으로 이루어졌다. 선거정보 수집은 주택가, 대형마트와 시장, 유흥가, 그리고 교회 등지에서 만나 유권자와 선거운동원들을 중심으로 이루어졌다. 공식적인 선거사무실 방문과 질문은 선거 기간인 4월 7일(토) 오후 1시부터 3시까지, 그리고 선거 이후인 4월 25일(수) 오후 12시부터 3시까지 이루어졌다. 공식적인 질문지를 제시할 경우 선거참모들이 선거 기간 중 준비와 답변에 부담을 느낄 수 있다고 생각하였다. 그래서 연구자는 사전에 주요 질문 내용을 충분히 숙지한 후 자연스럽게 대화의 맥락 속에서 질의를 이어 나갈 수 있도록 노력하였다. 또한 추가적으로 질문할 내용이나 사안들이 생길 경우 지인(知人)인 선거참모에게 직접 전화를 걸어 물어보기도 하였다. 인터뷰가 진행되는 동안 선거참모들은 비교적 솔직하게 이윤성 후보와 자신들의 입장과 생각을 말해 주었다.

이 밖에도 참여관찰의 적실성을 높이기 위하여 다양한 차원의 자료 수집과 분석도 수행하였다. 구체적으로 19대 총선을 전후로 하여 이윤성 의원과 인천광역시 남동 갑 선거구와 관련한 정보들을 중앙지와 지방지에

---

253). 완전 참여의 경우 연구자 개인이 자기가 진행 중인 연구에 영향을 미칠 수 있다. 반면 완전 관찰의 경우 연구대상을 완전하게 이해할 가능성이 적어지게 된다.

대한 검색을 통하여 수집하였다. 그리고 이러한 자료 수집을 통하여 참여
관찰의 논점과 문제의식을 구체화하였다. 뿐만 아니라 그 지역에 거주하
고 있는 지인들로부터 선거공보를 취득하여 내용을 분석하기도 하였다.

3. 무소속 출마의 배경과 원인

이윤성 의원이 19대 총선에서 무소속으로 출마한 공식적인 이유는 공천
탈락의 부당성에 있다. 이윤성 의원은 무소속 출마를 공식 선언한 지난 3
월 8일 그 입장을 다음과 같이 밝힌 바 있다(연합뉴스 2012.3.8).

> "4선 국회의원, 27년만에 배출된 인천 출신 국회부의장이 되기까지 고락
> 을 같이 하였던 새누리당을 지금 떠난다. … 바로 지금 이 시간에도 새누리
> 당에서는 계파에 따른 공천 학살이 진행되고 있다. 비상대책위원회가 쇄신
> 공천, 시스템 공천이란 미명 아래 '과거 한풀이 기준'에 따른 보복을 자행하
> 고 있다. … 공천이 지난 대통령선거(이하 대선)에서 누구 캠프에서 일하였는
> 가에 따라 결정되고 있다. … 특정 계파 모임인 국민희망포럼 인천대표를
> 내세우는(윤태진) 전 구청장 앞에서 저의 지역발전을 위한 노력은 오히려 부
> 역(附逆)의 근거가 되어 꿈이 산산이 깨졌다."

이윤성 의원은 이명박 대통령계, 소위 '친이계'로 분류된다. 그러므로
이 의원은 박근혜 비상대책위원장이 주도권을 갖고 진행한 19대 총선 공
천에서 자신이 계파 갈등에 따라 제외되었다고 판단한 것이다. 인지도와
당선 가능성이 높은데 경선의 기회마저 주지 않고 공천에서 탈락시킨 것
은 지역구민의 뜻을 저버린 공천 학살이라는 것이다.

실제로 이윤성 의원은 무소속 출마 선언 이후 지역구 내 요지에서 공천
의 부당성을 알리기 위한 1인 피켓시위를 지속적으로 전개하였다. 뿐만

아니라 선거공보의 첫 장에서도 "당과 남동구를 위해 16년 동안 묵묵히 일한 것이 죄가 된단 말입니까?"라는 꼭지를 마련하여 다음과 같이 호소하였다.

"거센 공천 학살의 회오리가 불었습니다. 후보를 공천할 때 가장 우선하는 게 당선가능성이라는 것은 삼척동자도 아는 사실입니다. 후보의 능력, 의정활동, 열정은 무시한 채 계파의 이익만을 고려해 경선의 기회마저 주지 않았습니다. 남동구민이 16년간 키운 이윤성이 아무런 이유 없이 버림받았습니다. 오직 남동구민들만이 이윤성을 지켜 주실 수 있습니다. 남동구민께서 엄정한 심판으로 바로잡아 주십시오!"

하지만 19대 총선에서 이윤성 의원처럼 공천에서 탈락하여 억울함을 느꼈던 의원들은 한 둘이 아니다. 그럼에도 불구하고 이들 의원 모두가 이윤성 의원처럼 무소속 출마를 감행하지는 않았다. 오히려 공천 탈락 이후 무소속 출마 강행으로 으름장을 놓던 의원들의 다수가 끝내 눈물을 보이며 백의종군(白衣從軍)하고 백기투항(白旗投降)하는 모습을 보였다. 이것은 하나의 선거구에서 1등만 선출하는 단순다수 소선거구제하에서 현역의원이더라도 무소속으로 출마하여 당선되기가 어렵다(Abramson et al. 1995)는 점을 반증해 준다.

그렇다면 이윤성 의원은 왜 무소속 출마를 결정한 것인가? 공천에 탈락하여 19대 총선의 출마를 포기하였던 다른 의원들과 비교하여 이 의원은 어떤 다른 특징이나 이유가 있지 않았을까? 이 문제와 관련하여 연구자는 우선적으로 이윤성 의원 개인에 대한 검토와 지역구인 남동 갑 선거구에 대한 분석이 필요하다고 판단하였다.

이윤성 의원은 본래 KBS 9시 뉴스를 진행한 국민앵커였다. 특히 그는 뉴스를 전달할 때 보여 주었던 독특한 표정과 위트 있는 멘트들로 인하여 시청자들로부터 많은 인기를 받았다. 이러한 상황에서 인천광역시에서 초·중·고등학교를 나온 연고로 15대 총선 때 남동 갑 선거구의 신한국당 후보로 공천을 받게 되었다. 그리고 높은 인지도와 인기도를 바탕으로 이윤성 후보는 15대 총선에서 54.18%의 높은 득표율로 당선되게 되었다. 이후 아래의 그림 1에서 볼 수 있듯이 노무현 대통령 탄핵소추안 가결에 대한 역풍이 불었던 17대 총선을 제외하고 이윤성 후보는 50%가 넘는 높은 득표율로 연거푸 네 번 당선되는 기염을 토하였다.

그렇다면 이와 같은 역대 총선에서의 높은 득표율이 이윤성 의원의 무소속 출마를 이끈 것은 아닌가 하는 의문이 들었다. 선거참모와의 인터뷰에서 이러한 점들을 확인할 수 있었다. "의원님이 공천 탈락 이후 무소속 출마를 결정하는 데 많은 시간이 걸리지 않았다. 하루 정도 고민을 하셨다고 한다. 사실 의원님의 경우 어려운 선거를 한 번도 치러 본 경험이 없다. 지역구에 나가면 인기가 너무 좋으시니깐. 하지만 인기와 표심은 차이가 있는 것이 사실이다."

이윤성 의원의 선거운동을 살펴보니 인기가 많은 것은 사실이었다. 오랜 지역구 관리와 특유의 친화력으로 선거 초반 만나는 유권자들의 반응

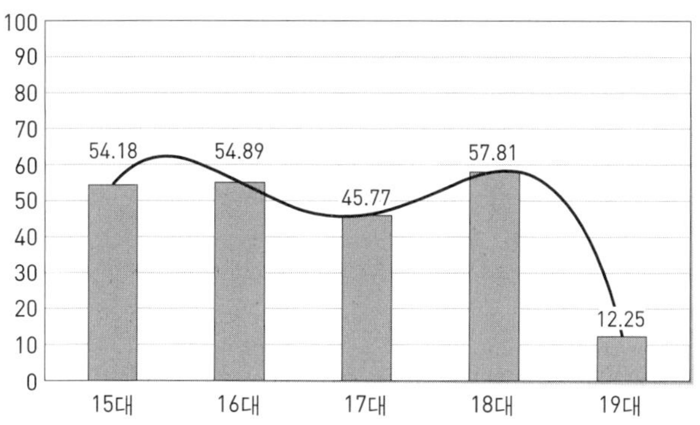

그림 1. 이윤성 후보 역대 총선 득표율 변화

은 좋아 보였다. "열심히 해서 꼭 당선되세요."라고 응원하는 아주머니들이 계셨다. "인물을 못 알아보고 공천을 안 줘. 뭐든 선배한테 배워야 하는 거야. 정말 답답해."라고 격하게 반응하는 노인분도 계셨다. 이윤성 의원이 무소속 출마를 결정할 시점에서는 이와 같은 선거에 대한 개인적인 자신감과 지역구민들의 호의적인 반응이 중요하게 작용하였을 가능성이 존재한다.[98]

하지만 후보 개인의 인지도와 인기만으로 무소속 출마를 감행한다는 점 역시 무언가 부족함이 있어 보였다. 연구자는 개인적 차원뿐만 아니라 남동 갑 선거구 차원의 특성이 이윤성 의원의 무소속 출마에 영향을 미친 것은 아닐까 하는 의문이 들었다.

표 2는 인천광역시의 선거구별 주요 현황을 정리하여 제시한 것이다. 이 표를 보면 남동 갑 선거구의 경우 인구수와 선거인 수가 여타 선거구와 비교할 때 많은 특징을 보인다. 실제로 남동 갑 선거구는 구월1~4동, 간석1, 2, 4동, 논현1~2동, 남촌·도림동, 논현·고잔동을 포함하고 있다. 선거참모는 인터뷰에서 "남동 갑 선거구는 상대적으로 면적이 넓고 유권자가 많은 특징을 보인다. 그로 인하여 간석3동의 경우 남동 을 선거구에 포함시키고 있다."고 언급하였다.

일반적으로 무소속 후보에게는 선거구가 크고 유권자가 많다는 것이 불리하게 작용한다(Brancati 2008). 왜냐하면 무소속 후보의 경우 정당 후보와 비교하여 조직과 자금에 있어서 열세에 있기 때문이다. 그러므로 이윤성 후보가 무소속 출마를 결심한 데에는 후보자 개인이 생각하는 지역구의 모습과 객관적인 지표로 나타나는 지역구 모습 간에 괴리가 존재하였을

---

98 실제로 법정 선거운동 기간 직전인 3월 25일과 26일에 실시된 한 여론조사에서 이윤성 후보는 19.0%의 당선가능성을 기록하였다(경인일보 2012.3.27). 당시 새누리당 윤태진 후보의 당선가능성은 20.8%였고, 민주통합당 박남춘 후보의 당선가능성은 20.5%를 기록하였다.

표 2. 인천광역시 선거구별 주요 현황

선거구	읍면동 수	투표구 수	인구수	선거인 수	인구 대비 선거인 비율(%)
중구/동구/옹진군	29	82	191,730	156,238	81.5
남 갑	10	43	202,298	166,471	82.3
남 을	11	45	215,996	173,594	80.4
연수구	12	62	289,171	221,240	76.5
남동 갑	11	64	305,718	235,836	77.1
남동 을	8	40	191,878	151,509	79.0
부평 갑	12	59	275,810	224,469	81.4
부평 을	10	56	285,563	219,271	76.8
계양 갑	5	33	167,845	129,551	77.2
계양 을	6	34	176,743	137,257	77.7
서구/강화 갑	14	64	306,291	236,911	77.3
서구/강화 을	17	61	204,306	154,994	75.9
합계	145	643	2,813,349	2,207,341	78.5

출처: 중앙선거관리위원회 선거통계시스템을 활용하여 연구자가 작성함.

가능성이 존재한다.

앞서 지적한 바 있듯이 이윤성 의원의 경우 15대 총선 이후 18대 총선까지 높은 득표율로 승승장구를 하였다. 그리고 민주화 직후 분구가 되지는 않았지만 13대 총선과 14대 총선에서 강우혁 후보가 민주정의당과 민주자유당 소속으로 나와 남동구에서 연거푸 당선되었다. 다시 말해 남동 갑 선거구의 경우 민주화 이후 19대 총선이 실시되기 이전까지 현 새누리당과 괘(軌)를 같이하는 정당 후보들이 모두 당선되는 특징을 보였다. 선거 참모도 남동 갑 선거구의 경우 보수적 지형이 강하게 형성되어 있다는 점에 동의하고 있었다. "남동 갑 선거구의 경우 시청, 교육청, 경찰청 등 주요 정부기관이 운집되어 있고, 여타 지역과 비교하여 상대적으로 생활 수준도 높기 때문에 보수 정당이나 후보에 유리하다."는 것이다.

하지만 역대 선거 결과들을 면밀하게 검토해 보면 이 점에 동의하기 힘든 측면이 존재하였다. 왜냐하면 총선과 달리 대선과 지방선거의 경우 남동 갑 선거구에서의 보수 정당 후보의 득표율은 인천광역시의 동일 보수 정당 후보들의 평균 득표율과 비교하여 다소 낮은 특징을 보였기 때문이다.[99] 뿐만 아니라 가장 최근에 실시된 2010년 지방선거에서 민주노동당의 배진교 후보가 남동구의 기초단체장으로 당선되기도 하였다. 그러므로 남동 갑 선거구의 경우 보수적 지형만큼 진보적 지형도 만만치 않게 형성되어 있다고 평가하는 것이 더 적실성을 가질 수 있다고 판단되었다.

이에 본 연구는 가장 최근에 실시되었던 2010년 지방선거 당시 인천광역시 유권자들을 대상으로 한 설문조사 자료[100]를 토대로 인천광역시의 군·구별 정치 성향을 구체적으로 파악해 보았다. 그 결과는 표 3에 제시되어 있다. 이 표를 보면 선거참모가 지적한 바와 달리 남동구 유권자들의 경우 새누리당의 전신인 한나라당에 대한 지지가 부평구 다음으로 가장 낮은 반면 민주당에 대한 지지는 부평구와 더불어 가장 높은 특징을 보였다. 뿐만 아니라 유권자들의 이념성향을 파악해 본 결과 역시 여타 선거구와 비교하여 진보적인 성향이 강한 것으로 나타났다. 선거참모의 생각과 실제 남동구의 현실 간에는 일정한 괴리가 있어 보였다. 그리고 이와 같은 남동 갑 선거구의 특성은 보수적 성향의 이윤성 후보가 무소속으로 출마하여 고전할 가능성이 높다는 점을 암시하는 것이었다.

---

99 예를 들어 대선의 경우 인천광역시 남동구 선거구가 생겨난 이후 실시된 14대 대선을 기점으로 민주자유당 김영삼 후보, 한나라당 이회창 후보(15~16대 대선), 이명박 후보(17대 대선) 모두 이 선거구에서 기록한 득표율이 근소한 차이를 보였지만 인천광역시 평균 득표율을 상회한 경우는 단한 차례도 없었다. 그리고 이러한 특징은 지방선거의 광역단체장선거에서도 그대로 재현되었다.

100 이 설문조사는 인천광역시선거관리위원회의 의뢰를 받아 여론조사 전문기관인 리서치앤리서치(R&R)가 2010년 4월 26일부터 29일까지 진행하였다. 구체적으로 이 설문조사는 인천광역시 거주 만 19세 이상 성인 남녀를 대상으로 진행되었으며, 표본은 연령과 지역에 따른 인구비례 할당을 토대로 추출되었다. 전화조사로 진행된 이 설문조사의 표준오차는 95% 신뢰 수준에서 최대 허용오차 ±3.1%였다.

표 3. 인천광역시 군구별 정치 성향

선거구	사례 수	한나라당 지지	민주당 지지	부동층	이념성향 평균
중구	82	32.9	12.2	54.9	5.015
동구	53	22.6	7.5	64.2	5.805
옹진군	24	41.7	0.0	58.3	5.137
남구	97	24.7	17.5	53.6	5.030
연수구	141	19.9	14.9	61.7	4.786
남동구	128	19.5	18.8	53.1	4.743
부평구	169	18.3	10.7	64.5	4.786
계양구	165	20.0	18.8	56.4	4.925
서구	115	20.9	7.8	67.8	4.693
강화군	27	37.0	18.5	44.4	4.451

※ 유권자 이념성향의 경우 매우 진보 0점, 중도 5점, 매우 보수 10점 사이에서 유권자 본인이 자기이
  념을 평가한 점수임.
출처: 인천광역시선거관리위원회(2010)의 데이터를 토대로 연구자가 작성함.

지금까지 논의한 내용들을 전반적으로 고려하면 이윤성 의원의 무소속 출마는 개인적인 소신과 선거 판세에 대한 분석이 중요하게 작용한 것처럼 보인다. 하지만 객관적인 차원에서 데이터를 살펴보면 이윤성 의원과 그의 선거참모들이 인식하고 있는 남동 갑 선거구의 모습과 실제로 존재하는 남동 갑 선거구의 모습은 차이를 보이고 있다는 점을 목격할 수 있었다. 이러한 상황 속에서 문득 들었던 생각은 "만약 이윤성 의원이 당선될 가능성이 높지 않다는 점을 사전에 충분히 인지하고 있으면서도 무소속 출마를 해야 될 이유는 없었는가?"라는 점이었다.

이 문제와 관련하여 선거참모와의 인터뷰에서 몇 가지 흥미로운 답변을 얻을 수 있었다. 첫째, "이윤성 의원이 지금 무소속으로 출마하지만 당선이 된다면 다시 새누리당에 입당할 가능성이 높다."는 것이었다. 둘째, "새누리당 윤태진 후보가 상대적으로 약세이기 때문에 선거과정에서 보수 후보단일화가 이루어질 가능성이 높다."는 것이었다. 셋째, "이번 총선

에 어떻게든 나아가야 12월 대선에서 역할을 맡을 가능성이 존재한다."는 것이었다.[101] 이윤성 의원의 무소속 출마에는 드러난 배경과 원인뿐만 아니라 드러나지 않은 요인들도 많아 보였다. 다만 여러 가지 정황들을 고려할 때 단순히 공천 탈락의 억울함을 표출하기 위해서가 아니라 다양하고 복잡한 정치적 맥락과 고려 속에서 무소속 출마를 결정하였다고 보는 것이 좀 더 적실성을 가질 수 있다고 보여진다.

4. 선거의 과정과 결과

선거참모와의 인터뷰를 통하여 파악한 이윤성 후보 측 선거전략들은 다음과 같다. 먼저 가능한 빠른 시간 내에 새누리당 윤태진 후보와의 지지율 경쟁에서 앞서는 것이다. 무소속 출마를 선언한 직후 이 의원의 지지율은 19% 정도였다. 당시 새누리당 윤태진 후보와 민주통합당 박남춘 후보는 모두 20% 정도의 지지율을 기록하고 있었다. 말 그대로 박빙의 선거경쟁이 예상되었다. 당시 선거참모들은 "다선에 인기가 있는 현역의원이기 때문에 이 정도의 지지율이 나올 수 있는 것이다."라고 평가하였다고 한다. 이런 상황에서 이윤성 후보 측 선거캠프는 가능한 빨리 지지율을 높여 새누리당 윤태진 후보보다 앞서는 것이 중요하다고 판단하였다고 한다. 왜냐하면 "그렇게 되어야 보수적 유권자들의 분열을 막고, 보수 후보단일화 등에 있어서도 주도권을 가질 수 있다."고 판단하였기 때문이다. 또한 "그런 다음에야 비로소 야권단일 후보인 박남춘 후보와의 본격적인 경쟁이 가능할 수 있다."고 보았기 때문이다.[102] 선거참모들은 "선거 초반에 25%

---

101 선거참모는 인터뷰에서 "이윤성 의원이 향후 대선에서 박근혜 의원을 지원할 가능성은 적어 보인다. 다만 정몽준 의원이나 이재오 의원과 친분이 깊기 때문에 대선 과정에서 어떻게든 중요한 역할을 할 가능성이 높다."고 언급하였다.
102 이러한 이유로 이윤성 후보 측 선거캠프는 선거 초반 새누리당 윤태진 후보를 집중 공격하는

의 지지율 정도를 기록하면 승산이 있다고 판단했다.”고 술회하였다.

이를 위하여 이윤성 의원은 계파정치로 인한 공천 학살의 피해자라는 점을 강조하면서 예비후보자 시기부터 지속적으로 출근길 1인 피켓 시위를 전개하였다. 출정식이나 선거사무실 개소식도 열지 않고 공천 탈락의 억울함을 이른 새벽부터 호소하면서 동정표를 구하는 선거전략을 취한 것이다. 조직을 통한 세를 과시하기보다는 이윤성 후보 개인을 중심으로 한 조용한 선거운동이 진행되고 있었다. 이윤성 후보는 이것을 땅 위와 아래 어디든 안 가는 곳이 없는 ‘두더지식 선거운동’이라고 명명하였다.

하지만 아무리 동정표를 구하는 선거전략이라고 하더라도 무소속으로 출마한 상태에서 어느 정도의 세 과시는 필요한 것이 아닌가라는 의문이 생겨났다. 혹시 무소속으로 출마함에 따라 기존의 조직이 와해되어 이와 같은 선거전략을 쓸 수밖에 없는 것은 아닌가라는 생각도 들었다.

선거참모와의 인터뷰에서 이와 관련한 흥미로운 주장들을 들을 수 있었다. 선거참모는 “선거전략과 관련해 세를 과시하는 것과 불쌍하게 동정표를 구하는 것 중 어느 것이 더 효과적일 것인가를 놓고 고민한 적이 있다.”고 밝혔다. 그리고 이에 대하여 이윤성 후보가 “내가 본래 럭셔리한 스타일은 아니니 동정표를 구하는 방식으로 가자. 무리해서 세를 과시하려다 보면 선거법을 위반할 수도 있다.”라고 하면서 결정을 내렸다고 말하였다. 또한 선거참모는 “페이스북이나 트위터 등 소셜네트워크서비스(SNS)를 활용한 선거운동에 대한 대비를 많이 했기 때문에 이것이 조직을 대신

전략을 취하였다. 하지만 이 과정에서 상호 고소와 고발들이 빈번하게 이루어짐으로써 결과적으로 양 후보 모두가 피해를 입는 형국이 전개되었다. 한편 민주통합당 박남춘 후보는 이윤성 후보가 선거를 완주하는 것에 당락이 달려 있다고 판단하고 있었다. 이러한 이유로 박남춘 후보 선거캠프에서는 “이윤성 후보 측 선거운동원과 갈등하지 말고 깍듯이 대하고, 동일지역에서 선거운동을 할 경우 자리를 양보해줘라.”와 같은 선거운동 지침을 내렸다는 소문이 있었다. 또한 다양한 경로를 통하여 이윤성 후보가 선거를 완주할 수 있도록 격려하는 모습을 보였다고 전해졌다.

할 수 있을 것으로 기대했다."는 얘기도 하였다.[103]

그런데 문제는 선거조직에도 있었다. 이윤성 후보 선거캠프에 처음 참여하게 된 선거참모는 "처음에 이렇게 조직이 없이 어떻게 16년 동안 국회의원을 하였는지 이해가 되지 않았다. 동별 협의체의 회장이 없는 곳도 여러 군데 있었다. 처음 출마한 15대 총선에서는 기존 당 조직을 많이 활용했다고 하던데 그 이후부터는 순전히 개인 중심의 선거운동을 전개했다고 볼 수 있다."고 언급하였다. 조용한 선거운동을 시행한 데에는 선거전략과 개인적인 판단 외에도 세를 과시하는 선거운동을 할 수 없는 현실이 작용한 측면도 존재한 것으로 판단되었다.

다음으로 이윤성 선거캠프는 인물과 지역구 활동을 강조하는 선거운동을 전개하였다. 이윤성 의원은 선거공보에서 "비교해보십시오! 누구를 선택하시겠습니까?"라는 꼭지로 두 장에 걸쳐 능력, 경력, 청렴성, 전문성에 앞선 자신을 뽑아달라고 호소하였다. 그리고 "24년간 발로 뛴 현장경험이 돋보인 국민앵커, 중진 국회의원으로서 중앙과의 풍부한 인적 네트워크, 국회산업자원위원장을 역임한 넓은 경제 식견, 299명의 국회의원을 통솔한 국회부의장."이라는 점을 강조하였다. 또한 선거공보 맨 뒷면에 "사람 하나 키우기가 그리 쉬운 일입니까? 잘 키운 이윤성을 더 크게 써 주십시오."라는 문구도 크게 배치시켰다.

지역구 활동과 관련해서는 선거공보에 "큰 인물이 큰 일을 합니다."라는 꼭지로 인천광역시와 남동구를 위하여 그동안 활동한 주요 내용들[104]

---

103 선거참모는 대선이면 모르겠지만 총선의 경우 소셜네트워크서비스의 효과는 제한적이라는 입장을 표명하였다. 그 이유로 총선의 경우 지역구민들을 대상으로 한 선거운동을 전개해야 하는데 소셜네트워크서비스에서는 이것이 가능하지 않기 때문이라는 점을 지적하였다. 그리고 오히려 총선에서는 지역구민들에게 보내는 문자 메시지 선거운동이 더 효과적이라는 입장을 보였다. 이윤성 후보 선거캠프의 경우에는 문자 메시지를 보내는 데 대략 2000만 원에 가까운 비용을 사용하였다고 한다.

104 구체적으로 '희망이 커가는 인천'이라는 제목으로 인천로봇랜드 유치, 남동공단 구조고도화 사

을 게시하였다. 그리고 이 밖에 2030세대에게는 "안정된 일자리가 많은 희망의 나라"를, 4050세대에게는 "자녀 교육과 부모 모심이 걱정이 없는 나라"를, 6070세대에게는 "노후가 걱정 없는 나라"를 만들어줄 수 있는 정치인이 되겠다는 의지도 표명하였다. 또한 교육, 교통, 경제, 환경/문화, 복지 다섯 개 분야별 공약들[105]을 제시하기도 하였다. 나름대로 선거공보를 통하여 업적과 비전을 홍보한 것이었는데 연구자가 보기에 큰 감동을 주기에는 부족함이 있어 보였다. 오히려 4선의 국회부의장까지 역임한 후보가 제시하는 지역 개발 청사진이 이 정도인가라는 생각까지 들었다. 너무 선언적인 내용이 많았고, 무소속으로 당선되면 이러한 것들이 가능할 수 있을까 하는 의문도 들었다.

선거사무실을 처음 방문하였을 때 만난 지역구민들의 경우 이윤성 후보의 인물과 경력을 높이 평가하였다. "인천이 부채가 엄청 많은데 초선들이 이 문제를 어떻게 해결하겠어?", "인천아시안게임이나 지하철 2호선 등 대형사업이 많은데 다선의원이 힘을 써야지. 초선의원은 들러리지 힘이 안 돼!" 인천광역시와 남동구에 중요한 일들이 산적되어 있고, 이러한 일들은 정당 문제를 떠나 다선의원이 해야 한다는 논리였다.

하지만 선거구를 돌아다니다 보니 다른 여론들도 상당 부분 존재하였

업 추진, 인천해양경찰청과 중부지방고용노동청 타 지역 이전 저지, 인천대교 주경간폭(배가 다니는 다리 간격) 확대, 인천종합비지니스센터와 인천외국인력지원센터 마련을 제시하였다. 그리고 '행복이 커지는 남동'이라는 제목으로 수인선 논현 구간 돔형방음벽 설치 확정, 논현동 종합사회복지관 건립, 간석역 엘리베이터·에스컬레이터 설치, 모래내시장과 구월시장 현대화 사업 및 주차장 설치, 미추홀외국어고등학교 기술사 건립, 남촌동 공영주차장 조성, 남동구 보훈회관과 새마을회관 마련, 인천지하철 2호선 석천사거리 역사 추가 건설을 제시하였다.

105 지면 관계상 분야별 공약들을 모두 제시하기는 힘들지만 선거공보상 진하게 강조하고 있는 공약들을 제시하면 다음과 같다. 교육 : 인문계고 유치, 학력 차별 없애기, 교통 : 경부고속철도 연결, 경제 : 역세권 특화 개발, 구조고도화사업 완성, 카드수수료 인하, 환경/문화 : 운동시설 확충, 문화예술공간 조성, 복지 : 논현경찰서 신설, 국민임대 확대, 복도형 창호샷시 설치, 장애인등급제 개선, 장애인연금 현실화.

다. 선거구 이동 중에 탔던 개인택시에서 50대 초반쯤 되어 보이는 운전
기사는 "16년 동안 국회의원 해 먹었으면 된 거 아니요. 나도 이곳에 사는
데 사실 이윤성이 16년 동안 별로 한 게 없어. 그러니깐 당에서도 공천을
안 준 거 아니요. 무소속으로 되어 봐야 뭘 할 수 있겠어. 또 하겠다고 나
오니 이러다가는 진보 정당 후보가 (당선)되지."라고 이윤성 후보를 비꼬
기도 하였다. 그리고 실제로 참여관찰을 하면서 선거 초반과 달리 중반 이
후로 넘어가면서 개인택시 운전기사와 같은 반응들이 더욱 많이 자주 나
타나는 것을 목격할 수 있었다.

　이윤성 후보는 선거 중반 고전하는 상황 속에서 "선거상황을 반전시킬
수 있는 뭔가를 만들어 달라"고 선거참모들에게 요구하였다고 한다. 하지
만 선거참모는 "무소속에 대한 관심이 떨어지는 상황 속에서, 그리고 특
별한 지역적 현안이나 쟁점이 존재하지 않는 상황 속에서 파괴력 있는 무
엇인가를 만들어 내기는 쉽지 않았다."고 고백하였다. 뿐만 아니라 선거
참모는 "오히려 선거 중반으로 갈수록 인물과 지역구 활동을 강조한 선거
전략들이 먹히지 않고, 정당을 중심으로 유권자들이 급속하게 뭉쳐가는
모습을 느낄 수 있었다."고 얘기하였다.[106]

　선거과정에서 중요한 이슈 중의 하나는 새누리당 윤태진 후보와의 단일
화 문제였다. 이 문제와 관련하여 이윤성 후보는 새누리당과 특임장관실
등으로부터 단일화 요구를 받았다고 전해진다. 그리고 실제로 새누리당
윤태진 후보와 단일화 시도를 하였던 것도 사실이다. 그런데 결과적으로

106　선거참모는 그 예로 지역구 내 간석동 사례를 제시하였다. "간석동의 경우 구도심지역으로 보수
　　성향이 강하고, 이윤성 후보에 대한 지지가 항상 가장 높게 나왔던 지역이다. 그런데 이윤성 후보가
　　무소속으로 출마하자 다른 어느 곳보다 강한 비판이 제기되고 지지도가 낮게 나타나는 특징을 보였
　　다."고 한다. 또한 선거참모는 "정치개혁위원회에서 선거구 획정을 할 당시 간석동이 지역구에서
　　빠져나갈 가능성을 우려했다. 그런데 다행히 빠져 나가지 않아 기뻐했다. 그런데 막상 무소속으로
　　출마해 선거를 해 보니 간석동에서 가장 낮은 지지율을 기록했다. 그동안(이윤성) 후보 개인보다는
　　보수 정당에 대한 지지가 강했던 것이다."라고 언급하기도 하였다.

단일화에 실패한 것은 여론조사 문구에 대한 윤태진 후보와 이윤성 후보 간의 입장 차이가 존재하였기 때문이다. 이윤성 후보 측은 "남동 갑의 새누리당 국회의원 후보로 윤태진 후보와 이윤성 후보 중 어느 후보가 더 적합하다고 생각하십니까?"와 같은 형태의 설문을 선호하였다. 하지만 윤태진 후보 측은 자신이 새누리당 후보임을 강조하면서 "남동 갑의 국회의원 후보로 새누리당 윤태진 후보와 무소속 이윤성 후보 중 어느 후보가 더 적합하다고 생각하십니까?"와 같은 형태의 설문을 사용할 것을 주장하였다. 결국 양 후보가 입장 차이를 좁히지 못하고 단일화 시도가 결렬되자 상호 공격이 본격화되기 시작하였다.

이윤성 후보의 무소속 도전은 여러 가지 측면에서 예상보다 어려운 국면을 맞이하고 있었다. 일단 19대 총선의 경우 새누리당은 당명까지 바꾸면서 '쇄신'을 강조하였고, 야당은 '통합'을 강조하는 상황 속에서 무소속 후보가 이득을 취할 수 있는 여지는 많지 않았다. 더욱이 12월 대선을 앞두고 실시된 19대 총선의 경우 이명박 대통령의 국정운영 평가라는 회고적 평가와 더불어 새로운 대통령에 대한 전망적 평가가 동시에 고려되었다. 19대 총선에서 새누리당이 선전할 수 있었던 것도 새누리당의 유력한 대선 후보인 박근혜 비상대책위원장이 여당의 선거운동을 주도하였기 때문이라는 평가가 나왔을 정도이다. 다시 말해 이윤성 후보의 경우 무소속 후보로 출마함으로써 이명박 정부에 대한 부정적 평가의 짐으로부터 비교적 자유로울 수 있었지만 정당 중심의 유권자 선택으로 인한 더 큰 부담을 질 수밖에 없었다.

이윤성 후보 자신과 선거참모들 역시 선거운동을 진행하면서 가장 괴로웠던 부분은 "국회의원을 할 만큼 했다."나 "지역을 위해 특별하게 한 것이 없다."는 비판보다 "보수 진영의 분열을 초래하고 있다."는 비판이었다고 술회하였다. 이윤성 후보의 무소속 출마의 명분은 상대적으로 취약하였다. 그리고 그로 인하여 지지자들의 규합보다는 이탈이 시간이 지날수록 가속화되는 모습을 보이게 되었다.

　선거운동원들의 경우에도 "무소속 후보의 선거운동을 하다 보니 처음 1주일 정도는 주눅이 든 상태에서 활동을 했다."고 밝혔다. 선거참모들도 "과거 선거운동원들의 경우 정당과 인물에 대한 선호가 중첩되어 자신감과 열정을 보였지만 이번에는 분위기가 달랐다."고 고백하였다. 더욱이 기초의원에 대한 재선거가 동시에 실시되는 상황 속에서 과거 이윤성 후보의 조직책이었던 권석규 씨가 새누리당 후보로 출마하여 기존 선거운동원들을 선점해가기도 하였다. 그 결과 전체 38명의 선거운동원 중 이전에 이윤성 후보의 선거운동원으로 활동을 한 경험이 있는 선거운동원은 단 8명 정도에 불과하였다고 한다. 조직적 열세와 더불어 선거운동원의 경험도 부족한 상황이라 이윤성 후보에 대한 홍보와 선거운동이 제대로 진행되지 못한 측면이 존재하였다.

　시간이 흐름에 따라 당초 인물과 지역구 활동을 강조한 이윤성 후보 측의 동정표 획득 전략은 잘 먹혀 들어가지 않는 모습을 보였다. 오히려 선거일이 다가올수록 이윤성 후보의 지지율은 하락하고 반등하지 못하는 상황이 전개되었다. 선거참모는 "선거가 진행될수록 의원님은 당선이 어렵다는 인식을 가지시는 것 같다."고 언급하면서 "선거 후반에는 15% 득표율을 기록할 수 있겠는가를 고민할 정도였다."라고 얘기하였다. 15% 이상의 득표율을 기록할 경우 선거비용 전액을 보존받을 수 있다는 점에서 유력 후보로서의 상징적 의미를 갖게 된다. 이런 이유에서였을까? 이윤성 후보는 선거일 이틀을 남겨둔 시점에서는 본격적으로 마이크를 잡고 적극적인 유세를 벌이기도 하였다. 그동안 조용한 선거운동을 전개하였는데 선거 막판에 변화를 도모한 것이었다. 하지만 때 늦은 감이 있었고, 유권자들의 반응은 예상보다 냉담해 보였다.

선거 결과, 이윤성 후보는 12.25%의 예상보다 낮은 득표율로 낙선하였다. 새누리당 윤태진 후보는 38.52%의 득표율을 기록하였다. 민주통합당의 박남춘 후보는 46.97%의 득표율을 기록하면서 당선되었다. 남동 갑 선거구의 총선 역사상 최초로 진보 정당 소속 국회의원이 당선된 것이었다.

이와 같은 선거 결과를 놓고 이윤성 후보가 공천 결과에 승복하지 않고 무소속으로 출마하여 민주통합당 박남춘 후보가 어부지리로 당선되었다는 비판이 지역구뿐만 아니라 온라인 영역에서도 분출하였다. 산술적으로 이윤성 후보와 윤태진 후보의 득표율을 더하면 박남춘 후보의 득표율을 앞선다는 논리였다. 하지만 이윤성 후보가 불출마를 선언하였더라도 그 표가 모두 윤태진 후보에게 갔으리라는 보장은 없다. 하지만 이윤성 후보는 윤태진 후보 낙선과 박남춘 후보 당선을 이끈 최대 공로자가 되어 비판과 조롱을 받게 된 것이다.

선거 결과에 대한 이윤성 후보의 실망과 충격은 큰 것이었다. 16년 동안의 의정활동과 지역구 활동으로 선거비용 보전이 가능한 15% 정도의 득표율은 기록할 줄 알았는데 기대에 미치지 못한 것이었다. 선거참모는 "선거 이후 의원님은 중앙정치는 몰라도 더 이상 지역구에 출마하실 의향은 없다는 입장을 보이셨다."라고 얘기하였다. 그러면서 "너무 실망이 크고, 지역구 재출마 의사가 없기 때문에 선거 이후 지지에 대한 감사 현수막도 달지 않았다."라고 말하였다.

하지만 이에 대하여 논현동에서 음악학원을 운영하고 있는 40대 원장은 다음과 같이 꼬집어 비판하였다. "16년 동안 국회의원을 해 먹은 곳인데 어떻게 낙선되었다고 고맙다는 현수막 하나 달지 않는지 정말 실망이에요. 내가 왜 그런 사람을 여태껏 뽑아 줬는지 모르겠어요. 사람은 항상 마무리를 잘해야 하는데. 오히려 안 된 게 잘된 거죠." 이윤성 후보가 지역구민에 대하여 실망한 만큼 지역구민 역시 이윤성 후보에게 크게 실망한 모습을 보이고 있었다. 과연 이러한 상황에서 이윤성 후보가 생각하는 향후 정치적 역할을 어떻게 도모할 수 있을 것인지가 궁금해졌다.

5. 결론

대의민주주의하에서 무소속 후보의 존재는 선거의 과정과 결과에 적지 않은 영향을 미치게 된다. 그리고 그 영향으로 인하여 정당정치에 기반한 대의민주주의의 공고화가 지체될 수도 있다. 이러한 중요성에도 불구하고 무소속 후보에 대한 연구는 국내외적으로 제대로 진행되지 못한 측면이 존재한다. 특히 한국에서 무소속 후보에 초점을 맞추어 진행한 연구를 찾아보기 힘든 실정이다.

이에 본 연구는 지금까지 현역의원의 무소속 출마에 연구의 초점을 맞추어 19대 총선 인천광역시 남동 갑 선거구에 대한 참여관찰을 수행하였다. 연구 결과, 현역의원의 무소속 출마는 공천 탈락에 대한 불만뿐만 아니라 개인적 스타일과 판단, 지역구 특성에 대한 인식, 장기적 정치활동에 대한 고려 등 다양한 요인들이 작용하게 된다는 점을 파악할 수 있었다. 구체적으로 현역의원이 개인적으로 인기가 높다고 인식하고, 이전 선거들에서 연거푸 높은 득표율로 당선되었을수록 공천 탈락에 따른 무소속 출마를 감행할 가능성이 높아 보인다. 그리고 지역구의 다양한 특성들이 자신의 득표에 유리하게 작용할 수 있다고 인식할수록 무소속 출마를 결정할 가능성도 높아 보인다. 뿐만 아니라 이러한 요인들 외에도 장기적으로 정치활동의 끈을 놓지 않기 위하여 낙선을 감수하고 현역의원이 무소속 출마를 단행할 가능성도 충분히 존재할 수 있는 것으로 보인다.

선거의 전략이나 운동과 관련해서도 현역의원의 입장이 많이 반영되는 모습을 보였다. 하지만 무소속 후보로서 현실적으로 수용할 수밖에 없는 전략과 운동방식들도 다수 존재하는 것으로 나타났다. 자금과 조직의 열세도 문제였지만 무소속 후보에 대한 효능감 저하 문제로 인하여 지지자들이 규합되지 않고 오히려 이탈하는 모습을 보인다는 것이 가장 큰 문제였다. 또한 이와 같은 상황 속에서 무소속 후보로서 선거상황을 반전시킬 수 있는 균열이나 쟁점을 마련하기 쉽지 않은 특징도 나타났다. 그리고 이로 인하여 현역의원의 무소속 도전은 예상보다 큰 저항 속에서 좌절을 맛보게 되는 것으로 귀결되었다.

본 연구는 유명한 현역의원이 무소속으로 출마한 사례에 대한 참여관찰을 진행하였다. 그러므로 본 연구에서 제시된 주장들은 제한적인 측면이 강하다. 그러므로 향후 무소속 후보에 대한 의미 있는 일반화를 도모하기 위해서는 좀 더 다양한 추가 연구들을 수행할 필요가 있다고 판단된다. 예를 들어 현역의원과 정치신인들 간 무소속 출마는 어떠한 차이를 보이는지, 지역주의가 존재하는 선거구와 존재하지 않는 선거구에서의 무소속 후보는 어떠한 차이를 보이는지, 무소속 당선자와 낙선자 사이에는 어떠한 차이점들이 존재하는지 등을 비교 연구하는 것은 흥미롭고 유용할 것으로 판단된다. 무소속 후보에 대한 연구가 다양한 차원에서 이루어져 일반화가 가능해질 때 한국 정당정치의 제도화 수준도 높아질 수 있는 것이 아닐까?

참고문헌

고승연. 2004. "16대 대선에서의 무당파층 특성 및 행태 연구." 『동아시아연구』 8: 121-150.

김용호. 2011. "한국의 선거 참여관찰 연구에 대한 성찰." 『한국정당학회보』 10(1): 231-

249.

소순창. 1999. "한국 지방선거에서 나타난 '무당파층'의 실증 분석: 특징과 전망." 조중빈 편.『한국의 선거 Ⅲ: 1998년 지방선거를 중심으로』. 서울: 푸른길.

이현출. 2000. "무당파층의 투표행태: 16대 총선을 중심으로."『한국정치학회보』34(4): 137-160.

인천광역시선거관리위원회. 2010.『선거방송토론 의제 수집을 위한 여론조사 보고서』. 인천: 인천광역시선거관리위원회.

조일문. 1971. "정당의 공직 후보자 추천과 무소속 출마에 관한 고찰."『한국정치학회보』 4: 91-104.

진영재. 2008. "'부동층 집단'의 세분화를 통한 '부동층'의 이해." 이현우·권혁용 공편. 『변화하는 한국 유권자 2: 패널조사를 통해 본 2007 대선』. 서울: 동아시아연구원.

진영재. 1993. "대통령선거에서 부동표의 성격과 측정: 개념과 방법론의 경험적 논의." 이남영 편.『한국의 선거 Ⅰ: 1998년 지방선거를 중심으로』. 서울: 푸른길.

한국정당학회. 2008.『18대 총선 현장 리포트』. 서울: 푸른길.

한국정당학회. 2004.『17대 총선 현장 리포트』. 서울: 푸른길.

한국정치학회. 2007.『제4회 지방선거 현장 리포트』. 서울: 푸른길.

황수익·강원택. 1998. "한국 국회의원선거에서 무소속 후보에 대한 연구."『의정연구』 4(2): 138-161.

Abramson, Paul R., John H. Aldrich, Phil Paolino, David W. Rohde. 1995. "Third-Party and Independent Candidates in American Politics: Wallace, Anderson, and Perot." *Political Science Quarterly* 110(3): 349-367.

Babbie, Earl 저/고성호 외 역. 2002.『사회조사방법론』. 서울: 그린.

Brancati, Dawn. 2008. "Winning Alone: The Electoral Fate of Independent Candidates Worldwide." *Journal of Politics* 70(3): 648-662.

Costar, Brian J. and Jennifer Curtin. 2004. *Rebels with a Cause: Independents in Australian Politics*. Sydney: UNSW Press.

Downs, Anthony. 1957. *An Economic Theory of Democracy*. New York: Harper.

Lacy, Dean and Barry Burden. 1999. "The Vote-Stealing and Turnout Effects of Ross Perot in the 1992 U.S. Presidential Election." *American Journal of Political Science* 43(1): 333-353.

Mainwaring, Scott and Timothy R. Scully. eds. 1995. *Building Democratic Institutions: Party Systems in Latin America*. Stanford: Stanford University Press.

Menendez, Albert J. 1996. *The Perot Voters*. Amherst, NY: Prometheus Books.

Popkin, Samuel. 1991. *The Reasoning Voter: Communication and Persuasion in Presidential Elections*. Chicago: University of Chicago Press.

Rosenstone, Steven J., Roy L. Behr, and Edward H. Lazarus. 1984. *Third Parties in America: Citizen Response to Major Party Failure*. Princeton, NJ: Princeton University Press.

Schattschneider, E. E. 1975. *The Semisovereign People: A Realist's View of Democracy in America*. New York: Thomson Learning, Inc.

Sherrill, Kenneth. 1998. "The Danger of Non-Partisan Elections to Democracy." *Social Policy* 28(4): 15.

Wattenberg, Martin P.1991. *The Rise of Candidate-Centered Politics*. Cambridge: Cambridge University Press.

인천광역시 선거관리위원회.

중앙선거관리위원회 선거통계시스템. http://info.nec.go.kr.

후보 공천과 SNS

1. 19대 총선 후보 공천의 과정과 결과[107]

윤종빈

1. 서론

2012년 4·11 총선은 대통령선거를 8개월여 앞두고 치러진 선거로 과거 총선에 비해 더욱 큰 주목을 받았다. 총선의 결과가 대권의 향방을 가늠하는 전초전으로서 큰 의미를 가졌기 때문이다. 대권 예비후보들은 직접 출마하거나 정당 캠페인을 이끌면서 자신의 가능성과 영향력을 평가받았다. 결과적으로 새누리당이 승리하게 됨에 따라 당시 박근혜 비대위원장의 입지는 더욱 견고하게 되었고, 문재인 이사장은 부산·경남에서의 가능성을 정당 투표 지지율에서 어느 정도 인정받게 되었다. 반면, 한명숙 민주통합당 대표의 리더십은 책임론에 휩싸여 대표직 사퇴로 귀결된다. 한편 안철수 교수는 총선과정에서 직간접적으로 간여를 했지만 영향력을 발휘하지 못했고 대권 출마에 대한 입장을 조기에 밝히라는 압박을 받게 된다.

4·11 총선은 역대 선거와 비교해 볼 때 몇 가지 측면에서 공통점과 상이

107　이 글은 2012년 4월 한국정당학회 19대 총선평가 학술회의에서 발표된 이후, 8월 30일에 발행된 『한국정당학회보』 11(2)에 수록된 "19대 총선 후보 공천의 과정과 결과, 그리고 쟁점: 새누리당과 민주통합당을 중심으로"라는 제목의 원고를 일부 수정한 것임. 주요 정당의 공천 과정과 내용이 매우 복잡하고 수시로 변동하는 것은 물론 자료 접근성의 한계로 분석결과에 다소 오차가 있을 수 있음을 사전에 밝혀둠. 자료 수집과 정리에 많은 시간을 투자해 큰 도움을 준 명지대 정치외교학과 대학원생 김윤실 조교에게 진심으로 감사의 마음을 전함.

점을 보여 주었다. 우선 정권 임기 말에 치러진 과거 선거들과 마찬가지로 '정권 심판론'이 핵심 아젠다로 작동하였다. 두 번째로는 선거 막판에 '민간인 사찰 의혹', '김용민 막말파문' 등의 돌발변수가 나타났고 그 영향력이 매우 컸다. 과거 선거에서도 대통령 탄핵 등의 돌발변수가 선거를 좌우하였다. 과연 선거와 유사한 또 다른 점은 주요 정당들이 상향식 공천을 목표로 내세웠으나, 실제로는 하향식 전략 공천의 비중이 더 컸으며 의미 있는 경선은 찾아보기 힘들었다는 것이다.

과거 선거와 다른 주목할 만한 현상은 우선 야권연대가 구체적으로 가시화되었다는 점이다. 대선을 앞두고 야권에서는 여권과 양자 구도가 형성되지 않고는 승리하기 힘들다는 공감대가 만들어졌고, 민주통합당과 통합진보당이 적극적으로 연대를 구축하였다. 두 번째로는, 공천의 과정과 결과가 본선 결과에 상당한 영향을 미쳤다는 점이다. 다수의 전문가와 언론은 통합민주당이 과반 의석도 가능할 것으로 예측했지만 공천 과정에서의 잡음과 갈등이 주요 원인이 되어 실질적으로 패배한다. 직접적이고 경험적인 증거를 찾기는 쉽지 않지만, 공천 과정에서의 안이함과 내부 갈등이 초반 우위를 상실하는 계기가 되었다는 것이 다수 전문가들의 일반적인 해석이다. 결과론적이기는 하지만, 또 다른 차이점은 수도권의 승리가 전체적인 승리를 보장하지 않았다는 점이다. 민주통합당이 수도권에서 승리를 했지만 호남을 제외한 타 지역에서의 패배로 새누리당에게 과반 의석을 넘겨주게 되었다.

당내 공천의 개혁은 정당이 유권자에게 정치개혁을 내세우면서 항상 최전면에 나오는 단골 메뉴이다. 이는 정당민주화의 핵심 요소가 공천 개혁이고, 공천 개혁과 당내 민주주의는 민주주의 공고화의 기본적인 조건이기 때문이다. 우리나라의 당내 공천에 대한 연구는 주로 대통령선거를 중심으로 이루어졌다. 총선에서의 공천은 대부분 하향식 전략 공천이었던 점에 반해 대선에서는 그나마 최근 들어 상향식 공천이 이루어졌기 때문이다. 미국 민주당이 1968년, 1972년 대선에서의 연이은 패배로 공천 개혁을 시작한 것과 같은 맥락에서 새천년민주당은 한나라당 이회창 후보의 대세론을 극복하기 위해 공천 개혁을 모색하였다. 새천년민주당의 당내 공천 개혁은 당의 약화된 지지 기반을 회복하기 위한 전략 중의 하나였던 것이다.

공천 개혁을 통한 정당개혁은 정당 지지율의 위기를 극복하려는 노력에서 출발하는 경향이 있다. 바니와 라하트에 따르면, 정당개혁의 빈도는 정당 내외부의 경쟁 환경이 심화될수록 상승한다(Barnea and Rahat 2007). 페닝과 하잔은 이러한 정당 내외부의 환경 변화가 정당정치의 위기로 나타나는 사례를 제시하였는데 정당과 시민 간의 친밀감 약화, 당원 가입의 감소, 정당의 재정악화 등이 있다(Pennings and Hazan 2001). 이러한 일련의 과정에서 정당은 유권자의 지지를 회복하기 위해 경쟁적인 당내 경선을 도입하고 일반 유권자에게 투표 참여의 기회를 개방하여 재집권을 도모하게 된다. 열린우리당과 민주노동당의 2007년 대선 당내 경선에서의 오픈프라이머리 도입, 2012년 총선을 앞둔 한나라당의 도입 주장과 민주당의 소극적인 태도가 좋은 사례가 된다.

당내 경선에 대한 국내의 기존 연구는 우선 총괄적인 차원에서 공천의 의의, 유형, 기존 연구의 동향, 향후 과제 등을 다룬 연구들이 있다(김용호 2003; 박명호 2007; 박경미 2008; 전용주 2010; 최준영 2012). 구체적인 차원의 연구들은 특정 선거를 사례로 하여 몇 가지 주요 개념을 기준으로 그 효과를 분석한다. 이때 가장 대표적인 개념은 개방성과 대표성이다. 장훈의 연구(2002)는 2002년 새천년민주당의 당내 경선을 개방성과 대표성 개념으로, 이현출의 연구(2003)는 1997년 신한국당과 2002년 새천년민주당 경선을 개방성, 분권성, 대표성의 측면에서 그 정치적 효과를 분석한다. 이준한의 연구는 2000년 총선의 당내 공천 과정을 후보자격, 선출자격, 선출단위, 선출방법의 개념으로 분석한 결과, 기대했던 민주적 공천이 나타나지 않았다는 평가이다(2003). 김영태의 17대 총선 연구는 기대했던 당내 공천의 개방성과 민주성이 제도적 노력에도 불구하고 중앙 위주로 이루어졌고 현실적으로 성공하지 못했다고 평가한다(2004). 2010년 지방선거에 대한 한 연구는 당내 공천은 기존 연구에서 제시한 포괄성 및 분권화 개념보다는 당원의 참여와 후보자 경쟁이라는 새로운 차원에서 분석해야만 공천민주주의 개념의 이해와 정당민주주의 심화가 더욱 더 실현 가능하다고 주장한다(2010). 비교적 최근의 또 다른 연구에 의하면, 대표성과 책임성의 측면에서 2007년 대통령선거의 당내 경선에서 대통합민주신당과 한나라당은 개방성을 확대했지만 대표성은 보장하지 못하고 오히려 왜곡했다는 평가이다. 즉 개방성의 확대로 정당정치는 훼손되고 정당의 책임성 또한 약화되어 당원의 존립 기반이 근본적으로 흔들리게 되었다는 주장이다(윤종빈 2008).

본 장에서는 이상과 같은 문제의식과 이론적 배경을 바탕으로, 19대 총선을 위한 주요 정당의 당내 공천제도, 과정, 결과, 그리고 쟁점을 분석하는 것을 목표로 한다. 이 과정에서 이론의 연역적 검증보다는, 정치 과정의 관찰과 설명에 중점을 둔다. 특히 새누리당과 민주통합당 공천의 과정과 결과를 분석하고 그 과정에서 나타난 쟁점을 발굴하여 논의한다. 국회의원선거에서 공천에 대한 기존 연구가 소수에 불과하다는 점을 고려할 때, 현상에 대한 설명에 중점을 둔 방법론을 적용한 본 장에서의 연구 결과는 1차 자료의 한계에도 불구하고 관련 후속 연구에 기여할 것으로 기대한다.

2. 19대 총선 주요 정당들의 공천제도

1) 중앙선관위 개정 의견 내용

주요 정당들이 본격적인 공천제도 논의에 돌입하기 이전인 2011년 초, 공천 방식과 관련해 정치권의 최대 관심사는 오픈프라이머리를 도입하는 문제였다. 당시 한나라당이 가장 적극적인 가운데 민주통합당 또한 반대하지 않으며 유보적인 태도를 보였다. 한편 중앙선관위는 3월 하순 세미나를 통하여 정치권과 학계, 시민사회의 정치관계법 개정검토 의견을 수렴하였고, 4월 초에는 확정된 개정안을 국회에 제출하였다.[108] 개정안을 간략히 살펴보면, 공직선거법과 관련해서는 석패율제와 유사한 지역구결합 비례대표제와[109] 전국 동시 국민경선제 도입을 제안하였다. 또한 금품 관련 선거범죄 제제를 강화하고 선거운동 자유 확대를 위해 UCC 등을 통한 상시적인 선거운동 정보 게시, 트위터 및 전자우편 전송에 의한 선거운동의 상시적인 허용을 제안한다. 정당법·정치자금법과 관련해서는 월 1000만 원, 연간 1억 원을 초과하여 당비를 납부한 경우, 그 내역을 공개하도록 하고, 모든 정치자금은 그 수입과 지출명세서를 인터넷에 공개하도록 하였다.

---

108 중앙선관위는 당초 제시했던 내용 중 몇 가지는 제외하였다. 대부분 논란이 컸던 쟁점으로, 우선 법인·단체의 선관위를 통한 정치자금 기탁과 정당 후원회 허용 문제에 대해 중앙선관위는 세미나에서 나타난 각계각층의 의견을 반영하여 아직은 국민적 공감대가 충분히 형성되지 않았다고 판단하고 최종 개정안에 이들을 포함시키지 않았다. 그 밖에도 당비·소액후원금 모금액과 연계한 경상보조금 지급, 국외선거사범에 대한 영사조사제도 도입, 정당의 재외당원협의회 설치안, 선거 보전비용 중에서 후원금 모금한도액을 공제한 금액 보전 등의 내용도 최근 개정안에서 제외하였다.

109 이 제도는 국회의원선거에서 같은 시·도에 입후보한 복수의 지역구 국회의원 후보자를 비례대표 후보자 명부의 같은 순위에 추천할 수 있도록 하여 지역구에서 낙선하더라도 평균 유효득표수 대비 득표율이 가장 높은 후보자는 당선되도록 하는 것으로 지역주의 완화가 주된 목표이다. 이 부분은 이 연구의 핵심 주제가 아니기에 자세한 논의는 생략한다.

본 장의 관심사인 당내 후보 공천에서 선관위의 의견은 그동안의 문제점을 보완하고 민주적 정당성을 확보하는 데 방점을 둔다. 선관위 제안의 가장 핵심적인 내용은 동시경선인데, 여야가 총선과 대선의 당내 후보 경선을 국민경선 방식으로 같은 날 실시하고 투·개표 관리를 선관위가 맡는 것이다. 소위 오픈프라이머리는 유권자가 소속 정당, 지지 정당에 관계없이 자신이 원하는 당내 경선에 참여할 수 있는 방식이다. 당시 선관위가 제시한 아이디어는 2012년에 총 4번 전국적인 규모의 선거를 실시하는 것이다. 4월 11일 총선, 12월 19일 대선, 본선을 위해 3월 3일 총선 후보 국민경선, 8월 25일 대선 후보 국민경선의 총 4번이다. 선관위에 따르면 표 1의 내용과 같이 유권자는 누구나 아무런 신고·등록절차 없이 당내 국민경선에 참여할 수 있다. 중앙선관위가 읍·면·동 사무소에 투표소를 설치하고, 시·군·구 선관위가 개표를 담당하고 최종 결과는 각 정당이 발표한다. 만일 동일한 유권자가 2개 정당의 경선에 중복해서 참여하는 경우에는 전산망을 통해 차단한다. 정당은 국민경선 결과를 100% 반영할 의무는 없고 최종 결과에 자율적으로 반영 비율을 정한다. 다시 말해서, 당원투표 혹은 여론조사도 동시에 반영 가능한 것이다.

그러나 당시 언론과 전문가들이 가장 큰 문제점으로 지적한 부분은 정당의 국민경선 비용을 국가가 부담하는 것이다.[110] 때에 따라서는 국민경선 결과가 최종 후보 결정에 20~30%만이 반영될 수 있는데, 국민의 세금으로 새롭게 과다한 지출을 발생시키는 것이 바람직한가라는 논란이다. 보다 본질적으로는 국민경선이 정당의 민주성 개선을 위해 가장 시급한 처방인가라는 점이다. 선관위의 개정 아이디어는 당내 민주주의 발전을 위한 새로운 시도였지만 몇 가지 측면에서 우려가 제기되었다.

---

110 중앙선관위는 대선의 경우, 국회의석 20석 이상의 정당 모두가 참여해야 국민경선을 치를 수 있다고 제안하였다.

표 1. 중앙선관위 경선제도 개정 의견(2011. 4)

구분	현행규정	개정의견
경선 위탁 시기	경선 위탁 가능 기간 중 정당이 결정	법정화
선거권	정당이 결정	본 선거 선거권자
선거인명부 작성	정당이 작성	구·시·군의 장이 직권작성
경선일	정당이 결정	법정화
후보자 등록, 기탁금액, 기호결정, 경선 결과 반영 비율	정당이 결정	좌 동
경선운동	예비후보자의 선거운동방법, 경선홍보물 발송, 합동연설회 또는 합동토론회	경선홍보물은 매세대 발송, 선거 당일 선거운동 제한, 그 외 현행과 동일
투표용지	인쇄 또는 전자투표기 사용	투표용지 발급기 사용
투표소	구·시·군 단위	전국 어느 투표소에서나 투표 가능 (읍·면·동 단위 설치)

출처: 중앙선관위 홈페이지 보도자료.

우선, 개방성의 확대가 책임 정당정치를 훼손할 수 있다는 우려이다. 당내 경선의 개방화라는 화두에는 반대할 전문가가 없지만, 이와 같은 전면적인 개방화는 또 다른 문제를 초래한다. 경선의 개방화는 미국의 경험과 같이 정당들이 당원보다는 선거자금과 미디어에 더욱 의존하여 정당의 책임성과 대표성을 약화시키는 결과를 초래할 것이다. 둘째, 당원에 대한 역차별 우려이다. 완전 개방형 국민경선은 자발적인 당원의 역할을 모호하게 만들어 궁극적으로 정당의 뿌리를 약화시키고 정당의 위기를 초래한다. 셋째, 선관위의 아이디어가 결과적으로 지나치게 한 가지 방식의 경선을 강요하게 된다는 우려이다. 동시경선에 동참하지 않는 정당은 국가 부담의 경선관리 혜택을 받을 수 없어 차별받게 된다는 것이다. 정당 활동의 자율성과 다양성이 훼손될 수 있다. 넷째, 국민경선의 정치적 대표성에 대한 우려이다. 과연 국민경선의 결과가 국민을 대표하는 결과라고 볼 수 있는지에 대한 것이다. 낮은 투표율, 특정 지역(혹은 특정 선거구 내 소지역), 특정 세대에 편중된 경선이라면 국민을 대표하는 결과라고 볼 수 없고 정당성 문제가 제기될 것이라는 우려이다.

2) 주요 정당의 공천제도 핵심 내용

새누리당과 민주통합당의 19대 총선 지역구 후보 공천 방식과 관련한 주요 내용은 표 2의 내용과 같다. 몇 가지 특징을 정리하자면 다음과 같다. 우선, 후보선출 방식에 있어서는 양당 모두 경선을 기본 원칙으로 하고 있다. 한나라당은 당원과 일반국민으로 구성된 선거인단, 민주통합당은 모바일투표, 현장투표, 여론조사를 합친 국민경선 방식을 채택한다.[111] 둘째, 공천심사 기준으로 새누리당은 5가지를 제시한다. 총선 및 대선 승리에 기여할 인사, 지역주민에게 신망을 받으며 당선가능성을 갖춘 인사, 사회 각계각층의 목소리를 대변하여 정책입안 능력이 있는 인사, 엄격한 도덕성과 참신성을 갖춘 인사, 당 헌신도 및 사회기여도 등이다. 한편 민주통합당 또한 정체성, 기여도, 의정활동 능력, 도덕성, 당선가능성 5가지를 제시한다. 실제로 양당의 공천 기준 가운데 가장 실질적인 차이점은 민주통합당이 정체성을 더욱 강조했다는 사실이다. 셋째, 여성의 원내 진출을 돕기 위해 양당 모두 18대 총선에서는 없었던 가산점 제도를 도입한다. 또한 지역구 여성 공천의 구체적인 목표치로 새누리당은 30%, 민주통합당은 15%를 제시한다(유성진 2012).

또한 공천 신청자들의 자격을 심사할 공천심사위원회 구성에 있어서도

---

[111] 경선 참여자격과 관련하여 한 가지 차이가 있다면 새누리당이 특별한 참여자격을 부여하고 있지 않은 반면, 민주당은 타 정당의 당원이 아닌 자 그리고 타 정당의 총선경선에 참여한 적이 없는 자로 제한하여 역선택 방지 규정을 마련하고 있다.

표 2. 주요 정당의 19대 총선 지역구 후보 공천 방식

	새누리당	민주통합당
후보 자격	(책임)당원	(권리)당원
공천 기준	1) 총선/대선승리 기여 2) 지역주민의 신망 및 당선가능성 3) 사회 각계각층의 목소리를 대변하는 정책입안 능력 4) 엄격한 도덕성과 참신성 5) 당 헌신도 및 사회기여도	1) 정체성 2) 기여도 3) 의정활동 능력 4) 도덕성 5) 당선가능성
공천 결정권	중앙당 공천위원회 심사 국민공천배심원단 추천 (전략지역 후보 재의 권고가능) 최고위원회 의결확정	공천심사위원회 심사 최고위원회 인준
선출 방법	선거인단(1,500명 규모, 당원 20%+일반 국민 80%)	국민경선 – 모바일 투표+선거인단현장투표+여론조사 – 후보 간 합의 시 : 100% 국민 여론조사 – 선거인단 유권자 총수의 2% 이내 (모바일/현장투표 70%+여론조사 30%) – 타 정당의 당원이 아닌 자/타 정당의 총선 경선에 참여한 적이 없는 자
기타	여성 가산점(신인, 전/현직 기초의회 의원 20%; 전/현직 비례대표 국회의원/당협위원장/광역의회 의원 10%) 현역의원(교체 여부 50%+경쟁력 50%, 하위 25% 배제) 지역구 여성 공천 30% 달성을 위해 노력	여성 15% 가점(중증장애인 15%; 청년/사무직당직자/당에 특별한 공로가 있는 자 10%; 윤리위원회 징계; 10/5%) 지역구 공천후보자 총수 15% 이상 여성 후보 추천목표

출처: 새누리당/민주통합당 당규(공직후보자추천규정), 비상대책위원회의 비공개 부분 주요내용 (2012.2.16), 민주통합당 국민경선 시행방안 설명회 자료. 유성진(2012) 인용 및 부분 추가(2012).

양당은 18대 총선과 다른 양상을 띠고 있다. 표 3를 통해 알 수 있듯이 새누리당의 경우, 내부/외부인사 동 수로 구성한 18대 총선과 달리 이번에는 외부인사의 수를 늘림으로써 심사의 객관성 강화를 전면에 내세우고 있다. 반면, 민주통합당의 경우 외부인사의 비중이 높았던 18대와 달리 19대에는 내부/외부인사 동 수로 구성하였다. 여성과 관련하여서는 민주

표 3. 18대 및 19대 주요 정당의 공천심사위원회 인적구성 내용

	18대	19대
	한나라당	새누리당
위원장	안강민(전 서울지검장)	정홍원(전 대한법률공단 이사장)
내부 인사	강창희(국회의원/인재영입위원장) 김애실(국회의원) 이방호(국회의원/사무총장) 이종구(국회의원) 임해규(국회의원)	권영세(국회의원/사무총장) 현기환(국회의원) 이애주(국회의원)
외부 인사	김영래(한국매니페스토실천본부공동대표) 강정혜(서울시립대 교수) 강혜련(이화여대 교수) 양병민(전국금융산업노조 위원장) 이은재(건국대 교수)	정종섭(서울대 교수, 부위원장) 한영실(숙명여대 총장) 박승오(한국과학기술원 교수) 홍사종(미래상상연구소 대표) 박명성(신시뮤지컬컴퍼니 대표) 서병문(중소기업중앙회 수석부회장) 진영아(패트롤맘중앙회 회장, 사퇴)
	통합민주당	민주통합당
위원장	박재승(전 대한변협회장)	강철규(우석대 총장)
내부 인사	김부겸(국회의원) 김충조(전 국회의원) 이인영(국회의원) 최인기(국회의원)	노영민(국회의원) 박기춘(국회의원) 백원우(국회의원) 우윤근(국회의원) 전병헌(국회의원) 조정식(국회의원) 최영희(국회의원)
외부 인사	김 근(전 한국방송광고공사 사장) 박경철(대한의사협회 정책이사) 이이화(동학농민혁명기념재단 이사장) 인병선(시인) 장병화(가락전자 대표이사) 정해구(성공회대 교수) 황태연(동국대 교수)	김호기(연세대 교수) 도종환(시인·해직교사) 문미란(국제변호사) 이남주(성공회대 교수) 조선희(전 한겨레 기자/씨네21 편집장) 조 은(동국대 교수) 최영애(여성인권을지원하는사람들 대표)

통합당이 새누리당보다 공천심사위원회에 더 많은 여성위원을 둠으로써 여성 후보에 대해 보다 많은 고려를 하고 있음을 홍보하였다.

한편, 표 4에서 보는 바와 같이 비례대표 후보자를 심사할 비례대표 추

표 4. 18대 및 19대 주요 정당의 비례대표 추천심사위원회 인적구성 내용

	18대	19대
	한나라당	새누리당
위원장	안강민(전 서울지검장)	정홍원(전 대한법률공단 이사장)
내부 인사	강창희(국회의원/인재영입위원장) 김애실(국회의원) 이방호(국회의원/사무총장) 이종구(국회의원) 임해규(국회의원)	권영세(국회의원/사무총장) 현기환(국회의원) 이애주(국회의원)
외부 인사	김영래(한국매니페스토실천본부공동대표) 강정혜(서울시립대 교수) 강혜련(이화여대 교수) 양병민(전국금융산업노조 위원장) 이은재(건국대 교수)	정종섭(서울대 교수, 부위원장) 한영실(숙명여대 총장) 박승오(한국과학기술원 교수) 홍사종(미래상상연구소 대표) 박명성(신시뮤지컬컴퍼니 대표) 서병문(중소기업중앙회 수석부회장) 진영아(패트롤맘중앙회 회장, 사퇴)
	통합민주당	민주통합당
위원장	박재승(전 대한변협회장)	안병욱(가톨릭대 교수/전 진실화해를 위한 과거사정리위원회 위원장)
내부 인사	강금실(최고위원/전 법무부 장관) 김영주(국회의원) 김민석(최고위원) 신계륜(국회의원/사무총장)	김문호(전국금융산업노동조합 위원장) 소문상(중부대 객원교수) 이성남(국회의원)
외부 인사	김광삼(변호사) 김규섭(변호사) 김수진(이화여대 교수) 박명서(전 경기대 정치대학원 원장) 신명자(사회복지법인 보금자리 상임이사) 정일용(한국외대 교수)	권기홍(전 단국대 총장/전 노동부 장관) 김성재(김대중 도서관 관장) 김연명(중앙대 사회개발대학원 원장) 박재동(시사만화가) 안도현(시인/우석대 교수) 이미영(서울사회적기업협의회 공동대표) 이재정(민변 사무차장) 정강자(전 국가인권위원회 상임위원) 차승재(동국대 영상대학원 원장)

천심사위원회 구성에 있어 양당은 확연한 차이를 보인다. 새누리당의 경우 별도의 위원회를 구성하지 않고 공직자후보추천위원회에서 지역구와 비례대표의 후보 공천을 모두 심의하는 반면, 민주통합당은 비례대표 추

천심사위원회를 따로 구성한다. 민주통합당의 비례대표 추천심사위원회 인적구성을 살펴보면, 18대 총선과 달리 19대 총선에서 내부인사의 비중은 줄이고 외부인사의 비중은 높인 것을 알 수 있다. 이는 민주통합당의 지역구 공천심사위원회가 내부 심사위원 비중을 늘린 것과는 대조된다.

3. 19대 총선 공천의 과정과 결과

1) 공천의 과정

새누리당 공천심사위원회는 총 9차례에 걸친 공천을 통해 총 227명의 공천자를 발표했다. 9차 공천 발표 당시 경선이 진행 중이던 8개 선거구의 공천자를 포함하면, 새누리당의 공천을 받은 후보자는 모두 235명이다. 그러나 그 과정에서 5명의 공천이 취소 혹은 자진 사퇴 처리되었기 때문에 최종적으로 19대 총선에서 새누리당의 공천으로 지역구에 출마한 후보자는 총 230명으로 집계된다. 따라서 새누리당이 후보를 공천하지 않는 지역구는 246곳 중 16곳이다.

공천이 취소되거나 자진 사퇴한 후보들은 다음과 같다. 우선 4차 공천 명단에 이름을 올렸던 박상일(강남 갑) 후보와 이영조(강남 을) 후보의 공천이 3월 14일 취소 결정됐다. 두 후보 모두 역사 왜곡이 공천 취소의 주된 사유였다. 박상일 후보는 독립군을 '테러단체'로 묘사한 서적이 물의를 빚었으며, 이영조 후보도 광주민주화 운동을 '반란'으로 표현한 논문이 문제가 되었다(연합뉴스 2012.3.14). 또한 새누리당의 4차 공천을 받았던 손동진(경북 경주) 후보와 8차 공천을 받았던 석호익(경북 고령·성주·칠곡) 후보가 3월 18일 자진 사퇴하였다. 손동진 후보는 금품제공 의혹으로, 석호익 후보는 여성비하 발언이 논란이 되었기 때문이다. 같은 날 발표된 9차 공천 명단에서 새누리당은 심윤조(강남 갑), 김종훈(강남 을), 정수성(경북 경주),

표 5. 19대 총선 공천의 내용(명)

공천 발표	새누리당[112]	민주통합당[113]	
		단수 후보자	경선 후보자
1차	21	40	21(10개 선거구)
2차	81	54	46(20개 선거구)
3차	16	5	38(18개 선거구)
4차	17	2	51(24개 선거구)
5차	15	13	11(5개 선거구)[114]
6차	16	–	10(4개 선거구)
7차	18	–	13(6개 선거구)
8차	11	–	–
9차	32	–	–
합계	227	114	190(87개 선거구)
최종	230	209	

출처: 새누리당·민주통합당 홈페이지.

이완영(경북 고령·성주·칠곡) 후보를 각각 재공천하였다. 한편, 양당의 공천이 사실상 마무리된 이후인 3월 22일, 2차 공천 명단에 이름을 올렸던 부상일(제주 을) 후보의 공천이 취소되었다. 부상일 후보의 아내가 금품제공으로 인한 공직선거법 위반 혐의로 선관위에 고발당했기 때문이다. 이에 새누리당은 해당 선거구인 제주 을 지역은 후보를 내지 않는 '무공천 지역'으로 결정하였다(한국일보 2012.3.22).

---

112 표의 내용에는 공천이 취소된 부상일(제주 을), 박상일(강남 갑), 이영조(강남 을)와 자진 사퇴한 손동진(경북 경주), 석호익(경북 고령·성주·칠곡)이 포함되어 있으며, '제주 을'을 제외한 4개 지역구에 재공천된 심윤조(강남 갑), 김종훈(강남 을), 정수성(경북 경주), 이완영(경북 고령성주칠곡)도 포함되어 있다.

113 민주통합당은 2월 28일 별도의 대변인 브리핑을 통해 송호창(경기도 과천·의왕), 이학영(군포), 백혜련(안산 단원 갑)을 전략 공천 후보자로 선정했음을 발표했으며, 강원도 원주시, 경기도 파주시, 세종시 또한 전략 공천지역으로 결정했음을 발표했다. 뿐만 아니라 5차 후보자 선정명단을 통해 이혁진(서초 갑)과 임지아(서초 을)를 전략 공천 후보자로 선정했음을 발표했으며, 동대문 갑 또한 전략 공천지역으로 결정했음을 발표했다. 이와 같은 내용은 자료 정리의 편의성을 위해 표에서 제외했다.

114 공천심사위원회가 경쟁지역으로 결정한 강동 을(심재권, 박성수 후보) 포함.

한편 민주통합당은 7차례에 걸친 후보자 선정을 통해 114명의 단수 후보자와 190명(87개 선거구)의 경선 후보자를 발표하였다.[115] 표 5는 총 201곳(114+87)의 공천 진행 과정을 보여 준다.

이후 민주통합당은 야권단일화 과정을 거쳤다. 야권연대 합의문에 따르면, 통합진보당 후보로 단일화하는 전략 지역은 16곳, 양당 후보가 여론조사 방식의 경선을 통해 단일 후보를 결정하는 지역은 76곳이다(아시아경제 2012.3.10). 야권단일화 경선 과정에서 인천 부평 갑과 경기 안산 단원 을의 경선이 취소되었으며, 충남 천안 을과 충남 공주의 단일화 경선이 새로이 추가되었다. 단일화 경선 결과, 민주통합당이 60곳,[116] 통합진보당이 14곳, 진보신당이 1곳에서 승리하였다.[117] 민주통합당이 야권단일화로 인해 후보자를 내지 않은 지역구는 총 32곳(전략지역 16곳+경선지역 16곳)[118]인데, 그중에는 앞선 표 5의 201곳 중에서 16곳도 포함되어 있다. 결국 민주통합당이 7차례에 걸쳐 발표한 201곳의 후보자 선정 지역구 중에서 야

---

115 민주통합당의 경선은 대부분 '모바일투표+현장투표'로 진행되었다. 경우에 따라 '국민 여론조사'가 추가되기도 했으며, 모바일투표나 현장투표 없이 국민 여론조사만으로 공천자를 선출하기도 했다.

116 서울 강남 갑, 노원 을, 서초 을의 경우 통합진보당 후보가 단일화 경선을 받아들이지 않아 경선이 치러지지 않았으나, 결과적으로 민주통합당 후보가 야권단일 후보로 선정되었다. 제주 서귀포시의 경우에도 통합진보당 후보가 단일화 경선에 불출마 선언하면서 민주당 김재윤 후보가 단일 후보로 결정되었다(뉴시스 2012.3.18). 민주통합당이 단일화 경선에서 승리한 지역구 60곳에는 이 4곳도 포함되어 있다. 한편, 경남 창원시 진해구의 경우 야권단일화 경선을 통해 민주통합당의 김종길 후보가 선정되었으나, 선거를 사흘 앞두고 무소속 김병로 후보로 단일화하면서 김종길 후보는 사퇴했다(연합뉴스 2012.4.9). 때문에 결과적으로 민주통합당에서 낸 야권단일화 후보는 59명이 된다.

117 경남 창원 성산구는 야권연대 합의에서 경선지역으로 선정되었으나 단일화 협상이 끝내 실패로 돌아가, 통합진보당 후보(손석형)와 진보신당 후보(김창근)가 모두 출마했다. 따라서 야권연대 합의 당시의 경선지역은 76곳이었으나, 실제로 단일 후보를 낸 경선지역은 경남 창원 성산구를 제외한 75곳이 된다.

118 민주통합당이 야권단일 후보를 내지 않은 경선지역 16곳에는 경남 창원성산구도 포함된다. 통합진보당과 진보신당의 후보단일화에는 결과적으로 실패했으나, 민주통합당의 입장에서는 변철호 후보가 통합진보당 손석형 후보로의 단일화를 인정했기 때문이다(머니투데이 2012.3.21).

권단일화 이후에도 민주통합당의 후보자를 공천한 곳은 185개이다. 그런데 민주통합당은 추가로 15개의 지역구에서 전략 공천을 통해 후보자를 선정하였다. 이 외에 민주통합당의 공천을 통해 선거에 출마한 후보자는 9명이 더 있으나, 그들의 당내 공천 과정은 발표되지 않았다. 최종적으로 민주통합당의 공천으로 19대 총선에 출마한 후보는 총 209명이며, 민주통합당이 후보를 내지 않은 곳은 총 246개 지역구 중에서 37곳[119]이다.

표 6은 19대 총선에서 지역구 공천자들의 성별, 연령별, 직업별 배경을 분석한 것이다. 우선 '여성 공천 30%'를 목표로 내세웠던 새누리당은 전체 공천자 231명 중에서 16명(6.9%)만을 여성 후보로 공천하였다. 반면 '여성 공천 15%'라는 상대적으로 낮은 목표를 가졌던 민주통합당은 전체 공천자 209명 중에서 20명(9.6%)의 여성 후보를 공천하였다. 결과적으로 지역구 공천에서 여성 비율을 높이겠다던 약속은 양당 모두 지키지 못했다(서울신문 2012.3.20).

지역구 공천을 받은 후보들의 평균연령은 새누리당이 55.3세, 민주통합당이 52.5세로 민주통합당이 2.8세 더 낮았다. 2030세대의 공천에 있어서도 새누리당은 총 3명(1.3%), 민주통합당은 총 4명(1.9%)을 공천한 것으로 나타나 초반 홍보에 비해 젊은 세대의 공천에 적극적이지 않았다는 것을 알 수 있다. 한편, 공천자들의 출신 직업으로는 국회의원/정당인이 양당 모두 가장 많은 비율을 차지하였다. 새누리당 공천자의 55%, 민주통합당 공천자의 72.2%가 이에 해당하였다. 다음으로 많은 직업군으로 새누리당은 공무원(12.9%)과 지방정치인(12.9%)이었고, 민주통합당은 법조인(8.1%)이었다. 과거 '법조당'이라는 이미지를 가졌던 새누리당은 법조인 출신으

---

119 민주통합당이 야권단일화로 인해 후보를 내지 않은 32개의 지역구 이외에, 야권단일화와 상관없이 무공천을 결정한 지역은 광주 동구·강원 동해삼척시·경북 포항시북구·경북 구미을 등을 포함해 4곳이다. 이외에 무소속 후보와 단일화하면서 후보가 사퇴한 경남 창원시 진해구(야권단일화 경선지역)를 포함하면, 민주통합당이 후보를 내지 않은 지역구는 총 37곳이 된다.

단위: 명(%)

		새누리당		민주통합당	
성별	남자	215(93.1)		189(90.4)	
	여자	16(6.9)		20(9.6)	
연령	20대	1(0.4)		0(0)	
	30대	2(0.9)		4(1.9)	
	40대	41(17.7)		79(37.8)	
	50대	127(55.0)		92(44.0)	
	60대	59(25.5)		33(15.8)	
	70대	1(0.4)		1(0.5)	
	평균	55.3세		52.5세	
직업		국회의원+정당인	127(55.0)	국회의원+정당인	151(72.2)
		공무원	30(12.9)	법조인	17(8.1)
		지방정치인	30(12.9)	교수	10(4.8)
		교육자	15(6.5)	공무원	8(3.8)
		법조인	9(3.9)	시민단체	7(3.3)
		언론인	7(3.0)		
전체		231[120]		209	

출처: 서울신문 2012.3.20.

로 단 9명(3.9%)만을 공천하였다.

2) 공천의 결과

표 7은 19대 총선 현역의원 공천 현황을 보여 준다. 19대 총선 공천에서 현역의원이 탈락한 비율은 새누리당이 민주통합당보다 높은 것으로 나타 났다. 새누리당의 경우, 전체 174명의 현역의원 중 46.6%인 81명이 불출 마하거나 낙천했다. 이는 16대의 31.0%, 17대의 36.4%, 그리고 역대 최고 치의 현역 교체율을 기록했던 18대의 38.5%보다 높은 현역 교체율이다. 반면 민주통합당은 전체 현역의원 중 37.1%만이 공천에서 탈락했다. 특히

---

120 3월 22일 공천이 취소된 새누리당 부상일(제주 을) 후보가 포함되어 있다.

표 7. 19대 총선 현역의원 공천 탈락 현황

단위: 명(%)

	새누리당	민주통합당
지역구 의원	144 중 60(41.7)	74 중 20(27.0)
비례대표 의원	30 중 21(70.0)	15 중 13(86.7)
전체	174 중 81(46.6)	89 중 33(37.1)

※ 총선에 불출마한 현역의원 포함한 수치
출처: 서울신문 2012.3.20.

지역구 현역의원은 74명 중 20명(27.0%)만이 교체되었다. 한편, 양당의 비례대표 의원들은 지역구 공천에 실패하는 경우가 대부분으로 높은 탈락률을 보여 주었다(서울신문 2012.3.20).

표 8은 19대 총선의 새누리당 공천 결과를 요약한 것이다. 전체적으로 볼 때 가장 높은 비율인 46.3%를 차지한 것은 공천위에서 결정한 경우이다. 그러나 구체적인 공천 방식과 사유는 공개되어 있지 않다. 당내 민주주의와 관련해 가장 큰 관심사는 상향식 공천, 즉 경선의 비율이다. 당초 공식적인 경선지역은 총 47곳으로, 여론조사 경선이 30곳, 국민참여 경선이 6곳, 단독 후보가 입후보한 경선지역 3곳, 파악되지 못한 경선지역 8곳이 이에 해당된다. 결과적으로 새누리당의 지역구 후보 공천은 전략 공천 19.1%, 단수 후보 8.5%, 공천위 결정 46.3% 등 하향식 공천이 주를 이루었다고 볼 수 있다.

표 9는 4·11 총선을 위한 민주통합당의 공천 결과를 보여 주고 있다. 국민경선이 63곳으로 25.6%, 국민경선과 국민 여론조사를 결합한 형태의 경선이 15곳으로 6.1%, 국민 여론조사는 1곳으로 0.4%, 경선을 치른 곳은 총 79곳, 32.1%인 것을 알 수 있다. 국민경선은 모바일투표와 현장투표를 병행한 것을 의미한다. '단일화 무공천' 33곳은 야권단일화 결과로 민주통합당이 후보를 내지 않은 경우를 의미한다. 그 밖에 '공심위 결정'은 54곳으로 민주통합당이 공개한 자료에 따르면 선정사유로 타 후보에 비해 현

표 8. 19대 총선 새누리당 공천 결과

	빈도	%
무공천	16	6.5
전략 공천	47	19.1
단수 후보 신청	21	8.5
경선 단독 후보[1]	3	1.2
여론조사 경선	30	12.2
국민참여 경선[2]	6	2.4
경선[3]	8	3.3
공천위 결정[4]	114	46.3
기타[5]	1	0.4
합계	246	100

※ 1) 경선 실시지역으로 결정되었으나, 후보자가 단독으로 입후보하여 경선 없이 후보로 결정된 경우이다. 경기 부천 오정, 충북 보은·옥천·영동, 충남 보령·서천이 이에 해당된다.

2) 대전 2곳(동구, 서구 갑), 경기 1곳(안산 단원 갑), 충북 2곳(청주 흥덕 을, 증평·진천·괴산·음성), 경남 1곳(의령·함안·합천)을 포함하여 6곳이 이에 해당된다.

3) 경선 실시지역으로 결정되었으나, 새누리당이 마지막으로 발표한 9차 명단에서 '경선 진행지역'으로 표현되었을 뿐 구체적으로 어떤 경선인지 표기되어 있지 않은 지역이다.

4) 공천위원회(위원장: 정홍원)가 전체회의를 열어 공직후보자 추천자를 결정하였다고 표현되어 있을 뿐, 구체적인 공천 방식이나 사유는 제시되어 있지 않다.

5) 부산 수영구가 이에 해당된다. 경선지역으로 결정되었으나 이후 경선방식이 갑자기 변경되면서 박형준 예비후보가 탈당하고 무소속으로 출마했다. 이에 새누리당은 유재중 후보를 경선 없이 공천했다. 한편, 새누리당은 본래 경선지역에 포함되어 있지 않던 '경기 용인시 을' 지역에서 여론조사 경선을 실시하였다.

출처: 새누리당 홈페이지.

격한 비교 우위 혹은 경쟁력 차이를 이유로 제시하고 있다.

민주통합당은 야권단일화 과정을 거쳤는데, 표 10은 그 방식을 보여 준다. 통합진보당이 요구한 전략지역 16곳과 여론조사 경선지역으로 합의한 76곳을 합한 단일화 대상 지역은 총92곳이었다. 야권단일화 경선 결과, 민주통합당이 야권단일 후보를 낸 지역구는 60곳[121]이었지만, 선거를

---

121 통합진보당 후보가 단일화 경선을 받아들이지 않아 경선이 치러지지 않았으나, 결국 민주통합당 후보가 야권단일후보로 선정된 3곳(서울 강남 갑, 노원 을, 서초 을)과 통합진보당 후보가 단일

표 9. 19대 총선 민주통합당 공천 결과

	빈도	%
무공천	4	1.6
전략 공천	15	6.1
단수 후보 신청	47	19.1
경선 단독 후보[1]	3	1.2
국민 경선[2]	63	25.6
국민경선+국민 여론조사[3]	15	6.1
단일화 무공천[4]	33	13.4
공심위 결정[5]	54	22.0
단수합의[6]	2	0.8
국민 여론조사[7]	1	0.4
기타[8]	9[122]	3.7
합계	246	100

※ 1) 경선 실시지역으로 결정되었으나, 후보자가 단독으로 입후보하여 경선 없이 후보로 결정된 경우이다. 울산 중구, 경남 진주 갑, 광주 서구 갑이 이에 해당된다.

2) 모바일투표+현장투표

3) 모바일투표+현장투표+국민 여론조사

4) 야권단일화 결과 민주통합당이 후보를 내지 않은 지역

5) 선정사유: 타 후보에 비해 현격한 비교 우위 혹은 경쟁력 차이

6) 서울 중랑 갑, 경기 수원시 영통이 이에 해당된다.

7) 국민 여론조사 결과만으로 후보자를 결정하는 경선방식으로, '경남 밀양시 창녕군'과 '경남 거제시'에서 실시되었다. 이후 두 곳 모두 야권단일화를 위한 경선지역으로 선정되었고, '경남 거제시'는 진보신당 후보가 '경남 밀양시 창녕군'은 민주통합당 후보가 각각 단일화 경선에서 승리하였다. 때문에 민주통합당 입장에서 '경남 거제시'는 '단일화 무공천' 지역으로 분류되며, '경남 밀양시 창녕군'만 유일하게 '국민 여론조사'에 해당된다.

8) 확인이 어려운 지역으로, 민주통합당이 발표한 후보자 명단 자료를 통해서는 당내 공천 방식을 확인할 수 없는 9곳이다. 이 중 6곳의 경우 당내 공천 방식은 알 수 없으나, 야권단일화 지역으로 선정되었음을 확인할 수 있다. 3곳(서울 강남 갑, 경기 부천시 원미 갑, 경기 광명 을)은 단일화 경선지역이고, 3곳은 통합민주당이 후보용퇴(인천 남동 을, 부산 서구) 혹은 무공천(경북 안동시)을 하기로 결정한 지역이다. 하지만 나머지 3곳(대구 서구, 전북 전주시 완산 갑, 경북 고령성주칠곡)의 경우 야권단일화 경선지역에 해당되지 않는다.

출처: 민주통합당 홈페이지.

화 경선에 불출마 선언하면서 민주당 후보가 단일 후보로 결정된 1곳(제주 서귀포시) 등 4곳도 포함한 수치이다(뉴시스 2012.3.18).

표 10. 야권단일화 방식[123]

	빈도	%
통합진보당 전략지역	16	17.4
여론조사 경선지역	76	82.6
합계	92	100

출처: 아시아경제 2012.3.10.

앞두고 경남 창원시 진해의 김종길 후보가 무소속 김병로 후보로 단일화 하였다(연합뉴스 2012.4.9). 따라서 표 11과 같이 최종적으로 민주통합당의 야권단일화 후보는 총 59명이 되었다. 통합진보당도 전략지역 16곳 외에 경선지역 14곳에서 승리하면서 야권단일화로 30곳에 후보를 냈다. 그러나 전략지역으로 선정된 경기 파주 을과 단일화 경선에서 승리한 경남진주 을 지역에서 무소속 후보로 단일화 되면서 결과적으로 28곳(전략지역 15곳+경선지역13곳)에서만 야권단일 후보를 냈다. 진보신당은 경남 거제시의 단일화 경선에서 유일하게 승리하였다. 경남 창원 성산의 경우 단일화 협상이 끝내 실패로 돌아가, 통합진보당 후보(손석형)와 진보신당 후보(김창근)가 모두 출마했다. 이처럼 단일화 경선이 취소되어 야권단일 후보를 내지 못한 지역구는 인천 부평 갑과 경기 안산 단원 을을 포함해 총 3곳이다.[124] 한편 충남 천안 을과 충남 공주가 야권단일화 경선지역으로 새로이

---

122 서울 강남 갑과 전북 전주시 완산 갑의 경우, 민주당의 홈페이지에 민주통합당 19대 국회의원 경선후보자 등록 공고를 통해 경선후보자를 공모하였으나, 실제로 예비후보들의 등록을 통해 경선이 치러졌는지 여부를 확인할 수 없어 '미확인 상태 지역'인 기타로 분류하였다.

123 한명숙 민주통합당 대표와 이정희 통합진보당 공동대표가 2012년 3월 10일 새벽까지 이어진 대표회담을 통해 합의한 내용을 기준으로 한다(아시아경제 2012.3.10). 민주통합당과 통합진보당은 양당의 합의에 따라 야권연대를 위한 후보용퇴 지역을 선정하고, 그 외 지역은 단일화 경선을 실시하기로 합의하였다. 민주통합당이 홈페이지를 통해 공개한 합의문에 따르면, 92곳 외에 진보통합당이 후보용퇴 혹은 무공천하기로 합의한 지역(전략지역)이 67곳 더 있다. 더 자세한 내용은 민주통합당 홈페이지의 4·11 총선 승리와 정권 교체를 위한 민주통합당과 통합진보당 야권연대 합의문을 참고.

추가되면서, '경선취소' 지역을 포함해 총 94개 지역구에서 야권단일화가
진행되었다.

표 11. 야권단일화 경선 결과

	빈도	%
민주통합당	60곳	80.0
통합진보당	14곳	18.7
진보신당	1곳	1.3
합계	75곳	100

출처: 경향신문(2012.3.19)의 자료 재구성.

표 12. 야권단일화 결과

	빈도	%
민주통합당	59	62.8
통합진보당	28(경선지역 13곳 포함)	29.8
진보신당	1	1.1
무소속	3	3.2
경선취소	3	3.2
합계	94[125]	100

출처: 경향신문(2012.3.19) 자료 재구성.

3) 공천의 정치적 결과

4·11 총선에서 새누리당이 과반의석을 확보하게 된 이유는 크게 3가지
로 분석된다. 우선 선거 막판에 터진 '김용민 막말파문'이다. 이 문제는 돌

---

124 서울 강남 갑, 노원 을, 서초 을과 제주 서귀포시의 경우 통합진보당 후보가 단일화 경선을 받
아들이지 않았거나 불출마 선언을 함에 따라 민주통합당 후보가 단일 후보로 결정되었다. 이에 이
4곳은 결과적으로 경선이 치러지지는 않았으나, '경선취소'지역이 아닌 민주통합당이 야권단일 후
보를 낸 지역으로 분류하였다.

125 야권단일화 경선 과정에서 '인천 부평 갑'과 '경기 안산 단원 을'의 경선이 취소되었으며, '충남
천안 을'과 '충남 공주'의 야권단일화 경선이 새로이 추가되었다. 취소된 2곳이 '경선취소'로 분류됨
에 따라 야권단일화 결과의 합계가 92곳이 아닌 94곳이 되었다.

발변수가 되어 보수층의 결집을 이끌어냈다. 예를 들어, 자유선진당의 당세 약화로 지역대표 정당을 열망하던 충청민심이 새누리당을 선택한 결정적인 계기가 되었다. 두 번째 원인으로는 야권연대의 혼선이다. 이정희 통합진보당 공동대표의 관악 을 경선 '여론조사 조작 의혹'에서 불거진 통합진보당의 정체성 논란은 보수표가 집결하는 계기가 되었고, 대구·경북 지역은 물론 강원도에서도 새누리당을 강력하게 지지한 원인이 되었다. 세 번째로는 공천 논란이다. 민주통합당은 새누리당에 비해 공천 과정에서의 혼란이 더 빈번하게 발생했고 이는 중도 부동층 유권자들이 지지를 유보 혹은 철회하게 되는 계기가 되었다.

표 13은 공천 과정에서의 정당 지지율의 변화 추이를 보여 주고 있다. 2012년 1월, 민주통합당의 지지율은 새누리당에 비해 10%포인트 이상 높게 출발한다. 이러한 지지율은 각 정당의 공천 준비 기간 동안 하락하기 시작해 2월 말까지는 유지되었으나, 공천이 본격적으로 진행되었던 3월 초순 들어 새누리당이 무려 8%포인트 앞서가기 시작한다. 공천이 마무리되던 시점인 3월 20일 전후 격차는 4.1%포인트로 좁혀졌지만 여전히 새누리당에 대한 지지율이 높게 나타났다. 2011년 10·26재보선 이후 열세

표 13. 공천 과정과 정당 지지율 변화 추이(%)

조사기간	새누리당	민주통합당	지지율 격차
1월 중순	29.1	39.7	−10.6
공천준비기간	32.9	36.9	−4
2월 말	36.5	37.5	−1
3월 초	40	32	8
3월12~3월 16일	39.4	33.7	5.7
3월19~3월 23일	37.4	33.3	4.1
3월 23일	38.0	37.2	0.8
3월 24일	38.6	34.6	4

※ 조사기관(리얼미터)
출처: YTN 2012.3.27: 경향신문 2012.3.26.

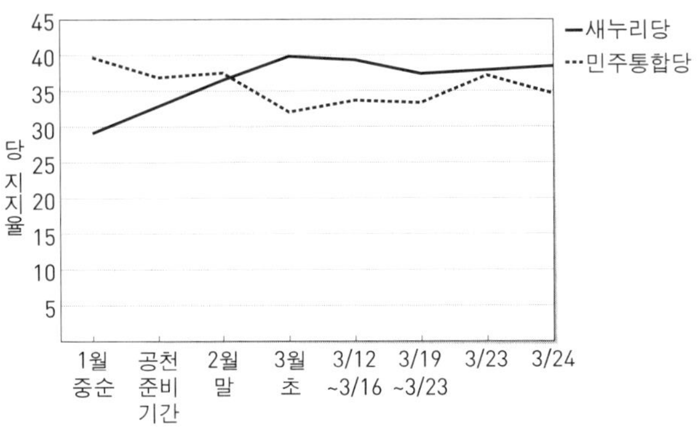

그림 1. 정당 지지율 변화 추이

에 몰렸던 새누리당은 비상대책위원회를 중심으로 위기의식을 가졌다. 새누리당은 개혁·쇄신을 화두로 당 정강정책을 보수에서 중도 쪽으로 이동시키며 유권자에게 다가섰지만, 민주통합당은 4·27 재보선, 8·25 무상급식투표, 10·26 재보선을 승리로 이끌며 지나친 자신감으로 공천에서 계파 간 이해관계에 의한 잡음이 끊이지 않았다. 따라서 공천 과정의 잡음에 의한 지지율 하락과 선거 막판의 돌발변수 등이 합세해 4·11 총선이 민주통합당 패배로 귀결되었다.

이러한 정당 지지율의 변화 추이, 즉, 새누리당의 약진과 민주통합당의 하락을 뒷받침하는 언론의 분석이 있다. 한국일보는 소셜네트워크 분석 업체인 그루터와 함께 공천이 시작되던 2월 12일부터 공천이 마무리되던 3월 22일까지 공천 관련 키워드 단어 29개(비례, 컷오프, 낙천 등)를 분석하였다(한국일보 2012.3.26). 분석의 결과, 새누리당이 포함된 트위터 글은 친이계가 집단 탈당 가능성을 내비친 3월 중순이 되어서야 약간 중립적인 심리어들이 등장했고 대부분 긍정적인 심리어가 지배하였다. 반면에 민주통합당과 관련해서는 2월 말부터 심리어들이 매우 부정적인 단어로 바뀌었다. 2월 29일은 불법 선거인단 모집 의혹이 급속히 확산되던 시점이었다. 공천 막바지인 3월 20일에는 '무능하다', '한심하다' 등의 단어들이 가장 빈번하게 등장했다는 분석이다. 이와 같이 트윗 글에서도 민주통합당은 새누리당에 비해 상대적으로 부정적인 평가를 받았으며, 이러한 분석 결과는 민주통합당의 정당 지지율이 2월 말부터 하락했다는 사실의 또 다른 증거가 된다.

4. 19대 총선 공천의 쟁점

본 장에서는 19대 총선의 공천 과정에서 나타난 쟁점들을 논의한다. 필자가 파악한 주요 쟁점으로 크게 5가지를 제시하는데, 여론조사 경선의 문제점, 모바일 경선의 장단점, 무원칙적인 비례대표 공천, 계파 나눠먹기 하향식 공천, 돌려막기 공천 등이다.

우선 여론조사 공천 방식의 한계로, 최근 선거에서 주요 정당들은 여론조사를 경선의 주요한 방법으로 활용하는 추세이다. 여론조사 경선이 선거인단 경선에 비해 비용이 적게 들고 편리하며 짧은 시간 내에 후보자를 결정할 수 있는 방식이기 때문이다. 그러나 많은 문제점을 드러내고 있다. 지난 2008년 총선에서 2004년 총선과는 달리 여론조사 경선을 대폭 확대했고, 그 결과 기대했던 진정한 의미의 상향식 공천은 나타나지 않았다. 많은 전문가들은 여론조사 경선의 한계를 지적했었고, 여론조사 경선 결과에 대한 정당의 무비판적인 수용은 궁극적으로 책임 정당정치를 훼손한다는 지적이다(강원택 2009; 문우진 2010; 지병근 2010). 또한 참고 수준으로 활용하거나 제한적으로 활용하는 것이 가장 바람직하다는 의견이다(박명호 2011; 윤종빈·박병훈 2011).

4·11 총선에서도 여론조사의 문제점이 여실히 드러났다. 선거구 단위에서 여론조사에 대비한 조직 동원이 가능하다는 것을 보여 주었다. 민주

통합당과 통합진보당의 관악 을 후보단일화 경선이 여론조사 100%로 진행되었는데, 선거 여론조사 응답률이 2%도 되지 않기 때문에 얼마든지 조작이 가능했다는 지적이다. '야권연대 합의'에서 양당은 여론조사 지역과 시기를 자연스럽게 발표하였다. 만일 조사 기간에 특정 후보 지지자들이 조직적으로 동원되어 대기한다면 결과를 좌우하게 된다.

관악 을 선거구의 경우, 이정희 통합진보당 공동대표의 보좌관이 ARS 여론조사와 임의전화걸기(RDD) 방식으로 진행한 여론조사에서 연령대별 응답 결과를 미리 파악해, 나이를 바꿔 응답하라는 문자메시지를 지지자들에게 보냈다. 연령대별 응답자 할당 비율에 맞춰 나이를 속이라는 여론조사 조작을 지시한 것이다. 이 문제는 야권연대를 위태롭게 했고 동시에 야권 지지율을 떨어뜨렸다. 이에 대한 대응으로 이정희 공동대표는 재경선을 주장했지만 결국 후보를 사퇴하게 되었다.

여론조사 경선의 또 다른 문제점은 정치 신인에게 불리하다는 사실이다. 전화로 짧은 시간에 불러주는 이름을 선택하려면 많이 들어본 이름을 선택하게 된다는 것이다. 따라서 인지도가 있는 현역의원이나 전국적 인사가 유리할 수밖에 없다. 결국 여론조사는 후보자의 비전이나 정책은 전혀 고려되지 않고, '이름'과 정당만이 평가받게 된다는 한계가 있다.

두 번째 쟁점은 모바일 경선인데 이는 유권자의 참여를 확대한다는 측면에서 매우 중요한 의의가 있다. 시간적·공간적 제약을 극복하는 손쉬운 투표 참여의 방법으로 대의제 민주주의를 보완하는 것이다. 또한 모바일 투표는 선거단위가 클수록 그동안 한국선거의 고질병이었던 조직 동원의 우려가 약화된다는 장점이 있다. 지난 2007년 대선에서 대통합민주신당은 모바일 투표를 도입했고, 큰 단위의 선거였음에도 불구하고 우려했던 조직 동원이 나타났다. 당시 모바일 투표는 총 선거인단 23만 8725명 가운데 약 75%인 17만 7986명이 투표에 대거 참여한 큰 규모였다. 하지만 특정 IP로 대거 등록한 선거인단을 발견했고, 당시 이해찬 후보가 이에 대해 문제를 제기했지만 중앙당에서 받아들이지 않았다(윤종빈 2008).

　총선의 당내 경선에서 모바일 투표를 도입한 것은 이번이 처음이다. 그러나 많은 한계를 노출하였다. 우선 모바일 투표의 가장 큰 장점인 유권자 참여의 확대가 나타나지 않았다. 3월 12일까지 진행된 민주통합당 1~3차 경선 지역 64곳에서 직접 선거에 참여한 선거인단은 21만 2000여 명에 불과하였다. 연초, 당 지도부 선출에 80만 명이 신청하고 50만 명이 투표한 것에 비하면 초라한 성적이다. 64곳 중 12곳만이 투표자 5,000명을 넘었는데 그중 10곳이 호남지역이었다. 50여 개 지역은 5,000명 미만, 1,000명을 넘지 못한 지역도 5곳[126]이었다(한겨레신문 2012.3.14). 두 번째 문제는 정치신인에게 불리한 공천 장벽으로 작용해 새로운 인물의 영입에 의한 공천 개혁이 어렵게 된다는 점이다. 다시 말해, 상대적으로 인지도와 조직력이 높은 현직의원들의 당선을 돕는 제도가 되었다. 광주에서는 현역의원 3명 전원이, 전북에서는 현역의원 5명 중 조배숙 의원을 제외한 4명이 모바일 투표에서 신인에 비해 많은 득표를 하였다. 호남에서 새로운 인물의 수혈에 실패한 이유는 여론조사에서 뒤졌던 현역의원들이 모바일투표에 의해 생존했기 때문이라는 분석이다.

　이와 같이 모바일투표는 연초 민주통합당의 당 지도부 경선에서는 '엄지족의 혁명'이라는 긍정적인 평가를 받았지만, 4·11 총선의 경선에서는 낙제점을 받았다. 모바일투표의 장점인 흥행성, 참여증대가 나타나지 않았고, 오히려 구태정치인 조직 동원, 현역의원 기득권 유지의 수단이 되었다. 가장 대표적인 사례로, 민주통합당의 모바일 경선의 실무 주역인 문용식 당 유비쿼터스위원장이 고양 덕양 을 경선에서 지역위원장인 송두영 예비후보에게 1,717표 대 939표로 패배한 경우이다. 문용식 위원장

---

[126] 경기 김포, 서울 강남 을, 충남 부여 청양, 대구 동 을, 경남 창원 성산의 5곳이다.

은 인터넷 기업 나우콤 대표 출신으로 연초 지도부 경선에서 모바일 투표의 기술적 문제를 총괄했고 당시 흥행의 주역이었다. 그러나 경선에서 패배한 후, "지역위원장의 조직력과 동원 앞에는 정체성도, 전문성도, 도덕성도, 당에 대한 기여도도 소용이 없었습니다. 죄송합니다."라는 글을 트위터에 적었다(한겨레신문 2012.4.10).

지역구 후보 공천은 물론이고 비례대표 후보 공천 또한 국민에게 감동과 새로움을 주지 못했다는 평가가 지배적이다. 가장 근본적인 원인은 공천의 과정과 기준이 국민들에게 투명하게 제시되지 않았기 때문이다. 여·야의 대표선수라고 볼 수 있는 박근혜 새누리당 비대위원장은 11번, 한명숙 민주통합당 대표는 당선 안정권인 15번을 배정받았는데 과감히 기득권을 버렸다고 볼 수 없다. 당 내부에서는 총선 후 역할을 하기 위해서는 원내에 진출해야 한다는 논리를 내세웠지만 국민들이 납득할 만한 설명이 되지 못했다.

앞서 지적했듯이, 민주통합당 지지율은 3월 중순 비례대표 공천을 거치면서 더욱 하락하게 되는데 절차의 민주성이 무너졌기 때문이다. 당초 신청자 282명 중 서류심사를 통해 남녀 31명씩을 선발하였으나, 13명의 면접대상자가 아무런 공지 없이 추가되었다(세계일보 2012.3.19). 또한 공천 명단이 최고위와 공심위를 오가면서 수시로 바뀌었고, 이는 대선 주자 간, 계파 간 힘겨루기의 산물이라는 분석이다(경향신문 2012.3.22). 외부에서 영입한 새로운 인물들이 대거 탈락했고, 박영선 최고위원은 이 과정에서 불만을 제기하며 최고위원직을 사퇴하였으며, 손학규 전 대표도 총선 선대위에 불참할 것을 선언하였다. 민주통합당 비례대표 공심위원으로 참여한 안도현 시인의 회고에 따르면, 공천 과정에서 당 최고위원회의와 공심위원들 간의 힘겨루기와 갈등은 끊임없었고 오히려 당 지도부가 공심위의 공정성을 해치며 압력을 가했다는 것이다(서울신문 2012.3.26). 민주통합당은 또한 청년비례대표로 선발한 20대 2명을 약속과 달리 당선권에 배치하지 않고 27번, 29번에 배치하였다.

한편 새누리당은 논란 끝에 당 강령에 '보수'를 삭제하고 '경제민주화'를 새롭게 포함시켰지만, 이를 추진할 적임자를 비례대표 후보로 내세우지 못했다는 비판을 받았다. 또한 젊은 세대의 대표성을 그렇게 강조했던 새누리당이지만, 20대는 당선권에 단 한 명도 공천을 주지 않았다.

주요 정당들은 공천의 기본 원칙으로 공정성과 투명성을 내세웠다. 지난 2008년 총선에서도 공천 원칙과 시스템은 잘 마련되었지만, 이를 운영하는 과정에서 특정 계파를 배제하는 등 공정성이 무너졌다. 4·11 공천에서도 현역의원 등 기득권 세력을 중심으로 하향식 밀실 공천이 이루어졌다는 평가가 지배적이다.

새누리당에서는 2008년 친이계에 의한 친박계의 공천 배제가 그대로 재현되어, 친이계는 공천에서 대거 탈락하게 된다. 상징적인 차원에서 이재오, 주호영 등 몇몇 현역의원들에게는 기회가 주어졌지만, 대부분의 친이계 의원들은 공천을 받지 못한다. 한편, 민주통합당 박영선 최고위원이 공천에 반발하여 최고위원직을 사퇴한 것도, 손학규 전 대표가 선대위에 불참한 것도 계파 간 지분 싸움의 결과라고 볼 수 있다. 새누리당 또한 공천관리위원회가 꾸려져 중립적이고 투명한 공천을 시도했지만, 결과적으로 친이계 후보들이 대거 탈락함에 따라 박근혜 비대위원장의 의중이 공천에 직간접적으로 반영된 것으로 볼 수 있다.

19대 총선 공천에 대한 평가에서 새롭게 등장한 단어가 소위 '돌려막기'이다. 자신이 신청한 선거구가 아닌 아무 연고가 없는 선거구에 공천을 받아 출마하는 일종의 낙하산 공천을 빗댄 표현이다. 새누리당 배은희 비례대표 의원은 "용산에서 30년을 산 용산의 딸"을 자처하며 공천을 신청했지만, 경기 수원 을 지역구에서 공천을 받았다. 서울 강남 을에 공천을 신청한 허준영 전 경찰청장은 서울 노원 병에 전략 공천을 받았다. 노철래 의원 또한 자신이 신청한 서울 강동 갑이 아닌 경기 광주에서 공천을 받아 출마하였다. 자신의 고향인 대구 달서 을에 출마 의지를 밝힌 송영선 의원은 경기 남양주 갑에 공천되었다. 정옥임 의원은 양천 갑에 신청했지만 강동 을에 공천을 받았다. 이와 같은 현상은 4·11 총선에서 유독 두드러지게 나타났다.

소위 돌려막기 공천의 가장 큰 문제점은 원칙이 없다는 점이다. 앞서 살펴보았듯이 양 정당은 각각 5가지 공천 기준을 마련하였다. 특히 새누리당은 지역주민의 신망, 민주통합당은 의정활동 능력을 공천의 원칙으로 강조했지만, 지역의 사정을 전혀 모르는 인물을 여기저기 돌려가며 공천을 시도한 것은 공천권을 국민에게 돌려주겠다는 상향식 공천의 의지와는 거리가 먼 행태이다. 해당 지역구에 이미 공천을 신청한 후보가 다수 있음에도 불구하고 타 지역에 신청한 후보를 대신해서 선택하는 것은 유독 이번 총선 과정에서 두드러진 특징으로, 민주적 당내 공천을 역행하는 처사로 비판받아 마땅할 것이다.

5. 요약 및 시사점

지금까지 이 글은 4·11 총선에서 나타난 주요 정당의 공천 과정과 내용, 그리고 쟁점을 분석하였다. 19대 총선 공천에서 새누리당의 경우, 전체 174명의 현역의원 중 46.6%인 81명이 불출마하거나 낙천했다. 이는 16대의 31.0%, 17대의 36.4%, 그리고 역대 최고치의 현역 교체율을 기록했던 18대의 38.5%보다 높은 현역 교체율이다. 반면 민주통합당은 현역의원 중 37.1%만이 공천에서 탈락했다. 특히 지역구 의원은 총 74명 중 20명(27%)만이 교체되었다(서울신문 2012.3.20).

새누리당과 민주통합당의 4·11 총선에서 공천은 기대와 달리 과거와 크게 다르지 않았다. 그 특징은 다음의 몇 가지로 요약될 수 있다. 첫째, 공천권을 국민에게 돌려주겠다던 약속은 지켜지지 않았고 실질적인 국민 참여 경선은 나타나지 않았다. 새누리당은 전체 지역구의 80%에서 선거 인단 경선을 치르겠다는 약속과 달리 47곳에서만 명목적인 경선이었고, 실제로 선거인단 경선은 14곳, 나머지는 전화 여론조사가 대체하였다. 둘째, 그나마 치러진 경선 또한 졸속으로 실시되어 국민참여 경선은 결과적으로 실패했다는 평가를 받게 된다. 민주통합당은 그나마 많은 곳에서 자체 경선을 치렀지만 준비 시간 부족, 의식이 부족한 졸속으로 시행되었다. 미성년자 선거인단 등록, 선거인단 모집책의 투신 자살, 모바일투표의 조직 동원 등으로 당내 경선은 부실한 제도로 전락한다. 셋째, 여론조사 경선에 대한 지나친 의존은 조직 동원과 기득권 보호라는 구태정치를 초래하였다. 이는 정당정치의 위기를 재확인하는 계기가 된다. 넷째, 소위 '돌려막기' 공천이 나타났다. 4·11 총선 공천에서는 정당들이 너무나도 당당하게 공천 신청자의 지역구 이동을 실시한다. 지역구민들의 의사는 물론 의정활동 평가 등의 공천 원칙과는 관계없이, 후보자가 출마를 준비했던 지역구가 아닌 생소한 지역구로 보낸다.

새누리당의 경우 공천의 46.3%를 공천위에서 결정하였다. 경선 비율을 살펴보면, 당초 공약한 경선지역은 총 47곳이지만, 여론조사 경선이 30곳, 국민참여 경선이 6곳, 경선이 짐작되지만 정확한 파악이 어려운 지역 8곳, 단독 후보가 입후보한 경선지역 3곳, 기타 1곳[127]이다. 반면에 전략 공천 19.1%, 단수 후보 공천 8.5%, 공천위 결정 46.3% 등 하향식 공천이

---

127 '부산 수영구'가 이에 해당된다. 당초 경선지역으로 결정되었으나 이후 경선방식이 갑자기 변경되자 박형준 예비후보가 반발하여 탈당하고 무소속으로 출마했다. 이에 새누리당은 유재중 후보를 경선 없이 공천했다. 한편, 새누리당은 본래 경선지역에 포함되어 있지 않던 '경기 용인 을' 지역에서 여론조사 경선을 실시하였다. 따라서 총 경선지역이 47곳임에는 변함이 없다.

주를 이루었다. 민주통합당의 경우, 국민경선이 63곳으로 25.6%, 국민경선과 국민 여론조사를 결합한 형태의 경선이 15곳으로 6.1%, 국민 여론조사는 1곳으로 0.4%, 경선을 치른 곳은 총 79곳인 32.1%으로 집계되었다. 또한 '단일화 무공천'지역 33곳은 야권단일화로 후보를 내지 않은 경우이다. 그 밖에 '공심위 결정'이 54곳으로 타 후보에 비해 현격한 비교 우위 혹은 경쟁력 차이를 선정 이유로 제시하고 있다.

4·11 총선은 많은 전문가와 언론이 예상한 것과는 달리 새누리당의 과반 의석 확보로 마무리되었다. 예측과 다른 결과가 나타난 것은, 당내 공천의 갈등과 잡음이 주된 원인이 되어 민주통합당의 당 지지율이 새누리당에게 역전당했기 때문이다. 국민들이 새누리당에 비해 민주통합당의 공천에 상대적으로 더 실망한 결과이다. 요약컨대, 본 연구는 정당이 지지율 만회와 선거 승리를 위해 개방성 확대를 시도하지만, 준비되지 않은 부실한 방식에 의한 개방성의 확대는 오히려 지지율 하락과 당내 민주주의의 악화를 초래할 수 있다는 시사점을 던져 준다.

참고문헌

강원택. 2009. "당내 공직 후보 선출 과정에서 여론조사 활용의 문제점." 『동북아연구』 14: 35-62.

길정아. 2011. "국회의원후보자 선정과정의 동학: 제18대 총선에서 한나라당과 통합민주당의 공천을 중심으로." 『한국정치연구』 20(1).

김영태. 2004. "17대 국회의원선거의 공천제도와 공천과정." 『한국정당학회보』 3(2).

김용호. 2003. "한국 정당의 국회의원 공천제도: 지속과 변화." 『의정연구』 9.

김춘석·정한울. 2010. "6·2 지방선거 여론조사 방법론 논쟁: 선거여론조사방법의 문제점과 개선방안 제언." 『EAI 오피니언리뷰 시리즈』 5.

모종린·전용주. 2004. "후보경선제, 본선경쟁력 그리고 정당 민주화."『한국정치학회보』 38(1).

문우진. 2010. "여론조사 공천이 정당 정치에 미치는 영향: 위임문제(delegation problem) 와 파급효과를 중심으로." 아산정책연구원 2010년도 심포지엄 발표논문.

박경미. 2008. "18대 총선의 공천과 정당조직: 한나라당과 통합민주당을 중심으로."『한 국정당학회보』7(2).

박명호. 2007. "2006 지방선거의 공직후보자 선정과정에 대한 분석: 열린우리당과 한나 라당을 중심으로."『정치정보연구』10(2): 79-95.

박명호. 2011. "공천 과정에서의 여론조사의 바람직한 역할에 대한 시론."『미래정치연 구』1(1): 93-110.

서현진. 2003. "지방선거에서 후보 지명과정."『의정연구』9(1).

안순철. 2005.『미국의 예비선거: 비교정치학적 접근』. 단국대 출판부.

윤종빈. 2008. "2007년 대선과 정당의 후보 선출: 대통합민주신당과 한나라당을 중심으 로."『세계지역연구논총』26(1).

윤종빈. 2011. "프라이머리 도입과 정당 공천 개혁 평가." 한국정치의 쟁점: 정치선진화 를 위한 정치개혁과제 학술회의 발표논문. 한국정치학회(6월 9일).

윤종빈·박병훈. 2011. "후보선출과 여론조사: 최근 선거 사례를 중심으로."『분쟁해결연 구』9(2).

이동윤. 2008. "정당의 후보선출제도와 정당정치의 문제점."『한국정당학회보』7(1).

이준한. 2003. "공직선거 후보 결정의 현실과 과제: 국회의원 후보선출의 방법과 과정에 대한 비교연구: 한국과 미국."『의정연구』15.

이현출. 2003. "대통령선거와 총선의 후보선출과정."『의정연구』9(1).

장승진. 2012. "경선제도에 따른 유권자 선택의 변화: 2008년 미국 대선 경선의 함의." 『한국정당학회보』11(1).

장훈. 2002. "보이는 목표와 보이지 않는 결과: 미국과 한국의 대선후보 선출과정의 개혁 과 정당구조의 변동."『의정연구』8(2).

전용주. 2005. "후보공천과정의 민주화와 그 정치적 결과에 관한 연구: 제17대 국회의원 선거를 중심으로."『한국정치학회보』39(2).

전용주. 2010. "한국 정당 후보 공천제도 개혁의 쟁점과 대안."『현대정치연구』3(1).

지병근. 2010. "서베이 민주주의(Survey Democracy)?: 6.2 지방선거 후보공천사례를 중 심으로."『한국정치연구』19(3).

지병근. 2010. "후보선출권자(selectorate)의 개방과 분권화가 대안인가?"『현대정치연구』 3(2).

최준영. 2012. "한국 공천제도에 대한 연구동향과 향후 연구과제." 『한국정당학회보』 11(1).

홍득표. 2000. "정당의 공직후보 결정 모형에 관한 연구: 한국정당을 중심으로." 『한국정치학회보』 34(3).

Barnea, Shlomit and Gideon Rahat. 2007. "Reforming Candidate Selection Methods." *Party Politics*. vol. 13, no.3.

Pennings, Paul and Reuven Y. Hazan. 2001. "Democratizing Candidate Selection: Causes and Consequences." *Party Politics*. vol. 7, no.3.

Rahat, Gideon and Reuven Y. Hazan. 2001. "Candidate Selection Methods." *Party Politics*, vol. 7, no.3.

Rahat, Gideon. 2007 "Candidate Selection: The Choice Before the Choice." *Journal of Democracy*. vol. 18, no.1.

『경향신문』. 2012년 3월 19일자.

『경향신문』. 2012년 3월 22일자.

『경향신문』. 2012년 3월 26일자.

『뉴시스』. 2012년 3월 18일자.

『머니투데이』. 2012년 3월 21일자.

『서울신문』. 2012년 3월 20일자.

『서울신문』. 2012년 3월 26일자.

『세계일보』. 2012년 3월 19일자.

『아시아경제』. 2012년 3월 10일자.

『연합뉴스』. 2012년 3월 14일자.

『연합뉴스』. 2012년 4월 9일자.

『조선일보』. 2012년 3월 14일자.

『한국일보』. 2012년 3월 22일자.

『한국일보』. 2012년 3월 26일자.

『한겨레신문』. 2012년 3월 14일자.

『한겨레신문』. 2012년 4월 10일자.

『YTN』. 2012년 3월 27일자.

민주통합당 홈페이지. http://www.minjoo.kr(검색일: 2012.4.11).

민주통합당 홈페이지 민주통합당 19대 총선 국민경선 설명회 자료집.

민주통합당 홈페이지. 19대 국회의원선거 후보자추천을 위한 국민경선 시행세칙.

민주통합당 홈페이지. 당규 중 공직선거후보자추천규정.

민주통합당 홈페이지. 영남권 단수후보자 및 경선후보자 선정.

민주통합당 홈페이지. 민주통합당 2차공천 단수후보자 및 경선지역 후보자 명단.

민주통합당 홈페이지. 민주통합당 3차공천 단수후보자 및 경선지역 후보자 명단.

민주통합당 홈페이지. 4차 경선후보자 및 단수후보자 선정.

민주통합당 홈페이지. 5차 경선후보자 및 단수후보자 선정명단.

민주통합당 홈페이지. 6차 경선후보자 선정명단.

민주통합당 홈페이지. 제7차 경선후보자 선정.

민주통합당 홈페이지. 제7차 경선후보자 선정(광주 서구 갑 추가).

민주통합당 홈페이지. 제1차 경선지역 후보자별 득표 현황.

민주통합당 홈페이지. 제2차 경선지역 후보자별 득표 현황.

민주통합당 홈페이지. 제3차 경선지역 후보자별 득표 현황.

민주통합당 홈페이지. 제4차 경선지역 후보자별 득표 현황.

민주통합당 홈페이지. 제5차 경선 추가지역 후보자별 득표 현황.

민주통합당 홈페이지. 신경민 대변인, 전략 공천지역 선정 서면브리핑.

민주통합당 홈페이지. 4·11 총선 승리와 정권 교체를 위한 민주통합당과 통합진보당 야권연대 합의문.

민주통합당 홈페이지. 4·11 총선 야권 후보단일화 경선 안내.

새누리당 홈페이지. http://www.saenuriparty.kr(검색일: 2012.4.11).

새누리당 홈페이지. 19대 공천 심사기준. 2012년 1월 17일 의원총회 비공개 부분 브리핑.

새누리당 홈페이지. 4·11 총선 공천심사기준. 2012년 2월 16일 비공개 부분 브리핑.

새누리당 홈페이지. 당규 중 공직후보자추천규정, 공직후보자추천위원회규정.

새누리당 홈페이지. 새누리당 4·11 총선 1차공천 명단.

새누리당 홈페이지. 새누리당 공천위원회, 2차 공직후보자 추천 및 경선지역 선정.

새누리당 홈페이지. 새누리당 공천위원회, 3차 공직후보자 추천 명단 발표.

새누리당 홈페이지. 새누리당 공천위원회, 4차 공직후보자 추천 명단 발표.

새누리당 홈페이지. 새누리당 공천위원회, 5차 공직후보자 추천 명단 발표.

새누리당 홈페이지. 새누리당 공천위원회, 6차 공직후보자 추천 명단 발표.

새누리당 홈페이지. 새누리당 공천위원회, 7차 공직후보자 추천 명단 발표.

새누리당 홈페이지. 새누리당 공천위원회, 8차 공직후보자 추천 명단 발표.

새누리당 홈페이지. 9차 공천자 발표.

중앙선거관리위원회 홈페이지. http://www.nec.go.kr

2. 19대 총선 트위터스피어 참여관찰 : 격전지 선거구를 중심으로[128]

장우영 · 이현출

1. 서론

세계 정보화의 표준 시간대는 웹사이트와 웹로그의 단계를 넘어 소셜 네트워크서비스(Social Network Service; 이하 'SNS') 국면에 이르렀다. 요컨대, 이는 정보화 패러다임과 뉴미디어 플랫폼의 질적 변환을 의미한다. 즉 개방, 공유, 참여의 웹 2.0 명제가 정보사회의 생활양식으로 내면화되고 있으며, SNS와 같은 1인 미디어 플랫폼이 네트워크로 연결된 공중의 위상을 강화하고 있다(조희정 2010; 류정호 · 이동훈 2011). 이러한 탈근대적 사회변화상은 정치 과정에서도 예외가 아니다. 주지하듯이 한국정치는 이른바 SNS 열풍에 휩싸여 있다. 이 열풍은 안철수 신드롬, 무소속 후보(박원순)의 서울시장 당선, 팟캐스트(podcast) 여론 형성, 소셜테이너(socialtainer)의 여론 주도, 인증샷 투표 독려 캠페인 등을 통해서 기성 정치 구조와 관행에 파급을 미쳐왔다. 현금의 SNS 열풍은 10년 전 노사모로 운위되었던 인터넷 정치실험의 형국을 연상케 하는데, 양대 선거를 치르는 2012년 대회 전기에 SNS가 확산일로에 접어들었다는 점에서 정치적 잠재력이 표출될 여지 또한 커지고 있다.

128　이 글은 『의정연구』 18권 2호에 게재된 "19대 총선 트위터스피어 참여관찰 : 격전지 선거구를 중심으로"를 보완하여 작성한 것임.

트위터는 다양한 SNS 중에서 정치적 활용이 가장 활성화되어 있는 기제로서, 참여 플랫폼과 이용자 수의 증가에 따라 정치적 잠재력이 풍부하게 드러나고 있다. 트위터스피어(twitter-sphere)에서 가장 중요하고, 가장 두드러진 정치 현상은 네트워크 개인주의(networked individualism) 및 이에 토대한 정치적 사인주의(political privatism)이다(장우영·김희문 2010; Chi and Yang 2010). 한국의 경우 트위터리언(tweetarian)의 75%가 상위 1%의 유명인(celebrity)을 팔로잉하고 있으며, 유명인의 메시지가 트위터스피어 전체 메시지의 85%를 차지한다(장덕진·김기훈 2010). 이러한 현상은 대중적 지지가 높은 정치인일수록 대규모의 팔로어(follower)를 구축할 수 있으며, 이에 따라 선거 등의 정치 이벤트에서 상당한 동원효과를 촉발할 수 있음을 시사한다. 팔로어들은 매스미디어 수용자와는 달리 자발적이고 의도적으로 모여든 집단으로, 정치효능감이 매우 높고 다양한 계층의 유기적 연결망 구조를 형성한다. 정치인들은 상호 팔로잉(mutual following)을 통해 팔로어와의 호의적 선택을 교환할 수 있다. 아울러 리트윗(retweet)은 정보 전달의 범위를 무한대로 확장하여 트위터리언들이 정치인들과 계속 대화 상태에 있도록 만든다. 일차적으로 팔로어 그룹에게 전달된 트윗은 연쇄된 후속 팔로어 그룹들로 리트윗되어가기 때문에, 적어도 형식논리상으로 무한대의 정보확산이 가능해진다(표 1). 이 때문에 트위터를 유용하게 이용하는 정치인들은 대규모 팔로어 그룹을 배경으로 자신의 영향력을 확대해 나갈 수 있다(Boyd, Golder & Lotan 2010; Hanna, Sayre, Bode, Jung, Shah 2011).

트위터스피어는 구체적으로 선거에서 다음과 같은 효과들을 발생시킨

표 1. 트위터 연결망과 정보확산 : 세계와 한국의 비교

	상호 팔로잉율	네트워크 거리	리트윗 발생율	최초 리트윗 발생 시간
세계	22.1%	4.1 단계	9.3%	60분
한국	68.2%	3.8 단계	75.0%	8분

다(Lassen & Brown 2010; Gulati & Williams 2010; Tumasjan, Sprenger, Sandner & Welpe 2010). 첫째, 정치적 연결관계의 촉진과 밀집을 통하여 사회연결망 효과(social networking effect)를 낳는다. 트위터스피어의 인간·조직 관계망은 전략적 포섭과 정치적 교환의 결과이다. 트위터는 오프라인 또는 온라인의 분산적 세계와는 달리, 이용자들을 대단히 밀도 높게 연결하고 사회적으로 통합하는 기제이다. 이에 따라 오프라인이나 웹사이트와는 달리 트위터스피어에서는 이슈와 유권자가 교호함으로써 선거구 구분은 의미가 약화되며 분할된 지역 선거구는 사실상 이슈 중심의 단일한 선거구로 통합된다. 둘째, 노드의 연결 수가 멱함수 분포(power law distribution)를 따름으로써 임계점에서 상전이 효과(phase transition effect)[129]를 낳는다. 트위터스피어의 사회연결망은 무작위 네트워크(random network)이지만 연결 수와 중심성이 높은 허브(hub) 또는 영향력자(influencer)에 의해 정형화된 구조와 동학(dynamics)이 발생한다. 여기에 다수의 긴 꼬리 노드들(long tail nodes)이 결합하여 정치정보 순환이 광범하게 팽창됨으로써 정적 상태는 역동적 상태로 전환된다. 셋째, 대항공론의 형성과 확대를 통하여 역의제설정 효과(reverse agenda-setting effect)를 낳는다. 트위터스피어는 독립적인 정치 과정과 여론형성을 통하여 공중의제(public agenda)를 사회의제로 전환한다. 이러한 역순의 과정에는 게이트워칭(gate-watching)이라 불리는 기성 권력과 언론에 대한 감시와 비평이 수반된다. 역의제설정에는 트위터 이용자의 네트워크 규모에 의해 영향을 받는 연결망 외부성(network externality)이 작용한다.

미디어 정치의 시각에서 선거는 정당·후보와 유권자 사이의 설득 커뮤니케이션 과정으로서, 정당·후보의 메시지 전달(자극)과 유권자의 투표행

129　상전이 효과는 자연계의 극적인 전이현상을 개념적으로 차용한 사회학 용어로서 사회정치적 동학에 의한 사회현상의 임계 변화를 일컫는다.

위(반응)로 구성된다. 따라서 현대의 선거캠페인이 일면 커뮤니케이션 체제에 대한 능동적 반응 전략이라는 점을 상기하건대, 미디어의 활용이 어떠한 정치적 효과를 낳을 것인지는 주지의 관심사가 아닐 수 없다(김창남 2001; 장우영·이원태·민희 2011). 이러한 면에서 뉴미디어는 정치 커뮤니케이션의 촉진을 매개로 표 2와 같은 캠페인 전략을 발전시켜 왔다. 요컨대, 웹사이트와 웹로그 단계에서는 주로 탑다운 방식의 정보제공과 시민관여가 주가 되었다. 이는 웹을 매개로 정당·후보와 유권자 간의 커뮤니케이션이 활성화되었음에도 불구하고, 유권자가 수동적 청중의 지위를 완전하게 벗어나지 못하였음을 의미한다. 한편 최근 온라인의 무게중심이 1인 미디어와 SNS로 이동하면서 선거캠페인의 골자가 연대와 동원으로 변화하고 있다. 특히 트위터스피어의 경우 지역적으로 분할된 선거구들은 이슈를 매개로 통합하고, 인적으로는 후보와 유권자를 수평적으로 융합한 선거캠페인이 새롭게 정초되고 있다. 따라서 트위터가 의제설정, 정치효능감, 투표 독려 등에 직간접적인 영향을 미칠 개연성이 확대되고 있다.

　이와 같은 맥락에서 이 연구는 19대 총선의 격전지 선거구를 사례로 트위터스피어에 대한 참여관찰(participant observation)을 시도한다. 그동안 선거 참여관찰이 오프라인 지역구에 한정되어 왔다는 점에서 이 논문은 파일럿 연구(pilot study)라 할 수 있다. 또한 온라인 커뮤니티에 대한 사회과학 연구자들의 참여관찰이 종종 진행된 바는 있지만, 트위터 등 SNS 공간에 대해서는 시도된 바가 없어 이 참여관찰은 후속 연구의 발전에 계기를 제공할 수 있으리라 기대된다. 이 연구의 분석 사례는 19대 총선에서 형성된 주요 정치적 대립 구도에 근거해서 선정하였다. 서울 은평 을(정권 심판), 서울 강남 을(한미 FTA), 대구 수성 갑(탈지역주의)이 분석 사례이다. 이 연구는 트위터가 선거 결과에 어떠한 영향을 미쳤는지에 대한 인과적 분석을 의도하지는 않는다. 그보다는 트위터스피어라는 독립적인 정치 과

표 2. 온라인캠페인 유형과 조작적 정의

변인	특징	조작적 정의
정보제공 (informing)	약력	• 후보자 개인의 개인적/정치적 약력
	이슈에 대한 의견	• 선거 경쟁과 관련된 후보의 이슈 토론
	선거 뉴스	• 선거운동 과정에 관한 뉴스
	이슈 입증	• 이슈에 대한 후보자의 입장 기술
	연설문	• 후보자 연설 전문
	선거광고	• 온라인 광고 및 TV, 라디오, 신문 등 오프라인 광고
관여 (involving)	기부금 정보	• 오프라인, 온라인 기부를 위한 기능이나 시스템
	연락 정보	• 선거운동 전화번호나 주소
	이메일 주소	• 이메일 주소
	자원봉사자 서명란	• 선거운동에 자원봉사자로 참가하기를 희망하는 등록자를 위한 정보나 기능을 제공
	이메일 리스트 서명란	• 선거운동 리스트서브 구독을 위한 방문자 동의
	선거운동 사진	• 온라인에서 이용 가능한 선거운동 사진
	선거운동 캘린더	• 후보자 일정에 관한 정보 제공
	방문자 코멘트	• 코멘트를 서로 공유하거나 상대방에게 보내는 기능
	온라인 폴	• 웹페이지에서 선택지 가운데 응답을 하는 여론조사
	온라인 이벤트	• 사이트에서 진행되는 다양한 이벤트성 행사
연대 (connecting)	다른 사이트 링크	• 선거조직에 의해 스폰서나 제작된 사이트 링크
	당파관계(party affiliation)	• 후보정당의 가시적·압축적인 로고, 라벨, 슬로건 표시
	추천 서명	• 후보를 추천한 사람들의 서명과 지위
	정부사이트 링크	• 미국정부나 주정부에 의해 만든 사이트 링크
	정당사이트 링크	• 정당이나 정당에 의해 만들어진 사이트 링크
	선거인 등록	• 선거인 등록과정을 시작하기 위한 방문자들의 동의
	시민/권익/이익단체 사이트 링크	• 시민, 권익, 이익 및 이데올로기 집단에 직접적인 링크
	언론사이트 링크	• 신문, 방송, 잡지 사이트 링크(뉴스가 전달되는 포털 사이트는 포함되지 않음)
	이슈 제휴	• 이슈에 관련한 개인이나 집단을 설명하는 곳의 존재
	경쟁자와 비교이슈	• 이슈에 관한 경쟁자의 입장과 비교하는 영역의 존재
	지역사이트 링크	• 지역 공동체와 연계된 기업, 조직, 서비스 사이트 링크
	타인과 비교이슈	• 이슈의 입장과 타인의 입장을 비교하는 설명의 존재
	포털 사이트 링크	• 일반적 이해나 특화된 이해관계의 포털 사이트 링크
	섹션 비교	• 경쟁자와 직접적으로 비교되는 이슈 섹션의 존재
	시민 사이트 링크	• 개인으로서 시민에 의해 제공된 웹 사이트 링크
	경쟁자 사이트 링크	• 경쟁자 사이트 링크

변인	특징	조작적 정의
동원 (mobilizing)	자원의 오프라인 배포	• 유인물을 오프라인에 배포하는 데 이용 가능한 자원
	연계 형성	• 선거 사이트나 이메일에 대한 연계를 친구에게 보내도록 방문자의 동의를 얻는 것
	전자적 장치	• 캠페인 버튼이나 스티커 등 선거운동 소품을 전자적으로 다운로드 할 수 있는 장치
	편집자에게 이메일 발송	• 방문자에 도움을 주거나 지역신문에 편지 보내는 기능

출처: Foot & Schneider(2006); 송경재(2007) 및 장우영 외(2011) 재인용.

정의 블랙박스에서 후보와 유권자들이 어떠한 선거캠페인 전략과 행태를 발현하는지 경향적 특성을 구명하는 데 분석의 목표를 둔다. 이 연구는 적실하게 분석을 수행하기 위하여 빅데이터(big data)와 트래픽 조사기관 그루터(www.gruter.com)로부터 제공받은 선거 트윗 트래픽을 적합하게 활용한다.

2. 연구문제와 방법

뉴미디어를 매개한 선거캠페인은 행태, 전략, 효과의 측면에서 종래의 선거운동과 차별성을 가진다. 그것은 제한 없는 접근과 이용, 거래비용의 절감, 비대면적 상호작용, 네트워크를 통한 공론 확산을 촉진하는 뉴미디어 플랫폼 및 이로부터 다변화된 커뮤니케이션과 연결망 구조에서 기인한다. 특히 SNS는 연결과 소통의 개방성과 공공성을 크게 진작함에 따라 정치적 잠재력 또한 배가하고 있다(윤성이 2008; 장우영 2008; 장우영·차재권 2011). 이 연구는 이러한 뉴미디어 환경에서 SNS 선거캠페인의 행태, 전략, 효과가 어떠한 특성을 보이는지를 고찰한다. 구체적으로 후보와 유권자 차원에서 3개 격전지 선거구의 트위터 캠페인 사례를 분석하며 연구문제는 다음과 같이 제시된다.

연구문제 1: 후보들의 트위터 캠페인 행태와 전략의 특성은 무엇인가?
연구문제 2: 유권자들의 트위터 캠페인 행태와 전략의 특성은 무엇인가?
연구문제 3: 트위터 캠페인 효과와 그로부터 도출된 함의는 무엇인가?

이상의 연구문제들을 고찰하기 위하여 참여관찰을 수행한다. 참여관찰은 실증주의와 역사적 측면뿐만 아니라 목적 또한 다르다. 예컨대 실증주의의 입장을 취하는 조사자는 질문지를 설계하는 데 있어 자신의 생각을 전개한다. 그리고 질문을 이용하여 그 생각의 타당성 여부를 검토하고 탐구한다. 비판자들은 이 방법을 이용하는 조사자는 스스로 무엇이 중요한가를 이미 알고 있다고 가정한다고 말한다. 이에 반해 참여관찰은 무엇이 중요한가에 대하여 분명한 가정을 하지 않는다. 그 대신 조사자가 이해하려고 하는 대상 집단의 일상생활에 깊숙이 침투할 것을 권한다. 여기에서 조사자의 생각이 옳은지 여부는 연역적인 방법으로 검증되는 것이 아니라, 관찰로부터 조사자의 사고를 발전시켜나가는 귀납적인 방법을 취한다고 할 수 있다(이현출 2011).

이처럼 참여관찰은 조사자가 직접 관찰대상 집단의 내부에 가담하여 공동생활에 참여함으로써 문제를 파악하고 이에 대한 해답을 구하는 연구방법이다. 온라인의 경우 조사자가 토론방이나 커뮤니티 등 대상 웹 공간에서 댓글과 토론의 진행 등 구성원들의 반응을 관찰하는 것을 예로 들 수 있다. 조사자는 게시글을 작성하는 등 온라인 활동에 직접 참여함으로써 공론의 진행이나 문제의 발생·해결 과정에서 드러나는 대상 웹 공간의 이해 구조, 커뮤니케이션 행태 그리고 집단행동 등을 분석할 수도 있다. 이 같은 온라인 참여관찰의 장점은 첫째, 표면적으로 드러나지 않는 집단 내의 특수한 정서와 행위의 동기 및 생태적 특성을 직접 경험할 수 있다. 둘째, 관찰대상 집단의 자연성과 유기적 전체성을 자연적인 상태에서 파악할 수 있다. 셋째, 참여 과정의 단순성과 실시간성으로 인해 지역적, 문화적, 계층적인 참여 저해 요인들로부터 비교적 자유로울 수 있다(Jones 2000; 금혜성·장우영 2011).

뉴미디어는 수용자 간의 다면적 상호작용에서 기성 미디어와 차별적인 존립의 근거를 확보한다. 아울러 기술 진화가 부단하게 이루어져 소통과 연결의 플랫폼이 급속하게 다변화되고 있는 것도 기성 미디어와 대조되는 면모이다. 그런데 문제는 콘텐츠 외의 온라인 단서들−트래픽(traffic), 네트워킹(networking), 프로파일(profile) 등−은 비가시적이며, 콘텐츠 또한 대용량으로 발생하여 빠른 속도로 유통됨으로써 개별 조사자 차원의 단서 집적과 분류가 물리적으로 불가능하다는 것이다(금혜성·장우영 2011). 가령 트위터스피어의 경우 대규모의 트윗들이 실시간으로 타임라인에 노출되었다가 시야에서 벗어남으로써, 메시지 아카이빙(archiving)과 분류가 용이하지 않으며 그 과정에서 오류가 발생할 가능성이 적지 않다. 이 경우 샘플링을 통한 내용분석(content analysis)을 수행할 수도 있겠으나, 의미 있는 트윗들의 배제가 우려될 뿐만 아니라, 리트윗과 팔로잉을 매개한 정치 커뮤니케이션의 실체적 특성을 구명할 수 없다는 한계에 부딪힌다.

이러한 문제점을 고려하여 이 연구는 다음과 같이 전문조사기관(그루터)

표 3. 트위터 플랫폼의 기능과 정치적 속성

유형	플랫폼	기능	정치적 속성
커뮤니케이션 전파	트윗	메시지 포스팅 및 공론화	정치적 대화, 주장, 논쟁, 설득
	리트윗	메시지 전파 및 이슈화	선거이슈, 의제설정, 여론형성
네트워킹	팔로잉	내향 관계 맺기	지지자 유인 및 호소
	팔로어	외향 관계 맺기	지지자 충원 및 충성심 소구
관심	리스트	관심 대상 선별 및 관리	지지자 선별 및 관심 지속

출처: 장우영·도수관(2012).

의 빅데이터(big data)와 그 밖에 필자가 구축한 트윗 데이터들을 분석에 활용하기로 한다. 첫째, 빅데이터는 선거운동 기간(2012년 3월 29일~4월 10일)에 발생한 전체 선거 트윗과 트래픽을 포괄한다. 구체적으로 선거 트윗은 '동 기간에 트위터스피어에 발생한 선거 메시지'로 정의하며, 이 트윗들에 연동된 팔로잉, 팔로어, 리트윗을 트래픽 데이터로 집적하여 분석하였다. 둘째, 이와 함께 별도로 후보의 트윗 메시지를 전수로 내용분석하여 커뮤니케이션 유형과 메시지 특성을 파악하였다. 셋째, 리트윗을 기준으로 트위터 캠페인에 활발하게 참가한 유권자 집단의 액티비티를 분석하여 액티비스트 집단의 특성을 규명하였다.

3. 19대 총선 트위터 캠페인의 조건

이 연구의 분석사례로 선정한 3개의 선거구들은 19대 총선의 주된 정치적 대립관계를 표상하는 격전지로 분류된다. 주지하듯이 은평 을은 이명박 정부의 최대 실세로 일컬어지는 이재오와 노무현 정부 관료 출신의 천호선이 격돌한 선거구로서 정권 심판론이 주요 쟁점이었다. 강남 을은 19대 총선의 최대 정책이슈인 한미 FTA를 둘러싼 격전지로 이른바 FTA 흥행 전도사 김종훈과 반대 전도사 정동영이 대결하였다. 수성 갑은 이른바 영남지역주의의 심장부로 일컬어지는 선거구로서 새누리당의 전 정책위원장 이한구와 민주통합당 최고위원 김부겸이 대결하였다. 이 선거구들에서는 수성 을을 제외하고 야권단일 후보가 출정함으로써 격전지로서의 정치적 선명성이 더욱 명료하게 부각되었다.

격전지 선거구들은 모두 여당이 18대 국회 의석을 점한 곳인데다 지지 여론에서도 여당 후보들이 일제히 앞서 19대 총선에서 반전이 일어날 수 있을지 큰 관심을 불러일으켰다. 그러한 상황 변화를 이끌 수 있는 잠재적 요인들 중에서 특히 SNS는 다음과 같은 이유들로 인해 더욱 큰 주목을 받았다. 첫째, 트위터리언 수가 급증하고 인증샷 캠페인과 같은 정치참여 문화가 활성화됨으로써 트위터의 정치적 잠재력이 증대하였다. 트위터 선거캠페인의 시초인 2010년 5회 지방선거 당시 63만 명에 불과했던 트위터리언 수는 2011년 4·27 및 10·26 재보궐선거에서 각각 340만 명과 450만 명을 넘어선 데 이어 19대 총선에서는 640만 명을 돌파하였다. 이러한 현격한 증가세와 함께 트위터스피어의 투표 독려 문화가 확산됨으로써 여야 모두 트위터의 동원 효과에 촉각을 곤두세웠다. 둘째, 트위터리언의 이념성향이 일반 국민들과 크게 괴리됨으로써 트위터스피어로부터의 역의제설정(reverse agenda setting)과 정치동원 가능성이 제기되었다. 그림 1을 참조하건대 오프라인과는 달리 트위터스피어에서의 압도적인 진보 우위가 확인된다. 이같은 온라인 세력균형 붕괴는 16대 대선 전야와 유사한 형국으로 트위터스피어로부터 오프라인으로의 진보담론 확산이 예견되었다. 표 4에 제시되어 있듯이 실제로 선거 트윗 메시지 분석 결과, 주요 정책이슈들-한미 FTA, 4대강 사업, 제주해군기지-에 대하여 진보적 여론이 보수적 여론을 압도하였다. 셋째, 대의정치 집단의 트위터 활

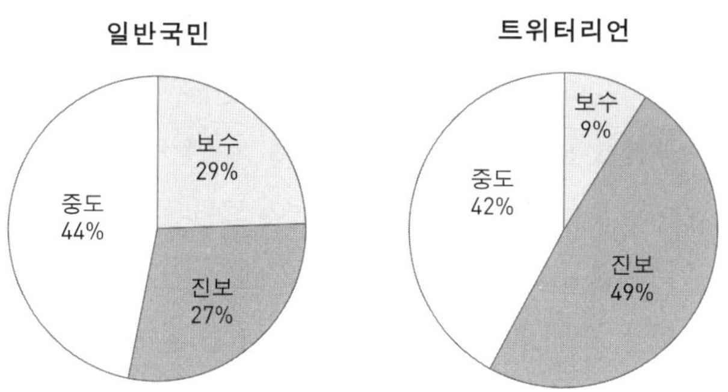

그림 1. 일반 국민과 트위터리언의 이념성향 분포
출처: 광고주협회·미디어 리서치(2011.9).

표 4. 19대 총선 트위터스피어 핵심 이슈(%)

한미 FTA(76,065)			4대강 사업(28,983)			제주 해군기지(27,066)		
옹호	중립	비판	옹호	중립	비판	옹호	중립	비판
34.0	1.0	65.0	18.0	0.0	82.0	38.0	2.0	60.0

※ 괄호 안은 선거운동 기간에 발생한 해당 이슈의 트윗 메시지의 총수를 뜻함.

용이 보편적으로 확산되고, 특히 여당 후보들에 비해 야당 후보들의 트위터스피어 지배력이 더욱 컸기 때문에, 19대 총선에서 트위터 캠페인은 보다 경쟁적으로 활성화될 것임을 예고하였다. 가령 2011년 3월 현재 18대 국회의원들의 78%가 트위터 계정을 보유하고 있는 현황은, 과거와는 달리 대의정치 집단이 일반 국민들보다 이용률이 높은 것은 물론 새로운 미디어의 초기 수용자 집단으로 등장하게 된 변화상을 보여 준다(장우영·김희문 2011). 아울러 필자의 조사 결과 19대 총선에서는 전체 지역구 후보의 52.7%가 트위터 선거캠페인에 참여한 가운데, 트윗과 팔로어 기준 상위 집단을 진보적 야당 후보들이 독식하는 양상을 보였다.

이러한 배경은 현실적인 지지율 열세에도 불구하고 트위터를 매개한 야당 후보들의 선전 가능성을 기대하게끔 하였다. 그렇다면 격전지 후보들의 트위터 캠페인 조건은 어떻게 형성되었을까? 표 5는 기능별 플랫폼 활성화 정도를 기준으로 격전지 선거구 후보들의 트위터 캠페인 조건을 확인시켜 준다. 요컨대, 은평 을을 제외하고 야당 후보들의 트위터 선거캠페인 조건은 여당 후보들을 압도하였다. 우선 트위터 개설일에서 야당 후보들이 상대 후보들을 앞섰는데, 이는 야당 후보들이 트위터리언들과 보다 깊은 유대감을 구축해 왔음을 알려 준다. 구체적으로 트위터 플랫폼 별로 살펴보면 다음과 같다. 우선 유권자 선호도를 가리키는 팔로어의 경우 정동영과 김부겸은 상대 후보들에 대한 확고한 비교 우위를 나타냈다. 그리고 유권자 관심도를 의미하는 리스트의 경우도 두 후보의 우세가 확고

표 5. 후보들의 트위터 선거캠페인 조건

선거구	후보	트위터 계정	트위터 개설일	연결		소통	관심
				팔로잉 수	팔로어 수	트윗 수	리스티드 수
은평 을	이재오 (새누리당)	@JaeOhYi	090619	23,685	35,496	2,503	2,210
	천호선 (통합진보당)	@hosun1000	090822	1,566	27,288	619	1,425
강남 을	김종훈 (새누리당)	@jhkimdragon	111110	3,408	3,402	124	152
	정동영 (민주통합당)	@coreacdy	090617	107,859	107,365	14,417	6,254
수성 갑	이한구 (새누리당)	@Smart219	120111	4,330	4,340	910	62
	김부겸 (민주통합당)	@hopekbk	100411	14,546	11,557	1,216	639

※ 표의 수치는 2012년 3월 29일 현재 트위터 계정 개설일부터의 누적 트래픽 수를 뜻함.

하였다. 또한 후보의 커뮤니케이션 활성화를 지시하는 트윗에서도 마찬가지의 양상을 보였다. 은평 을은 예외적으로 여당의 파워 트위터리언이라 불리는 이재오의 기세가 등등한 가운데, 천호선이 비교적 활성화된 수치를 보이며 추격하는 형세를 보였다.

4. 19대 총선 트위터스피어 참여관찰

1) 후보 트위터 선거캠페인

트위터의 각 플랫폼은 기능과 속성을 내포하고 있다. 즉 트위터 플랫폼은 기능적으로 크게 세 측면으로 나눌 수 있으며, 각 플랫폼의 속성은 다음과 같다. 우선 커뮤니케이션 기능은 트윗이라는 포스팅 방식을 띠는데, 일반적인 트윗을 비롯해서 리플라이(응답)와 멘션(쪽지글) 등 공적 · 사적 커뮤니케이션 행태로 나타난다. 다음으로 네트워킹 기능은 팔로잉을 통해서 나타나며, 팔로잉이 반드시 상호적이지는 않기 때문에 비대칭적 연결망이 형성된다. 주로 선호도가 높은 명사들이 많은 팔로어를 거느리면서 허브(hub) 또는 영향력자(influencer)의 역할을 수행하며, 정치적으로는 이념과 목표를 공유하는 유유상종 연결망이 배타적으로 형성되는 현상이 트위터스피어에서 관찰되고 있다(장우영·김희문 2010). 마지막으로 관심 기능은 리스트를 통해 수행되는데, 팔로잉과 마찬가지로 대중에게 주목과 신뢰를 많이 받는 명사의 리스티드가 높게 발생하는 경향이 일반적이다.

그렇다면 후보들의 선거캠페인 행태는 어떤 특징을 나타냈을까? 먼저 커뮤니케이션을 살펴보면, 전체적으로 야당 후보들이 상대 후보들보다 다소 활발하게 트윗 포스팅을 하였음을 알 수 있다. 강남 을과 수성 갑에서는 후보들 간 트윗 수 차이가 크지 않은 반면, 은평 을은 야당 후보가 더 높은 수치를 나타냈다. 야당 후보들이 지지율에서 열세인 반면 트위터스피어에서의 트윗 반응성은 더 크다는 점에서, 이들의 트윗 활동이 더 활성화된 것은 자연스러운 현상이라 할 수 있다. 반면 강남 을과 수성 갑에서 후보들 간 트윗 수 격차가 크지 않은 것은 여당 후보들의 활발한 트윗 활동에서 기인하였다. 즉 파워 트위터리언인 이재오에 비해 김종훈과 이한구의 트윗 활동에 대한 이해가 컸고, 또한 오프라인에 비해 트위터스피어에서 한미 FTA와 탈지역주의 이슈 소구력이 컸음을 반증한다. 그렇지만 트윗의 확산성은 단순 빈도수를 넘어 팔로어 규모와 리트윗 빈도에 비례한다는 점에서, 전반적으로 야당 후보들의 트윗 확산효과가 훨씬 크게 파급되었다고 볼 수 있다.

다음으로 네트워킹을 살펴보면, 선거운동 기간 동안 야당 후보들의 팔로어 증가 규모는 상대 후보들을 3배에서 12배 이상까지 압도하였다. 팔로어가 지지자들의 선호적 자발적 연결을 뜻한다는 점에서, 트위터가 야당에게 더 많은 수혜를 주는 정치자원이었다는 점이 분명하게 드러난다. 반면 유권자에 대한 후보의 연결을 뜻하는 팔로잉 수는 선거구별로 여야 후보들 간에 거의 차이가 없다. 바꾸어 말해서 여당 후보들의 팔로어 대비 팔로잉 비율이 야당 후보들보다 높다는 것인데, 이는 트위터스피어의 동원력이 열세인 후보들에게서 나타나는 전형적인 현상이다. 연결의 상호 교환을 뜻하는 상호팔로잉(mutual following)은 강남 을을 제외하고 여당 후보들이 더 높았다. 선거 기간에 상호팔로잉률이 높다는 것은 유권자들의 팔로잉에 적극적으로 응대하였다는 것으로써, 앞서 설명한 것처럼 여당 후보들의 동원 열세를 반증한다. 첨언하면 전 세계적으로 트위터리언의 평균 상호팔로잉률이 약 22%라는 점을 감안하면, 한국인들의 상호팔로잉률이 매우 높고 선거와 같은 정치적 맥락에서 맞팔이 더욱 크게 고조된다고 할 수 있다. 이는 앞으로의 선거운동에서 트위터 활용의 맥점이 될 수 있다. 강남 을의 예외적인 현상을 부연하자면, 원조 트위터 정치인으로 불리는 정동영의 경우 유권자에 대한 적극적인 팔로잉과 리트윗으로 정평이 난 경우이며, 김종훈의 경우 FTA 반대 입장을 가진 유권자들이 대규모로 팔로어 집단에 참여함으로써 이들에 대한 팔로잉을 자제한 경우라 할 수 있다. 이는 트위터 선거활동 패턴이 탈맥락적으로 정형화되지는

표 6. 후보들의 트위터 선거캠페인 : 선거운동 기간 중 트래픽 증가 추이

선거구	후보	연결			소통
		팔로잉 수	팔로어 수	상호팔로잉률(%)	트윗 수
은평 을	이재오	45	812	64.42	28
	천호선	24	2,557	4.46	235
강남 을	김종훈	330	759	30.89	105
	정동영	400	3,302	88.56	134
수성 갑	이한구	85	154	76.65	378
	김부겸	87	1,896	59.64	387

않는다는 것을 보여 준다.

그렇다면 후보들의 트윗 메시지는 어떤 캠페인 행태를 확인시켜 주는가? 표 7은 선거운동 기간에 각 후보들이 포스팅한 트윗을 전수 조사하여 유목별로 분류한 것으로 다음과 같은 행태적 특징들을 드러낸다. 첫째, 여당 후보들에 비해 야당 후보들의 네거티브 트윗 비율이 훨씬 크다. 이는 2011년 두 차례의 재보궐선거에서 나타난 양상과 흡사하다.[130] 즉 진보 우위의 트위터스피어에서 여당 후보들은 쟁점을 회피하고 선호적인 이미지를 구축하는 데 반해 야당 후보들은 쟁점을 파급하고 지지 세력을 확대하

표 7. 후보 트윗 메시지 내용분석

| 분류 | 유목 | 은평을 | | 강남을 | | 수성갑 | |
		이재오 (28)	천호선 (235)	김종훈 (105)	정동영 (134)	이한구 (378)	김부겸 (387)
트윗의 유형	포지티브	28	157	101	89	369	329
	네거티브	0	78	4	45	9	58
트윗의 목표	정책 메시지 전달	0	16	0	6	0	4
	선거정보 전달	0	76	50	48	67	74
	이미지 홍보	28	66	51	35	302	278
	상대 후보(정당) 행태 비판	0	68	4	33	9	16
	상대 후보(정당) 정책 비판	0	9	0	12	0	15
트윗의 정책 관련성	정책 관련성 있음	0	25	0	6	0	19
	정책 관련성 없음	28	210	105	128	378	368
트윗의 구성	텍스트	6	83	8	101	12	209
	텍스트+이미지·동영상	22	152	97	33	366	178

※ 괄호 안은 선거운동 기간에 후보들이 작성한 트윗 메시지 총수를 뜻함.

130　이에 대한 분석으로는 장우영(2011)을 참조.

는 데 목표를 두었기 때문이다. 둘째, 여야 후보들 공히 정책 메시지 전달에 소극적이었으며, 특히 여당 후보가 정책 메시지를 트윗한 경우는 한 건도 없었다. 셋째, 여당 후보들은 이미지 홍보에 야당 후보들은 선거 정보 전달에 역점을 두어, 종래 탑다운 방식의 웹캠페인이 트위터스피어에서도 재현되는 양상을 보였다. 여당 후보들의 이미지 홍보는 포지티브 전략의 일환으로 이해할 수 있으며, 야당 후보들의 선거정보는 대부분 유세 알림과 투표참가 독려 트윗이어서 동원효과를 꾀하였음을 엿볼 수 있다. 넷째, 트윗의 전달 방식이 텍스트 중심에서 이미지와 동영상 등 근거 자료를 첨부하는 형태로 변하였다. 상대적으로 트윗 수가 많은 이한구, 김부겸, 천호선의 첨부 건수 또한 많아 이들이 설득 커뮤니케이션에 매우 적극적이었음을 알 수 있다.

2) 유권자 트위터 선거참여

이 절에서는 유권자들의 트위터 선거참여를 고찰한다. 유권자의 트위터 선거참여는 후보의 트윗을 확대재생산하거나 자신과 다른 유권자의 트윗을 확대재생산하는 방식으로 나눌 수 있다. 전자의 측면에서 후보 트윗의 리트윗 수는 모든 선거구에서 야당 후보들이 여당 후보들을 크게 앞섰다. 트윗에 대한 리트윗 수가 많은 것은 그만큼 유권자들의 반응성을 크게 촉진하였다는 것을 뜻한다. 표 8에서 확인되는 것처럼, 후보의 트윗이 리트윗되는 비율은 매우 높았다. 특히 강남 을 후보들은 트위터리언들의 리트윗 비율이 가장 높아 이슈 파급 효과 또한 가장 컸음을 알 수 있다. 이는 표 4에서 확인했던 것처럼 트위터스피어에서는 한미 FTA 이슈가 최대 정책의제였으며, 정동영의 트윗이 가장 높은 리트윗 비율과 횟수를 기록하고 있어 진보 트위터리언의 지지를 폭넓게 누렸음을 알 수 있다. 김부겸의 경우도 5,000회가 넘는 리트윗을 촉발하여 탈지역주의 이슈에 유권자들이 적극적으로 반영하였음을 알 수 있다.

후보를 언급한 트윗은 대개 그에 대한 유권자의 직접적인 지지 혹은 반대의 동기에서 비롯된다. 후보를 언급한 유권자의 트윗 수 또한 선거구에서 야당 후보들이 더 많았다. 그렇지만 후보 언급 트윗은 지지와 반대의 가능성을 동시에 가지고 있기 때문에, 트윗 수가 많다고 해서 해당 후보에 대한 지지로 이해하는 것은 오류이다. 일례로 여러 SNS 분석기관의 조사에 따르면, 19대 총선에서 부산 사상구의 손수조를 언급한 트윗이 가장 많았지만 부정적 트윗 비율이 훨씬 높았던 것으로 관측되었다. 다만 후보 언급 트윗 수는 그에 대한 인지도와 관심도를 반영하기 때문에, 트위터스피어에서 지지자들이 더 많을수록 긍정적인 언급 트윗 수가 더 많을 개연성이 작지 않다. 강남 을과 은평 을은 5만 건에서 18만 건 이상의 트윗이 발생하고 후보 언급 트윗 작성자도 1만 3000명에서 2만 6000명을 상회하여 후보들에 대한 관심이 매우 폭발적으로 표출되었다. 반면 수성 갑은 후보들에 대한 관심도가 상대적으로 낮게 나타났다.

트위터스피어에서 액티비스트 집단은 허브 혹은 영향력자로서 역할한

표 8. 유권자 트위터 선거참여: 선거운동 기간 중 트래픽 증가 추이

선거구	후보	후보 생산 트윗의 확산		유권자 생산 트윗의 확산	
		리트윗된 후보 작성 트윗 수	후보 작성 트윗의 리트윗 수	후보 언급 트윗 수	후보 언급 트윗의 작성자 수
은평 을	이재오	22(78.6)	828	55,125	13,106
	천호선	34(84.5)	2,979	66,778	15,532
강남 을	김종훈	91(86.7)	1,335	85,881	20,767
	정동영	134(100.0)	12,502	183,667	26,501
수성 갑	이한구	219(57.9)	1,428	7,953	2,819
	김부겸	303(82.6)	5,367	18,316	5,843

※괄호 안은 선거 기간에 후보가 작성한 트윗 중에서 유권자들에 의해 1회 이상 리트윗된 트윗의 비율을 뜻함.

418

다. 선거의 경우 대개 이들은 다수의 긴 꼬리 집단(long tail group)을 후보에게 연결하며 정치적 클러스터를 형성한다. 표 9는 선거운동 기간에 후보가 작성한 메시지를 가장 많이 리트윗한 상위 20위의 액티비스트 집단의 활동을 보여 준다. 우선 진보 액티비스트들이 트위터스피어에서 훨씬 더 많이 발언하였다는 것을 확인할 수 있다. 다음으로 액티비스트 집단이 보유한 정치자원의 규모를 뜻하는 팔로어 수는 최소 1,700명대에서 최대 1만 8000명대에 이른다. 리트윗은 기본적으로 팔로어를 통하여 확산되기 때문에, 정동영, 이재오, 이한구가 상대 후보에 비해 트윗 전파력이 우세한 구조를 지녔음을 알 수 있다. 리스티드 수를 참조하건대 특히 정동영의 경우 자신의 액티비스트들에 대한 트위터리언의 관심도가 가장 높아 후보 트윗의 소구력도 가장 컸을 것으로 추론할 수 있다. 흥미로운 점은 수성 갑 후보들의 액티비스트 집단인데, 이들은 일상적인 트윗 활동이 상대적으로 저조했던 반면 선거운동 기간에는 후보 메시지를 맹렬하게 리트윗하는 행태를 보였다. 그 이유는 리트윗이 매우 손쉬운 후보 지원 방식이기도 하거니와, 리트윗 빈도가 현저하게 높은 일군의 집단이 평균치를 상승시켰기 때문이었다.

표 9. 유권자 액티비스트 활동(리트윗 수 기준 상위 20인)

		은평을		강남을		수성갑	
		이재오	천호선	김종훈	정동영	이한구	김부겸
액티비티	트윗 수	5,978.0	23,737.6	11,436.5	33,735.4	3,779.5	4,770.8
	팔로잉 수	11,497.6	4,001.1	7,484.1	19,459.1	6,023.1	1,914.4
	팔로어 수	10,909.6	3,872.2	7,432.1	18,411.1	3,997.8	1,777.8
	리스티드 수	40.4	23.9	62.6	167.6	18.1	6.6
	후보 메시지 리트윗 수	12.9	7.45	22.0	37.3	52.7	46.0

※ 액티비티 항목의 각 수치들은 20인의 평균값을 뜻함.

3) 트위터 효과

19대 총선에서는 1,116명의 후보(비례대표 포함) 중 48.3%인 539명이 계정을 보유하고 트위터 캠페인에 가담하였다. 이러한 현황을 전제하자면, 격전지 선거구의 트위터스피어 이슈 점유율은 6.21%로 매우 높게 나타나고 있다. 이슈 점유율은 '전체 선거 트윗 메시지들 중에서 유권자들에 의해 발생된 후보 및 관련 이슈 트윗 메시지의 점유율'을 뜻한다. 이를 기준으로 보면 강남 을이 양 후보 도합 4%를 넘는 기록적인 이슈 점유율을 보임으로써, 한미 FTA가 트위터스피어의 중대 정책 이슈였음을 재차 반증한다. 그리고 은평 을의 경우도 2%에 가까운 높은 이슈 점유율을 보임으로써, 오프라인상에서는 거대 야당 책임론에 의해 상당히 희석되기는 하였지만 SNS 공간에서는 정권 심판론이 꾸준히 비등하였음을 알 수 있다. 특히 진보 우위의 트위터리언 이념 분포도를 감안할 때, 양 선거구에서 야당 후보들과 관련 이슈 입장(issue position) −즉 한미 FTA 반대·정권 심판− 에는 훨씬 우호적인 반면, 여당 후보들과 이슈 입장에 대해서는 부정적이었다고 할 수 있다. 아울러 두 선거구에서는 야당 후보들의 이슈 점유율이 높아 상대적으로 더 높은 트위터 효과를 누렸음을 알 수 있다. 수성 갑의 경우 다른 두 선거구에는 못 미쳤지만 유권자들의 관심 지역이었음을 알 수 있다. 후보 간 이슈 점유율에서는 김부겸이 이한구를 두 배 이상 앞서 반지역주의 흐름이 조성되었음을 알 수 있다.

이상의 설명은 강남 을의 이슈 점유율이 가장 높았다는 점, 야당 후보들의 이슈 점유율이 더욱 높았다는 점, 그리고 트위터리언 이념성향 분포를 감안할 때 야당 후보들의 이슈 입장이 유권자들에게 더욱 강하게 소구되었다는 점으로 축약할 수 있다. 후보가 작성한 트윗의 도달인원 수(이하 '도달인원 수')를 함께 살펴보면 이같은 정황은 보다 명료해진다. 도달인원 수를 기준으로 할 때에도, 강남 을은 여전히 최대 격전지로서 정동영의 이슈 입장 전파력이 김종훈을 네 배 가까이 압도하였다. 이러한 양상은 다른 선거구들에서도 일관되게 나타난다. 즉 야당 후보들의 이슈 입장이 지지층의 역동적인 리트윗 행위에 의해 훨씬 더 많은 유권자들에게 도달되었다. 이에 따라 한미 FTA 반대 등 이들이 제기한 격전지 이슈들이 유권자들에게 훨씬 더 강하게 소구되는 효과를 누렸다고 할 수 있다.

리스티드 수 변화도 이러한 야당 후보 우위의 동향을 뒷받침한다. 리스트는 상대적으로 정적이고 수치 변화가 크지 않지만, 지지 층의 적극적 관심도를 매우 정확하게 보여 주는 지표이다. 전체적으로 선거구별로 야당 후보 지지자들의 적극적 관심도가 높게 나타났다. 예외적으로 이재오에 대한 지지자들의 높은 관심도는 그의 전국적 위상, 대중적 친밀도, 보수층의 기대의식을 복합적으로 반영한다.

표 10. 19대 총선 선거 결과와 트위터 효과

선거구	후보	트위터 효과			선거 결과(%)		
		이슈 점유율	후보 트윗 도달인원 수	리스티드 수	선거운동[131] 기간 전 지지율	득표율	투표율
은평 을	이재오	0.82	282,798	69(2,279)	39.1	49.5	55.3
	천호선	0.99	810,358	48(1,473)	24.2	48.4	
강남 을	김종훈	1.28	264,737	152(22)	43.9	59.5	60.6
	정동영	2.73	1,079,534	54(6,308)	24.4	39.3	
수성 갑	이한구	0.12	180,953	10(72)	46.5	52.8	58.2
	김부겸	0.27	685,876	48(687)	24.0	40.4	

※ 괄호 안은 2012년 4월 10일 현재 트위터 계정 개설일로부터의 누적 수치를 뜻함.

---

131 주지하듯이 최근 공직선거에서는 제반 언론사 및 여론조사 기관의 후보 지지율 조사가 범람하고 있으며, 조사 결과 간에 지지율 격차가 큰 차이를 보이는 경우가 빈번한 것이 사실이다. 19대 총선에서는 어느 때보다도 많은 여론조사가 시행되었으며 지지율 격차 논란 또한 어느 때보다도 컸다. 이러한 점을 감안하여 이 글에서는 법정 선거운동 기간 개시 전 7일 내의 제반 여론조사들 중에서 후보별 격차의 값이 중앙에 있는 결과를 취사선택하였다. 이에 따른 선거구별 여론조사 기관과 일자는 다음과 같다. 은평 을(중앙일보 2012.3.26), 강남 을(서울신문, 2012.3.22), 수성 갑(중앙일보 2012.3.24).

그렇다면 이와 같은 트위터 효과는 선거 결과에 어떠한 영향을 미쳤을까? 결론적으로 말하자면 양자 간의 직접적인 인과 관계를 논할 수는 없다. 그것은 참여관찰에 의거한 이 연구의 설계도 그러하거니와 트위터 효과를 선거 결과에 대한 지배적 영향 요인으로 예단할 수도 없기 때문이다. 오히려 이 연구의 잠정적인 분석 결과는 트위터와 같은 뉴미디어가 배타적으로 선거 결과를 좌우하지 않는다는 것을 보여 준다. 부연하건대 트위터를 탈맥락적으로 압도적인 선거 승패 요인으로 간주하는 것은 기술결정론적 사고에 다름이 아니며, 주요한 다른 영향 요인들과 배합됨으로써 시너지를 촉진할 수 있다는 점을 강조할 수 있다. 한편 이 분석에서 확인된 트위터 메커니즘, 지표상의 수치들, 그리고 활동 동향은 트위터스피어에서의 견고한 진보 우위를 입증한다. 그리고 정황상 이러한 진보의 우세한 액티비즘(activism)이 여야 후보들 간의 지지율 격차를 좁히는 데에 일정한 역할을 했으리라 유추할 수 있다. 이러한 면에서 총선 패배로 인한 진보의 결집이 가속화되고, 1000만 명 안팎의 트위터리언 수가 형성되는 시점에서 치러지는 18대 대선에서 트위터 효과는 보다 가시적으로 나타날 것으로 전망된다.

5. 결론

19대 총선 격전지 선거구 참여관찰의 요지를 트위터 플랫폼을 기준으로 다음과 같이 정리할 수 있다. 첫째, 커뮤니케이션 측면에서 트윗은 트위터스피어에 선거 공론장의 역할을 부여하는 기제라고 할 수 있다. 트윗하기의 실시간성과 용이성으로 말미암아 후보들은 웹공간에서보다 훨씬 많은 포스팅 수를 기록하였다. 은평 을을 제외하고 선거구별 후보들의 트윗 수는 비슷하게 나타났다. 이재오의 경우 트윗 활동보다는 대면 접촉에 치중하는 나름의 1인 선거운동 전략을 재확인시켰다. 트윗 메시지의 속성은 여야 후보들 간에 일정한 공통성과 특이성을 드러냈다. 선거정보 전달과 이미지 홍보 중심의 트윗, 정책 관련성이 취약한 트윗, 트윗에 이미지·동영상을 첨부한 설득 커뮤니케이션 방식은 공통점으로 확인되었다. 한편 야당 후보의 경우 네거티브 트윗과 정책 관련 트윗 그리고 투표 독려 트윗의 빈도수가 여당 후보에 비해 높게 나타났다. 이슈 점유율 또한 선거구별로 야당 후보가 더욱 높아서 트위터스피어가 진보 우위의 선거 공론장으로 기능하였음을 알 수 있다.

둘째, 네트워킹의 측면에서 팔로어 규모의 증가세는 여야 후보 간에 현격한 차이를 드러냈다. 3~12배 가까이 많은 야당 후보의 팔로어 수 증가는 선거를 통하여 유권자와의 선호적 연결이 그만큼 조밀하게 확대되었음을 알려 준다. 더욱이 트윗이 팔로어 네트워크를 통하여 유통된다는 점을 상기하자면, 야당 후보의 트윗이 유권자들에게 더욱 광범하게 소구되었다고 할 수 있다. 이와 함께 야당 후보 트윗에 대한 유권자 리트윗 수가 훨씬 많았기 때문에 이러한 차이는 더욱 크게 벌어졌다. 팔로잉 증가 수는 선거구별로 후보들 간에 별 차이가 없어 선거의 영향요인으로 간주되지 않았다.

셋째, 반응성의 측면에서 유권자들은 여당 후보보다는 야당 후보를 언급한 트윗을 더 많이 발생시켰다. 후보 언급이 곧 후보에 대한 지지를 뜻하지는 않으나, 야당 이슈에 대한 찬성 입장이 훨씬 많았다는 점을 감안하자면, 야당 후보에 대한 지지가 주된 흐름이었음을 추론할 수 있다. 야당 후보에 대한 선호는 리스티드 증가 수를 통해서도 확인된다. 야당 후보의 리스티드 수가 여당 후보에 비해 훨씬 많았다. 다만 천호선의 경우는 예외로 나타났는데, 이는 이재오의 누적 리스티드 수가 압도적이었기 때문이었으며 선거운동 기간에는 천호선의 증가 수가 훨씬 많았다. 유권자들의 반응성은 리트윗 행위에서 가장 명확하게 부각된다. 리트윗은 트위터스피어 의제설정과 여론형성에 가장 크게 영향을 미치는 선거참여 방식이다. 후보 트윗 메시지의 리트윗 수는 여당 후보가 야당 후보에 비할 바가 되지 못하였다. 특히 정동영과 김부겸 트윗의 리트윗 발생 빈도가 매우 높아서 한미 FTA와 탈지역주의 이슈가 비등하였음을 알 수 있다.

이상의 논의는 트위터스피어가 선거정치의 치열한 경합장이라는 점, 후보와 유권자 간의 상호작용이 매우 역동적이라는 점, 이념적으로 과대 대표되어 진보 유권자의 정치효능감을 강화시킨다는 점, 기본적인 우열구도나 현실 표심을 압도하는 효과를 발생하지는 못한다는 점을 함의한다. 부연하건대 본문에서 활용된 데이터와 분석의 논지를 따르자면 현실적으로 나타난 격전지 선거구의 선거 결과는 사뭇 의아하게 다가온다. 전체적으로 야당 후보들의 트위터 캠페인 우위에도 불구하고 승리는 여당후보들에게 돌아갔기 때문이다. 이는 아직까지는 바깥 세계와 괴리된 우물 안의 재잘거림(twitter)이 유권자에게 파급되지 못함으로써, 트위터가 언론이나 일군의 학자들이 강조하였던 만큼의 영향요인으로서 역할하지 못했다고 요약할 수 있다. 그리고 트위터와 같은 뉴미디어가 탈맥락적으로 선거 결과를 좌우하지 않는다는 점도 재확인시킨다.

반면 선거정치에 미치는 트위터의 중요성도 유념할 필요가 있다. 우선 트위터스피어라는 새로운 정치 생태계가 내재된 플랫폼을 매개로 독립적인 정치과정을 배태하고 있다는 점이다. 특히 웹공간이 주로 커뮤니케이션을 활성화시킨 데 반해, 트위터의 경우 팔로우와 리트윗과 같은 네트워킹 및 전파 기제를 활성화시켜 정치동원의 잠재력이 강화되고 있음이 주목된다. 그리고 이용자 규모의 증가세를 감안하건대, 기성 뉴미디어가 그러했던 것처럼 임계시점에서 트위터가 선거참여 효능감을 더욱 촉진할 소지도 커지고 있다. 그리고 이념적으로 과대대표됨으로써 기존 웹공간을 대체하는 대항 공론장으로서의 입지가 공고해지고 있다. 따라서 앞으로의 정치과정에서 이러한 경향적 추세와 정치 이벤트의 접합이 어떠한 결과를 초래할지는 섣불리 예단할 수 없다.

마지막으로 SNS 공간에서 참여관찰이라는 전통적인 연구방법을 활용하는 데 대한 한계와 개선의 여지에 대한 첨언으로 논의를 맺고자 한다. 서두에서 제기하였듯이 종래의 정태적인 온라인 공간에 비해 SNS 공간은 플랫폼이 다변화되고 노드 간 관계와 콘텐츠의 흐름이 역동적이다. 또한 SNS 공간의 사회적 잠재력이 비등함에도 개인 연결망을 구성 단위로 한다는 점에서 참여관찰의 의의가 축소될 수도 있다. 요컨대 이는 인류학적 내재적 연구방법에 기초한 참여관찰의 실체적 제약을 의미한다. 이 연구 역시 그러한 제약에 따라 주로 트래픽 조사기관의 데이터에 의존하는 방식으로 진행되었다. 따라서 이러한 측면에 대한 연구자 집단의 문제의식 공유와 창의적 논의가 필요하다. 구체적으로 부단히 진화하는 기술사회 환경에 조응하는 방법론적 혁신과 SNS 공간에서의 연구자 집단의 협업 · 분업 메커니즘에 대한 논의가 구체화되어야 한다.

참고문헌

금혜성 · 장우영. 2011. "온라인공간의 정당정치: 연구방법과 동향에 관한 시론적 연구." 『21세기정치학회보』 21(1): 101-132.

김창남. 2001. "선거캠페인과 미디어." 『정치 커뮤니케이션의 이해』. 서울: 한울.

류정호 · 이동훈. 2011. "소셜 미디어로서 마이크로 블로그 공론장의 정치적 의사소통에 대한 탐색적 연구." 『한국언론학보』 55(4): 309-330.

송경재. 2007. "e-party, 정당위기의 대안인가?" 『21세기정치학회보』 17(1): 21-44.

스티브 존스 저. 이재현 역. 2000. 『인터넷 연구 방법』. 파주: 커뮤니케이션북스.

윤성이. 2008. "온라인 정치참여 연구의 동향과 쟁점."『정보화정책』15(3): 3-20.

이현출. 2011. "정치인류학적 접근."『한국정당학회 춘계학술회의 자료집』.

장덕진·김기훈. 2011. "한국인 트위터 네트워크의 구조와 동학."『언론정보연구』48(1). 59-86.

장우영. 2008. "인터넷과 선거캠페인."『한국정치학회보』42(2): 171-201.

장우영. 2011. "서울시장 재보선을 통해 본 SNS 효과: 트위터 선거캠페인 스케치."『IT정치연구회 월례발표회 자료집』.

장우영·도수관. 2012. "후보의 SNS(Social Networking Services) 활용이 선거 결과에 미치는 영향."『한국정당학회 하계학술회의 자료집』.

장우영·민희·이원태. 2011. "지방선거와 웹캠페인: 제5회 서울시장 선거를 중심으로."『정보와사회』18: 45-86.

장우영·김희문. 2011. "대의정치 집단의 소셜네트워크 전략."『대한정치학회 동계학술회의 자료집』.

장우영·차재권 2011. "소셜미디어와 선거정치."『한국정당학회보』10(2): 5-41.

조희정. 2010.『네트워크 사회의 정치와 민주주의』. 서울: 서강대학교 출판부.

Boyd, d., Golder, S. & Lotan, G. 2010. "Tweet, Tweet, Retweet: Conversational Aspects of Retweeting on Twitter." *HICSS-43, IEEE: Kauai, HI*, January 6.

Chi, F. & Yang, N. 2010. "Twitter adoption in congress." *Review of Network Economics* 10(1): 1-49.

Foot, K. & Schneider, S. 2006. *Web Campaigning*. MIT press.

Golbeck, J., Grimes, J.M. & Rogers, A. 2011. "Twitter use by the U.S. Congress." *Journal of the American Society for Information Science and Technology* 61(8): 1612-1621.

Gulati, J. & Williams, C.B. 2010. "Communicating with Constituents in 140 Characters or Less: Twitter and the Diffusion of Technology Innovation in the United States Congress." *Proceedings of the Annual Meeting of the Midwest Political Science Association.* Chicago, IL, April 22-5, 2010.

Hanna, A., Sayre, B., Bode, L., Jung H.Y. & Shah., D. 2011. "Mapping the Political Twitterverse: Candidates and Their Followers in the Midterms." *Proceedings of the Fourth International AAAI Conference on Weblogs and Social Media.*

Lassen, D. S., and Brown, A. R. 2011. "Twitter: The electoral connection?" *Social Science Computer Review* 29(4): 419-436.

Tumasjan, A., Sprenger, T.O., Sandner, P.G. & Welpel, I.M. 2011. "Election Forecasts With Twitter: How 140 Characters Reflect the Political Landscape." *Science Computer Review* 29(4): 402-418.

이 책을 기획하고 쓴 사람들

(가나다순)

가상준
미국 뉴욕주립대학교 정치학 박사
현 단국대학교 정치외교학과 교수

고경민
건국대학교 정치학 박사
현 제주대학교 원자력과학기술연구소 학술연구교수

곽민영
현 인하대학교 정치외교학과 대학원생

김용복
서울대학교 정치학 박사
현 경남대학교 정치외교학과 교수

김용호
미국 펜실베이니아대학교 정치학 박사
현 인하대학교 정치외교학과 교수

김재한
미국 로체스터대학교 정치학 박사
현 한림대학교 정치행정학과 교수

박경미
이화여자대학교 정치학 박사
현 한양대학교 제3섹터연구소 연구교수

박명호
미국 미시간주립대학교 정치학 박사
현 동국대학교 정치외교학과 교수

엄기홍
미국 켄터키주립대학교 정치학 박사
현 경북대학교 정치외교학과 교수

유성진

미국 뉴욕주립대학교 정치학 박사

현 이화여자대학교 스크랜튼학부 교수

유진숙

독일 브레멘대학교 정치학 박사

현 배재대학교 정치언론학과 교수

윤종빈

미국 미주리대학교 정치학 박사

현 명지대학교 정치외교학과 교수

이동윤

연세대학교 정치학 박사

현 신라대학교 국제관계학과 교수

이현출

건국대학교 정치학 박사

현 국회입법조사처 정치행정조사심의관

장우영

건국대학교 정치학 박사

현 대구가톨릭대학교 정치외교학과 교수

전용주

미국 캔자스대학교 정치학 박사

현 동의대학교 정치외교학과 교수

조진만

연세대학교 정치학 박사

현 덕성여자대학교 정치외교학과 교수

지병근

미국 미주리대학교 정치학 박사

현 조선대학교 정치외교학부 교수

19대 총선 현장 리포트

초판 1쇄 발행 2012년 11월 30일

지은이 이현출, 박명호, 유성진, 이동윤, 고경민, 가상준, 김용호, 지병근, 엄기홍,
　　　　전용주, 유진숙, 김재한, 박경미, 김용복, 조진만, 윤종빈, 장우영

펴낸이 김선기
펴낸곳 (주)푸른길
출판등록 1996년 4월 12일 제16-1292호
주소 (137-060) 서울시 서초구 방배동 우진빌딩 3층
전화 02-523-2907
팩스 02-523-2951
이메일 pur456@kornet.net
홈페이지 www.purungil.co.kr

ISBN 978-89-6291-213-5 93340

○ 가격은 뒤표지에 있습니다.

*이 도서의 국립중앙도서관 출판시도서목록(CIP)은 e-CIP홈페이지(http://www.nl.go.kr/ecip)와
국가자료공동목록시스템(http://www.nl.go.kr/kolisnet)에서 이용하실 수 있습니다. (CIP제어번호:
CIP: 2012005221)